廣東哲學社會科學規劃優秀成果文庫

貨幣的發生

出土先秦文獻所見貨幣史料整理與研究

梁鶴 著

上海古籍出版社

圖書在版編目(CIP)數據

貨幣的發生：出土先秦文獻所見貨幣史料整理與研究 / 梁鶴著. -- 上海：上海古籍出版社，2025.8.
(廣東省哲學社會科學規劃項目優秀成果文庫).
-- ISBN 978-7-5732-1612-0

Ⅰ. F822.9

中國國家版本館 CIP 數據核字第 20254EV612 號

責任編輯：繆　丹
封面設計：阮　娟
技術編輯：耿瑩禕

貨幣的發生
出土先秦文獻所見貨幣史料整理與研究
梁　鶴　著
上海古籍出版社出版發行
(上海市閔行區號景路 159 弄 1-5 號 A 座 5F　郵政編碼 201101)
(1) 網址：www.guji.com.cn
(2) E-mail: guji1@guji.com.cn
上海盛通時代印刷有限公司印刷
開本 710×1000　1/16　印張 27.5　插頁 4　字數 370,000
2025 年 8 月第 1 版　2025 年 8 月第 1 次印刷
ISBN 978-7-5732-1612-0
K·3866　定價：168.00 元
如有質量問題，請與承印公司聯繫

《广东哲学社会科学规划优秀成果文库》
出版说明

  为充分发挥哲学社会科学优秀成果和优秀人才的示范带动作用，促进广东哲学社会科学繁荣发展，助力构建中国哲学社会科学自主知识体系，中共广东省委宣传部、广东省社会科学界联合会决定出版《广东哲学社会科学规划优秀成果文库》（2021—2023）。从2021年至2023年，广东省获立的国家社会科学基金项目和广东省哲学社会科学规划项目结项等级为"优秀""良好"的成果中，遴选出17部能较好体现当前我省哲学社会科学研究前沿，代表我省相关学科领域研究水平的学术精品，按照"统一标识、统一封面、统一版式、统一标准"的总体要求组织出版。

2024年10月

目　錄

緒論　　　　　　　　　　　　　　　　　　　　　　　　　　　　　1
　第一節　相關研究成果　　　　　　　　　　　　　　　　　　　　1
　　　（一）甲骨文、金文中的貨幣史料研究 2 ／（二）東周金屬鑄幣文字的相關研究 6 ／（三）楚簡中的貨幣史料研究 12 ／（四）新出秦簡與秦錢研究 14
　第二節　史料來源與整理方法　　　　　　　　　　　　　　　　21
　　　（一）史料來源 21 ／（二）整理方法 37

第一章　甲骨文、金文所見貨幣史料　　　　　　　　　　　　　　38
　第一節　甲骨文所見"貝"字及相關諸例　　　　　　　　　　　　39
　　　一、貝類 39 ／二、貫類 42 ／三、買類 45
　第二節　商周金文所見"貝"字及相關諸例　　　　　　　　　　　48
　　　一、貝類 48 ／二、貫類 60 ／三、買（賣）類 64 ／四、貸（債）類 65 ／五、賜類 67 ／附：西周金文中貨"貝"的確認 70

第二章　東周金屬鑄幣文字所見貨幣史料　　　　　　　　　　　　78
　第一節　春秋晚期　　　　　　　　　　　　　　　　　　　　　81
　　　一、周 82 ／二、鄭 89 ／三、衛 91 ／四、晉 93 ／五、狄 102

第二節　戰國時期（上）　　　　　　　　　　　　　　　　104
　　一、周 105 ／ 二、韓 108 ／ 三、魏 117 ／
　　四、趙 127 ／ 五、中山 161
第三節　戰國時期（下）　　　　　　　　　　　　　　　　162
　　一、燕 162 ／ 二、齊 165 ／ 三、秦 168 ／
　　四、楚 170

第三章　簡牘所見貨幣史料　　　　　　　　　　　　　177
第一節　包山楚簡所見"金"　　　　　　　　　　　　　　179
　　一、金 180 ／ 二、黃金 184 ／ 三、鈘金 185 ／
　　四、足金 186 ／ 五、關金 187
第二節　秦律令簡所見貨幣史料　　　　　　　　　　　　187
　　一、金布律 188 ／ 二、關市律 192 ／ 三、司空律
　　193 ／ 四、效律 194 ／ 五、法律答問 195 ／ 六、法律
　　文書 200 ／ 七、其他律 205 ／ 八、類律簡 206 ／
　　九、秦令簡 207
第三節　秦簡牘經濟文書中的貨幣史料　　　　　　　　　214
　　一、出入錢 214 ／ 二、買（賣）錢 217 ／ 三、貣贖債
　　錢 218 ／ 四、直錢 221 ／ 五、稅錢 222 ／ 六、其他
　　錢 222 ／ 七、價 224 ／ 八、僱作文書 224
第四節　秦簡牘《數》類、書信中的貨幣史料　　　　　　226
　　一、《數》中的貨幣史料 226 ／ 二、書信中的貨幣史料 228

第四章　東周金屬鑄幣文字研究諸例　　　　　　　　230
第一節　金屬鑄幣面文地名性質再討論　　　　　　　　　230
第二節　金屬鑄幣文字中的貨幣單位　　　　　　　　　　238
第三節　金屬鑄幣兌換關係　　　　　　　　　　　　　　244
　　一、同一類型的等制關係 245 ／ 二、不同單位之間的

兑換關係 247 / 三、不同形制貨幣之間的兑換關係 247

　第四節　研究個案　　　　　　　　　　　　　　　　　　　249
　　一、"㝮罡一釿"試解 249 / 二、新見"高都市南少曲"布幣獻疑 252 / 三、也談莆子錢權 256 / 四、"少曲"四字布補論 259

第五章　簡牘所見貨幣史料研究諸例　　　　　　　　　　　　264
　第一節　從包山楚簡"貸金糴種"到秦"貸種"　　　　　　　　264
　　一、包山楚簡中的"貸金糴種" 264 / 二、秦簡牘中的"貸種" 269 / 三、入秦之变：從"貸金糴種"到"貸種" 273
　第二節　簡牘所見秦"錢"芻議　　　　　　　　　　　　　　277
　　一、行錢 278 / 二、通錢 281 / 三、美錢、惡錢 283 / 四、現錢、禁錢 283 / 五、新錢 285 / 六、旁錢 285
　第三節　秦簡中的"賈（價）"與"直"錢　　　　　　　　　　287
　　一、秦簡所見物"賈（價）" 288 / 二、秦簡所見"直"錢 292 / 三、秦律令簡所見"直"錢的標準——"平賈" 301 / 四、漢承秦制的"平賈"發展 313

簡稱表　　　　　　　　　　　　　　　　　　　　　　　　　317

附録　東周金屬鑄幣疑難字字釋綜覽　　　　　　　　　　　　319

參考文獻　　　　　　　　　　　　　　　　　　　　　　　　381

後記　　　　　　　　　　　　　　　　　　　　　　　　　　429

緒　　論

　　王國維曾説：“古來新學問起，大都由於新發見。”[1] 近年來，隨着出土文獻新材料的不斷公布，相關研究成果不斷湧現。以出土文獻材料爲基礎史料進行相關歷史問題的研究成爲重要研究方向，先秦史方面的研究取得長足進展，重要成果層出不窮。[2] 由於傳世典籍中關於先秦貨幣記載相對較少，先秦貨幣的研究往往是根據出土文獻及材料展開的。對出土先秦文獻所見貨幣史料進行全面整理、分類彙編，對相關史料所反映的貨幣基本問題、社會經濟問題、歷史地理問題進行綜合探究，不僅爲先秦貨幣史研究提供更加翔實的原始資料，還可爲先秦社會經濟研究提供更加準確的史料，從而爲深化先秦史研究提供參考。

第一節　相關研究成果

　　出土先秦文獻是指出土的先秦時期文字資料，主要包括甲骨文、

---

[1] 王國維：《最近二三十年中中國新發見之學問》，《王國維文集》第4卷，北京：中國文史出版社，1997年，頁33。
[2] 晁福林：《改革開放40年來的先秦史研究》，《中國史研究動態》2018年第1期。

金文、簡牘帛書等文字資料，還包括兵器、貨幣、璽印、玉石文字等文字資料。[1] 與貨幣史料相關的内容主要集中在甲骨文、金文、金屬鑄幣和一部分簡牘材料之中。下面將根據不同時期的出土文獻中的貨幣史料的研究情況進行介紹。

（一）甲骨文、金文中的貨幣史料研究

"古者貨貝而寶龜。"（《説文·貝部》）[2] 漢代以來，"貝"一直被視作最古老的貨幣。甲骨文、金文中大量"貝"字及相關諸例的存在，加之實物"貝"的陸續出土，"貝"是否是商周時期的貨幣，成爲學者關注的重點問題，討論不絶。

王國維提出"殷時，玉與貝皆貨幣也"。[3] 郭沫若從文字出發，也肯定了"貝"作爲貨幣的存在，"至謂玨必十玉，朋必十貝，此於貝、玉已成貨幣之後理或宜然，然必非玨朋之朔也"。[4] 殷墟科學考古以來，在墓葬中發現很多"貝"的實物。李濟曾説："貝蚌多琢成嵌飾，亦爲當時通用之貨幣。貨幣多用鹹水貝，裝飾多用淡水貝。"[5] 錢幣學家也多支持此類意見。王毓銓根據卜辭和商代青銅器銘文中關於"貝"的記載，認爲"貝在殷商就可以肯定有經濟意義了"。通過對西周賜貝銘文的分析以及西周墓葬考古發掘中貝的出現，認爲"周器銘文中錫貝或賞貝的貝，必然也是貨幣"，並進一步推論到商代器物文字中的錫貝或賞貝也應該是貨幣。[6] 鄭家相提出"海

---

[1] 參看復旦大學出土文獻與古文字研究中心編撰：《出土文獻與古文字教程》"導言"，上海：中西書局，2024，頁1。
[2] 許慎：《説文解字》卷6，北京：中華書局，2013年，頁125。
[3] 王國維：《説玨、朋》，《觀堂集林》，北京：中華書局，1959年，頁161。
[4] 郭沫若：《釋朋》，《郭沫若全集·考古編》，北京：科學出版社，1982年，頁110。
[5] 李濟：《安陽最近發掘報告及六次工作之總估計》，《安陽發掘報告》第四期，臺北：南天書局有限公司，1933年，頁375。
[6] 王毓銓：《我國古代貨幣的起源和發展》，北京：科學出版社，1957年，頁17—21。

貝爲上古行使最廣且久之貨幣"。[1]

關於"貝"成爲貨幣的過程，錢幣學者從貨幣史動態發展的角度也給出了解釋。朱活從文獻記載和出土實物等方面分析，認爲盤庚遷殷以後的商代，貝已經完成了向貨幣轉化的過程，成爲當時重要貨幣之一。末期以銅鑄造貨幣已經成爲事實，表現爲銅貝的出現和銅鑄錢、鎛的充作貨幣的某種性能。而到了周代，貨幣作用愈來愈重要。[2] 彭信威指出："貝幣在中國的演進，大概經過兩個階段：先是專用作裝飾品，這應當是殷商以前的事；其次是用作貨幣，這大概是殷代到西周間的事。"[3]

隨着甲骨文研究的深入以及考古發現的持續公布，學者關於商周用貝的討論也越來越深入。楊升南通過對卜辭"七十朋"的釋讀，認爲目前所見甲骨文中計"朋"的最大數目已有"七十"朋，進而説明貝已作爲貨幣在商代社會上流通，並可從中認識到貨幣經濟對商代社會滲透的深度和廣度。[4] 汪慶正認爲："貨貝作爲一種實物貨幣，可能開始出現於新石器時代晚期，盛行於夏、商時代。"[5] 黃錫全從考古實物和甲骨文、金文出發描述了夏、商、周到東周列國的貝幣，認同"中國最早的貨幣——貝幣"。[6] 其後也有學者不斷討論"貝"在商代作爲貨幣的存在。[7] 影響最大的應是楊升南所作《貝是商代

---

[1] 鄭家相：《中國古代貨幣發展史》，北京：生活・讀書・新知出版社，1958年，頁13，17—18。另有《古代的貝化》，《文物》1959年第3期。
[2] 朱活：《試論我國古代貨幣的起源》，《文物》1958年第8期。另有《關於我國古代貨幣的若干問題》，《文物》1959年第6期。
[3] 彭信威：《中國貨幣史》，北京：中國人民大學出版社，2020年，頁12。
[4] 楊升南：《殷契"七十朋"的釋讀及其意義》，《文物》1987年第8期。
[5] 汪慶正主編：《中國歷代貨幣大系・1 先秦貨幣》"總論"，上海：上海人民出版社，1988年，頁11。
[6] 黃錫全：《先秦貨幣通論》，北京：紫禁城出版社，2001年，頁1—32。
[7] 趙善德：《商周時代的"貝貨"》，《文博》1988年第1期。喬志敏：《"貝""朋"新論》，《中原文物》1988年第2期。姚政：《論商代後期的貝是我國最早的貨幣》，《四川師院學報》1992年第1期。等等。

的貨幣》一文，從甲骨文、商周金文、考古資料和古文獻論證了商周時期貝所具備的貨幣具有的價值尺度、支付手段、流通手段和儲藏手段等四種職能，重申貝是商代的貨幣。[1]

然而，從現代貨幣理論出發，否認貝爲商周時期貨幣的意見也一直都在。吳榮曾認爲："在殷和西周時代，由於生産力水平還是比較低下的，故而商品的交換多半是偶然的。有時用貝殼或'計重的金屬'作爲交換的媒介。這種'貝'和'計重的金屬'尚未成爲真正的貨幣。"[2]童恩正作專文，利用現代關於貨幣的起源和發展理論，對鄭家相"古代的貝化"意見提出異議。[3] 2001 年中國錢幣學會貨幣史委員會在峨嵋召開貨幣起源問題座談會，其中涉及"關於貝的貨幣職能問題"一節，吳榮曾、姚朔民、江玉祥等都從不同側面表達了"貝"在商周時期不能稱爲貨幣的意見。[4] 李永迪不認同海貝在中國商周時期是貨幣。[5] 楊斌新著《海貝與貝幣》設置專章"並非貨幣：先秦中國的海貝"，否認海貝作爲貨幣的存在，但是其却認爲青銅仿貝即"銅貝"是中國最早的貨幣之一。[6]

除了討論"貝"是否爲貨幣，從"貝"的相關諸字也引起學者的關注。討論最多的便是"賈"字。李學勤關於"賈"字的改釋，[7] 對於討論甲骨文、金文中的"賈"意義重大。[8] 徐心希通過分析殷墟卜辭中所出現的"賈"字的文例及其用法，認爲"商代的都市已經有

---

[1] 楊升南：《貝是商代的貨幣》，《中國史研究》2003 年第 1 期。
[2] 吳榮曾：《中國古代的錢幣》，《考古通訊》1956 年第 4 期。
[3] 童恩正：《試評鄭家相"古代的貝化"一文的傾向性》，《文物》1959 年第 6 期。
[4] 中國錢幣學會貨幣史委員會：《貨幣起源問題座談會紀要》，《中國錢幣》2001 年第 4 期。
[5] Li, Yung-Ti. "On the Function of Cowries in Shang and Western Zhou China." *Journal of East Asian Archaeology*, vol. 5（Jan. 2003）: 1-26.
[6] 楊斌：《海貝與貝幣：鮮爲人知的全球史》，北京：社會科學文獻出版社，2021 年，頁 232—308。
[7] 李學勤：《魯方彝與西周商賈》，《史學月刊》1985 年第 1 期。
[8] 其後邵鴻又進行了補釋。參看邵鴻：《卜辭、金文中"貯"字爲"賈"之本字説補正》，《南方文物》1993 年第 1 期。

固定的市場，並在交換活動中廣泛地使用了貝幣，還使用了一定數量的金屬貨幣"。[1] 彭裕商對西周金文中所見"賈"字銘文進行了系統梳理和釋讀，認爲西周早期應已有專門從事長途販運的賈人，當時有貝作爲貨幣，已有較爲發達的商業，但當時朝廷對商業活動的管理情況如何，目前尚不能確知；西周中期，衛盉已記王朝大臣介入交易；西周晚期，始有明確記載朝廷派官員管理商業活動的金文和文獻材料。[2] 甲骨文中已經出現"買"字，楊升南認爲"買"字在商代的甲骨文中，就是一種用來表示交易的詞彙。商代平民階層所需的是普通日用品，而商王、貴族所需的是奢侈品，但它們都是商品。由於所需商品的品類不同，從而顯出商品交換中的不同層次。[3]

隨着考古新材料的發現，學者關於商周幣制也有了一些新的認識和思考。1989 年江西新干縣大洋洲發掘了一處屬於吳城二期的商代遺存，其中出土的青銅手斧上有銘文，彭明瀚認爲該字是甲骨文中的"玨"，係貨幣單位，這種手斧是一種貨幣。[4] 不過此種推斷，有待更多材料的證明。1998 年，上海博物館在相關古玩肆購買一件"亢鼎"，其明確記載用貝買美玉，引起學者的廣泛關注。馬承源、黃錫全、李學勤、董珊等諸位先生都曾撰文對銘文内容提出重要見解。[5]

---

[1] 徐心希：《談商代商品經濟的一些問題——兼談"賈"字的用法》，《福建師範大學學報》1987 年第 3 期。
[2] 彭裕商：《西周金文中的"賈"》，《考古》2003 年第 2 期。
[3] 楊升南：《從甲骨文的"買"字說到商代的商業》，《中原文化研究》2019 年第 3 期。
[4] 彭明瀚：《商代青銅貨幣蠡測：從江西新干大洋青銅手斧談起》，《南方文物》1995 年第 2 期。
[5] 馬承源：《亢鼎銘文——西周早期用貝幣交易玉器的記錄》，《上海博物館集刊》第 8 期，上海：上海書畫出版社，2000 年；黃錫全：《西周貨幣史料的重要發現——亢鼎銘文的再研究》，《中國錢幣論文集》第 4 輯，北京：中國金融出版社，2002 年；李學勤：《亢鼎賜品試說》，《南開學報》增刊，2001 年，後收入《中國古代文明研究》，上海：華東師範大學出版社，2009 年；董珊：《任鼎新探——兼說亢鼎》，《黃盛璋先生八秩華誕紀念文集》，北京：中國教育文化出版社，2005 年；陳潔、祖雙喜：《亢鼎銘文與西周土地所有制》，《中國歷史文物》2005 年第 1 期；章水根：《亢鼎中的"鬱"》，《中國文字研究》第 11 輯，鄭州：大象出版社，2008 年。等等。

從經濟學角度來看，正如馬承源先生所言"買"字用爲買賣交易之義，金文中以亢鼎爲初見。[1] 這對於確認貝在西周時期作爲貨幣使用有重要參考。2004年，國家博物館入藏了一件"任鼎"，其銘文中關於"買"某物的記載，王冠英、董珊等先生撰文進行銘文釋讀和文義探討。[2] 2008年，洛陽市東郊出土一件西周時期的有字卜骨，其中明確記載"□貝用買車"，是當時貝幣流通的可信史料，具有重要價值。[3]

2011年，山西翼城大河口霸國墓地出土青銅器銘文公布，霸伯盂中有關於皮和玉器的記載，何景成認爲銘文中的"皮"應該就是典籍記載中的"皮幣"，並對西周銘文記載贈品中玉器和皮幣等物相配做了梳理，認爲皮幣與玉器配合的制度，在西周時期已經成爲定制。[4] 其後又作文論證禮儀文化在西周商品交換發展中的作用，即從物品商品化發展角度來看，由於不同物品在禮儀活動中所發揮的功能不同，其商品化發展進程存在較大差異。對於玉器、皮幣等用品而言，西周禮儀文化促進了這類物品的商品化發展等，[5] 何文爲我們審視商周貨幣制度提供了新的思路。

（二）東周金屬鑄幣文字的相關研究

鑄行於春秋戰國時期的金屬鑄幣是確認的先秦貨幣。這一時期的貨幣形製多樣，有刀、貝、布和圜錢；貨幣文字字形變化多端，筆畫草率凌亂，結構高度省簡，[6] 是古文字研究中的難點專題之一。其

---

[1] 馬承源：《亢鼎銘文——西周早期用貝幣交易玉器的記錄》，頁121。
[2] 王冠英：《任鼎銘文考釋》，《中國歷史文物》2004年第2期；董珊：《任鼎新探——兼說亢鼎》。
[3] 蔡運章：《洛陽新獲西周卜骨文字略論》，《文物》2008年第11期。
[4] 何景成：《霸伯盂與周代皮幣制度》，《出土文獻》第11輯，上海：中西書局，2017年。
[5] 何景成：《禮儀文化在西周商品交換發展中的作用》，《社會科學》2020年第10期。
[6] 林澐：《〈先秦貨幣文字編〉序言》，《先秦貨幣文字編》，福州：福建人民出版社，2006年，頁1。

研究主要集中在文字釋讀、地望判斷、年代斷定等方面，而文字釋讀是基礎和關鍵。根據目前所見貨幣文字研究的情況，按照時間順序介紹有關成果。[1]

19世紀末—1949年 金屬鑄幣文字在早期的著錄中，文字釋讀多是臆測。直到清代乾嘉以後，古錢學家對金屬鑄幣的整理和研究做了許多有益的工作，才使貨幣研究進入一個真正的發展時期。這一階段文字考釋也取得了一些成果，諸家之說可參看丁福保《古錢大辭典》（1938）。[2] 之後，隨着考古學和古文字學的發展，戰國貨幣的釋讀有了新的進展，一些學者釋讀出關鍵性字詞，如郭沫若釋斜肩空首布"武采"[3] 等。

20世紀50年代—70年代 這一階段出現了幾部通論性著作，如王毓銓《我國古代貨幣的起源和發展》（1957）、鄭家相《中國古代貨幣發展史》（1958）、彭信威《中國貨幣史》（1965）、王獻唐《中國古代貨幣通考》（1979）等。在文字釋讀方面亦有創見，如彭信威指出梁鈢布"㡀"字所處的位置，"如果不是幣字，也應當是性質差不多的字"[4]。後來李家浩根據漢印及傳抄古文資料將此字釋爲"㡀"，讀"幣"。[5]

---

[1] 對於前人的成果，現代學者做過綜合性評述，如張文芳、吳良寳《二十世紀先秦貨幣研究述評》（《中國錢幣論文集》第4輯，北京：中國金融出版社，2002年）一文，從文字考釋、錢幣材料整理、通論性著作的撰寫、工具書的編纂、研究手段的進步與多樣化、重大疑難問題的突破與進展、研究組織的發展等方面，對一百多年來先秦貨幣研究的成果做了相對詳盡的概括總結。黃錫全、朱安祥《近十餘年先秦貨幣的重要發現與研究》（2015）一文，對2002—2014年間大陸地區先秦貨幣的新發現和研究成果，選擇性地摘要介紹，並附錄了近十餘年出版的著作與高校碩博論文，是重要的研究總結之作。此外，《中國錢幣》先後刊發了2007—2025年中國錢幣學貨幣史研究的綜述性文章，總結前一年錢幣學、貨幣史、出土與發現等方面的研究動態，其中對先秦貨幣研究的相關內容也多有涉及。

[2] 吉林大學曹磊博士的博士論文《晚清民國時期的戰國東方六國文字考釋研究》對《錢典》有很大的補充。

[3] 日本學者奥平昌洪《東亞錢志》（1938）的釋文采用郭沫若對錢文的釋讀，時有獨到之處，此觀點見於該書。

[4] 彭信威：《中國貨幣史》，頁39。

[5] 李家浩：《戰國貨幣文字中的"㡀"和"比"》，《中國語文》1980年第5期。

20世紀80年代—21世紀初 70年代以來，隨着考古新材料數量和範圍的擴大，古文字的研究逐漸由局部向全面展開。這一時期，研究參與者多，成果豐厚，貢獻突出，下面主要介紹關鍵釋讀成果。

裘錫圭《戰國貨幣考（十二篇）》（1978）考釋了"柰垣一釿"圜錢、"榆即"布、三孔布"南行陽""上艾""平臺""鴈次""上尃、下尃""阿""北九門""安陽""家陽""五阩""余""妚邑""邔與"等、"鄋"布、"膚虒"布、"殽"布、"鑄"布、"圁陽"布等，[1] 對以往不識或誤釋的疑難字進行了考釋，是貨幣研究的典範之作；[2]《平山中山王墓銅器銘文的初步研究》（1979，與朱德熙合作）根據中山王墓出土圓壺銘作"方數✦里"，鼎銘作"方數百里"，指出"✦"是"百"字，[3] 從而解決了幣文"百涅""百當寽"的釋讀難題；《戰國文字中的"市"》（1980）考釋了戰國文字中具有關鍵意義的"市"字。[4]

李學勤考釋幣文"𨛜"爲"曲"（1986），[5] 解決了"少曲"四字布、"上曲陽"、"下曲陽"等重要幣文的釋讀問題。

李家浩將舊釋爲"尚"的字改釋爲"㡀"，讀爲"幣"，并指出在戰國貨幣文字里，"幣"或借"比"字爲之；[6]《戰國𢍰布考》（1980）改釋了平首方足布的"𨛜"爲"𢍰"，讀爲"代"；[7]《戰國於疋布考》（1986）考釋"於疋"可以讀爲"烏蘇"，"邔陽"讀

---

[1] 裘錫圭：《戰國貨幣考（十二篇）》，《北京大學學報》1978年第2期；後收入《裘錫圭學術文集·金文及其他古文字卷》，上海：復旦大學出版社，2012年，頁205—229。

[2] 張文芳、吳良寶：《二十世紀先秦貨幣研究述評》，頁216。

[3] 朱德熙、裘錫圭：《平山中山王墓銅器銘文的初步研究》，《文物》1979年第1期。

[4] 裘錫圭：《戰國文字中的"市"》，《考古學報》1980年第3期；後收入《裘錫圭學術文集·金文及其他古文字卷》，頁339—340。

[5] 參李零：《戰國鳥書箴銘帶鉤考釋》，《古文字研究》第8輯，北京：中華書局，1983年，頁62注③。

[6] 李家浩：《戰國貨幣文字中的"㡀"和"比"》。

[7] 李家浩：《戰國𢍰布考》，《古文字研究》第3輯，北京：中華書局，1980年。

爲"沮陽","邔與"讀爲"且居";[1]《戰國貨幣考（七篇）》（1992）考釋了"鄙"布、"郈"布、"邸"布、"鄥"布、"邙"布、"鄥邟"布、"榦刀"布等,[2] 多有新見;《戰國开陽布考》（2004）考釋幣文"开"讀爲"軹","开陽"爲古代地名"軹陽"。[3]

張頷編纂有《古幣文編》（1986）。[4] 其文《魏布⿰⿱穴八⿱穴八布考釋》（1983）考釋"⿰⿱穴八⿱穴八"字爲"陝"字之異體,解決了困擾已久的釋讀難題;[5]《古幣文三釋》（1990）考釋了方足布幣文"郘""尚（長）子""唐是"。[6]

吳振武《戰國貨幣銘文中的"刀"》（1983）考釋了戰國貨幣文字中的"刀"字,[7] 糾正了長期以來的誤說;《説梁重釿布》（1991）認爲幣文所謂"夸"字是"冢"字省體,借爲"重";後又在其文《鄂君啓節"肭"字解》（1993）進一步論證戰國文字中從"冢"之字讀爲"重"音的合理性,爲當時此字的釋讀提供了重要參考;[8]《談戰國貨幣銘文中的"曲"字》（1993）系統梳理了戰國貨幣銘文中的"曲"字構形的由來,[9] 使"曲"字的釋讀更加明晰。

---

[1] 李家浩:《戰國於疋布考》,《中國錢幣》1986 年第 4 期。
[2] 李家浩:《戰國貨幣考（七篇）》,《中國錢幣學會成立十周年紀念文集》,北京:中國金融出版社,1992 年;後收入《著名中年語言學家自選集·李家浩卷》,合肥:安徽教育出版社,2002 年。
[3] 李家浩:《戰國开陽布考》,《古文字研究》第 25 輯,北京:中華書局,2004 年。
[4] 張頷:《古幣文編》,北京:中華書局,1986 年。
[5] 張頷:《魏幣⿰⿱穴八⿱穴八布考釋》,原載《古文字論集（初編）》,香港中文大學,1983 年;後載《中國錢幣》1985 年第 4 期;後收入《張頷學術文集》,北京:中華書局,1995 年,頁 116—121。
[6] 張頷:《古幣文三釋》,《中國錢幣論文集》第 2 輯,北京:中國金融出版社,1992 年;後收入《張頷學術文集》,北京:中華書局,1995 年,頁 112—113。
[7] 吳振武:《戰國貨幣銘文中的"刀"》,《古文字研究》第 10 輯,北京:中華書局,1983 年。
[8] 吳振武:《説梁重釿布》,《中國錢幣》1991 年第 2 期。吳振武:《鄂君啓節"肭"字解》,《第二屆國際中國古文字學研討會論文集》,香港中文大學,1993 年。
[9] 吳振武:《談戰國貨幣銘文中的"曲"字》,《中國錢幣》1993 年第 2 期。

吴榮曾《戰國布幣地名考釋三則》（1992）將橋形布" "字釋爲從每從山的"毎"字，即"魏"，[1] 爲此字的正確釋讀奠定了基礎。

何琳儀致力於戰國貨幣研究多年，其研究成果集中收録在《古幣叢考》。[2]《古幣叢考》共收録25篇論文，其内容"幾乎包括了先秦時代各地區的各類貨幣……在判斷各種貨幣的國别和時代方面，作者較前人有不少進步"。[3] 尤其是對貨幣文字的釋讀，全面而多卓見。

黄錫全長期致力於貨幣研究，成果豐碩，其研究成果集中體現在《先秦貨幣通論》（2001）、《先秦貨幣研究》（2001）和《古文字與古貨幣文集》（2009）三部著作中。[4]《先秦貨幣通論》在介紹先秦貨幣内容時注重吸收諸家的最新研究成果，是對20世紀後半段貨幣文字研究的總結；《先秦貨幣研究》收録了其有關先秦貨幣研究論文37篇，多有新見，且多收新品；《古文字與古貨幣文集》收集了19篇戰國貨幣研究論文。其後也有新的研究文章刊布，多是介紹新材料，研究新問題，如介紹新品三孔布"建邑""罰""郭"和"赤鞾"等。[5]

吴良寶師一直在從事先秦貨幣方面的研究，著有《中國東周時期金屬貨幣研究》（2005）和《先秦貨幣文字編》（2006）。[6] 不僅文

---

[1] 吴榮曾：《戰國布幣地名考釋三則》，《中國錢幣》1992年第2期。
[2] 何琳儀：《古幣叢考》，合肥：安徽大學出版社，2002年。
[3] 裘錫圭：《何琳儀〈古幣叢考〉讀後記》，《中國文物報》1999年11月17日。
[4] 黄錫全：《先秦貨幣通論》；黄錫全：《先秦貨幣研究》，北京：中華書局，2001年；黄錫全：《古文字與古貨幣文集》，北京：文物出版社，2009年。
[5] 黄錫全：《介紹一枚新品三孔布"建邑"》，《中國錢幣》2010年第1期。黄錫全：《介紹一枚"罰"字三孔布》，《中國錢幣》2012年第4期。黄錫全：《介紹一枚新見"郭"字三孔布》，《中國錢幣》2013年第2期。黄錫全：《新見實首布及有關問題》，《中國錢幣》2014年第4期。黄錫全：《"京"字弧襠布及有關問題》，《中國錢幣》2015年第2期。黄錫全：《圜錢"衛鉈"試析》，《出土文獻》第六輯，上海：中西書局，2015年。黄錫全：《介紹一枚新見多字圜權》，《出土文獻》第八輯，上海：中西書局，2016年。黄錫全：《介紹一枚新品"赤鞾"三孔布》，《漢字漢語研究》2023年第4期。
[6] 吴良寶：《先秦貨幣文字編》，福州：福建人民出版社，2006年。吴良寶：《中國東周時期金屬貨幣研究》，北京：社會科學文獻出版社，2005年。

字考釋成果突出，在涉及貨幣史、歷史地理學等問題上多有卓見。[1]其文《貨幣單位"釿"的虛值化及相關研究》（2011）仍是目前研究戰國貨幣單位的典範之作；《戰國文字資料中的"同地異名"與"同名異地"現象考察》（2014）將文字學與歷史學有機結合；《三孔布地名"武陽"新考》（2022，與馬孟龍合作）破除舊説，指出三孔布"武陽"非燕下都等。[2]

楚簡的發現與研究在近二三十年是熱點，也是創新點。楚簡研究的進步也推動了貨幣文字研究的進展。大概可以概括爲兩點：一是以楚簡新認識考釋貨幣未釋字或難識字；二是利用楚簡新認識確認貨幣地名地望。比較有代表性的是：陳劍根據上博簡諸篇內容考釋出"夲"爲"亢"字，從而確認橋形布幣文"夲"字改釋爲"亢"，讀爲"衡"，訓爲"平"或"正"，"衡釿"即其質量（重量）平正、可以作爲衡量標準的釿布。[3]劉剛根據白于藍對《郭店·窮達以時》簡文"板桱"可以讀爲"鞭箠"的認識，提出楚銅貝"夆朱"可以讀爲"錘銖"。"夆（錘）朱（銖）"表示的應該是三分之一銖金的價值。[4]趙平安根據慈利簡中"凡原埜戰陣，先卒後□"，"原埜戰陣"就是《管子·重令》中的"野戰"，證明"野"字作"埜"，

---

[1] 吳良寶：《戰國楚簡地名輯證》，武漢：武漢大學出版社，2010年。吳良寶：《出土文獻史地論集》，上海：中西書局，2020年。

[2] 吳良寶：《平肩空首布"帜"字考》，《古文字研究》第25輯。吳良寶：《空首布"坙"字考》，《〈內蒙古金融研究〉錢幣文集》第8輯，2006年。吳良寶：《野王方足布幣考》，《江蘇錢幣》2008年第1期。吳良寶：《"咎奴"方足小布補考——從新見成皋鼎銘説起》，《江蘇錢幣》2009年第2期。吳良寶：《貨幣單位"釿"的虛值化及相關研究》，《吉林大學社會科學學報》2011年第4期；又載《中國錢幣論文集》第6輯，北京：中國金融出版社，2016年。吳良寶：《戰國文字資料中的"同地異名"與"同名異地"現象考察》，《出土文獻》第5輯，上海：中西書局，2014年。吳良寶：《尖足布幣鑄造地及相關問題研究》，《史學集刊》2016年第2期。吳良寶、馬孟龍：《三孔布地名"武陽"新考》，《文史》2022年第4期。

[3] 陳劍：《試説戰國文字中的寫法特殊的"亢"和從"亢"諸字》，《出土文獻與古文字研究》第3輯，上海：復旦大學出版社，2010年，頁153—179。

[4] 劉剛：《楚銅貝"夆朱"的釋讀及相關問題》，《出土文獻與古文字研究》第5輯，上海：上海古籍出版社，2013年，頁444—452。

《古錢大辭典》三九著録一枚方足小布，幣文就是"野王"。[1]

我們在進行貨幣文字研究時，已有的貨幣文字編和研究類工具書爲我們研究提供了重要參考。文字編除了上文提到的《古幣文編》和《先秦貨幣文字編》，還有《先秦貨幣文編》（1983）。[2] 研究論著目録可參看徐在國編著《戰國文字論著目録索引》（2007），其中有"貨幣"專章。[3] 研究類工具書如何琳儀著《戰國古文字典》（1998）、李圃主編《古文字詁林》（1999—2005）、黃德寬主編《古文字譜系疏證》（2007）以及曾憲通、陳偉武師主編《出土戰國文獻字詞集釋》（2018）。[4]

金屬鑄幣文字的相關研究論著數量多達上百種，其研究内容不僅僅涉及文字釋讀，還涉及貨幣史、考古類型學、文獻學、經濟學、歷史地理學等方面，此不一一綴述。

（三）楚簡中的貨幣史料研究

目前已出楚簡近30批（見下文"楚簡史料來源"），公布有近萬支。從簡文内容看，大體可分爲簡牘典籍和簡牘文書兩類。[5] 典籍類有許多可與後世典籍對讀的篇目，如郭店簡《老子》、安大簡《詩經》等；還有許多與後世典籍有相類内容，如清華簡《楚居》《系年》等；還有一些能够補充典籍記載不足，如安大簡《仲尼曰》部分内容。文書類則多爲地方官府處理日常事務的文件，以包山楚簡最爲

---

[1] 趙平安：《談談戰國文字中用爲"野"的"冶"字》，《新出簡帛與古文字古文獻研究續集》，北京：商務印書館，2018年，頁113。

[2] 商承祚、王貴忱、譚棣華編著：《先秦貨幣文編》，北京：書目文獻出版社，1983年。

[3] 徐在國編著：《戰國文字論著目録索引》，北京：線裝書局，2007年。

[4] 何琳儀：《戰國古文字典：戰國文字聲系》，北京：中華書局，1998年。李圃主編，古文字詁林編纂委員會編纂：《古文字詁林》，上海：上海教育出版社，1999—2005年。黃德寬主編：《古文字譜系疏證》，北京：商務印書館，2007年。曾憲通、陳偉武主編：《出土戰國文獻字詞集釋》，北京：中華書局，2018年。

[5] 可參看李均明等著：《當代中國簡帛學研究（1949—2019）》，北京：中國社會科學出版社，2019年。

典型,其内容是"若干獨立的事件或案件的記録,是各地官員向中央政府呈報的檔案"。[1] 此外,常見的還有卜筮祭禱記録和遣策。而在上舉楚簡中,涉及貨幣史料的内容,主要集中在文書類簡牘中,涉及貨幣交易、借貸等信息。

在目前楚簡研究中,明確涉及貨幣内容的是關於包山楚簡中"金"問題的討論。后德俊從科技史角度對簡文中涉及的"金""黄金""足金"等詞含義做了考證,如黄金即專指現今所説的黄金,"金"爲金銀的泛稱等。[2]

"貸金簡"是包山楚簡中比較有特色的内容,其專門記録了地方向中央貸金糴種的事情,學者多有關注。既有討論文字釋讀的,如黄錫全先後撰文將貸金中的"刖"等字釋爲"間","間鎰"是鎰之中間,取義於鎰的一半,也就是中鎰、半鎰。[3] 李學勤指出包山楚簡中的"刖"等字,應釋作"辨",讀爲"半";衡量黄金用的環權,有半鎰銘文,實重八兩,説明黄金的"鎰"是十六兩,同於他國的斤。[4] 也有討論貸金活動内容的,如后德俊討論了簡文中向國庫貸款黄金的情況,並討論了由國家貸款糴種的原因以及所糴的爲水稻種子等問題。[5] 羅俊揚通過對貸金史料的分析,粗略地分析了楚國的金融狀況。[6] 羅運環對"貸金"之"金"的含義,貸金的雙方及手續以及貸金的數量與用途進行了分析。[7] 王穎通過對包山楚簡中關於"食田""煮鹽於海""關金""貸金"等材料的分析,認爲"當

---

[1] 朱曉雪:《包山楚簡綜述》,福州:福建人民出版社,2013年,頁6。
[2] 后德俊:《"包山楚簡"中的"金"義小考》,《江漢論壇》1993年第11期。
[3] 黄錫全:《試説楚黄金貨幣稱量單位"半鎰"》,《江漢考古》2000年第1期。黄錫全:《楚國衡制單位"間鎰"》,《中國錢幣》2000年第2期。
[4] 李學勤:《楚簡所見黄金貨幣及其稱量》,《中國錢幣論文集》第4輯,北京:中國金融出版社,2002年,頁61—64。
[5] 后德俊:《"糴種"考》,《中國農史》1995年第4期。
[6] 羅俊揚:《從包山楚簡貸金史料論楚國之金融》,《金融經濟》1997年第12期。
[7] 羅運環:《包山楚簡貸金簡研究》,《武漢金融》2005年第10期。

時楚國的土地私有已經合法化，農業、製鹽業和關稅制度都有國家的調控和規範等，商業貿易高度繁榮，貨幣經濟高度發展"。[1] 王准提出"貸金糴種"問題，對貸金的過程進行了確認，並認爲"糴種"的"種"可能指代穀物。[2]

綜上，楚簡中的貨幣史料相對較少，相關研究也比較單一，在以後的研究中應多關注新材料。

（四）新出秦簡與秦錢研究

典籍關於秦幣的記載，以《史記·平準書》和《漢書·食貨志》較爲詳，秦用黃金和半兩錢已成爲共識。關於秦幣的討論，大都未超出二書所言範疇。"半兩錢"實物的出土進一步驗證了秦用半兩錢的論斷。相較於有限的傳世典籍記載、單一的出土實物，豐富的簡牘記載爲秦幣研究帶來了新的發展。

關於秦簡牘的整理與研究，陳偉曾以世紀之交爲界，分爲前後兩個階段。在前一階段，資料以法律文獻、公私文獻、書籍爲主，海內外學界的研究以秦法律制度和擇吉習俗爲重心。後一階段，材料以里耶秦簡、嶽麓秦簡、北大秦簡爲主，是對以睡虎地秦簡爲代表的前期發現的重要補充和擴展。[3] 秦簡牘自睡虎地秦簡公布（1978）以來，一直備受學界關注，成果頗豐。[4] 關於秦幣的討論成果也很豐富，下

---

[1] 王穎：《從包山楚簡看戰國中晚期楚國的社會經濟》，《中國社會經濟史研究》2004年第3期。

[2] 王准：《包山楚簡"貸金糴種"問題的考察》，《中國農史》2016年第1期。

[3] 陳偉主編：《秦簡牘校讀及所見制度考察》"序"，武漢：武漢大學出版社，2017年，頁1—2。

[4] 具體研究論目可參看田静編《秦史與秦文化研究論著索引》（西安：西北大學出版社，2021年），該書搜集截至2019年有關秦史和秦文化研究的著作和論文目錄，全書80餘萬字，應是目前搜集最爲全面的秦簡研究工具書。中國社會科學院《中國史研究動態》編著的《中國史研究歷程·秦漢卷》（2022），將1981—2019年秦漢史研究概況輯錄刊印，其所刊行的內容與秦簡牘發現、發展研究進程是相一致的。

面將分不同研究主題展開。

關於秦幣基本問題的討論。睡虎地秦簡《秦律十八種》中有專門關於貨幣、財物方面的《金布律》，學者關注較多，討論多涉及貨幣名稱、貨幣單位、貨幣兌換、貨幣制度等問題。

首先是關於貨幣名稱"布"和"錢"的討論。吳榮曾認爲《金布律》中提到的布是布帛之布。[1] 魏德勝認爲《秦律十八種·金布律》的"擇行錢、布"不是在二者之間進行選擇，而是選擇錢、布中品質好的，即選擇美者、善者。[2] 張家山漢簡《二年律令·錢律》的公布，再次引起學者對"行錢"的關注。[3] 而後，陳偉武師指出"擇行錢、布"的"擇"當讀爲"釋"，訓爲捨棄，"擇行錢、布"就是捨棄不用（法定）流通的圜錢或布幣。[4] 除"行錢"外，學者關於"通錢"的討論也較多。[5]

其次是關於錢律的討論。秦簡牘中有許多法律文書，其中包括與貨幣直接相關的金布律或錢律，成爲學者討論的熱點問題之一。朱紅林指出："睡虎地秦簡的記載表明，當時流通領域使用的貨幣有銅錢、布帛和黃金。而到了漢初，布帛作爲法定貨幣早已退出流通領域，故張家山漢簡《錢律》的規定專門針對的就是黃金和銅錢。秦國時期還沒有出現專門的《錢律》，張家山漢簡《錢律》才是真正意義上的

---

[1] 吳榮曾：《從秦簡看秦國商品貨幣關係發展狀況》，《文物》1978年第5期。
[2] 魏慈德：《〈睡虎地秦墓竹簡〉雜考》，《中國文化研究》1997年第4期。
[3] 李均明：《張家山漢簡與漢初貨幣》，《中國文物報》2002年11年22日。吳榮曾：《秦漢時的行錢》，《中國錢幣》2003年第3期。閆曉君：《試論張家山漢簡〈錢律〉》，《法律科學》2004年第1期。沈剛：《走馬樓吳簡所見"具錢""行錢"試解》，《中國歷史文物》2006年第6期。丁光勳：《秦漢簡牘中記載的"行錢"與"行金"研究》，《西安財經學院學報》2013年第5期。
[4] 陳偉武：《秦簡所見貨幣史料校釋二題》，《中山大學學報（社會科學版）》2016年第2期。
[5] 張世超、張玉春：《"通錢"解》，《古籍整理研究學刊》1986年第4期。雷長巍：《秦漢簡牘法律文獻中的"通錢"》，《簡帛研究 二〇一八（春夏卷）》，桂林：廣西師範大學出版社，2018年。

'關於貨幣制度的專門立法'。"[1] 程維榮認爲《金布律》主要是有關貨幣與官府倉庫、財物管理等方面的法律，産生於秦，至漢後隨着《金布令》的頒布而遭冷落。[2] 羅運環則通過對比睡虎地秦簡《金布律》和張家山漢簡《錢律》，結合考古資料、傳世文獻及歷史背景，發現漢代貨幣制度較之秦代有繼承也有修訂，比秦律更加完善。[3] 陳松長將嶽麓秦簡、張家山漢簡中的相關律文與睡虎地秦簡《關市律》的内容進行比對分析，認爲《關市律》應爲"金布律"的内容，很可能是抄手誤記所致。[4]

第三，關於貨幣兑換、比值的討論。盛志剛利用張家山漢簡《算數書》中的一算術題，初步推測出"秦代黄金與錢幣的兑換率基本上是 1 比 5000，即一斤黄金兑换 5000 枚標準'半兩錢幣'"。[5] 于振波根據嶽麓秦簡甲盾比價，指出"貲一甲"與"貲二盾"是兩個不同的刑罰等級。貲甲、盾分爲四個等級：貲二甲、貲一甲、貲二盾和貲一盾。[6]

此外，關於貨幣制度也有一些新的探索，如陳偉對"入錢缿中"律相關簡文進行了斷讀和理解，提出了自己的意見，並指出在制度方面，"入錢缿中"律涉及的款項只是地方官府收入的一部分。[7] 郭浩認爲嶽麓秦簡"稍入錢"爲漸入之錢的意思，體現了秦漢政府現金管理的靈活性、成熟性。[8] 吴方基指出金布是秦代縣一機構，縣金布應爲列

---

[1] 朱紅林：《睡虎地秦簡和張家山漢簡中的〈金布律〉研究——簡牘所見戰國秦漢時期的經濟法規研究之一》，《社會科學戰線》2008 年第 1 期。
[2] 程維榮：《有關秦漢〈金布律〉的若干問題》，《蘭州大學學報（社會科學版）》2010 年第 4 期。
[3] 羅運環：《中國秦代漢初貨幣制度發微——張家山漢簡與睡虎地秦簡對比研究》，《武漢大學學報》2012 年第 6 期。
[4] 陳松長：《睡虎地秦簡"關市律"辨證》，《史學集刊》2010 年第 4 期。
[5] 盛志剛：《秦代金錢兑換率蠡測》，《東嶽論叢》2008 年第 1 期。
[6] 于振波：《秦律中的甲盾比價及相關問題》，《史學集刊》2010 年第 5 期。
[7] 陳偉：《關於秦與漢初"入錢缿中"律的幾個問題》，《考古》2012 年第 8 期。
[8] 郭浩：《秦漢時期現金管理芻議——以嶽麓秦簡、居延漢簡"稍入錢"爲例》，《中國社會經濟史研究》2013 年第 3 期。

曹之一，主管統計庫中的兵、車、工用器和少内機構中的器物、金錢等財物，核准縣屬各機構的國有資產增減情況的考核記錄——"課"。[1]

關於"物價"的研究。此"物價"是現代經濟學概念，指商品價值的貨幣表現。學者往往將文獻中的"某物直多少錢"的記載認爲是該物的價格。錢劍夫對先秦、秦代、兩漢和新莽時期的產品檢驗制度和物價管理及其特點進行了考述，其在考察秦代的物價管理時提到了《金布律》中的"各嬰其價"。[2] 于琨奇以簡牘資料爲依據考訂秦漢奴價，並將奴價與同時期的其他物價作比較，進行了綜合考察。[3] 日本學者崛毅通過對典籍、秦漢簡記載的物價資料進行對比，指出《九章算術》所記載的物價屬於戰國至秦朝時期。[4]

隨着秦簡材料的不斷公布，研究成果越來越豐富。温樂平的碩士論文運用文獻、考古資料系統地探討了秦漢時期的物價，文末附有《秦漢物價表》。[5] 丁邦友從物價史料的收集整理和研究、各類商品（產品）價格、幣制與物價的關係以及對物價的管理與調節三個方面進行了總結，但其中多是關於漢代相關研究。[6] 日本學者柿沼陽平通過分析，認爲戰國秦漢時期存在着固定官價、平賈（正賈）、實際價格三個層次的物價結構，除錢以外的所有財物均被納入以錢爲價值尺度的相應的物價制度。[7] 慕容浩討論了"平賈"的含義、制定機構層級和週期及其主要經濟作用。[8]

里耶秦簡作爲地方文書，裏面包含許多物價材料。王佳通過里耶

---

[1] 吳方基：《論秦代金布的隸屬及其性質》，《古代文明》2015年第2期。
[2] 錢劍夫：《秦漢的產品檢驗和物價管理》，《中國史研究》1987年第2期。
[3] 于琨奇：《秦漢奴價的考辨》，《中國社會經濟史研究》1987年第1期。
[4] （日）崛毅：《秦漢物價考》，《秦漢法制史論考》，北京：法律出版社，1988年。
[5] 温樂平：《秦漢物價研究》，江西師範大學2002年碩士學位論文。
[6] 丁邦友：《秦漢物價研究概述》，《中國史研究動態》2009年第3期。
[7] （日）柿沼陽平：《戰國秦漢時期的物價和貨幣經濟的基本結構》，《古代文明》2011年第2期。
[8] 慕容浩：《秦漢時期"平賈"新探》，《史學月刊》2014年第5期。

秦簡記載，結合傳世文獻，對秦時遷陵地區的糧價、"祠餘祭品"價、奴價進行了考察，認爲屯卒、刑徒及官府對於促進遷陵地區商業的發展貢獻較大。[1] 王勇梳理了秦奴婢、馬牛的買賣程式及相應違規行爲的懲罰措施。[2] 丁邦友、魏曉明合編《秦漢物價史料匯釋》，在前賢的基礎上，深入發掘傳世文獻中的秦漢物價史料，同時吸納新出土的簡牘中的秦漢物價史料，[3] 應是目前所見較爲豐富的秦漢物價資料集，也是目前所見的比較系統整理秦漢貨幣史料的參考書。劉鵬考證了秦簡牘中秦代的糧食價格，認爲粟米官定價格爲每石三十錢，市場價格以此爲基礎波動，並從糧價角度看出小農家庭生活壓力不小。[4] 孟祥偉則對睡虎地秦簡、里耶秦簡、嶽麓秦簡中的穀物、織物和甲盾價格進行了探討。[5]

與貨幣相關聯的貲贖刑罰。在律令文書中，賞罰問題比較突出，"貲錢""贖錢""購錢"等多見。在早期的研究中，學者多關注其作爲刑罰制度的討論。論者一般都認爲貲罰與贖刑有區別。但也有一種意見認爲，貲罰也是一種刑罰，是對犯罪行爲實行經濟制裁的法律手段，同時也適用於對某些經濟領域中違反一般法規的行爲。[6] 第二種意見認爲，秦代存在兩種懲治手段，對觸犯刑法的判以刑事處分，對違反制度、有嚴重過失的處以行政處分。贖刑是五刑之一，屬於前者；貲罰則屬後者。[7] 第三種意見認爲，貲罰懲處經濟和政治等方面的過失和一般違法行爲，是與貲贖既有共同點更有區別點的法律措

---

[1] 王佳：《里耶秦簡所見遷陵地區物價研究》，《江漢論壇》2015年第10期。
[2] 王勇：《嶽麓秦簡〈金布律〉關於奴婢、馬牛買賣的法律規定》，《中國社會經濟史研究》2016年第3期。
[3] 丁邦友、魏曉明編：《秦漢物價史料匯釋》，北京：中國社會科學出版社，2016年。
[4] 劉鵬：《簡牘所見秦的糧價與百姓生活》，《中國社會經濟史研究》2021年第2期。
[5] 孟祥偉：《秦代幣制與物價考述》，《中國錢幣》2022年第1期。
[6] 張銘新：《〈秦律〉中的經濟制裁——兼談秦的贖刑》，《武漢大學學報》1982年第4期。劉海年：《雲夢秦簡的發現與秦律研究》，《法學研究》1982年第1期。
[7] 朱紹侯、孫英民：《"居貲"非刑名辨——兼論秦律中的幾個問題》，《許昌師專學報》1982年第2期。

施，它是介於刑與斥責之間的懲處手段，與其他刑罰相輔相成，組成一張嚴密的法網。[1]

隨着里耶秦簡的大量經濟文書的公布，學者又多關注貲、贖本身的具體問題。張金光以里耶秦簡J1（9）1爲例，分析其文字結構，討論其基本內容，發現了一種非常規的貲、贖之罰的清償辦法——中途變更身份，"移成作居"制度。[2] 李均明結合新出秦簡資料，對貲罰的名目、適用標準、兌現方式以及"居貲"進行了探討，認爲貲罰爲財産刑，以貲甲、盾爲主，可以交錢及從事力役代替，名目繁多，貲戍爲其較重者。適用貲罰有法定標準，大多可量化等。[3]

秦漢賦役、會計制度研究。徭役貨幣化是我們對秦漢制度的一個基本認識，也一直是學者關注的重點。[4] 秦簡牘材料的公布，爲研究秦漢賦役制度提供了一些可靠的數據，其中比較明顯的就是芻藁税、算賦和"訾税"。[5]

里耶秦簡的公布爲秦代"算賦"的討論提供了新的材料。晉文對里耶秦簡中秦人家庭多妾和蓄婢現象進行了分析，指出算賦是向婦女專門徵收的賦。[6] 朱德貴則認爲秦統一之前，不存在所謂"算賦"之税

---

[1] 吕名中：《秦律貲罰制述論》，《中南民族學院學報》1982年第2期。臧知非：《貲刑變遷與秦漢政治轉折》，《文史哲》2006年第4期。

[2] 張金光：《秦貲、贖之罰的清償與結算問題——里耶秦簡J1（9）1-12簡小記》，《西安財經學院學報》2010年第4期。

[3] 李均明：《秦簡貲罰再探》，《出土文獻研究》第15輯，2016年。

[4] 黄今言：《秦漢賦役制度研究》，南昌：江西教育出版社，1988年。于琨奇：《秦漢"户賦""軍賦"考》，《中國史研究》1989年第4期。晉文：《秦代算賦辨析》，《山東師大學報》1988年增刊。周傳麗：《論秦朝的會計管理制度》，《河南大學學報》1996年第4期。

[5] 楊振紅：《從新出簡牘看秦漢時期的田租徵收》，《簡帛》第3輯，上海：上海古籍出版社，2008年。楊振紅：《從出土簡牘看秦漢時期的芻藁税》，《簡牘與古代史研究》，北京：北京大學出版社，2012年。于振波：《秦簡所見田租的徵收》，《湖南大學學報（社會科學版）》2012年第5期。郭妙妙、晉文：《秦漢女性服役問題新探》，《中國農史》2024年第6期。郭妙妙、晉文：《秦漢罷癃服役問題探析》，《中國經濟史研究》2024年第6期。

[6] 晉文：《秦代確有算賦辨——與臧知非先生商榷》，《中國農史》2018年第5期。晉文：《秦代算賦三辨——以近出簡牘材料爲中心》，《華中國學》2018年第2期。

目,統一之後,秦實行的是按丁口徵賦和按戶徵賦的雙軌徵收之制;並進一步指出秦漢按丁徵收之"百二十錢"之"賦",應稱爲"賦錢"。[1]

嶽麓簡首次披露了有關秦"訾稅"徵收情况。朱德貴、莊小霞分析認爲秦"訾算"並非"訾稅","訾算"只是"訾稅"徵收的前提條件。[2] 齊繼偉指出秦"訾稅"的徵收主要針對從事商業活動的黔首,田畝不在"訾稅"徵收之列。[3] 凌文超則認爲嶽麓秦簡中提到的"訾稅",是依據編户訾産臨時徵收的財産税,不可能是常稅。[4] 賈麗英則通過梳理秦至三國吳的材料,指出秦時通過自占家訾,以資財數額多少按比例爲徵。[5]

貨幣信用研究。一般認爲戰國秦漢時期高利貸活動是十分活躍的,但是秦簡材料顯示秦的借貸關係並非純粹的"封建高利貸關係"。[6] 朱紅林通過分析里耶秦簡中的十二份涉及居貲贖債的文書,認爲陽陵司空向遷陵方面索要這些戍卒的賦役時日記録,是爲了從戍卒的生活費用中扣除欠款,或者把握其服役返鄉的時間,以強迫其居貲抵債。[7] 朱德貴、齊丹丹通過分析嶽麓肆披露的一批有關秦律規範公私借貸行爲的法律文本,還特别指出了當時一些公職人員在出公差時向沿途"縣官"借貸糧草的歷史真相。[8] 此外也有學者關注到了債務的收息和償還問題。[9]

---

[1] 朱德貴:《秦漢簡牘所見"算賦""口賦"再探討》,《中國農史》2019 年第 2 期。

[2] 朱德貴、莊小霞:《嶽麓秦簡所見"訾稅"問題新證》,《中國經濟史研究》2016 年第 4 期。

[3] 齊繼偉:《秦漢"訾稅"補論》,《簡帛研究 二〇一七(春夏卷)》,2017 年。

[4] 凌文超:《秦"訾稅"平議》,《簡帛研究 二〇一八(秋冬卷)》,桂林:廣西師範大學出版社,2018 年。

[5] 賈麗英:《秦漢至三國吳的"訾稅"變遷》,《歷史研究》2019 年第 2 期。

[6] 張洪:《略談戰國秦漢時期的高利貸資本》,《齊魯學刊》1998 年第 2 期。

[7] 朱紅林:《里耶秦簡債務文書研究》,《古代文明》2012 年第 3 期。

[8] 朱德貴、齊丹丹:《嶽麓秦簡律令文書所見借貸關係探討》,《史學集刊》2018 年第 2 期。

[9] 石洋:《秦漢時期借貸的期限與收息週期》,《中國經濟史研究》2018 年第 5 期。張艷蕊:《簡牘所見秦漢時期債務償還問題芻議》,《史學月刊》2018 年第 6 期。

總體看，相較於秦以後的貨幣史料，典籍中秦的貨幣史料是相對較少的，秦簡的發現與公布在很大程度上彌補了這種不足。而且，現有研究成果也表明秦簡爲我們研究秦代幣制提供了第一手資料，取得了重要發現。

第二節　史料來源與整理方法

（一）史　料　來　源

1. 甲骨文、金文史料來源

　　自1899年王懿榮發現甲骨文已有一百二十餘年。我國學者在甲骨文資料的整理、著錄和考釋研究等方面都做了大量的工作，取得了丰碩成果。[1] 目前甲骨文的出土主要是河南殷墟和陝西周原兩地，公布的材料也以兩地出土的爲主，此外還有國内外博物館及私人收藏的甲骨。在搜集整理甲骨文的貨幣史料的工作之中，主要參考了《甲骨文合集》（1978—1983）、[2]《甲骨文合集釋文》（1999）、[3]《甲骨文合集補編》（1999）、[4]《周原甲骨文》（2002）、[5]《殷墟花園莊東地甲骨》（2003）、[6]

---

[1] 可參看劉一曼、韓江蘇：《甲骨文書籍提要（增訂本）》，上海：上海古籍出版社，2017年。王宇信：《新中國甲骨學七十年（1949—2019）》，北京：中國社會科學出版社，2019年。
[2] 郭沫若主編，胡厚宣總編輯，中國社會科學院歷史研究所編輯：《甲骨文合集》，北京：中華書局，1978—1982年。
[3] 胡厚宣主編，王宇信、楊升南總審校：《甲骨文合集釋文》，北京：中國社會科學出版社，1999年。
[4] 彭邦炯、謝濟、馬季凡編著：《甲骨文合集補編》，北京：語文出版社，1999年。
[5] 曹瑋編著：《周原甲骨文》，北京：世界圖書出版公司，2002年。
[6] 中國社會科學院考古研究所編著：《殷墟花園莊東地甲骨》，昆明：雲南人民出版社，2003年。

《上海博物館藏甲骨文字》（2009）、[1]《史語所購藏甲骨文字》（2009）、[2]《殷墟小屯村中村南甲骨》（2012）[3] 等。

青銅器的出土和整理研究在我國有悠久的歷史。20世紀中葉以來，隨着考古學和古文字學的發展，青銅器更是多有發現，學者整理研究成果豐厚。從《殷周金文集成》（1984—1994）、[4]《近出殷周金文集錄》（2004），[5] 到《近出殷周金文集錄二編》（2010）、[6]《新收殷周青銅器銘文暨器影彙編》（2006），[7] 再到近年來吳鎮烽主編《商周青銅器銘文暨圖像集成》（2012）、《商周青銅器銘文暨圖像集成續編》（2016）、《商周青銅器銘文暨圖像集成三編》（2020），[8] 都是不同時期青銅器整理彙編的集大成者。我們以此爲主要參考。

2. 東周金屬鑄幣史料來源

目前所發現的金屬鑄幣文字資料，既有科學考古發掘品，也有傳世品。考古發掘品又主要分爲墓葬與窖藏，這一類的文字資料散見於各類考古發掘報告，如《燕下都城址調查報告》[9]、《侯馬鑄銅遺址》（1993），[10] 它們能提供比較準確的貨幣存在信息，對幣文的釋讀、地望的確定、國別的判定以及斷代信息都有積極作用。[11] 傳世

---

[1] 上海博物館編，濮茅左編著：《上海博物館藏甲骨文字》，上海：上海辭書出版社，2009年。

[2] 中研院歷史語言研究所編：《史語所購藏甲骨集》，2009年。

[3] 中國社會科學院考古研究所編著：《殷墟小屯村中村南甲骨》，昆明：雲南人民出版社，2012年。

[4] 中國社會科學院考古研究所編著：《殷周金文集成》，北京：中華書局，1984—1994年。

[5] 劉雨、盧巖：《近出殷周金文集錄》，北京：中華書局，2002年。

[6] 劉雨、嚴志斌：《近出殷周金文集錄二編》，北京：中華書局，2010年。

[7] 鍾柏生、陳昭容：《新收殷周青銅器銘文暨器影彙編》，臺北：藝文印書館，2006年。

[8] 吳鎮烽：《商周青銅器銘文暨圖像集成》，上海：上海古籍出版社，2012年。吳鎮烽：《商周青銅器銘文暨圖像集成續編》，上海：上海古籍出版社，2016年。吳鎮烽：《商周青銅器銘文暨圖像集成三編》，上海：上海古籍出版社，2020年。

[9] 中國歷史博物館考古組：《燕下都城址調查報告》，《考古》1962年第1期。

[10] 山西省考古研究所：《侯馬鑄銅遺址》，北京：文物出版社，1993年。

[11] 《中國歷代貨幣大系·1先秦貨幣》中"資料"部分的"先秦貨幣出土情況表、3先秦鑄幣出土情況簡表"可供參考。（汪慶正主編：《中國歷代貨幣大系·1先秦貨幣》，頁1144—1152。）

品主要是通過錢譜著録或者個人收藏而流傳下來的。雖然這一品類的信息不完善，且真假有待辨識，但是作爲貨幣文字重要材料之一，也具有不容忽視的地位。下面我們將對東周金屬鑄幣的著録作簡要介紹。

　　古錢幣的搜集與整理在我國有着悠久的傳統，早在南朝時代就有此類著述，隋唐時期也多有著録，但均已亡佚。[1] 現存最早的古譜是南宋初年洪遵編寫的《泉志》，先秦古幣有些描繪變形，且幣文不識，但應是目前所見最早的著録。其後影響較大的要數晚清李佐賢的《古泉匯》，該書博采諸家泉拓，共收録東周至明代各類古泉 5003 品。[2] 到了民國時期，錢幣著録的集大成者是丁福保編著的《古錢大辭典》（1938），其上編收録古錢圖譜。[3] 雖然現代有更加完整的先秦貨幣著録書，但是《古錢大辭典》仍然具有很大的補充作用。

　　1949 年後，錢幣著作當推《中國歷代貨幣大系》。第一卷《先秦貨幣》（1988）部分，以時代爲序，按照布、刀、圜錢、金版等形制分爲 21 類，共計 4343 品先秦貨幣（含錢範）圖版，圖版下注明編號、幣名、出土時間地點、重量尺寸、資料來源等信息。[4] 該書基本上集中了存世的先秦貨幣的精華，是我國目前所見編録先秦貨幣資料最完整的著作。[5] 其後出版的《中國錢幣大辭典·先秦編》（1995）以綜合詞條爲綱，以具體錢幣詞條爲目，圖版選取有代表性的拓本，並附加構形略異的拓本，全書共收詞條 974 個，拓（圖）片 1500 餘件，是研究先秦貨幣的重要參考資料。[6] 但是此書在文字釋

---

[1] 參看王貴忱：《略論洪遵〈泉志〉的學術價值——兼談古代錢幣學文獻存佚情況》，《廣東圖書館學刊》1984 年第 1 期。

[2] 參看王貴忱：《〈古泉匯〉題記》，《中國錢幣文獻叢書——古泉匯、續泉匯》，上海：上海古籍出版社，1992 年。

[3] 丁福保：《古錢大辭典》，北京：中華書局，1982 年。

[4] 汪慶正主編：《中國歷代貨幣大系·1 先秦貨幣》。

[5] 李葆華：《集中國歷史貨幣之大成者——評〈中國歷代貨幣大系〉首卷〈先秦貨幣〉》，《中國錢幣》1989 年第 3 期，頁 63 轉 62。

[6]《中國錢幣大辭典》編纂委員會編：《中國錢幣大辭典·先秦編》，北京：中華書局，1995 年。

讀、選材、分類與定名、辨僞等方面存在一些疏誤，在引用時需要注意。[1]

除了大型著録書外，學者陸續以國别或貨幣類型爲單位進行專門的搜集整理。以國别爲單位，如朱華著《三晉貨幣》（1994）、山東省錢幣學會編《齊幣圖釋》（1996）、孟光耀等著《趙國貨幣》（2010）。[2] 以貨幣類型爲單位，如張弛著《中國刀幣匯考》（1997），黄錫全、董瑞合著《先秦貨幣匯覽·方足布卷》（2012）。[3]

此外，還有收録地方貨幣的資料彙編，如山西省錢幣學會編《中國山西歷代貨幣》（1989）、[4]《河南出土錢幣叢書》（1998—2012）、[5] 張弛《河北貨幣圖志》（1997）。[6] 各地博物館整理公布的所藏貨幣，如天津市歷史博物館編《天津市歷史博物館藏中國歷代貨幣》（1990）、上海博物館青銅器研究部編《上海博物館藏錢幣·先秦錢幣》（1994）、中國國家博物館編：《中國國家博物館館藏文物研究叢書·錢幣卷·先秦（上、下）》（2017）等。[7] 私人收藏出品的，

---

[1] 參看吴良寶：《〈中國錢幣大辭典·先秦編〉讀後記》，《〈内蒙古金融研究〉錢幣文集》第6輯，2006年。

[2] 朱華：《三晉貨幣》，太原：山西人民出版社，1994年。山東省錢幣學會編：《齊幣圖釋》，濟南：齊魯書社，1996年。孟光耀、趙建朝、姜苑：《趙國貨幣》，石家莊：河北人民出版社，2010年。

[3] 張弛：《中國刀幣匯考》，石家莊：河北人民出版社，1997年。黄錫全、董瑞編著：《先秦貨幣匯覽·方足布卷》，北京：北京出版社，2012年。

[4] 山西省錢幣學會：《中國山西歷代貨幣》，太原：山西人民出版社，1989年。

[5]《河南出土錢幣叢書》以河南省行政區劃爲若干分册，一地區的書稿篇幅不能成册者，與相關或相近地市的書稿合編出版。各册的内容以當地出土和發現的錢幣資料爲主，着重於對錢幣出土情况和出土錢幣類别種類、質地等的介紹，並對出土錢幣略作有獨到見解的分析研究，力求圖文並茂，突出全書的資料性和學術性。（胡國瑞：《〈河南出土錢幣叢書〉序》，蔡運章等著：《洛陽錢幣發現與研究》"序"，北京：中華書局，1998年，頁1—2。）

[6] 張弛：《河北貨幣圖志》，石家莊：河北人民出版社，1997年。

[7] 天津市歷史博物館編：《天津市歷史博物館藏中國歷代貨幣》，天津：天津楊柳青畫社，1990年。上海博物館青銅器研究部編：《上海博物館藏錢幣·先秦錢幣》，上海：上海書畫出版社，1994年。中國國家博物館編：《中國國家博物館館藏文物研究叢書·錢幣卷·先秦》，上海：上海古籍出版社，2017年。

如任一民、艾亮主編《緣聚三晉——山西私人收藏歷代貨幣珍品集》（2014）等。[1]

　　港澳台及海外也會有一些錢幣著録書出版，其中大部分爲私人收藏品，而這恰恰能爲我們提供珍稀圖版，但是目前對於此部分材料的獲取還比較困難。

　　3. 楚簡史料來源

　　古人"書於竹帛"。《左傳》曰："大事書之於策，小事簡牘而已。"[2] 20世紀50年代迄今，在湖北、湖南等地陸續發現20多批戰國楚簡。其出土、整理及刊布信息可見表1。

表1　楚簡牘出土刊布信息一覽表[3]

序號	出土/入藏時間	名稱	地點	數量/枚	主要內容	刊布信息
1	1951	長沙五里牌楚簡	湖南長沙五里牌 M406	38	遣策	中國科學院考古研究所撰：《長沙發掘報告》，北京：科學出版社，1957年。
2	1953	長沙仰天湖楚簡	湖南長沙仰天湖 M25	43	遣策	湖南省文物管理委員會：《長沙仰天湖第25號木槨墓》，《考古學報》1957年第2期。湖南省博物館等：《長沙楚墓》，北京：文物出版社，2000年。

---

[1] 任一民、艾亮：《緣聚三晉——山西私人收藏歷代貨幣珍品集》，太原：三晉出版社，2014年。

[2] 杜預注，孔穎達疏：《春秋左傳正義》卷1"隱公元年"，阮元《十三經注疏》，北京：中華書局，1980年，頁1704。

[3] 表格信息主要參考李均明等著：《當代中國簡帛學研究（1949—2019）》。

續　表

序號	出土/入藏時間	名稱	地點	數量/枚	主要内容	刊布信息
3	1954	長沙楊家灣楚簡	湖南長沙楊家灣M6	72（有字54）		湖南省文物管理委員會：《長沙楊家灣M006號清理簡報》，《文物參考資料》1954年第12期。湖南省文物管理委員會：《長沙出土三座大型木槨墓》，《考古學報》1957年第1期。湖南省博物館等：《長沙楚墓》，北京：文物出版社，2000年。
4	1957	信陽楚簡	河南信陽長臺關M1楚墓	148	書類（申徒狄和周公對話）和遣策	河南省文物工作隊：《我國考古史上的空前發現——信陽長臺關發掘一座戰國大墓》，《文物參考資料》1959年第9期。中國社會科學院考古研究所編：《信陽楚墓》，北京：文物出版社，1986年。
5	1965	望山楚簡	湖北江陵望山M1、M2	M1：207 M2：66	遣策卜筮祭禱	湖北省文物局文物工作隊：《湖北江陵三座楚墓出土大批重要文物》，《文物》1966年第5期。湖北省文物考古所等：《望山楚簡》，北京：中華書局，1995年。

續　表

序號	出土/入藏時間	名稱	地點	數量/枚	主要內容	刊布信息
6	1973	江陵藤店1號墓楚簡	湖北江陵藤店M1	24		荆州地區博物館：《湖北江陵縣藤店1號墓葬發掘簡報》，《文物》1973年第9期。
7	1977	曾侯乙墓竹簡	湖北隨縣擂鼓墩	240餘枚	遣策	隨縣擂鼓墩一號墓考古發掘隊：《湖北隨縣曾侯乙墓發掘簡報》，《文物》1979年第7期。湖北省博物館編：《隨縣曾侯乙墓》，北京：文物出版社，1989年。
8	1978	天星觀楚簡	湖北江陵天星觀M1	70餘	卜筮記録遣策	湖北荆州地區博物館：《江陵天星觀1號楚墓》，《考古學報》1982年第1期。
9	1980	臨澧九里1號楚墓竹簡	湖南臨澧縣九里M1	數十枚	遣策	文物編輯委員會編：《考古文物工作十年（1979—1989）》，北京：文物出版社，1991年。
10	1981—1989	九店楚簡	湖北江陵九店M56、M621	M56：164 M621：88	《日書》"季子女訓"	湖北省文物考古研究所編著：《江陵九店東周墓》，北京：科學出版社，1995年。湖北省文物考古所等：《九店楚簡》，北京：中華書局，2000年。

續　表

序號	出土/入藏時間	名稱	地點	數量/枚	主要內容	刊布信息
11	1982	馬山楚簡	湖北江陵馬山公社磚瓦廠 M1	1	遣策	荆州地區博物館：《江陵馬山磚瓦廠1號楚墓出土大批戰國時期絲織品》，《文物》1982年第10期。
12	1983	夕陽坡楚簡	湖南常德夕陽坡 M2	2	記事簡	楊啓乾：《常德市德山夕陽坡二號楚墓竹簡初探》，《求索》1987年增刊。
13	1986—1987	包山楚簡	湖北荆門包山大冢 M2	448（有字278）	文書、卜筮祭禱、遣策	包山墓地竹簡整理小組等：《包山2號墓竹簡概述》，《文物》1988年第5期。湖北省荆沙鐵路考古隊編：《包山楚簡》，北京：文物出版社，1991年。
14	1986—1987	秦家嘴楚簡	湖北江陵秦家嘴 M1、M13、M99	M1：7 M13：18 M99：16	卜筮祭禱、遣策	荆沙鐵路考古隊：《江陵秦家嘴楚墓發掘簡報》，《江漢考古》1988年第2期。
15	1987	慈利楚簡	湖南慈利縣城關石板村戰國墓 M36	1000餘	古籍	湖南省文物考古研究所等：《湖南慈利縣石板村戰國墓》，《考古學報》1995年第2期。 張春龍：《慈利楚簡概述》，《新出簡帛研究》，北京：文物出版社，2004年。

續　表

序號	出土/入藏時間	名稱	地點	數量/枚	主要內容	刊布信息
16	1992	老河口楚簡	湖北老河口仙人渡安崗村 M1	21	遣策	襄陽市博物館等：《湖北老河口安崗一號楚墓發掘簡報》，《文物》2017 年第 7 期。
17	1993	郭店楚簡	湖北荆門郭店村 M1	800 餘（有字 703）	古籍	荆州市博物館：《荆州郭店 1 號楚墓》，《文物》1997 年第 7 期。荆州市博物館編：《郭店楚墓竹簡》，北京：文物出版社，1998 年。
18	1994	上博楚簡	香港購得，入藏上海博物館	1600 餘	古籍	《戰國竹簡露真容》，《文匯報》1999 年 1 月 5 日。馬承源主編：《上海博物館藏戰國楚竹書（壹～玖）》，上海：上海古籍出版社，2001/2002/2003/2004/2006/2007/2008/2011/2012 年。
19	1994	新蔡楚簡	河南新蔡葛陵村	1500 餘	卜筮祭禱遣策	河南省文物考古研究所等：《河南新蔡平夜君成墓的發掘》，《文物》2002 年第 8 期。河南省文物考古研究所編：《新蔡葛陵楚墓》，鄭州：大象出版社，2003 年。

續　表

序號	出土/入藏時間	名稱	地點	數量/枚	主要內容	刊布信息
20	2002	九連墩楚簡	湖北棗陽吳店鎮 M2	1359	繪畫	湖北省文物考古所：《湖北棗陽市九連墩楚墓》，《考古》2003 年第 7 期。
21	2002	長臺關 7 號楚墓竹簡	河南信陽長臺關 M7		遣策	河南省文物考古所等：《河南信陽長臺關七號楚墓發掘簡報》，《文物》2004 年第 3 期。
22	2008	清華簡	入藏清華大學	2500 餘	《書》類文獻；《系年》《筮法》等	李學勤主編：《清華大學藏戰國竹簡（壹～拾肆）》，上海：中西書局，2010—2024 年。
23	2014	三眼井楚簡	湖南湘鄉市三眼井遺址古井	700 餘	文書	李丹、明星：《湖南考古發掘 700 多枚簡牘記録楚國衙署公文》，新華網，2015 年 1 月 23 日。
24	2015	安大簡	入藏安徽大學	1167	《詩經》《仲尼曰》《楚辭》等	安徽大學漢字發展與應用研究中心編：《安徽大學藏戰國竹簡（一～二）》，上海：中西書局，2019/2022 年。
25	2018	龍會河 M324 楚簡	湖北荆州龍會河北岸 M324	324	楚王史事；周武王、周公旦相關事迹	肖雨、祈慧：《荆州新出楚漢簡牘被公布爲"考古中國"重大項目》，荆州新聞網，2019 年 5 月 7 日。

续 表

序號	出土/入藏時間	名稱	地點	數量/枚	主要內容	刊布信息
26	2021	王家嘴楚簡	湖北荆州紀南鎮M798	3200	《詩經》《孔子曰》《樂》	荆州博物館：《湖北荆州王家嘴798號楚墓發掘簡報》，《江漢考古》2023年第2期。

從刊布的楚簡材料看，所涉貨幣史料的内容主要見於包山楚簡的文書及遣策類内容之中。相信隨着新材料的公布，楚簡中的貨幣史料會越來越豐富。

4. 秦簡史料來源及整理方法

秦簡牘的發現、整理與研究，深刻改變了秦國、秦代的文獻狀況和歷史認知，是中國現代學術史上的重大事件。[1] 從1975年湖北雲夢睡虎地秦墓出土秦簡牘開始，至2013年湖南益陽兔子山秦墓簡牘出土，至今已公布13批秦簡牘文獻，可見文字的簡牘數量超過20000枚。其中既有墓葬出土品，也有購藏的海外流失品；内容既有法律文獻，又有公私文書，還有日書、占夢書、病方等日常用書，還見《從政治經》等典籍文獻。其出土、整理及刊布信息可見表2。

表2　秦簡牘出土刊布信息一覽表[2]

序號	出土/入藏時間	名稱	地點	數量	主要內容	刊布信息
1	1975—1976	雲夢睡虎地秦簡	11號墓	簡1155枚，殘片80枚	《編年紀》《語書》《秦律十八種》《效律》	湖北省孝感地區文物考古訓練班：《湖北雲夢睡虎地十一座秦墓發掘簡報》，《文物》

---

[1] 陳偉等著：《秦簡牘整理與研究》"前言"，北京：經濟科學出版社，2017年，頁1。
[2] 表格信息參考李均明等著《當代中國簡帛學研究（1949—2019）》。

續　表

序號	出土/入藏時間	名稱	地點	數量	主要內容	刊布信息
1					《秦律雜抄》《法律答問》《封診式》《爲吏之道》《日書》	1976年第6期。睡虎地秦墓竹簡整理小組編：《睡虎地秦墓竹簡》，北京：文物出版社，1978/1990年。陳偉主編：《秦簡牘合集1·睡虎地秦墓簡牘》，武漢：武漢大學出版社，2014年。
2	1975—1976	雲夢睡虎地秦簡	4號墓	木牘2枚	私信	湖北省孝感地區文物考古訓練班：《湖北雲夢睡虎地十一座秦墓發掘簡報》，《文物》1976年第6期。睡虎地秦墓竹簡整理小組編：《睡虎地秦墓竹簡》，1978/1990年。陳偉主編：《秦簡牘合集1·睡虎地秦墓簡牘》。
3	1979—1980	青川郝家坪秦墓木牘	50號戰國秦墓	木牘2枚	《爲田律》、除道記録	四川省博物館、青川縣文化館：《青川縣出土秦更修田律木牘——四川青川縣戰國秦國墓發掘簡報》，《文物》1982年第1期。陳偉主編：《秦簡牘合集2·郝家坪秦墓簡牘》，武漢：武漢大學出版社，2014年。

續　表

序號	出土/入藏時間	名稱	地點	數量	主要内容	刊布信息
4	1986	天水放馬灘秦簡	1號秦墓	簡460枚	《日書》甲、乙；《志怪故事》	何雙全：《甘肅天水放馬灘戰國秦漢墓群的發掘》，《文物》1982年第2期。甘肅省文物考古研究所編：《天水放馬灘秦簡》，北京：中華書局，2009年。孫佔宇：《天水放馬灘秦簡集釋》，蘭州：甘肅文化出版社，2013年。陳偉主編：《秦簡牘合集4·放馬灘秦墓簡牘》，武漢：武漢大學出版社，2014年。
5	1986	江陵嶽山秦墓木牘	36號秦墓	木牘2枚	《日書》	湖北省江陵縣文物局、荊州地區博物館：《江陵嶽山秦漢墓》，《考古學報》2000年第4期。陳偉主編：《秦簡牘合集3·嶽山秦墓木牘》，武漢：武漢大學出版社，2014年。
6	1989	雲夢龍崗秦簡	6號秦墓	木牘1枚，簡150餘枚	竹簡内容關於禁苑、馳道、弩道、甬道、馬牛羊管理的規定，以及田贏賦稅的法律。木牘爲一份司法文書抄本。	梁柱、劉信芳：《雲夢龍崗秦簡》，北京：科學出版社，1998年。中國文物研究所、湖北省文物考古研究所編：《龍崗秦簡》，北京：中華書局，2001年。陳偉主編：《秦簡牘合集2·龍崗秦墓簡牘》，2014年。

續　表

序號	出土/入藏時間	名稱	地點	數量	主要内容	刊布信息
7	1991—1992	江陵楊家山秦簡	135號秦墓	簡75枚	遣策	荆州地區博物館:《江陵楊家山135號秦墓發掘簡報》,《文物》1993年第8期。
8	1993	江陵王家臺秦簡	15號秦墓	簡800枚,竹牘1枚	《歸藏》《效律》《日書》《政事之常》《災異占》等。	荆州地區博物館:《江陵王家臺15號秦墓》,《文物》1995年第1期。王明欽:《王家臺秦墓竹簡概述》,艾蘭、邢文編《新出簡帛研究》,北京:文物出版社,2004年。
9	1993	沙市周家臺秦簡	30號秦墓	簡381枚,木牘1方	《曆譜》《日書》《病方即其他》	湖北省荆州市周梁玉橋遺址博物館:《關沮秦漢墓葬清理簡報》,《文物》1999年第6期。湖北省荆州市周梁玉橋遺址博物館:《關沮秦漢墓簡牘》,北京:中華書局,2001年。陳偉主編:《秦簡牘合集3·周家臺秦墓簡牘》,2014年。
10	2002	里耶秦簡	1號古井	簡37000餘枚	秦朝洞庭郡遷陵縣政府檔案,内容包括政令、各級政府之間的往來文書、司	湖南省文物考古研究所、湘西土家族苗族自治州文物處、龍山縣文物管理所:《湖南龍山里耶戰國—秦代古城一號井發掘簡報》,《文物》2003年第1期。

續　表

序號	出土/入藏時間	名稱	地點	數量	主要内容	刊 布 信 息
10					法文書、吏員簿、物資登記和轉運、里程書等。	湖南省文物考古研究所：《湘西里耶秦代簡牘選釋》，《中國歷史文物》2003年第1期。河南省文物考古研究所：《里耶發掘報告》，長沙：嶽麓書社，2006年。湖南省文物考古研究所：《里耶秦簡（壹—貳）》，北京：文物出版社，2012/2017年。陳偉主編：《里耶秦簡牘校釋（第一、二卷）》，武漢：武漢大學出版社，2012/2018年。
11	2007	湖南大學嶽麓書院藏秦簡		編號2098，較完整1300餘枚	律令、占夢書、爲吏治官及黔首、質日等	陳松長：《嶽麓書院藏秦簡綜述》，《文物》2009年第3期。朱漢民、陳松長主編：《嶽麓書院藏秦簡（壹—叁）》，上海：上海辭書出版社，2010/2011/2013年。陳松長主編：《嶽麓書院藏秦簡（肆—柒）》，上海：上海辭書出版社，2015/2017/2020/2021年。

續　表

序號	出土/入藏時間	名稱	地點	數量	主要内容	刊布信息
12	2010	北京大學藏秦簡		竹簡762枚,木簡21枚,木牘6枚,竹牘4枚,木觚1枚	《從政經》《善女子之方》《製衣》《公子從軍》《隱書》《泰原有死者》、數學文獻、飲酒歌詩、數術方技類文獻、記賬文書等。	朱鳳瀚、韓巍、陳侃理：《北京大學藏秦簡牘概述》，《文物》2012年第6期。朱鳳瀚：《北大藏秦簡〈從政之經〉述要》，《文物》2012年第6期。李零：《北大秦簡〈泰原有死者〉簡介》，《文物》2012年第6期。韓巍：《北大秦簡中的數學文獻》，《文物》2012年第6期。陳侃理：《北大秦簡中的方術書》，《文物》2012年第6期。北京大學出土文獻與古代文明研究所：《北京大學藏秦簡牘》，上海：上海古籍出版社，2023年。
13	2013	湖南益陽兔子山遺址9號井簡牘	9號井	木牘1枚	秦二世胡亥繼位第一個月發布的詔書	張春龍、張興國：《湖南益陽兔子山遺址九號井出土簡牘概述》，《國學學刊》2015年第4期。張春龍等：《湖南益陽兔子山遺址九號井發掘簡報》，《文物》2016年第3期。

續表

序號	出土/入藏時間	名稱	地點	數量	主要内容	刊布信息
13						湖南省文物考古研究所、益陽市文物管理處:《湖南益陽兔子山遺址九號井發掘報告》,《湖南考古輯刊》第12輯,北京:科學出版社,2016年。

我們整理的材料以睡虎地、里耶和嶽麓秦簡的内容爲主,兼及被收録《秦簡牘合集》中的龍崗、郝家坪、周家臺秦簡等内容。

(二) 整 理 方 法

1. 文獻資料及相應方法

本書以貨幣史料爲研究對象,文字資料是基礎。我們對原始材料以及研究文獻資料進行搜集整理、分類彙編,全面獲取相關信息,並在此基礎上開展一系列研究工作。

2. 考古材料及相應方法

近年推動先秦史研究的很大因素依賴於考古新材料的發現、發掘和公布。我們所用的考古材料主要包括傳世古物以及近代科學發掘所獲的實物,及在此基礎上形成的認識。上揭甲骨文、金文以及簡牘材料大多是考古發掘實物。除了已經公開發表的實物材料,我們還通過實地考察以獲取保存在考古研究所、博物館等機構的資料。

第一章　甲骨文、金文所見貨幣史料

關於商周時期的貨幣使用，典籍多有記載：

> 農工商交易之路通，而龜貝金錢刀布之幣興焉……虞夏之幣，金爲三品，或黃、或白、或赤；或錢、或布、或刀，或龜貝。[1]
> 　　　　　　　　　　　　　　　（《史記·平準書》）
> 夏後以玄貝，周人以紫石，後世或金錢刀布。[2]
> 　　　　　　　　　　　　　　　（《鹽鐵論·錯幣》）
> 凡貨，金錢布帛之用，夏殷以前其詳靡記云。[3]
> 　　　　　　　　　　　　　　　（《漢書·食貨志》）
> 古者貨貝而寶龜，周而有泉，至秦廢貝行錢。[4]
> 　　　　　　　　　　　　　　　（《説文·貝部》）

漢代學者認爲，在秦統一以前，金、錢、布、刀、龜貝等都曾是貨幣。甲骨文、金文中大量"貝"字及其相關諸例的存在，尤其是實物"貝"的大量出土，也讓現代學者多認爲貝曾是商周時期使用的貨幣。

從現代貨幣理論來看，商周時期是否已使用貨幣？其貨幣形式有哪

---

[1] 司馬遷：《史記》卷30，北京：中華書局，1959年，頁1442。
[2] 桓寬撰集，王利器校注：《鹽鐵論校注》卷1，北京：中華書局，1992年，頁57。
[3] 班固：《漢書》卷24，北京：中華書局，1959年，頁1442。
[4] 許慎：《説文解字》卷6，北京：中華書局，2013年，頁125。

些？尚不能定論。但是作爲記錄當時社會情狀的甲骨文，從貨幣史料角度來看，從詞彙學的角度出發，"貝"及其所從之字，是值得關注的。學者也多有提及："凡與價值有關的字匯，多帶貝旁。所以在中國文字形成的時候，貝殼已是一種價值的代表了。"[1] "甲骨文及青銅器的銘文中，有很多關於貝的記載，説明貝在原始社會末期，經過夏、商到西周，一直受到重視。我國有關財富的漢字，往往從'貝'：如'寶''財''資'……"[2] 現將甲骨文、西周金文中與"貝"相關的史料進行彙編，結合已有的研究基礎，以期展示商周時期的某種經濟形態。

第一節　甲骨文所見"貝"字及相關諸例

甲骨文所見"貝"字的辭例數量有限，且有一部分辭例因文字涣散或殘損而難以準確釋讀。本節通過系統梳理已著錄甲骨材料，重點篩選出具有或疑似具有貨幣職能指徵的"貝"字辭例。同時，還關注到與"貝"字相關的如"賈""買"等具有經濟語義特徵的諸字，以增加我們對甲骨文中相關材料的認識。

一、貝　類[3]

甲骨文中的"貝"作"𠂤"（《合集》19895）、"𠀠"（《合集》11429）、"𠀠"（《合集》29694）等形，象貝有齒之形。羅振玉在

---

[1] 彭信威：《中國貨幣史》，頁9。
[2] 汪慶正主編：《中國歷代貨幣大系·1 先秦貨幣》"總論"，頁10。
[3] 汪慶正主編《中國歷代貨幣大系·1 先秦貨幣》、單育辰《説甲骨文中的"貝"》（《漢字漢語研究》2019年第3期）都曾對甲骨文中的"貝"及相關諸例進行過整理與考釋，爲我們提供了很好的參考。

《殷虛書契考釋》提及："象貝形，作⟨⟩者，與盂鼎同。作⟨⟩者，與貝父己爵同。"[1] 爲後人理解甲骨文"貝"字形態提供了關鍵參考。

目前已著録甲骨文中，"貝"有多種義項：一是表示本義，多與"朋"同出（見下文諸例）；二是用爲"敗"；三是指地名。[2] 現僅收録與"貝"本義相關的內容：

1. 庚戌卜，□貞：昜（賜）多女屮貝朋。（《合集》11438）
2. □□卜，争貞：令亳賈雞貝䋣……（《合集》18341）
3. □午……叀（惠）貝□……□䋣……（《合集》21969）
4. 甲午卜：龍䋣、貝。（《合集》22391+22242）
5. 叀（惠）貝十朋吉……（《合集》29694）
6. □取貝六百。
   遲取貝百。（《史購》320）
7. 丁亥卜，光取貝二朋。在正月。取。（《史購》327）[3]
8. ……□……圍不㞢，昜（賜）貝二朋。一月。

（《掇三》731）

在古代典籍記載中，"貝"通常以"朋"作爲計數單位。然而，關於"一朋"具體指多少枚"貝"，意見不一。《詩經・青青者莪》曰："既見君子，賜我百朋"，鄭箋："五貝爲朋。"[4]《漢書・食貨志》蘇林注："兩貝爲朋。"[5] 王國維根據甲骨文"朋"字字形，指出："余意古制貝、玉皆五枚爲一系，合二系爲一玨，若一朋。"[6]

---

[1] 羅振玉：《殷虛書契考釋》，轉引自于省吾主編：《甲骨文字詁林》，北京：中華書局，1996年，頁1876。
[2] 于省吾主編：《甲骨文字詁林》，頁1876—1878。
[3] 此條亦見於董作賓文，其出處有別。
[4] 鄭玄箋，孔穎達疏：《毛詩正義》卷10-1，阮元校刻：《十三经注疏》，頁422。
[5] 班固：《漢書》卷24，頁1178。
[6] 王國維：《說玨、朋》，《觀堂集林》，頁160—163。

即一朋有十枚貝。郭沫若也言："十貝爲朋。"[1] 從文字字形出發，結合考古發掘實物，學界目前多傾向於十貝一朋。

上述列舉的甲骨文中所記載的"賜貝"現象，與金文中的相關記載具有高度的一致性。同時，作爲祭祀用品的"鬯"與"貝"同時出現的情況，也與西周金文裏的某些賞賜銘文相契合，進一步凸顯了特定歷史時期禮儀制度與經濟制度之間的緊密聯繫。針對甲骨文中的"屮貝"，饒宗頤將其釋讀爲"侑貝"，指出："古禮饗賓時，每侑幣致饋，似殷時亦以貝爲侑。"[2] 從文化禮儀層面爲理解這一特殊表述開拓了新的視角。

談及甲骨文中"取貝"的含義及相關現象，董作賓曾展開系統研究與闡述：

> 貝在殷代，確爲重要貨幣，發掘所得，有孔可系者均屬之。侯家莊新出骨文，第五期卜辭有記取貝事：
> 丁亥卜，光取貝二朋。在正月。取。（版27，辭196）
> 此光，當是人名，疑即第一期卜辭中光國之人。辭記正月丁亥，光取貝二朋之事。又記取貝，在三期已有之，新出骨辭云：
> 𨒪取貝百。
> □取貝六百。（版17，辭151、152）
> 在早期卜辭中，貝爲貨幣，亦可參見一二。如：
> 取屮（有）貝。（藏百四，4）
> 庚戌，□貞：易（賜）多女（母），屮（有）貝朋。
> 由字體可證爲第一期辭，可知商人以貝爲貨布，在殷墟時期，是始終一致的。[3]

---

[1] 郭沫若：《郭沫若全集・考古編》，頁110。
[2] 饒宗頤：《殷代貞卜人物通考》，香港：香港大學出版社，1959年，頁426。
[3] 董作賓：《安陽侯家莊出土之甲骨文字》，《董作賓先生全集》甲編第二冊，臺北：藝文印書館，1977年，頁722。

由於卜辭內容有限，"取貝"的含義尚不能確認，但是"貝"可"取"，可"賜"，其應是具有某種功用的。

二、賈　類

甲骨文中的"賈"字多見，其形作"㓞"（《合集》777）、"㓞"（《合集》1090）、"㓞"（《花東》367）、"㓞"（《合集》4713）等。舊多釋爲"貯"，[1] 李學勤通過金文與文獻互證，提出該字應釋爲"賈"，[2] 學者多有所從。[3]

目前已著錄甲骨文中，所見"賈"字例：[4]

1. 賈入三……　　　　　　　　　　　　　　（《合集》371）
2. 賈入七十……　　　　　　　　　　　　　（《合集》671）
3. 甲午卜，爭貞：賈其㞢（有）㕢（憂）。

　　貞：賈亡㕢（憂）。

　　　　　（《合集》672+1403+7176+15453+《乙》2462）
4. 王賈以文。一月。　　　　　（《合集》1090-1091）
5. 貞：勿乎（呼）賈㱿䍃。　　　（《合集》3508）
6. 貞：叀（惠）□令取豕賈三。二告……（《合集》4525）
7. 辛巳卜，賓貞：賈其㞢（有）㕢（憂）。二告……

　　　　　　　（《合集》4691+《乙補》4197+4288）
8. 己亥賈受又（祐）。　　　　　　　（《合集》4692）

---

[1] 于省吾主編：《甲骨文字詁林》，頁1885—1887。

[2] 李學勤：《試論董家村青銅器群》，原載《文物》1976年第6期；《魯方彝與西周商賈》，《史學月刊》1985年第1期；《重新估價中國古代文明》，《人文雜誌》1982年第S期；《兮甲盤與駒父盨》，《新出青銅器研究》，北京：文物出版社，1990年；《包山楚簡中的土地買賣》，《中國文物報》1992年3月第3版。

[3] 裘錫圭：《釋"賈"》，《裘錫圭學術文集·金文及其他古文字卷》，頁440—443；原載"中國古文字研究會第九屆討論會"，1992年。彭裕商：《西周金文中的"賈"》。

[4] 目前諸家對"賈"的釋讀意見不一。現將辭例相對完整的用例加以著錄，以備學者審察使用。

9. 庚申卜，賓貞：令□□多賈入于……　　（《合集》4818）
10. 貞：乎（呼）取亳賈。　　（《綴集》357）
11. 丁卯卜，王貞：賈豆肩凡（興）业（有）疒（疾）。十二月……　　（《合集》9650）
12. 帚（婦）好賈入五十才（在）□。　　（《合集》10794）
13. □□卜，爭貞：令亳賈雞貝凸……　　（《合集》18341）
14. 癸丑卜，貞：翌乙卯多賈其延（延）陡凸自……
　　（《合集》19222）
15. 己巳卜，我貞：史戠賈。一　　（《合集》21586+《乙》5235）
16. ……賈延（延）馬二丙。辛巳雨，以亳。
　　（《合集》21777）
17. 叀（惠）賈豆令省向（廩）。　　（《屯南》T539）
18. 戊寅卜：王示賈成。　　（《天津》L307）
19. 丁未卜：新馬其于賈視，[1] 右用。一
　　丁未卜：新馬其于賈視，右不用。　　（《花東》7）
20. 丙寅卜：其御，唯賈視馬于癸子，惠一伐、一牛、一凸，
　　昌夢。用。　　（《花東》29）
21. 乙丑：自賈馬又（有）剢。
　　亡其剢賈馬。
　　隹（唯）左馬其又（有）剢。
　　又（右）馬其又（有）剢。
　　自賈馬其又（有）死？子曰：其又（有）死。（《花東》60）
22. 自賈乞。　　（《花東》63）
23. 癸酉：其又（右）騂于賈視。

---

[1] 此字形作"🐎"，根據裘錫圭的意見，甲骨文中的"見"和"視"是有區別的，立人形的"🐎"爲"視"，跪人形的"🐎"爲"見"。參見裘錫圭：《甲骨文中的見與視》，《裘錫圭學術文集·甲骨文卷》，頁444—448；原載《甲骨文發現一百週年學術研討會論文集》，北京：文史哲出版社，1999年。

　　　　丙子卜：或馼于賈視。　　　　　　　　　（《花東》81）
24. 賈壴有口，弗死。　　　　　　　　　　　　（《花東》102）
25. 庚戌卜：其匄（丐）禾馬賈。　　　　　　　（《花東》146）
26. 乙亥卜：弜呼多賈見（獻）。用。二　　　　（《花東》255）
27. 辛巳卜：子叀賈視用逐。用。獲一鹿。　　　（《花東》259）
28. 賈金。一　　　　　　　　　　　　　　　　（《花東》314）
29. 賈馬其東。二　　　　　　　　　　　　　　（《花東》522）

　　關於"賈"字的釋義，常被釋作人名、官名、地名或方國名。[1] 殷墟花園莊東地甲骨中涉及較多"賈"字的用例，學者討論也較多。整理者認爲其可能爲地名或人名。[2] 劉一曼、曹定雲釋爲"寧"，爲地名。該地產良馬，從武丁時代開始，就向殷都人貢馬匹，一直延續到殷代中期。[3] 朱鳳瀚釋爲"寧"，"多寧"是諸"寧某"的合稱，"寧"是氏名，也可能是一種特殊的身份或職事之稱。[4] 黃天樹認爲《花東》314"賈金"的"賈"是動詞，義爲交換。金很可能指青銅，"賈金"指交換青銅原料。[5] 林澐則認爲《花東》卜辭中的"多賈"也很有可能是"子"家族供養的私家商賈。"子"常向商賈索取珍貴之物。"賈壴"即"子"家族私家的"多賈"之一。[6] 章秀霞則認爲賈，人名或地名，商代人、地之名常常一致。卜辭中常見來自賈之馬，該地可能產馬，或因而形成了馬市，商人的馬匹有些就是通過交

---

[1] 于省吾主編：《甲骨文字詁林》，頁 1885—1887。

[2] 中國社會科學院考古研究所編著：《殷墟花園莊東地甲骨》，頁 1560。

[3] 劉一曼、曹定雲：《殷墟花東 H3 卜辭中的馬——兼論商代馬匹的使用》，《殷都學刊》2004 年第 1 期。

[4] 朱鳳瀚：《讀安陽殷墟花園莊東出土的非王卜辭》，《2004 年安陽殷商文明國際學術研討會論文集》，北京：社會科學文獻出版社，2004 年，頁 211—219。

[5] 黃天樹：《花園莊東地甲骨中所見的若干新材料》，《陝西師範大學學報》2005 年第 2 期。

[6] 林澐：《花東卜辭所見人物研究》，《古文字與古代史》第 1 輯，2007 年，頁 25—26。

換或買賣方式得到的。[1]

至於其中常見的"賈視馬",整理者理解爲"賈所獻之馬"。[2] 宋鎮豪將《花東》29 中釋爲"隹寧見馬于癸子",可能指寧所視中的癸子之馬。[3] 林澐則認爲"隹賈視"是"馬"的定語,也就是爲馬向子癸進行禦祭。當時馬是家族珍貴的財産,常常像爲家族成員占卜一樣卜其死與不死。[4] 可以説,對於花園莊東地"賈"及其相關詞語的研究,目前仍未有定論。[5] 但是材料的"賈金""賈雞貝甾"等内容確實值得關注。

三、買　類

甲骨文的"買"作"󰂀"(《合集》21185)、"󰂁"(《合集》11434)、"󰂂"(《合集》29420)等形,與《説文·貝部》"買,市也。從网、貝"[6] 的釋義相同。商承祚指出其造字本義,"象以網取貝之形"。[7]

目前已著録甲骨文中,所見"買"字例:

1. 戊寅[卜],丙:乎(呼)雀買……
   弓(勿)呼雀買?　　　　　　　　　　　(《合集》10976)
2. 其買,叀(惠)右駐。

---

[1] 章秀霞:《殷商後期的貢納、徵求與賞賜——以花東卜辭爲例》,《中州學刊》2008 年第 5 期。

[2] 中國社會科學院考古研究所編著:《殷墟花園莊東地甲骨》,頁 1560。

[3] 宋鎮豪:《甲骨文中的夢與占夢》,《文物》2006 年第 6 期。

[4] 林澐:《花東卜辭所見人物研究》,頁 24。

[5] 參看陳明:《花東甲骨卜辭字詞考釋匯纂及相關問題研究》,吉林大學 2019 年碩士學位論文,頁 534—535、544—555、570—572。禹劍:《殷墟花園莊東地甲骨刻辭語言文字總考》,天津師範大學 2020 年博士學位論文,頁 326—333。

[6] 許慎:《説文解字》卷 6,頁 127。

[7] 轉引自于省吾主編:《甲骨文字詁林》,頁 1890。

惠右馼。　　　　　　　　　　　　　（《花東》98）

3. ☒□弗買☒　　　　　　　　　　（《合集》21776）

4. 壬辰卜：買🈦，不酒？十二月。　（《合集》21185）

5. 弜買……狽騂……悔。　　　　　（《合集》29420）

6. 卟曰：其巳。

　　□貝用買車。

　　白兒車，由克買。　　　　　　（《文物》2008－11）

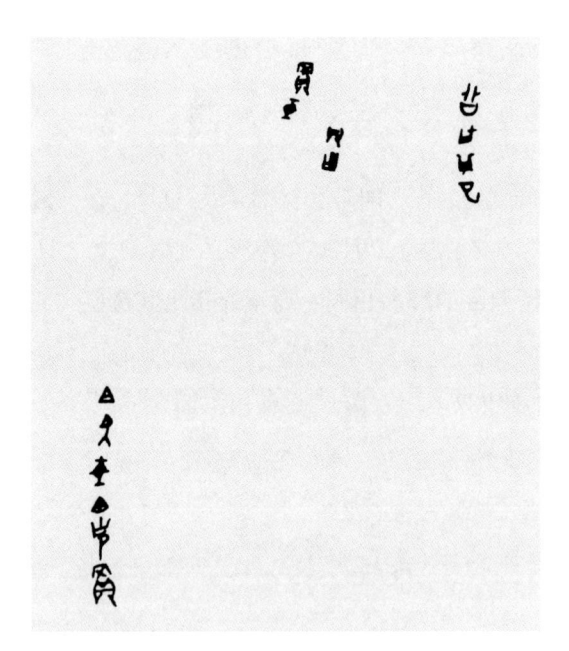

圖一　洛陽新見西周卜骨文字摹本

（來源：蔡運章文，第51頁）

　　甲骨文中關於"買"的記錄，其後所買之物，文字或殘泐不知，或不識，唯以洛陽出土西周卜骨所記爲用貝買車清晰可讀。蔡運章曾作詳細考釋：

　　　"👉"，當釋爲"卟"，殷墟卜辭未見，而習見於周原、邢臺西周甲骨文。《説文·卜部》："卟，卜問也。從卜，召聲。"其義與"貞"字同訓，或"應該讀爲卜兆之'兆'"。……"巳"，殷墟和西周甲骨文習見，以往或釋爲巳，或釋爲已。《説文》未見已字，已實由巳分化而來……或讀爲"祀"，或訓爲"止"，或釋爲"改"……這裏的"巳"當訓爲成、定之意。……"□貝用"句法猶如殷墟卜辭"叀茲豐用"。"貝用"即使用貝幣的意思。……"白兒車"，"白兒"爲人名。"白兒"，讀如伯貌。"白兒車"是指伯貌那裏的車。"由克買"，"由"，讀如思，通作斯，可釋爲"那麽"。"克"爲"能""能够"，表示某種可能性。"買"，購買。《説文·貝部》："買，市也。""由克買"與周原甲骨H11∶6"召曰竝由克事"中"由克事"句法相同。[1]

依蔡先生的意見，整條卜辭大意是：卜問説：大概能够成功確定吧？使用貝幣購買車輛可以吧？伯貌那裏的車，那麽能够買到嗎？如此，該條記録應是甲骨文中可確定貝能市買他物的力證。

唐冶澤提出了不同的釋讀意見：

卟曰：其巳（祀）？

囚貝，用／買車？

白（百）矢，車由（叀）克買？[2]

唐文認爲這是一段關於買車的卜辭，首先是卜問這事需要祭祀嗎？再問以若干枚貝買一輛車行不？最後用一百支箭矢買一輛車行不？按，甲骨文中"矢"字常見，作"𢎗"（《合集》20546）、"𢎗"（《合集》4787）、"𢎗"（《合集》23053）等形，[3] 其形如矢鏃狀明顯，[4] 此處作

---

[1] 蔡運章：《洛陽新獲西周卜骨文字略論》，頁50—52。
[2] 唐冶澤：《洛陽新出西周卜辭考釋及相關問題探索》，《四川文物》2009年第3期，頁54。
[3] 劉釗主編：《新甲骨文編（增訂本）》，福州：福建人民出版社，2014年，頁332。
[4] 于省吾主編：《甲骨文字詁林》，頁2527。

"𢼸",當不是"矢"字。河南安陽中國文字博物館展區釋文作:"卧曰其巳。□貝用買車。白(伯)兒車,由(斯)克買。"[1] 按,"兒"字形作"𠀃"(《合集》20534)、"𠀃"(《合集》3397)等,[2] 其上所從非閉口,應釋爲"兒"爲宜。

第二節　商周金文所見"貝"字及相關諸例

"貝"字廣泛存在於"易(賜)貝""商(賞)貝"等商周銅器賞賜銘文中。"貝"除了單稱外,也有在"貝"前加地名,如五齨貝(小臣謎簋《集成》4238)。"貝"後多加量詞"朋",但也有"鋝"。按照經濟學判斷貨幣的兩個基本職能:價值尺度和流通手段。"貝"作爲貨幣的兩個職能在西周金文中都有體現。雖然貝作爲賞賜品的出現,不足以定位其作爲貨幣的職能,但是諸家對金文中"貝"的記載仍然很關注。[3] 除了"貝"字的用例外,從"貝"的"賈""買""價""賵"等相關諸例,也引起學者的廣泛關注,討論也多圍繞商周時期的經濟活動展開。我們將相關資料加以整理,以備讀者查閱。

一、貝　類

商周金文中,"貝"的用例非常多,爲了便於觀察,現將諸例按

---

[1] 此條是 2023 年 8 月 26 日前往中國文字博物館時獲得的。見於"漢字源流繹古今"展區之"甲骨紀事"之"洛陽甲骨"。
[2] 劉釗主編:《新甲骨文編(增訂本)》,頁 508—509。
[3] 傅築夫:《中國經濟史資料　先秦編》,北京:中國社會科學出版社,1990 年,頁 276—281;汪慶正主編:《中國歷代貨幣大系·1 先秦貨幣》附錄三"甲骨卜辭、青銅器銘文中的'貝'字和有關貨幣的記載摘錄",頁 1157—1161。

照"貝"字前的動詞進行分類。大致分"賜貝""商（賞）貝""休貝""賚貝""賓貝""稟貝"和"贛貝"七類。

（一）賜貝

金文中表示賞賜義的"賜"，多寫作"$\mathcal{B}$（易）"。《說文·貝部》："賜，予也。從貝，易聲。"[1] "賜"從易聲，"易"可假借作"賜"。賜貝銘文從商代晚期一直持續到西周中期。

商周金文所見"易（賜）貝"表

器 名	出 處	時代	銘文內容	說 明
亞魚鼎	近出339	商晚	王易（賜）亞魚貝	
小子夆鼎	集成2648	商晚	子易（賜）小子夆王商（賞）貝，才（在）𢀛（次）	所"賜貝"爲"王賞貝"
寢䕳鼎	集成2710	商晚	乍（作）冊友史易（賜）嗇（䆁）貝	嗇，當爲地名
作册豊鼎	集成2711	商晚	王商（賞）乍（作）冊豊貝，大（太）子易（賜）東大貝	"賞貝"與"賜貝"同時出現
寢魚簋	近出454	商晚	王易（賜）帚（寢）魚貝	寢魚爲人名。還見於"寢魚爵"
作父己簋	集成3861	商晚	王易（賜）貝，才（在）管	
小子𣄰簋	集成3904	商晚	卿旋（史）易（賜）小子𣄰貝二百	

---

[1] 許慎：《說文解字》卷6，頁126。

續　表

器　名	出　處	時代	銘文內容	說　明
聽簋	集成 3975	商晚	王畲（飲）多亞。聽宫（享）京。邇易（賜）貝二朋	
肆簋	集成 4144	商晚	弜師易（賜）肆曹户賣貝	
望爵	集成 9094	商晚	公易（賜）望貝	
天黽靴角	集成 9100	商晚	子易（賜）天黽靴（坒）貝	疑"靴"爲地名
葡亞器角	集成 9102	商晚	王易（賜）葡（箙）亞器（虢）奚貝	"奚"爲地名
宰梘角	集成 9105	商晚	王才（在）管，王各（格），宰梘从，易（賜）貝五朋	
貝觚	集成 7310	商晚	貝隹（唯）易（賜）	句式倒裝，又見於"貝爵"
小臣邑斝	集成 9249	商晚	王易（賜）小臣邑貝十朋	
𨊠父鼎	集成 2454	西周早	王易（賜）𨊠父貝	
交鼎	集成 2459	西周早	交從䚄（獸），迷即王，易（賜）貝	
中鼎	集成 2458	西周早	侯易（賜）中貝三朋	
圉方鼎	集成 2505	西周早	匽（燕）侯易（賜）圉貝	
䍙鼎	集成 2506	西周早	王易（賜）䍙貝	

續　表

器　名	出　處	時代	銘文內容	説　明
作册䰧鼎	集成 2504	西周早	康侯才（在）柯𠂤（師），易（賜）乍（作）册䰧貝	
小臣伯鼎	近出 340	西周早	王姜易（賜）小臣伯貝二朋	
德方鼎	集成 2661	西周早	王才（在）成周，祉珷（武）裸自蒿，咸，王易（賜）德貝廿朋	
旅鼎	集成 2728	西周早	公才（在）盩𠂤（師），公易（賜）旅貝十朋	
不㐭方鼎	集成 2735	西周早	王才（在）上侯应，萊祼，不㐭易（賜）貝十朋	賓語前置
憲鼎	集成 2749	西周早	才（在）匽（燕），侯易（賜）憲貝、金	"貝""金"同現
小臣夌鼎	集成 2775	西周早	王至于达应，無譴，小臣夌易（賜）貝、易（賜）馬丙（兩）	
伯唐父鼎	近出 356	西周早	王饗蒡京……［唐父］蔑曆，易（賜）矩鬯一卣、貝廿朋	
瀕吏鬲	集成 643	西周早	妣休易（賜）毕（厥）瀕事（吏）貝	
伯矩鬲	集成 689	西周早	匽（燕）侯易（賜）白（伯）矩貝	
鼓甗	銘圖 3363	西周早	王朝［令］鼓事（使）于繇，易（賜）貝五朋	

續　表

器　名	出　處	時代	銘　文　內　容	說　明
保侃母簋	集成 3744	西周早	保侃母易（賜）貝于庚宫	
保侒母簋	集成 10580	西周早	保侒母易（賜）貝于庚姜	
圉簋	集成 3824	西周早	王秦于成周，王易（賜）圉貝	
㺨簋	集成 3905	西周早	□易（賜）㺨貝廿朋	
弞簋	集成 10581	西周早	公中（仲）才（在）宗周，易（賜）弞貝五朋	
史硌簋	集成 4030	西周早	王誥畢公，迺（乃）易（賜）史硌貝十朋	
奢簋	集成 4088	西周早	公似易（賜）奢貝，才（在）莽京	
榮簋	集成 4121	西周早	榮各（格），王休易（賜）氒（厥）臣父榮瓚、王裸、貝百朋	
郭伯揌簋	集成 4169	西周早	隹（唯）王伐逨魚，征伐潮黑，至燎于宗周，易（賜）壩白（伯）揌貝十朋	
小臣謎簋	集成 4238	西周早	白（伯）懋父承王令（命）易（賜）自（師）率征自五齵貝	"五齵"爲地名
遹觚	銘圖 9850	西周早	辛易（賜）遹（疑）王用殷貝	所"賜貝"爲"王用殷貝"

第一章　甲骨文、金文所見貨幣史料　　53

續　表

器　名	出　處	時代	銘文內容	說　明
藿姒觚	集成 7311	西周早	藿姒易（賜）商（賞）貝于姒	"商"讀爲"賞"，所"賜貝"爲"賞貝"
厈觶	集成 6509	西周早	厈易（賜）貝于公中（仲）	
庶觶	集成 6510	西周早	公中（仲）易（賜）庶貝十朋	
小臣單觶	集成 6512	西周早	王後坂克商，才（在）成自（師），周公易（賜）小臣單貝十朋	
叔夗尊	集成 5962	西周早	弔（叔）夗（貌）易（賜）貝于王姒	
敔簋	集成 4099	西周中	白（伯）氏賸（寵）[1]敔。易（賜）敔弓、矢束、馬匹、貝五朋	"賸"的方式
從鼎	集成 2435	西周中	白（伯）姜易（賜）從貝卅朋	
孟狂父鼎	近出 338	西周中	孟狂父休于孟員，易（賜）貝十朋	
剌鼎	集成 2776	西周中	王才（在）衣（殷）……啻（禘）昭王，剌御，王易（賜）剌貝卅朋	

---

［1］金文中多見的"賸"和"宨"等字，舊有"室""休""貢"等意見，今從陳劍，讀爲光寵之"寵"。陳劍：《釋琮及相關諸字》，《甲骨金文考釋論集》，北京：綫裝書局，2007 年，頁 279—316。

續表

器　名	出　處	時代	銘文内容	説明
伯姜鼎	集成 2791	西周中	王才（在）莽京溼宫，天子波室（寵）白（伯）姜，易（賜）貝百朋	"寵"的方式
鼄簋	集成 4159	西周中	公易（賜）鼄宗彝一肆、易（賜）鼎二、易（賜）貝五朋	
穆公簋蓋	集成 4191	西周中	穆公侑御，王兮（呼）宰□易（賜）穆公貝廿朋	
禹簋	近出 485	西周中	王弗朢（忘）應公室波室（寵）禹身，易（賜）貝卅朋，馬四匹	
師遽簋蓋	集成 4214	西周中	王乎（呼）師朕易（賜）師遽貝十朋	
夾簋	新收 1958	西周中	王穰㫃（厥）老夾曆，易（賜）玉十又二彀（玨）、貝廿朋	"玉""貝"同現
鬲尊	集成 5956	西周中	鬲易（賜）貝于王	

上揭諸例，"賜"均作"易"形。此外，還有"⿰貝皿（益）"形。益，馬承源指出："此爲易之繁體，象容器中有水溢出，爲益字的初文。後簡省大部分筆畫成爲易字，然聲義猶存，引申爲增益義，又引申爲賜予。"[1]

---

[1] 馬承源：《商周青銅器銘文選（三）》，北京：文物出版社，1988年，頁27。

器　名	出　處	時代	銘文內容	說　明
德鼎	集成 2405	西周早	王益（賜）德貝廿朋	
㳄簋	銘圖 5136	西周	公益（賜）㳄貝十朋，乃令（命）中㳄嗣三族，爲㳄室	
敖叔微簋蓋	集成 4130	西周中	敖弔（叔）微曩于西宮，益（賜）貝十朋	
叔德簋	集成 3942	西周中	王益（賜）弔（叔）德臣嬯十人、貝十朋、羊百	
夷伯夷簋	近出 481	西周晚	尸（夷）白（伯）尸（夷）于西宮，益（賜）貝十朋	

（二）商（賞）貝

金文中的"賞"，多寫作"商"，假借作"賞"；或作本字"賞"；或作"尚"。《說文·貝部》："賞，賜有功也。從貝，尚聲。"[1]"賞貝"多見於商代晚期至西周早期。

器　名	出　處	時代	銘文內容	說　明
嬰方鼎	集成 2579	商晚	嬰堇（覲）于王，癸日，商（賞）嬰貝二朋	
豐鼎	集成 2625	商晚	王商（賞）宗庚豐貝二朋	
嬰方鼎	集成 2702	商晚	丁亥，䚘商（賞）又正嬰（聯）嬰貝，才（在）穆朋二百	

---

[1] 許慎：《說文解字》卷 6，頁 126。

續　表

器　名	出　處	時代	銘文内容	説　明
戍㝬鼎	集成 2694	商晚	王令宜子會西方于省，隹（唯）反（返），王賞戍㝬貝二朋	
作册豐鼎	集成 2711	商晚	王商（賞）乍（作）册豐貝，大（太）子昜（賜）東大貝	"賞貝"與"賜貝"同時出現
戍嗣子鼎	集成 2708	商晚	王商（賞）戍嗣子貝廿朋，才（在）闌宗	
㘴鼎	新收 1566	商晚	王賓文武帝乙肜日，自闌侃，王返入闌，王商（賞）貝	
鄳鬲	集成 741	商晚	鄳莘□才（在）帚（寢），王光商（賞）鄳貝	
作册般甗	集成 944	商晚	王宜人（夷）方無敄，咸，王商（賞）乍（作）册般貝	
寢孜簋	集成 3941	商晚	王才（在）帚（寢），賞帚（寢）孜□貝二朋	
鄳簋	集成 3990	商晚	鄳尋貪，才（在）小圃，王光商（賞）鄳沚貝	疑"沚"爲地名
征角	集成 9099	商晚	妣商（賞）征貝	
啓尊	集成 5965	商晚	子光商（賞）啓貝	
臣高鼎	近出 335	西周早	王商（賞）臣高貝十朋	
鳶鼎	集成 2499	西周早	尹商（賞）鳶貝三朋	
獻侯鼎	集成 2626	西周早	唯成王大䄃才（在）宗周，商（賞）獻侯䫏貝	疑"䫏"爲地名

續 表

器 名	出 處	時代	銘文内容	説 明
征簋	集成 4020	西周早	我天君鄉（饗）甜酒，商（賞）貝，畀（厥）征斤貝	
作册矢令簋	集成 4300	西周早	乍（作）册矢令尊宜于王姜=（姜，姜）商（賞）令貝十朋、臣十家、鬲百人	
復鼎	集成 2507	西周早	侯賞復貝三朋	
燕侯旨鼎	集成 2628	西周早	匽（燕）侯旨初見事于宗周，王賞旨貝廿朋	
征人鼎	集成 2674	西周早	天君卿（饗）襫酒，才（在）斤，天君賞畀（厥）征人斤貝	
堇鼎	集成 2703	西周早	匽（燕）侯令堇飴大（太）保于宗周，庚申，大（太）保賞堇貝	
壆鼎	集成 2739	西周早	公賞壆貝百朋	
荆子鼎	銘圖 2385	西周早	王賞多邦白（伯），荆子麗（列），賞矩鬯卣、貝二朋	
攸簋	集成 3906	西周早	侯賞攸貝三朋	
御正良爵	集成 9103	西周早	公大（太）保賞御正良貝	
鴌鼎	銘圖 2373	西周早	公令（命）狩□□，鴌隻（獲）瓏豕，賞鴌貝二朋	
邐方鼎	集成 2709	西周早	王鄉（饗）酉（酒），尹光邐，隹（唯）各（格），尚（賞）貝	

（三）休貝

休，在金文中多作名詞，辭例爲"對揚王休"；也可用爲動詞，表示賞賜。唐蘭《論彝銘中的"休"字》指出："休字本訓爲美，沒有賜與的意義。不過，賜與總是一番好意，所以'休'字就用作好意的賜與，久之也就單用作賜予的解釋了。"[1]

1. 小臣夌鼎：召公建匽（燕），休于小臣夌貝五朋

（集成 2556，西周早）

2. 易旁簋：易旁曰：趙弔（叔）休于小臣貝三朋、臣三家

（集成 4042，西周中）

（四）釐貝

釐，訓賜也。《詩·大雅·江漢》："釐爾圭瓚"，注曰："釐，賜也。"[2] 後常作"賚"。賚，《說文·貝部》："賚，賜也。從貝，來聲。《周書》曰：'賚爾秬鬯。'"[3]

1. 睘鼎：晉侯令（命）睘追于倗，休又（有）禽（擒），侯釐睘虢胄、干、戈、弓、矢束、貝十朋

（近出 352，西周中）

2. 䚄簋：馭戎大出于楷，䚄搏戎，執訊隻（獲）馘。楷侯鞞（釐）䚄馬四匹、臣一家、貝五朋

（銘圖 5179，西周中）

3. 敔簋：王各（格）于成周大（太）廟，武公入右敔，告禽（擒）馘百，訊卌，王蔑敔曆，事（使）尹氏受（授）釐（釐）敔：圭、瓚、䡇貝五十朋，易（賜）田于敆（拎）五十田，于早五十田

（集成 4323，西周晚）

---

[1] 唐蘭：《論彝銘中的"休"字》，《唐蘭先生金文論集》，北京：紫禁城出版社，1995年，頁65。

[2] 鄭玄箋，孔穎達疏：《毛詩正義》卷18-4，阮元校刻：《十三經注疏》，頁573。

[3] 許慎：《說文解字》卷6，頁126。

（五）賓貝

金文中"賓"字義有四：一指客人。二指贈送，多指下級對上級，《國語·楚語下》："公貨足以賓獻。"注："賓，饗贈也。"《周禮·天官·大宰》："以九貢致邦國之用……二曰嬪貢。"注："嬪，貢皮帛之屬。"文獻或作儐，《儀禮·覲禮》："侯氏用束帛、乘馬儐使者，使者再拜受。"注："儐使者，所以致尊敬也。"疏："儐使者，是致尊敬天子之使故也。"《聘禮》："賓用束錦儐勞者，勞者再拜稽首受。"三指贈送的物品。四指人名。[1] 金文中的"賓貝"之"賓"應是第二種動詞用法。

1. 繁簋：公令繁伐于眔₌白₌（眔伯，眔伯）蔑繁曆，賓（儐）玻廿、貝十朋　　　　　　　　　　（集成4146，西周早）
2. 盂爵：佳（唯）王初秦于成周，王令盂寧鄧白（伯），賓（儐）貝　　　　　　　　　　　　　　（集成9104，西周早）

（六）稟貝

稟，即廩，予也。《廣雅·釋詁三》："廩，予也。"《淮南子·原道訓》："稟授無形。"高誘注："稟，給也。"[2]

1. 六年琱生簋：公氒（厥）稟貝，用獄諆（擾）爲白（伯），又（有）祇又（有）成，亦我考幽白（伯）、幽姜令

　　　　　　　　　　　　　　　　　　　（集成4293，西周晚）

（七）贛貝

《說文·貝部》："贛，賜也。從貝，竷省聲。"[3] 金文中的"贛"字，字形作"▨"，一般分析爲"矟"，讀爲"章"或"璋"。[4] 陳

---

[1] 陳初生編纂：《金文常用字典》，西安：陝西人民出版社，2004年，頁660—661。
[2] 馮時：《琱生三器銘文研究》，《考古》2010年第1期。
[3] 許慎：《說文解字》卷6，頁126。
[4] 郭沫若：《兩周金文辭大系圖録考釋》，《郭沫若全集·考古編》，頁44。黃盛璋：《穆世標準器——鮮簋的發現及其相關問題》，《徐中舒先生九十壽辰紀念文集》，成都：巴蜀書社，1990年，頁31—32。等等。

劍將此字改釋爲“竷（贛）”，訓爲賞賜。

1. 庚嬴鼎：王蔑庚嬴曆，易（賜）瓚、贛貝十朋

（集成 2748，西周早）

2. 鮮簋：王才（在）葊京，啻（禘）于昭王，鮮蔑曆，祼，王竷祼玉三品、貝廿朋　　（近出 482，西周中）

根據陳劍的意見，庚嬴鼎斷句作“賜瓚，贛貝十朋”，與前面的“賜”同樣表示賞賜物品。[1] 鮮簋的“贛”字，李學勤曾解釋爲從章聲，讀爲賞賜的“賞”。[2] 今從陳劍讀爲“贛”。記載的是王舉行祼祭，即把祼祭的玉、貝賞賜給鮮。[3]

二、賈　類

金文中的“賈”，作“”形，有釋“貯”和“賈”兩種意見。[4] 李學勤改釋爲“賈”。[5] 關於“賈”的釋義，李先生指出：

> “賈”字在銅器銘文中有四種用法：(1) 名詞，義爲價格、代價，如格伯簋“厥賈卅田”。《漢書・食貨志》注：“賈讀爲價。”(2) 動詞，義爲交换，如五祀衛鼎“汝賈田不?”與《左傳》襄公四年“土可賈焉”例同。(3) 名詞，義爲商人，如頌鼎“命汝官司成周賈廿家”、兮甲盤“其賈毋敢不即次即市”。

---

[1] 陳劍：《釋西周金文的“竷（贛）”字》，《北京大學古文獻研究所集刊（一）》，北京：燕山出版社，1999 年，頁 377。

[2] 李學勤、艾蘭：《鮮簋的初步研究》，《歐洲所見中國青銅器遺珠》，北京：文物出版社，1995 年，頁 420。

[3] 陳劍：《釋西周金文的“竷（贛）”字》，頁 377。

[4] 周法高主編：《金文詁林》，香港：香港中文大學出版社，1974 年，頁 4027—4034。周法高編撰：《金文詁林補》，“中研院”歷史語言研究所，1982 年，頁 2074—2100。李文佳：《〈金文詁林〉新補》，華東師範大學 2024 年博士學位論文，頁 183—184。

[5] 李學勤：《試論董家村青銅器群》、《重新估價中國古代文明》、《兮甲盤與駒父盨》、《魯方彝與西周商賈》。

(4) 名詞，國名，其出土地與文獻所載相合。[1]

我們重點關注金文中的前三種材料。

(一)"肇"賈

在西周金文中，有一類銘文，其中都有"肇賈"一詞。"肇"是金文中常見的虛詞，典籍中也多見，《爾雅·釋詁》："肇，始也。""賈"指"商賈"。[2] "肇賈"即指開始從事商賈活動。

1. 剌鼎：剌攽（肇）賈　　　　　　　（集成 2436，西周早）
2. 曼簋：曼攽（肇）賈，用乍（作）父乙寶䵼（尊）彝
　　　　　　　　　　　　　　　　　　（近出 455，西周早）
3. 沈子它簋：沈子肇敦狃賈嗇，乍（作）兹簋
　　　　　　　　　　　　　　　　　　（集成 4330，西周早）
4. 冉觶：冉攽（肇）賈　　　　　　　（集成 6508，西周早）
5. 甹卣：甹攽（肇）賈　　　　　　　（近出 995，西周早）
6. 鼓霉簋：□攽（肇）賈，罙子鼓霉䦼（鑄）旅簋
　　　　　　　　　　　　　　　　　　（集成 4047，西周早）
7. 齊生魯方彝蓋：齊生魯肇賈，休多嬴　（集成 9896，西周中）
9. 頤方彝：頤啓（肇）卿（饗）西（賈）百生（姓），牆（揚），用乍（作）高文考癸寶䵼（尊）彝，用鼦（申）文考剌（烈）　　　　　　　　　（集成 9892，西周早）

(二)"司"賈

金文中還有一類涉及"司賈"。朱鳳瀚將"賈"釋爲"貯"，"司貯"即主管其宗族之商業。[3] 黃錦前則認爲"司貯"即主管儲藏職

---

[1] 李學勤：《試論董家村青銅器群》注⑦。
[2] 李學勤：《魯方彝與西周商賈》。
[3] 朱鳳瀚：《射壺銘文考釋》，《古文字研究》第 28 輯，北京：中華書局，2010 年，頁 224—225。

事。[1] 黄錫全認爲"司貯（賈）"可以理解爲主管商儲買賣。[2] 從金文"司"字用例來看，"賈"還是釋爲名詞，"司賈"即管理與"賈"相關的事或人。

10. 射壺：佳（唯）九月初吉甲寅，皇君尹弔（叔）命射嗣（司）賈，乃事東（董）遟（徵）其工，乃事述遺念于蔡君子興用天尹之寵，弋（式）穡（蔑）射曆，易（賜）之金，用乍（作）朕皇考酈（麗）壺，其萬年子＝（子子）孫＝（孫孫）永寶用　　　　　（銘圖12443，西周晚）

11. 善夫山鼎：王曰：山，令（命）女（汝）官嗣（司）歔（飲）獻人于晃，用乍（作）害（憲）司賈，母（毋）敢不善；易（賜）女（汝）玄衣、黹屯（純）、赤巿（韍）、朱黄（衡）、䜌（鑾）旂　　　　（集成2825，西周晚）

射壺講述的是皇君尹叔對射的册命和賞賜。善夫山鼎講述的是王對善夫山的册命和賞賜。"善夫"爲西周時期的一種職官，《周禮·天官》："膳夫，掌王之食飲膳羞，以養王及后、世子。"[3] "司賈"應即"管理商賈"之義。[4]

（三）交換

12. 頌鼎：王曰：頌，令（命）女（汝）官嗣（司）成周賈廿家，監嗣（司）新寤（造），賈用宫御　　（集成2827，西周晚）

銘文"賈"出現兩次。《周禮·天官·大宰》："六曰商賈，阜通貨賄"，鄭注："行曰商，處曰賈。"成周賈應是成周内的賈。頌爲成

---

[1] 黄錦前：《射壺的年代與史事》，中國古文字研究會第21屆年會散發論文，2016年。
[2] 黄錫全：《射壺銘文及有關問題》，《古文字研究》第34輯，北京：中華書局，2022年，頁153—154。
[3] 孫詒讓撰，王文錦、陳玉霞點校：《周禮正義》，北京：中華書局，1987年，頁235。
[4] 此處句讀和釋義采取了鄭邦宏、喻遂生：《善夫山鼎"用作憲司賈"補説》，《中國文字研究》第23輯，上海：上海書店出版社，2016年，頁36。

周司賈一類的官。[1]"賈用"亦見於典籍中,《詩經·谷風》:"賈用不售",鄭箋云:"如賣物之不售。"物就是貨。[2]"監司新造,賈用宮御"的意思是監督掌管新進的貨物(賈用),以便爲宮中使用。[3]

13. 兮甲盤:王令甲政司成周四方責(積),至于南淮₌尸₌(淮夷,淮夷)舊我員(帛)晦人,母(毋)敢不出其員(帛)、其責(積)、其進人,其賈,母(毋)敢不即飾(次)即市,敢不用令(命),則(則)即井(刑)撲(撲)伐,其隹(唯)我者(諸)庆(侯)、百生(姓),氒(厥)賈,母(毋)不即市,母(毋)敢或入䜌(蠻)宄(宄)賈,則(則)亦井(刑)　　　(集成10174,西周晚)

銘文"賈"兩見。第一個賈當如上揭頌鼎中的"賈",指貨物。第二個"賈"指交易。《周禮·司市》:"司市掌市之治、教、政、刑、量度、禁令。……以賈民禁僞而除詐。"[4]

14. 五祀衛鼎:曰:"余舍(捨)女(汝)田五田。"正廼(乃)訊厲曰:"女(汝)賈田不(否)?"厲廼(乃)許,曰:"余審賈田五田。"　　　　　　　　　(集成2832,西周中)

15. 倗生簋(格伯簋):隹(唯)正月初吉癸子(巳),王才(在)成周,格白(伯)取良馬乘于䱻(倗)生,氒(厥)賈卅田　　　　　　　　　　　　　(集成4264,西周中)

16. 裘衛盉:隹(唯)三年三月既生霸(魄)壬寅,王爯旂于豐。矩白(伯)庶人取菫(瑾)章(璋)于裘衛,才(財)八十朋,氒(厥)賈,其舍(舍)田十田;矩或(又)取赤

---

[1] 劉桓:《釋頌鼎銘中册命之文——兼談寅字的釋讀》,《故宮博物院院刊》2002年第4期。
[2] 趙光賢:《周代社會辨析》,北京:人民出版社,1980年,頁225。
[3] 劉桓:《釋頌鼎銘中册命之文——兼談寅字的釋讀》。
[4] 孫詒讓撰,王文錦、陳玉霞點校:《周禮正義》,頁1054。

虎（琥）兩、麀粦（鹿）兩，粦（鹿）鞈一，才（財）廿
朋，其舍（舍）田三田　　　　　　　（集成 9456，西周中）

以上三器的"賈"都應該是作動詞"交易"義。"賈田"即用田交易。裘衛盉銘文記載矩伯的庶人從裘衛處取瑾璋，價值八十朋貝，作爲交易，要捨十田。矩伯又取二赤琥、二麀鹿、一鹿鞈，價值二十朋貝，要捨三田。學者多關注銘文中所涉土地買賣問題。[1] 但是其中明確"財多少朋"，涉及以貝論值的重要問題。[2]

三、買（賣）類

銘文中"買"字的出現，成爲研究西周商品交易的直接史料。以近來發現的亢鼎和任鼎爲重，學者多有關注。[3]

1. 亢鼎：乙未，公大（太）保買大琞于美亞，才（裁）五十朋。公令（命）亢歸美亞貝五十朋，與茅鬯、匜、罍、牛一。亞賓亢駢金二勻（鈞）　　　　　　（新收 1439，西周早）

銘文明確記錄了公太保從美亞那裏用五十朋貝買大琞。公命令亢給美亞貝五十朋，另外還給了能調酒的鬱（香料）一瓶、鬯酒一罍和

---

[1] 岐山縣文化館等：《陝西省岐山縣董家村西周銅器窖穴發掘簡報》，《文物》1976 年第 5 期。林甘泉：《對西周土地關係的幾點新認識——讀岐山董家村出土銅器銘文》，《文物》1976 年第 5 期。黃盛璋：《衛盉、鼎中"貯"與"貯田"及其牽涉的西周田制問題》，《文物》1981 年第 9 期。周望森：《西周的"貯田"與土地關係》，《中國經濟史研究》1991 年第 1 期。周祥：《重讀〈三年衛盉〉、〈亢鼎〉銘文——兼論中國貨幣的産生》，《中國錢幣》2019 年第 4 期。

[2] 蔡運章：《西周貨幣購買力淺論——兼談西周物價的若干問題》，《中國錢幣》1989 年第 1 期。

[3] 馬承源：《亢鼎銘文——西周早期用貝幣交易玉器的記錄》；黃錫全：《西周貨幣史料的重要發現——亢鼎銘文的再研究》；李學勤：《亢鼎賜品試說》；王冠英：《任鼎銘文考釋》；董珊：《任鼎新探——兼說亢鼎》；陳潔、祖雙喜：《亢鼎銘文與西周土地所有制》；章水根：《亢鼎中的"鬱"》；周祥：《重讀〈三年衛盉〉、〈亢鼎〉銘文——兼論中國貨幣的産生》，等等。關於兩則銘文的詳細討論可參看後文"西周金文中貨'貝'的確認"。

牛一頭。雖然其中未明確提及"貝",但因爲二"朋"的存在,主語應是指貝。

2. 任鼎:隹(唯)王正月,王才(在)氐(泜)。任蔑曆,事(使)獻爲(貨)于王,則畢買。王事(使)孟聯(聯)父蔑曆,易(賜)朕牲大牢,又鼏束、大芍(筟)、苞莑(貫)

(新收 1554,西周中)

銘文明確記錄了任使爲王獻貨,王將其貨全部購買的事情。[1]

四、賞(償) 類

1. 厚趠鼎:隹(唯)王來各(格)于成周年,厚趠又(有)賞于溓(濈)公,趠用乍(作)氒(厥)文考父辛寶蹲(尊)齋 (集成 2730,西周早)

銘文"賞",唐蘭考釋字當是從人賠聲。自是農具的一種,上作中形是其刺,金文追字常從㠯,可證。賞當讀如歸,歸字從自聲。《廣雅·釋詁三上》:"歸,遺也。"古書常用歸爲餽贈。[2] 趙平安和劉釗通過分析楚簡中的"償"和從"償"的諸字,指出銘文"賞"是"償"。[3] 而對銘文"厚趠有賞于溓公"的理解,趙文認爲"償"同"覭",[4] 劉文認爲"償"訓爲"鬻",意爲厚趠賣給了溓公某種

---

[1] 王冠英:《任鼎銘文考釋》。

[2] 唐蘭:《西周青銅器銘文分代史徵》,北京:中華書局,1986 年,頁 227。

[3] 周忠兵:《釋金文中的"鬻"》,《甲骨文與殷商史》第 5 輯,上海:上海古籍出版社,2015 年,頁 89—93。趙平安:《釋古文字資料中的"畣"及相關諸字——從郭店楚簡談起》,《中國文字研究》第 2 輯,2001 年,後收錄氏著《新出簡帛與古文字古文獻研究》,北京:商務印書館,2009 年,頁 106—113。劉釗:《釋"償"及相關諸字》,原載《中國文字》新 28 期,2002 年;後收錄氏著《古文字考釋叢稿》,長沙:嶽麓書社,2005 年,頁 226—237。

[4] 趙平安:《釋古文字資料中的"畣"及相關諸字——從郭店楚簡談起》,《中國文字研究》第 2 輯,2001 年。

東西，然後用得來的錢"作厥文考父辛寶尊盨"。[1]

2. 狱馭盨蓋：吳狱馭弟史邋馬，弗左，用乍（作）父戊寶隣（尊）彝　　　　　　　　　　（集成9300，西周早）

銘文"邋"，唐蘭考釋邋從貝追聲，疑當讀如歸。歸、追並從自聲。《廣雅·釋詁三上》："歸，遺也。"[2] 趙平安指出此字讀爲"價"，《玉篇·人部》："價，買也。"《周禮·地官·司市》："以量度成賈而徵價。"鄭玄注："價，買也。物有定賈則買者來也。"[3] 劉釗指出讀如"歸"產生的歧義，即："狱馭弟史是接受别人饋馬還是饋馬於人？如果是接受饋馬，銘文卻未記饋馬之人；如果是饋馬於人，那麼饋馬於人與緊跟着說的'用作父戊寶尊彝'有何關係？"並提出此字應釋爲"遺"。"遺"通作"鬻"，"遺馬"就是"鬻馬"，也就是"賣馬"。銘文意爲"弟史賣馬，没有差錯，（以賣馬的錢）用來作父戊寶尊彝"。[4]

3. 曶鼎：隹（唯）王四月既眚（生）霸，辰才（在）丁酉，井（邢）弔（叔）才（在）異，爲□□，事（使）氒（厥）小子諔以限訟于井弔（叔），我既賣女（汝）五［夫，效］父用匹馬、束絲，限許曰：氐剿（則）卑（俾）我賞（償）馬，效父剿（則）卑（俾）復氒（厥）束絲，贄、效父乃許贄曰：于王參門，□□木榜，用償（賠）徂（誕）賣絲（兹）五夫，用百㝵（鋝），非出五夫［剿（則）］旬（詢），廼（乃）咶又（有）旬（詢）剿鍰，井弔（叔）曰：才（哉），王人廼（乃）賣用償（賠），不逆付　　　　（集成2838，西周中）

---

[1] 劉釗：《釋"價"及相關諸字》，《古文字考釋叢稿》，頁234。
[2] 唐蘭：《西周青銅器銘文分代史徵》，頁270。
[3] 趙平安：《釋古文字資料中的"畲"及相關諸字——從郭店楚簡談起》，頁108。
[4] 劉釗：《釋"價"及相關諸字》，《古文字考釋叢稿》，頁235。

銘文中的"賣"共三見，其形作"🔣"。銘文記載用"匹馬束絲"交換"五夫"，成爲西周金文中表示物物（商品）交換的真實案例，備受學者關注。[1] 至於"賣"的含義，大概分爲兩種意見：一是"䞼"，訓爲交換；二是"買"。

裘錫圭從包山楚簡的"🔣"類字出發，對西周金文中釋爲"賣/價"的字進行分析，認爲用爲"賣"字聲旁、後來訛變爲"𡎴"的"𡎴"，就是甲骨文的"𡎴"字。結合其字形與"賣"的字音來看，象"止"（趾）在"𠂤"上的"𡎴"似應是"踰"的表意初文，表示超踰、踰越之意。並指出上古時代錢幣未通行時，貿易通常是一種以物易物的交換行爲，交換雙方每一方都既有交換出去的東西，也有交換進來的東西，"賣/價（鬻）"有買賣二義，是很自然的。[2] 按照裘先生意見，上舉三器的"賣/價"都應當作"買"講。

五、賉 類

金文中有一組從貝從𡶛或從𡶛增減的異體字。由於其多出現在交易、賞賜、訴訟等銘文中，尤其是其後多帶重量單位"鋝"，學者多認爲與貨幣有關。[3]

1. 曶鼎：于王參門，□□木榜，用徵（賉）叱（誕）賣絲（兹）

---

[1] 參看徐子黎：《西周關涉土地制度類金文集注及疑難字詞專題研究》，華東師範大學2018年博士學位論文，頁125—137。

[2] 參看裘錫圭：《說從"𡎴"聲的從"貝"與從"辵"之字》，《文史》2012年第3期。

[3] 王毓銓：《中國古代貨幣的起源和發展》，北京：中國社會科學出版社，1990年。馬承源：《說賉》，《古文字研究》第12輯，北京：中華書局，1995年。朱鳳瀚：《西周金文中的"取徹"與相關諸問題》，《古文字與古代史》第1輯，2007年。趙平安：《商周時期金屬稱量貨幣的自名名稱及其嬗變》，《文字·文獻·古史——趙平安自選集》，上海：中西書局，2017年。鄧佩玲：《西周金文文例"取△若干鋝"試探》，《中山大學學報（社會科學版）》2017年第3期。謝明文：《說𡶛及相關諸字》，《文史》2020年第3期。等等。

五夫，用百寽（鋝），非出五夫［則（則）］旬（詢），廼（乃）啻又（有）旬（詢）鞫金，井邘（叔）曰：才（哉），王人廼（乃）賓用徣（賜），不逆付　　（集成2838，西周中）

2. 羚簋：隹（唯）正月初吉丁丑，昧爽，王才（在）宗周，各（格）大（太）室，祭邘（叔）右羚即立中廷，乍（作）冊尹冊命羚，易（賜）䜌（鑾），令邑于奠（鄭），啟（訊）訟，取遵（賜）五寽（鋝）　　　（銘圖5258，西周中）

3. 楚簋：隹（唯）正月初吉丁亥，王各（格）于康官，中（仲）侚（倗）父內（入）又（右）楚立中廷，內史尹氏冊命楚赤⊕市（韍）、䜌（鑾）旂，取遵（賜）五寽（鋝），嗣（司）奔（莽）啚（鄙）官（館）、內師舟　（集成4246，西周中）

4. 趞簋：唯三月王才（在）宗周，戊寅，王各（格）于大（太）朝（廟），密邘（叔）右趞即立，內史即命，王若曰：趞，命女（汝）乍（作）鬱（齒）𠂤（師）冢（冢）嗣（司）馬，啻（適）官僕、射、士，啟（訊）小大又（有）陛（隣），取遵（賜）五寽（鋝），易（賜）女（汝）赤市（韍）幽亢（衡）、䜌（鑾）旂，用事　（集成4266，西周中）

5. 揚簋：王若曰：揚，乍（作）嗣（司）工，官嗣（司）量（量）田佃、眔嗣（司）宔（位）、眔嗣（司）芻、眔嗣（司）寇、眔嗣（司）工史（事），賜（賜）女（汝）赤⊕市（韍）、䜌（鑾）旂，啟（訊）訟，取遵（賜）五寽（鋝）　　　　　　　　（集成4295，西周中）

6. 番生簋：王令（命）𩰚嗣（司）公族、卿事（士）、大（太）史寮（寮），取遵（賜）廿寽（鋝），易（賜）朱市（韍）

（集成4326，西周中）

7. 㝬簋：今余隹（唯）䌛（申）先王命＝（命命）女（汝）掫嗣（司）西扁（偏）嗣（司）徒，啟（訊）訟，取徣（賜）十寽（鋝），敬勿灋（廢）朕（朕）命。易（賜）女（汝）䣢

卣、赤市（韍）、幽黄（衡）、攸（鋚）勒

（銘圖5386，西周中）

8. 㝬簋蓋：佳（唯）正月乙子（巳），王各（格）于大（太）室，穆公入右㝬，立中廷，北卿（嚮），王曰：㝬，令（命）女（汝）乍（作）䣙（司）土，官䣙（司）耤田，易（賜）女（汝）㝬（織）衣、赤 ⊗ 市（韍）、䜌（鑾）旂、楚徒（走）馬，取䙷（賵）五寽（鋝），用事

（集成4255，西周中）

9. 毛公鼎：王曰：父厝，巳（已）曰，伋（抄）兹卿事寮、大（太）事寮于父即尹，命女（汝）䇂䣙（司）公族，雩（與）參（三）有䣙（司）、小子、師氏、虎臣，雩（與）朕（朕）褻事，吕（以）乃族干（捍）敔王身，取䙷（賵）卅寽（鋝），易（賜）女（汝）秬鬯一卣　（集成2841，西周晚）

10. 豦簋：唯正月，辰才（在）甲午，王曰：豦，命女（汝）䣙（司）成周里人眔者（諸）侯、大亞，訊訟罰，取䙷（賵）五寽（鋝），易（賜）女（汝）尸（夷）臣十家，用事

（集成4215，西周晚）

此組銘文中出現了"䙷""遱""賮""遺""遖"等從"賮"的字。謝明文系統考察了金文中從"㞢"諸字例，認爲諸形所從爲"㞢"。[1] 關於其所指，王毓銓認爲"金文中的賮（䙷、遺）或許就是這種包金銅貝"。[2] 馬承源認爲："䙷"爲"賵"之本字，假爲"鋝"，"是有一定重量值的貨幣名稱，這種貨幣自然應該理解爲金屬稱量鑄幣"。[3] 朱鳳瀚認爲："'取䙷'之'䙷'字，有簡、繁不同字形，但從其基本形體賮看，是一個從㞢、從貝會意而又以㞢爲讀音

---

[1] 謝明文：《說㞢及相關諸字》。
[2] 王毓銓：《中國古代貨幣的起源和發展》，頁26。
[3] 馬承源：《說賵》，頁173。

（即音尚）的會意兼形聲字。作名詞時是以資財、財產爲字義。"[1] 趙平安將諸字形體進行比對，認爲"還是隸定爲從貝從徵爲好。貝，顯示它與貨幣有關"。[2]

附：西周金文中貨"貝"的確認

1998 年上海博物館購亢鼎於香港古玩肆，因爲其銘文内容涉及用貝買大琎的記載。一經公布，便引起學界的廣泛關注。[3] 其拓本如下：

---

[1] 朱鳳瀚：《西周金文中的"取徵"與相關諸問題》，頁 200。
[2] 趙平安：《商周時期金屬稱量貨幣的自名名稱及其嬗變》，頁 242。
[3] 馬承源：《亢鼎銘文——西周早期用貝幣交易玉器的記録》，頁 121；黄錫全：《西周貨幣史料的重要發現——亢鼎銘文的再研究》；李學勤：《亢鼎賜品試說》；董珊：《任鼎新探——兼説亢鼎》；陳潔、祖雙喜：《亢鼎銘文與西周土地所有制》；章水根：《亢鼎中的"鬱"》。周祥：《重讀〈三年衛盉〉、〈亢鼎〉銘文——兼論中國貨幣的產生》，等等。

現綜合諸家意見，將相關銘文釋讀如下：

乙未，公大（太）保買大琅[1]于羑亞，才（裁）五十朋。公令（命）亢歸羑亞貝五十朋，以苞[2]捧[3]、鬯、罋、牛一。亞賓亢骿金二匀（鈞）。亞賓亢羋（骿）金二匀（鈞）。亢對亞宜，用乍（作）父己，夫册。

銘文中的"買"和"才"對於銘文性質的判斷很重要。馬承源指出銘文中的"買字用爲買賣交易之義，金文中以亢鼎爲初見"。[4] 黄錫全也認爲："買字在文句中的位置，就是購買，字義非常明確。這是西周金文最早出現直接記錄買賣的文字。"[5] 兩位的意見基本説明了亢鼎在西周貨幣研究中的關鍵作用。

銘文"才五十朋"，馬承源認爲才讀爲財，是大琅的交換價值，即五十朋。[6]而最終交易的結果是公太保付給羑亞五十朋，附以 ☒、☒、鬯、罋和牛一頭。[7]銘文中涉及除了貝之外的幾個物品，學者釋讀意見不同。黄錫全解釋爲一瓶鬱、一罐鬯、一頭牛。[8] 李學勤認爲三件賜品是"茅屏、鬯舭、牛一"，都是關於祭祀的。[9] 董珊則解釋爲一貫鬱草、一觶鬯酒和一頭牛。[10] 陳潔、祖雙喜則認爲是青茅一純（兩束）、秬鬯一舭、牛一頭。[11] 雖然諸家解釋有異，但能確定是五十朋之外附加的東西。

---

[1]"琅"字釋讀參見陳劍《釋"琅"及相關諸字》，《甲骨金文考釋論集》，頁273—316。

[2]"苞"字的釋讀參見何景成《論霸伯盂諸器銘文的賞賜品"苞"》，《青銅器與金文》第1輯，上海：上海古籍出版社，2017年，頁186—197。

[3]"捧"字之釋從董珊説。

[4][6][7] 馬承源：《亢鼎銘文——西周早期用貝幣交易玉器的記録》，頁121。

[5] 黄錫全：《西周貨幣史料的重要發現——亢鼎銘文的再研究》，頁51。

[8] 黄錫全：《西周貨幣史料的重要發現——亢鼎銘文的再研究》。

[9] 李學勤：《亢鼎賜品試説》，頁113—116。

[10] 董珊：《任鼎新探——兼説亢鼎》，頁167—169。

[11] 陳潔、祖雙喜：《亢鼎銘文與西周土地所有制》，頁20—22。

諸家對亢鼎中"大璊"的價值都認爲是五十朋，外加"苞荞、邑、牛一"。近年，周祥從"以"字的釋義出發，提出兩種不同的解釋：一是"以"理解爲"與"或"遺（贈送）"，"公太保命令亢歸還美亞貝五十朋，還送給鬱荞、邑罋和一頭牛"[1]；二是"以"字解釋爲"用"，"公命令亢歸還美亞貝五十朋，用鬱荞、邑罋和一頭牛（即用價值貝五十朋的鬱荞、邑罋和一頭牛）歸還美亞"。[2]

周文提出的兩種釋讀意見確實直接影響了對"貝"貨幣價值的判斷。如果是前一種，貝就充當了流通貨幣的角色，而如果是後者，它僅僅是作爲一種價值尺度存在，交易中並不存在。"以"在西周金文中確實多見，常作"用"，但是也有幾例用作"與"，如大克鼎"田于峻以（與）氒（厥）臣妾"，小盂鼎"盂以（與）者（諸）侯罘侯、田（甸）、男□□從盂征"等。銘文中"以"讀作"與"，"公令（命）亢歸美亞貝五十朋與𣏟、𥎊、邑、䱷、牛一"，去掉"以"字之前的頓號，似乎就不會引起歧義。而且，從銘文中出現的"買"字，這一直接解釋商品交易的詞彙，直接否認在亢鼎中，貝只是起到價值尺度而非交換媒介物，即不能被認定是作爲貨幣來使用的，[3]確實也存在一定的風險。

在西周金文中，"貝"充當交易媒介，最早見於裘衛盉，只不過學者多關注銘文中涉及的土地交易問題，[4]而貝作爲交易媒介的存在意義卻很少論及。

裘衛盉又稱三年衛盉，1975年2月陝西岐山縣京當鄉董家村1號西周銅器窖藏出土。銘文中記載了矩伯和裘衛之間以物交易田地的記錄。銘文如下：

    矩白（伯）庶人取堇（瑾）章（璋）于裘衛，才（財）八

---

[1][2][3] 周祥：《重讀〈三年衛盉〉、〈亢鼎〉銘文——兼論中國貨幣的產生》，頁6。
[4] 王國維、唐蘭、周法高、何幼琦、馬承源、李學勤、張亞初、吳鎮烽、王輝等學者均有文章加以論述。參看徐子黎：《西周關涉土地制度類金文集注及疑難字詞專題研究》。

十朋，氒（厥）賈，其舍（舍）田十田；矩或（又）取赤虎（琥）兩、麀賁（韐）兩，賁（韐）韐一，才（財）廿朋，其舍（舍）田三田。

關於銘文中涉及幾個關鍵字"才""賈""舍"的釋讀，學者意見不一。"才"，唐蘭認爲才字和裁字古書常通用，《廣雅·釋言》："裁，制也"，有量度決斷的意思。此處用爲價。[1] 趙光賢認爲"才"讀爲"在"，"才八十朋厥價"即"其價定在八十朋"。[2] 馬承源也認爲才通作裁，約制的意思，就是規定瑾璋的價值爲八十朋；或才也可讀爲財，銘文意思是錢八十朋。[3] 李學勤指出才讀爲財，有些金文寫作"茲"，意思是"貨"。"才八十朋"即值八十朋貝幣。[4] 其後又提出讀爲"直"，"直"作價值解出現甚晚，這裏的"茲""才"或許係其前身。[5] 陳復澄、王輝認爲才讀爲"載"，通"戴"，《說文》謂"分物得增益曰戴"，"戴八十朋"意思就是再加上八十朋。[6] 田煒則讀"才"爲"貨"。[7] 除了王輝，諸家之說大意都爲判定其價值，唐蘭讀爲"裁"，似更符合文意。

銘文中的"賈"字，李學勤讀爲價格之"價"，表示其價格是一定數量的土田，[8] 何景成指出此處應該是表示交換的含義。[9]

銘文"舍"字，其形作"舍"，唐蘭認爲讀"予"。"田十田"，

---

[1] 唐蘭：《陝西省岐山縣董家村新出西周重要銅器銘辭的譯文和注釋》，頁459。
[2] 趙光賢：《從裘衛諸器銘看西周的土地交易》，《北京師範大學學報》1979年第6期。
[3] 馬承源：《商周青銅器銘文選（三）》，頁127。
[4] 李學勤：《試論董家村青銅器群》。
[5] 李學勤：《說"茲"與"才"》，《中國古代文明研究》，頁148。
[6] 陳復澄、王輝：《幾件銅器銘文中反映的西周中葉的土地交易》，《遼海文物學刊》1986年第2期。
[7] 田煒：《西周金文字詞關係研究》，上海：上海古籍出版社，2016年，頁236。
[8] 李學勤：《重新估價中國古代文明》。
[9] 何景成：《禮儀文化在西周商品交換發展中的作用》，頁162。

上一"田"字是名詞，指農田。下一"田"字是田畝的量詞。[1] 趙光賢認爲"舍"古通"捨"，給予之義。"其舍田十田"，意即矩伯以十塊田換取衛的瑾璋。[2] 黄盛璋指出"舍"從口、余聲，"余、予"同音。舍就是給予的"予"。[3] 王輝則指出舍，給予、施予。[4] 從漢字發展史看，舍、予是有同源關係的，銘文中的"舍"理解爲"予"是没有問題的。

裘衛通過瑾璋、赤琥、麂韛、韛鞈向矩伯交換土地的事情是明確的。但是其以貝爲交易的媒介、衡量價值的標準是值得關注的，即：

瑾璋＝八十朋＝田十田

赤琥兩、麂韛兩、韛鞈一＝二十朋＝田三田

關於三者之間的换算，周祥有詳細的解讀：

上面兩次交換的公式反映了物件價值之間的一種等量關係，即 A＝B，B＝C，所以，A＝C。在這裏，可以明顯看出裘衛之所以接受矩伯的"田十田"，是因爲瑾璋的價值和"田十田"的價值在當時都等同於貝八十朋。同樣的道理，裘衛之所以接受矩伯的"田三田"，是因爲兩件赤琥、兩件麂韛（韛）、一件韛（貢）鞈的價值與"田三田"的價值都等同於貝二十朋。由此，可以看出貝在其中顯然充當的只是價值尺度的作用，但在學術界卻因此認爲貝在當時已經是貨幣了。[5]

從銘文内容看，貝雖然没有直接參與交換，但是確實起到了價值尺度的功用。[6] 但是正如周文指出的：

---

[1] 唐蘭：《陝西省岐山縣董家村新出西周重要銅器銘辭的譯文和注釋》，頁459。
[2] 趙光賢：《從裘衛諸器銘看西周的土地交易》。
[3] 黄盛璋：《衛盉、鼎中"貯"與"貯田"及其牽涉的西周田制問題》。
[4] 王輝：《商周金文》，北京：文物出版社，2006年，頁134。
[5] 周祥：《重讀〈三年衛盉〉、〈亢鼎〉銘文——兼論中國貨幣的産生》，頁4。
[6] 楊升南：《貝是商代的貨幣》，頁30。

只有當價值尺度和流通手段相統一地表現在某一種商品之上，這種商品才能被當做貨幣來使用……在此銘文中我們還看不到貝在當時被作爲貨幣使用了，僅僅看到貝具有貨幣價值尺度的一種職能。所以，以此銘文認定貝已經是當時的貨幣，證據是不夠充分的。[1]

周文的論述無疑是嚴謹的。但是如果這種存在不是孤立的，我們應該還是要重新關注這個問題。

除了上揭裘衛盉外，1984—1989年山西曲沃縣天馬—曲村西周墓葬出土的仲甗父壺（銘圖12301）有相似記載：

蓋銘：中（仲）甗父令色吕（以）旁壺□□□；

器銘：中（仲）甗父令色吕（以）旁壺□□才三（四）朋。

壺銘相對於裘衛盉來看比較簡單，分爲器、蓋兩種。器銘比蓋銘多出三字"才四朋"。根據前文對"才"字的分析，此處"才"讀爲"裁"應該是没有問題的。由於銘文的未識字，文意不能讀通。但是"才四朋"標明此壺的價值應該是没有問題的。

同爲西周早期器的遽伯還簋（集成3763），其銘文：

遽白(伯)還乍（作）寶尊簋用貝十朋又四朋。

直言遽伯還作寶簋用十四朋。有學者指出這就是貝所具有的支付手段。[2]

除了前文所提到的亢鼎買玉器的史實，"買"還見於任鼎。任鼎爲國家博物館所收藏，國家博物館名其"史獻鼎"，王冠英首先指出根據銘文，應稱其爲"任鼎"，並銘文釋讀如下：

隹王正月，王在氏。任蔑曆，使獻爲于王，鼎盡，買。王使孟媵父蔑曆，賜脡牲、太牢，又酋束、大芉，筍、𩰬。敢對揚

---

[1] 周祥：《重讀〈三年衛盉〉、〈亢鼎〉銘文——兼論中國貨幣的産生》，頁5。

[2] 楊升南：《貝是商代的貨幣》，頁31。

天子休，用乍厥皇文考父辛寶䵼彝，其萬（年）亡疆。用各大神。奴。[1]

其大意爲正月，王在泜。任被勉勵、表彰，派人把母猴或象獻給王，鼎被破壞，買。王使孟聯父（對我）進行勉勵表彰，賜脡牲、太牢和成束的邕草和黑黍、大夯、芎、𥁕。[2] 王冠英對任鼎的命名是準確的，但是在銘文的解讀方面有幾處着實存有爭議。

董珊對任鼎銘文進行了重新解讀，其釋文如下：

> 唯王正月，王才（在）氏（泜）。任蔑曆，事（使）獻爲（貨）于王，則𠦪（畢）買。王事（使）孟聯父蔑曆，易（錫）脡（？）牲大牢，又𦉘束、大弄、鬱㚇（貫）。敢對揚天子休，用乍（作）氒（厥）皇文考父辛寶䵼彝，其萬亡彊（疆），用各[3]大神。奴。[4]

與王文相比，董文釋讀的關鍵不同在第二句上，指出"爲"當讀爲"賜"或"貨"，將"鼎"改釋爲"則"，"𠦪"從"䍃"，讀爲"畢"，句意爲任受到周王的蔑曆，王就全部購買了任獻於王的貨。第三句，"脡（？）牲大牢"的中心詞是"牲"，"大牢"說明"脡（？）牲"的數量，牛羊豕三牲爲一大牢。"𦉘束"之"𦉘"是指跟黑黍相類的某種用來釀酒的穀物。"𦉘束"即一束𦉘。"大弄"之"弄"讀爲"夯"，通"材"，指造酒原料。"大弄"當指一大塊餅狀的酒母。"鬱㚇"之"㚇"讀爲古文獻所見郁草的專用量詞"貫"。

其後，何景成在其文中引釋文作：

> 唯王正月，王在氏。任蔑曆，使獻爲（貨）于王，則𠦪

---

[1] 王冠英：《任鼎銘文考釋》，頁20。
[2] 參看王冠英：《任鼎銘文考釋》，頁20—24。
[3] 原文注"此字下半似無筆畫，或可釋'夂'，讀爲'綏'，訓爲安。"
[4] 董珊：《任鼎新探——兼說亢鼎》，頁163。

（悉）買。王使孟聯父蔑曆，賜脭牲（？）、大牢，又薔束、大芇、苞莑。[1]

何文將"盡"讀爲"悉"，"悉""畢"古音義相近；原文"鬱"改釋爲"苞"[2]。董文和何文的文意是比較明確的，即任和王之間存在"買貨"活動。

由於亢鼎和任鼎是目前西周金文中僅見的用作商品交易的"買"，且二者銘文中出現相同的物品"苞莑"和"邕"。任鼎出現後，學者會將二者綜合來談。從目前確定的釋文來看，二者雖然都存在"買"的活動，不同的是，亢鼎明確是"才五十朋"，而任鼎銘文顯示，王"買貨"的回報是使孟聯父執行對任的蔑曆，即賞賜脭牲（？）、大牢和薔束、大芇、苞莑。也因此，董文指出西周的商品經濟活動，不僅通過"買"和"賣"的方式來進行，不同階層之間的"貢獻"和"賞賜"活動也是重要的商品交換形式。[3] 而從任鼎、亢鼎所見賞賜品的性質來看，都是用來祭祀的祭品，且不是普通的祭品，何景成更是提出了"禮儀用品的商品化"。[4] 這些都爲我們研究西周經濟提供了很好的參考。

裘衛盉的作器時間，學者定在西周中期前段的恭王三年，仲𧊒父壺的作器時間被定在西周早期後段，亢鼎的作器時間也爲西周早期。三器的作器時間相去不遠。相近時期的三種不同種類的器出現了相似的記載，應該不能僅僅説是一種巧合。以貝作爲交易媒介，在西周中前期應該是一種比較常見的存在。我們願意將此類材料視爲貨"貝"的確認。

---

[1] 何景成：《禮儀文化在西周商品交換發展中的作用》，頁158。
[2] 何景成《論霸伯孟諸器銘文的賞賜品"苞"》，頁186—197。
[3] 董珊：《任鼎新探——兼説亢鼎》，頁168—169。
[4] 何景成：《禮儀文化在西周商品交換發展中的作用》，頁162。

第二章　東周金屬鑄幣文字所見貨幣史料

《漢書·食貨志》載："太公爲周立九府圜法：黃金方寸，而重一斤；錢圜函方，輕重以銖；布帛廣二尺二寸爲幅，長四丈爲匹。故貨寶於金，利於刀，流於泉，布於布，束於帛。"[1] 按其説，周時已有黃金、圜錢、布帛等貨幣形式。至周景王時，"患錢輕將更鑄大錢"。[2] 錢幣學家大都認爲金屬鑄幣産生於春秋中晚期。從考古材料來看，河南新鄭"鄭韓故城"春秋中期遺址中出土了空首布的鑄範和範芯；[3] 山西侯馬晉國春秋晚期鑄銅遺址出土了十萬多枚空首布範芯。[4] 目前最新的考古發現，世界最古老鑄幣作坊——河南滎陽官莊遺址，經碳十四測年，其鑄幣生産活動發生在公元前640年至前550年的春秋時期。[5] 這些都證明了金屬鑄幣出現的時間應該早於春秋中晚期。但是，早期空首布尚未發現文字。

東周時期的金屬鑄幣，按其形制，主要有貝幣、布幣、刀幣和圜

---

[1] 班固：《漢書》卷24，頁1149。
[2] 班固：《漢書》卷24，頁1151。
[3] 馬俊才：《新鄭"鄭韓故城"新出土東周錢范》，《中國錢幣論文集》第4輯，2002年，頁79—81。
[4] 山西省考古研究所：《侯馬鑄銅遺址》。
[5] 《碳十四測定：滎陽官莊遺址是世界最古老鑄幣作坊》，《科技日報》2021年8月10日。

錢四大類。[1] 每一類都有其產生、發展和流通的特點。彭信威指出春秋晚期的布幣發展經歷了空首布和平首布兩個階段；戰國時期的布幣，絕大部分是有足布，大致分尖足布、方足布、圓足布和釿布。[2] 吳良寶師在其《中國東周時期金屬貨幣研究》一書中，以時間爲綫索，更加詳細地介紹了東周金屬貨幣的發展脈絡：春秋晚期中原地區周、鄭、衛等國流通使用的是大、中型平肩弧足空首布，今山西汾河流域的晉國鑄行的是圓襠、弧襠型聳肩尖足空首布，而今河北桑乾河流域、太行山一帶則有狄族鑄造的尖首刀幣。戰國早期，空首布繼續鑄造和使用，也開始出現平首布幣；趙國出現尖足布，魏國出現橋形布，韓國則使用大型鋭角布，齊國已經鑄造"之大刀"，燕國出現"類明刀"，中山國開始鑄造"成白"直刀。戰國中期，出現了"針首刀"；齊國鑄造了"齊大刀"；方足小布和圓肩圓足布出現；新出現圜錢和銅貝。戰國晚期，方足小布發展鼎盛，燕國鑄造了屬於自己的方足小布，趙國鑄造了三孔布，魏國鑄造了"梁冢釿"與"梁正幣"橋形布，楚國鑄造了燕尾布和連布布幣。[3] 我們在整理相關材料時，大致遵循了吳師的時間順序。

關於貨幣面文，其單字數量可參考《先秦貨幣文字編》，該書收錄字頭 429 條，同文異體 4515 個，合文 100 條，附錄 556 條。[4] 近十多年來，新出東周金屬鑄幣數量有限，可增補文字數量不是很多。[5]

---

[1] 關於先秦金屬貨幣形制分類，先秦貨幣研究的通論性著作都有涉及。如鄭家相《中國古代貨幣發展史》、黃錫全《先秦貨幣通論》、吳良寶《中國東周時期金屬貨幣研究》，等等。

[2] 彭信威：《中國貨幣史》，頁 22—53。

[3] 吳良寶：《中國東周時期金屬貨幣研究》，頁 83。

[4] 吳良寶：《先秦貨幣文字編》"説明"，頁 6。

[5] 新材料可參看程燕：《釋三孔布"陽薦"》，《中國錢幣》2006 年第 2 期。黃錫全：《新見三孔布簡釋》，《中國錢幣》2005 年第 2 期。黃錫全：《介紹一枚新品三孔布"建邑"》；黃錫全：《介紹一枚"䣙"字三孔布》；黃錫全：《介紹一枚新見"郭"字三孔布》；黃錫全：《新見"北行昜"三孔布簡析》，《叩問三代文明——中國出土文獻與上古史國際學術研討會論文集》，北京：中國社會科學　（轉下頁）

關於面文釋義，汪慶正總結：

> 戰國貨幣幣面文字所代表的意義，大致有下列幾種：（1）以符號、數字、吉語、名物編排次序。（2）鑄造貨幣的機構（衙門），如早期平肩弧足空首布的"市南小化""市中小化"等。（3）鑄造貨幣的國別或邑名，[1] 如齊大化、安陽等等。（4）鑄幣的貨幣單位，如"二釿""一釿"等等。[2]

目前所見幣文大抵如是。已公布的貨幣面文，地名占多數，[3] 僅黃錫全《先秦貨幣中的地名》[4] 一文中統計的地名就有 400 個。數字面文既可用來標記貨幣等制，如"半釿""一釿""二釿"，且多出現在貨幣的正面；又可標記數字，其作用應是與鑄造的范次或鑄造地點的代號有關，且多爲背文。[5] 後三種具有更加重要的史料價值，我們的整理也側重於此。

關於其研究價值，東周時期的金屬鑄幣是研究當時社會經濟、商業發展的直接史料。鑄幣面文中的地名"既可以研究戰國城市的發展，也爲研究當時各諸侯國的疆域及其變遷提供了第一手的材料"。[6] 鑄幣上表示鑄造機構的文字爲研究當時的貨幣鑄造提供了參考；表示重量的文字"釿""寽""兩""朱"等，爲研究當時衡制提供了依據。

（接上頁）出版社，2014 年；黃錫全：《介紹一枚新品"赤鞴"三孔布》。

[1] 關於幣文地名的性質，我們認爲其不一定是鑄造貨幣的國別或邑名。第五章相關研究部分將做進一步的分析。

[2] 汪慶正主編：《中國歷代貨幣大系·1 先秦貨幣》"總論"，頁 31。筆者按，根據新的研究成果，"市南小化""市中小化"應爲"少曲市南""少曲市中"，"齊大化"應爲"齊大刀"。

[3] 對先秦貨幣地名的確認，早在元代陸有仁《硯北雜志》中有過論述："先秦貨幣，篆文奇古，多鑄地名。"此條參考陳隆文：《先秦貨幣地名與歷史地理研究》，《中原文物》2005 年第 2 期。

[4] 黃錫全：《先秦貨幣中的地名》，《先秦貨幣研究》，頁 361—371。

[5] 朱安祥：《先秦貨幣紀數字初探》，《中原文物》2015 年第 6 期。

[6] 吴良寶：《中國東周時期金屬貨幣研究》，頁 7。

第二章　東周金屬鑄幣文字所見貨幣史料　　81

　　本書的著録以國别爲單位，按照時間排列，詳細載録貨幣相關信息，使其較爲直觀地展現各國在不同時期的貨幣鑄造形態，爲了解春秋戰國時期各國的貨幣鑄造、流通等情况提供便利。盡可能地將相關材料加以分類整理，在幣文考釋、國别判定、地望考訂等方面采用最新的研究成果，給出更加準確的信息，以便學界使用。著録來源選取比較常見易檢索的《中國歷代貨幣大系·1 先秦貨幣》（簡稱"《貨系》"）和《中國錢幣大辭典·先秦編》（簡稱"《先秦編》"）兩書，兩書未載的材料則直接注明出處。

第一節　春秋晚期

　　春秋晚期所見金屬鑄幣，從形制看主要有空首布和尖首刀。其中空首布又分平肩弧足空首布、聳肩尖足空首布、斜肩弧足空首布等類型。平肩弧足空首布主要分布在周、鄭、衛等國；聳肩尖足空首布主要分布在晉國；斜肩弧足空首布則鑄行於晉國韓氏，其使用持續到戰國中期。[1] 尖首刀則屬於北方狄人鑄行。[2]

　　這一時期空首布上的面文多爲單字：有記數字，如"一""二""三""五""六""八"（《貨系》65-96）；有干支用字，如"甲""乙""丙""戊""子""丑"（《貨系》97-134）；還有地名。關於如何確認空首布上的單字爲地名，王毓銓曾提出："凡是一個字的，一般不考慮其爲地名；其錢文雖是一個字但同時又伴有貨幣單位如'釿'字的，則作爲地名考慮；其錢文雖只一個字，而此字又

---

[1] 關於春秋晚期金屬鑄幣的鑄行年代和國别的研究可參看黄錫全：《先秦貨幣通論》，頁 85—114；吴良寶：《中國東周時期金屬貨幣研究》，頁 31—51。

[2] 關於尖首刀的鑄行年代和國别可參看黄錫全：《先秦貨幣通論》，頁 209—214；吴良寶：《中國東周時期金屬貨幣研究》，頁 68—73。最新研究成果是何艷杰：《東遷白狄貨幣——尖首刀幣研究》，《中國錢幣》2021 年第 1 期。

見於中期布和晚期布且可證明其爲地名者，也作爲地名考慮。"[1] 吳良寶師則認爲："大凡可以通假破讀而且具有文獻方面的依據（即所謂的'律例兼備'），地望上又與平肩弧足空首布幣的鑄行範圍相符合的，就可以看作地名。"[2] 兩位先生看似一嚴一寬的判斷標準，實則都涵蓋了文字釋讀的準確性和地望確認的嚴謹性。下面，我們將目前學界考訂的空首布和尖首刀幣文，按照國别順序加以介紹。

一、周

01

- **釋文**　少曲市南[3]
- **釋讀**　"少曲"爲地名，春秋屬周，戰國後屬韓。《史記·范雎傳》："秦昭王之四十二年，東伐韓少曲、高平，拔之。"[4]
- **幣形**　平肩空首布
- **著録**　《貨系》32－48；《先秦編》98
- **其他**　背文"旬""丩""正""呂""丘"。相類幣文還見"少曲市東"（《中國古代貨幣發展史》頁51）、"少曲市中"（《貨系》49－51）、"少曲市西"（《貨系》58－61）、"少曲市左"（《貨系》52－57）。

---

[1] 王毓銓：《中國古代貨幣的起源和發展》，頁66。
[2] 吳良寶：《中國東周時期金屬貨幣研究》，頁33。
[3] "少曲"的釋讀可看第四章第四節"'少曲'四字布補論"。
[4] 李家浩：《楚王酓璋戈與楚滅越的年代》，《文史》第24輯，北京：中華書局，1985年，頁20—21，注②。

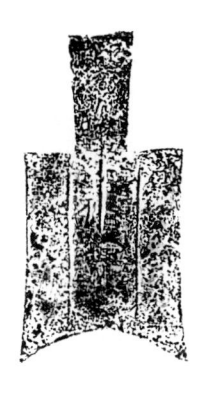

第二章　東周金屬鑄幣文字所見貨幣史料　　83

02
- 釋文　元
- 釋讀　讀爲"原"。《左傳·僖公二十五年》："與之陽樊、温、原、欑茅之田。"在今河南濟源市西北。[1]
- 幣形　平肩空首布
- 著録　《貨系》144;《先秦編》64

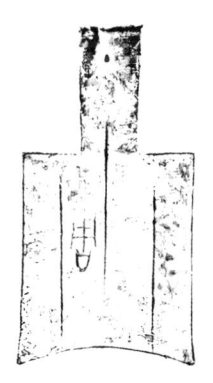

03
- 釋文　周
- 釋讀　周都城,地在今河南洛陽。《國語·周語》："狄人遂入周,王乃出居於鄭。"[2]
- 幣形　平肩空首布
- 著録　《貨系》160－161;《先秦編》132

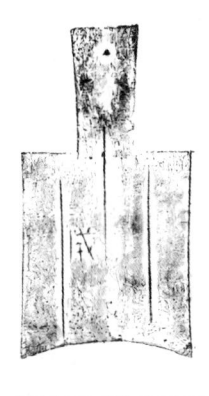

04
- 釋文　成
- 釋讀　《戰國策》："韓兵入西周,西周令成君辨説秦求救。"程恩澤《國策地名考》："《急就篇》注:成者,周之采地,卿士所食,成肅公、簡公、桓公是也,故稱成氏焉。"地在今河南偃師縣西南。[3]
- 幣形　平肩空首布
- 著録　《貨系》169－177;《先秦編》106

---

[1] 吴良寶:《中國東周時期金屬貨幣研究》,頁38—39。
[2] 徐元誥:《國語集解》,北京:中華書局,2002年,頁51。
[3] 蔡運章、余扶危:《空首布初探》,《中國錢幣論文集》第1輯,北京:中國金融出版社,1985年,頁92。

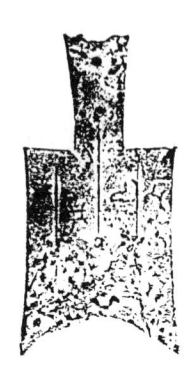

05
- ●釋文　井
- ●釋讀　讀爲"邢","邢丘"之省。《左傳·宣公六年》："赤狄伐晉，圍懷，及邢丘。"杜預注："邢丘，今河南平皋縣。"在今河南省温縣北平皋村一帶。[1]
- ●幣形　平肩空首布
- ●著録　《貨系》180；《先秦編》106

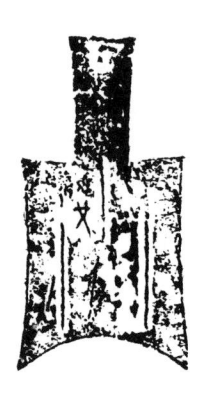

06
- ●釋文　兄
- ●釋讀　讀爲"皇"。《春秋·昭公二十二年》："劉子、單子以王猛居於皇。"杜預注："河南鞏縣西南有黄亭。"地在今河南鞏縣西南。[2]
- ●幣形　平肩空首布
- ●著録　《貨系》190

07
- ●釋文　侯
- ●釋讀　讀爲"緱"。《漢書·地理志》河南郡有緱氏。地在今河南偃師縣緱氏鎮。
- ●幣形　平肩空首布
- ●著録　《貨系》207－213；《先秦編》139

---

[1] 吴良寶：《平肩空首布釋地五則》，《中國文字》新29期，臺北：藝文印書館，2003年，頁111。

[2] 吴良寶：《平肩空首布釋地五則》，頁114—115。

第二章　東周金屬鑄幣文字所見貨幣史料　85

08
- 釋文　爿
- 釋讀　讀爲"牆"。《左傳·昭公十三年》："夏四月乙酉，單子取訾，劉子取牆人、直人。"地在今河南新安西北。[1]
- 幣形　平肩空首布
- 著錄　《貨系》226－227；《先秦編》612

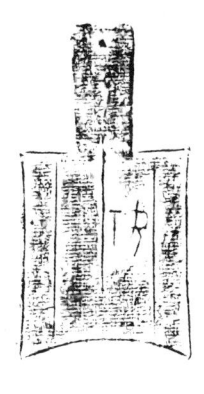

09
- 釋文　軹
- 釋讀　讀爲"軹"。《戰國策·趙策一》："反温、軹、高平于魏。"地在今河南省濟源縣南十三里的軹城鎮。[2]
- 幣形　平肩空首布
- 著錄　《貨系》238－239；《先秦編》135

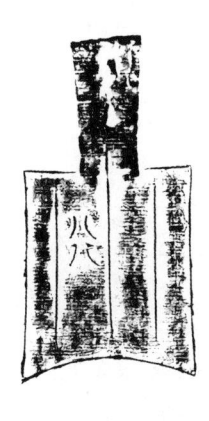

10
- 釋文　行
- 釋讀　讀爲"杏"。《左傳·昭公二十四年》："六月壬申，王子朝之師攻瑕及杏，皆潰。"杜預注："瑕、杏，皆敬王邑。"地在今河南禹縣北。[3]
- 幣形　平肩空首布
- 著錄　《貨系》263－264；《先秦編》110

---

[1] 何琳儀：《空首布選釋》，《古幣叢考》，頁57—58。
[2] 吴良寶：《平肩空首布"軹"字考》，頁397—398。
[3] 吴良寶：《平肩空首布四考》，《中國文字研究》第5輯，桂林：廣西教育出版社，2004年，頁166—167。

11

- **釋文** 开
- **釋讀** 讀爲"軹"。《戰國策·趙策一》:"反溫、軹、高平于魏。"地在今河南省濟源縣南十三里的軹城鎮。[1]
- **幣形** 平肩空首布
- **著錄** 《貨系》268

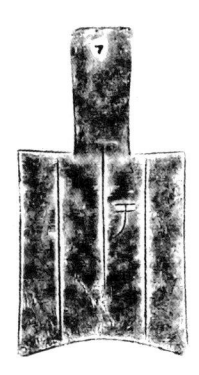

12

- **釋文** 于
- **釋讀** 讀爲"邘"。《左傳·僖公二十四年》:"應、晉、邘、韓,武之穆也。"地在今河南沁陽西北。[2]
- **幣形** 平肩空首布
- **著錄** 《貨系》269-271;《先秦編》53
- **其他** "于"或作"盱"(《貨系》431)。

13

- **釋文** 宋
- **釋讀** 或讀爲"沛(濟)",地在今河南溫縣西北一帶。或讀爲"訾",《左傳·昭公二十三年》:"夏四月乙酉,單子取訾。"地在今河南鞏縣西南。[3]
- **幣形** 平肩空首布
- **著錄** 《貨系》292-295;《先秦編》128

---

[1] 吳良寶:《平肩空首布"軹"字考》,頁397—398。

[2] 吳良寶:《中國東周時期金屬貨幣研究》,頁34—35。

[3] 黃錫全:《平肩弧足空首布兩考》,《先秦貨幣研究》,頁2—3;原載《容庚先生百年誕辰紀念文集》,廣州:廣東人民出版社,1998年。

14
- 釋文　高
- 釋讀　讀爲"郊"。《左傳·昭公二十三年》:"二師圍郊。"地在今河南鞏縣。[1]
- 幣形　平肩空首布
- 著録　《貨系》395－399;《先秦編》150

15
- 釋文　玾
- 釋讀　即"貢"字。疑讀爲"鞏"。《左傳·昭公二十六年》:"晉師克鞏。"地在今河南鞏縣西。[2]
- 幣形　平肩空首布
- 著録　《貨系》432－434;《先秦編》612

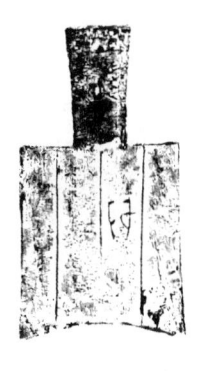

16
- 釋文　爲
- 釋讀　讀爲"蔿"。《左傳·隱公十一年》:"王取鄔、劉、蔿、邗于鄭。"地在今河南孟津縣東北。[3]
- 幣形　平肩空首布
- 著録　《貨系》534－538;《先秦編》169

---

[1] 吳良寶:《平肩空首布釋地五則》,頁113。
[2] 何琳儀:《空首布選釋》,頁60。
[3] 吳良寶:《中國東周時期金屬貨幣研究》,頁38。

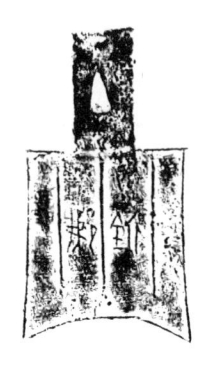

17
- **釋文** 郱釿
- **釋讀** 讀爲"費釿"。《左傳·成公十三年》:"殄滅我費滑。"杜預注:"滑國都於費,今緱氏縣。"地在今河南偃師縣東南。[1]
- **幣形** 平肩空首布
- **著錄** 《貨系》559-563;《先秦編》142

18
- **釋文** 宜
- **釋讀** "宜陽"的簡稱,地在今河南省宜陽縣西。[2]
- **幣形** 平肩空首布
- **著錄** 《鐵云藏貨》頁153

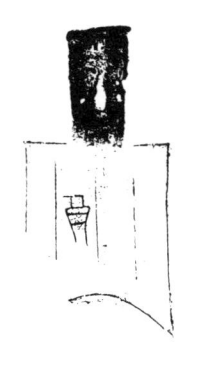

19
- **釋文** 良
- **釋讀** 讀爲"梁"。《左傳·哀公四年》:"夏,楚人既克夷虎,乃謀北方。……爲一期之會,襲梁及霍。"杜預注:"梁,河南梁縣西南故城也。"[3]
- **幣形** 平肩空首布
- **著錄** 《先秦編》171

---

[1] 蔡運章、余扶危:《空首布初探》,頁92。
[2] 吳良寶:《平肩空首布釋地五則》,頁112—113。
[3] 吳良寶:《平肩空首布四考》,頁166。

二、鄭

01
- 釋文　鬲
- 釋讀　讀爲"櫟"。《左傳·桓公十五年》："秋，鄭伯因櫟人殺檀伯，而遂居櫟。"地在今河南禹縣。[1]
- 幣形　平肩空首布
- 著錄　《貨系》326－335；《先秦編》149

02
- 釋文　喜
- 釋讀　讀爲"釐"。戰國時期的釐，即春秋時期的時來，《春秋·隱公十一年》："夏，公會鄭伯于時來。"杜預注："時來，郲也。滎陽縣東有釐城，鄭地也。"地在今河南鄭州西北。[2]
- 幣形　平肩空首布
- 著錄　《貨系》352－353；《先秦編》152

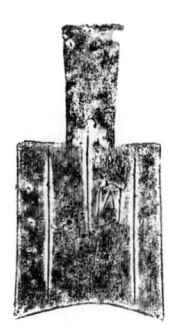

03
- 釋文　向
- 釋讀　《左傳·襄公十一年》："諸侯伐鄭，會于北林，師於向。"杜注："向地在潁川長社縣東北。"[3] 地在今河南尉氏西南。
- 幣形　平肩空首布
- 著錄　《貨系》366；《先秦編》166

---

[1] 吳良寶：《平肩空首布四考》，頁165。
[2] 吳良寶：《平肩空首布釋地五則》，頁114。
[3] 杜預注，孔穎達疏：《春秋左傳正義》卷31，頁1950。

04

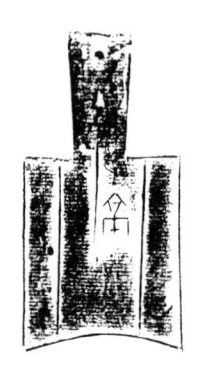

- **釋文** 京
- **釋讀** 《史記·鄭世家》:"莊公元年,封弟段于京,號太叔。"[1] 地在今河南滎陽東南。
- **幣形** 平肩空首布
- **著錄** 《貨系》385－392;《先秦編》133

05

- **釋文** 非
- **釋讀** 讀作"棐"。[2] 《左傳·文公十三年》:"鄭伯會公于棐。"[3] 地在今河南省新鄭縣北。
- **幣形** 平肩空首布
- **著錄** 《貨系》495－496、498－499;《先秦編》128

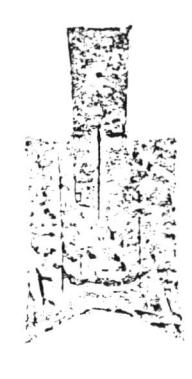

06

- **釋文** 耳
- **釋讀** 讀爲"弭"。[4] 《左傳·莊公二十一年》:"春,胥命于弭。"[5] 地在今河南省密縣。
- **幣形** 平肩空首布
- **著錄** 《貨系》539;《先秦編》103

---

[1] 司馬遷:《史記》卷42,頁1759。
[2][4] 朱活:《古錢新探》,濟南:齊魯書社,1984年,頁26。
[3] 杜預注,孔穎達疏:《春秋左傳正義》卷19,頁1853。
[5] 杜預注,孔穎達疏:《春秋左傳正義》卷9,頁1774。

三、衛

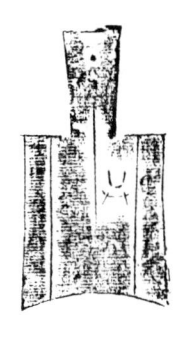

01

- 釋文　共
- 釋讀　《左傳·隱公元年》："大叔出奔共。"《漢書·地理志》河內郡有共縣。[1] 地在今河南輝縣。
- 幣形　平肩空首布
- 著録　《貨系》188–189；《先秦編》104

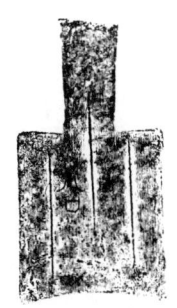

02

- 釋文　合
- 釋讀　何琳儀釋爲"容"。《春秋·定公四年》："許遷於容城。"[2] 黄錫全讀爲"浚"，"浚"從"沈"即允聲。《詩·鄘風·干旄》："在浚之郊"，鄭箋："浚，衛邑。"魏滅衛後，屬魏。[3]
- 幣形　平肩空首布
- 著録　《貨系》205–206；《先秦編》92
- 其他　也見"合釿"（《貨系》554）。

03

- 釋文　寧
- 釋讀　《左傳·文公五年》："晉陽處父聘于衛，反過寧，寧嬴從之。"[4] 地在今河南獲嘉縣西北。
- 幣形　平肩空首布
- 著録　《貨系》513–514；《先秦編》157

---

[1] 杜預注，孔穎達疏：《春秋左傳正義》卷2，頁1716。班固：《漢書》卷28，頁1554。
[2] 何琳儀：《鋭角布幣考》，《古幣叢考》，頁87—89。
[3] 黄錫全：《鋭角布國別漫議》，《先秦貨幣研究》，頁79。
[4] 杜預注，孔穎達疏：《春秋左傳正義》卷19，頁1843。

04

- **釋文** 乍
- **釋讀** 讀爲"胙"。[1]《左傳・襄公十二年》："爲邢、凡、蔣、茅、胙、蔡，臨于周公之廟。"[2] 地在今河南延津北。
- **幣形** 平肩空首布
- **著錄** 《貨系》526–527
- **其他** 字或作"钗"（《貨系》526）。

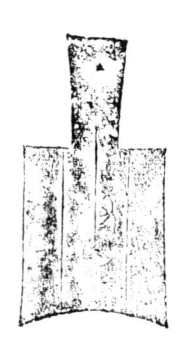

05

- **釋文** 臤
- **釋讀** 讀爲"堅"。《公羊傳・定公十四年》："公會齊侯、衛侯於堅。"地在今河南濬縣北。[3]
- **幣形** 平肩空首布
- **著錄** 《貨系》531

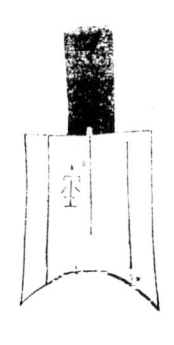

06

- **釋文** 坔
- **釋讀** 讀爲"幾"。《史記・趙世家》："廉頗將，攻幾，取之。"地在今河南省南樂縣北。[4]
- **幣形** 平肩空首布
- **著錄** 《古錢大辭典》793；《先秦編》174

---

[1] 黃錫全：《〈中國歷代貨幣大系・先秦貨幣〉釋文校訂》,《先秦貨幣研究》, 頁351。
[2] 杜預注, 孔穎達疏：《春秋左傳正義》卷31, 頁1951。
[3] 陳劍：《柞伯簋銘補釋》, 頁53。
[4] 吳良寶：《古幣考釋兩篇》,《中國歷史文物》2005年第2期。

四、晉

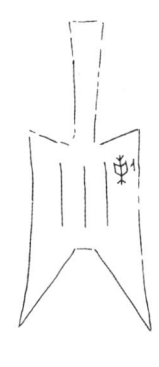

01

- **釋文** 刺
- **釋讀** 讀爲"列","列人"的簡稱。[1]《水經注·濁漳水》引《竹書紀年》曰："梁惠成王八年，惠成王伐邯鄲，取列人。"《漢書·地理志》隸屬於廣平國，在今河北肥鄉縣東北十五里。[2]
- **幣形** 聳肩尖足空首布
- **著錄** 《中國錢幣》1993-2

02

- **釋文** 羽
- **釋讀** 疑爲"翼"。《左傳·隱公五年》："曲沃莊伯以鄭人邢人伐翼。"杜注："翼，晉舊都。"地在今山西翼城縣東南。[3]
- **幣形** 聳肩尖足空首布
- **著錄** 《中國錢幣》1997-2

03

- **釋文** 工
- **釋讀** 讀爲"絳"，《左傳·文公十八年》"龍降"。晉都。"工（絳）"指新田，即今侯馬新田遺址。[4]
- **幣形** 聳肩尖足空首布
- **著錄** 《中國錢幣》1997-2

---

[1] 錢卓、車新亭：《山西出土"刺"字聳肩尖足空首布》，《中國錢幣》1993年第2期。
[2] 何琳儀：《刺人布幣考》，《古幣叢考》，頁107—108。
[3] 黃錫全：《山西稷山新出空首布布文初探》，《先秦貨幣研究》，頁19。
[4] 黃錫全：《山西稷山新出空首布布文初探》，《先秦貨幣研究》，頁20。

04
- **釋文** 侯
- **釋讀** 讀爲"郇"。《左傳·成公十一年》:"晉郄至與周爭郇田。"杜注:"郇,溫別邑。今河內懷縣西南有郇人亭。"地在今河南省武陟縣西南。[1]
- **幣形** 聳肩尖足空首布
- **著錄** 《中國錢幣》1997-2

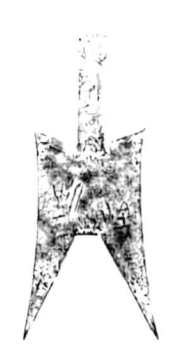

05
- **釋文** 涅金
- **釋讀** 鑄行於涅地或以涅地命名的金屬貨幣。[2]
- **幣形** 聳肩尖足空首布
- **著錄** 《中國錢幣》1997-2

06
- **釋文** 百邑
- **釋讀** 百邑,《水經注·汾水》:"(磊)水又西流,逕觀阜北,故[百]邑也。原過之從襄子也……祠三神於百邑,原過主之,世謂其處爲觀阜也。"[3]
- **幣形** 聳肩尖足空首布
- **著錄** 《中國錢幣》1997-2

---

[1] 黄錫全:《山西稷山新出空首布布文初探》,《先秦貨幣研究》,頁20。
[2] 黄錫全:《山西稷山新出空首布布文初探》,《先秦貨幣研究》,頁21。
[3] 何琳儀:《百邑布幣考》,《古幣叢考》,頁101—104。

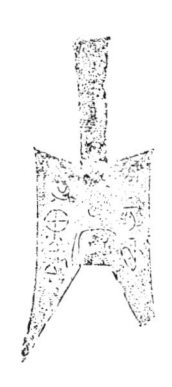

第二章　東周金屬鑄幣文字所見貨幣史料　　95

07
- 釋文　□□□黃釿
- 釋讀　何琳儀釋爲"平犢（？）冥（？）黃（衡）釿"，"平犢"疑讀"平陸"，隸《漢書·地理志》西河郡。[1] 黃錫全釋爲"亥盾□黃釿"，讀爲"狐厨□衡釿"。"狐厨"爲春秋晉地，《左傳·僖公十六年》："秋，狄侵晉，取狐厨、受鐸，涉汾，及昆都，因晉敗也。"杜注："狐厨、受鐸、昆都，晉三邑。晉陽臨汾縣西北有狐谷亭。"[2]
- 幣形　聳肩尖足空首布
- 著錄　《貨系》709

08
- 釋文　疾
- 釋讀　讀爲"稷"。《左傳·宣公十五年》："晉侯治兵於稷以略狄土。"杜注："晉地。河東聞喜縣西有稷山。"[3]
- 幣形　聳肩尖足空首布
- 著錄　《先秦貨幣研究》頁39

09
- 釋文　鮂
- 釋讀　即"澗"字。幣名"澗"當與澗水有關。地在今山西洪洞汾河支流"澗水"一帶。《水經注·汾水》："間（澗）水東出谷遠縣西山，西南經楊縣霍山南……其水西流入於汾水。"[4]
- 幣形　聳肩尖足空首布
- 著錄　《先秦貨幣研究》頁39

---

[1] 何琳儀：《百邑布幣考》，《古幣叢考》，頁105。
[2] 黃錫全：《晉國尖足空首布三考》，《先秦貨幣研究》，頁6—7。
[3] 黃錫全：《尖足空首布新品六種述考》，《先秦貨幣研究》，頁31—32。
[4] 黃錫全：《尖足空首布新品六種述考》，《先秦貨幣研究》，頁32。

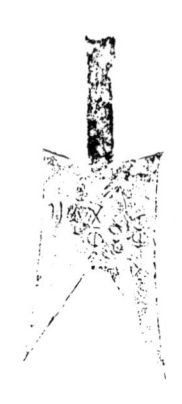

10
- **釋文** 🝰以黃釿
- **釋讀** 讀爲"重（董）以（澤）黃（衡）釿"。《左傳·宣公十二年》厨子怒曰："非子之術而蒲之愛，董澤之蒲，可勝既乎？"杜注："董澤，澤名，河東聞喜縣東北有董池陂。"幣文"重（董）以（澤）"，應指山西聞喜東北。幣文是董澤所鑄當釿的貨幣，即一釿布。[1]
- **幣形** 聳肩尖足空首布
- **著録** 《先秦貨幣研究》頁38

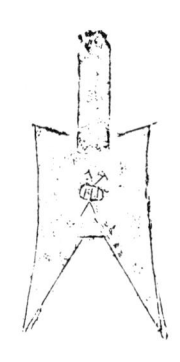

11
- **釋文** 𥂶
- **釋讀** 讀爲"原"。《左傳·僖公二十五年》周襄王賜晉："陽樊、溫、原、攢茅之田，晉於是始啓南陽。"地在今河南濟源縣西北。[2]
- **幣形** 聳肩尖足空首布
- **著録** 《先秦貨幣研究》頁39

12
- **釋文** 卯之
- **釋讀** 可能是"郇"。《左傳·僖公二十四年》："狐偃及秦、晉之大夫盟於郇。"春秋晚期之郇，當指今新絳縣西之郇。[3]
- **幣形** 聳肩尖足空首布
- **著録** 《先秦貨幣研究》頁39

---

[1] 黃錫全：《尖足空首布新品六種述考》，《先秦貨幣研究》，頁33—34。
[2] 黃錫全：《尖足空首布新品六種述考》，《先秦貨幣研究》，頁34—35。
[3] 黃錫全：《尖足空首布新品六種述考》，《先秦貨幣研究》，頁35。

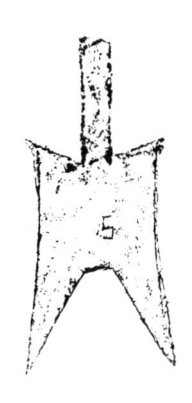

第二章　東周金屬鑄幣文字所見貨幣史料　　97

13
- 釋文　己
- 釋讀　或爲天干名。或爲地名。[1]
- 幣形　聳肩尖足空首布
- 著錄　《先秦貨幣研究》頁39

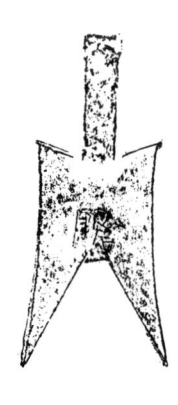

14
- 釋文　屠
- 釋讀　即"屠"。《詩·韓奕》："出宿於屠。"傳："屠，地名也。"《説文》酈："左馮翊酈陽亭。"地在今之合陽東。[2]
- 幣形　聳肩尖足空首布
- 著錄　《先秦貨幣研究》頁45

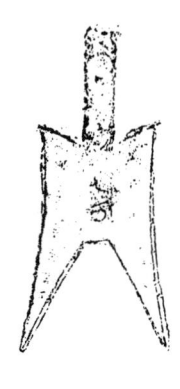

15
- 釋文　厷
- 釋讀　讀爲"弘"。疑厷殆指秦漢的弘農縣，其地在今河南靈寶縣北。[3]
- 幣形　聳肩尖足空首布
- 著錄　《先秦貨幣研究》頁45

---

[1] 黃錫全:《尖足空首布新品六種述考》,《先秦貨幣研究》, 頁36。
[2] 黃錫全:《尖足空首布新品續考》,《先秦貨幣研究》, 頁40。
[3] 黃錫全:《尖足空首布新品續考》,《先秦貨幣研究》, 頁41。

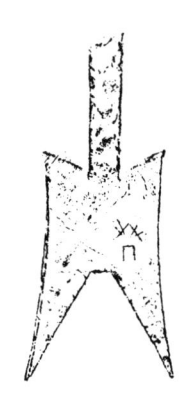

98　貨幣的發生：出土先秦文獻所見貨幣史料整理與研究

16
- **釋文**　乘
- **釋讀**　讀爲"徵"。《左傳·文公十年》："秦伯伐晉，取北徵。"《漢書·地理志》"左馮翊徵"，顏師古注曰："徵即今之澄城縣是也。"地在今陝縣澄城縣西南。[1]
- **幣形**　聳肩尖足空首布
- **著錄**　《先秦貨幣研究》頁 45

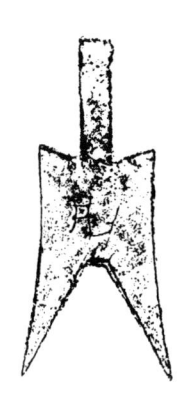

17
- **釋文**　荆
- **釋讀**　讀爲"邢"。《左傳·隱公五年》："莊伯以鄭人、邢人伐翼。"[2]
- **幣形**　聳肩尖足空首布
- **著錄**　《先秦貨幣研究》頁 46

18
- **釋文**　得
- **釋讀**　讀爲"涉"。《戰國策·趙策一》："韓欲有宜陽，必以路、涉、端氏賂趙。"西漢置爲縣，其地在今河北涉縣西北。[3]
- **幣形**　聳肩尖足空首布
- **著錄**　《先秦貨幣研究》頁 47

---

[1] 黃錫全：《尖足空首布新品續考》，《先秦貨幣研究》，頁 41—42。
[2] 黃錫全：《尖足空首布新品續考》，《先秦貨幣研究》，頁 42。
[3] 黃錫全：《尖足空首布新品續考》，《先秦貨幣研究》，頁 43。

19
- 釋文　下󰀀
- 釋讀　釋爲"下帶"或"下帝",即"下虒",其地即今襄垣西北虒亭。[1] 或釋爲"下䇂"。[2]
- 幣形　聳肩尖足空首布
- 著録　《先秦貨幣研究》頁47

20
- 釋文　衺金
- 釋讀　"衺金"是指某地之青銅布幣。"衺"可釋讀爲狄或翟。[3]
- 幣形　聳肩尖足空首布
- 著録　《中國錢幣》2005-2

21
- 釋文　囗雨
- 釋讀　即"雍雨",讀爲"雍渝(榆)"。《左傳·襄公二十三年》:"八月,叔孫豹帥師救晉,次于雍榆。"地在今河南浚縣西南。[4]
- 幣形　聳肩尖足空首布
- 著録　《古文字與古貨幣文集》頁649

---

[1] 黄錫全:《尖足空首布"下虒"考》,《中國錢幣》2000年第2期。
[2] 湯志彪:《三晉文字編》,北京:作家出版社,2013年,頁1205。
[3] 曉沐、晉源:《新見"襄陰"圜錢與"衺金"尖足空首布》,《中國錢幣》2005年第2期。
[4] 黄錫全:《新見尖足布與權銘考釋》,《古文字與古貨幣文集》,頁648—649;原載《黄盛璋先生八秩華誕紀念文集》,北京:中國教育文化出版社,2005年。

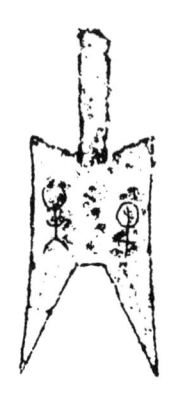

22
- 釋文　禺主
- 釋讀　讀爲"句注"。《史記·趙世家》:"羊腸之西,句注之南。"《正義》:"句注山在代州西北也。"地在今山西代縣西北。[1]
- 幣形　聳肩尖足空首布
- 著錄　《故宮博物院院刊》2000－6

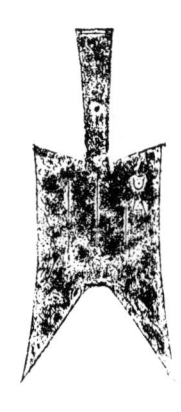

23
- 釋文　甘丹
- 釋讀　讀爲"邯鄲"。趙國都城。地在今河北邯鄲市。
- 幣形　聳肩尖足空首布
- 著錄　《貨系》707－708;《先秦編》195

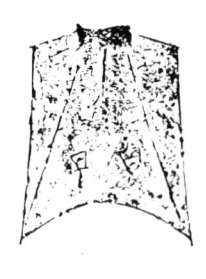

24
- 釋文　首昜
- 釋讀　讀爲"首陽"。今河南偃師西北首陽山附近的小城邑,即《水經注》之"首戴",依山爲名,其具體地望不詳。[2]
- 幣形　聳肩尖足空首布
- 著錄　《貨系》587

---

[1] 黃錫全:《尖足空首布新品"禺主"考》,《故宮博物院院刊》2000年第6期。
[2] 何琳儀:《首陽布幣考——兼述斜肩空首布地名》,《古幣叢考》,頁64—67。

第二章　東周金屬鑄幣文字所見貨幣史料　　101

25
- 釋文　武采[1]
- 釋讀　讀爲"武遂"。《史記・韓世家》：襄王"六年，秦復與我武遂"。地在今山西垣曲東南黃河北岸。[2]
- 幣形　斜肩空首布
- 著錄　《貨系》595－597；《先秦編》182

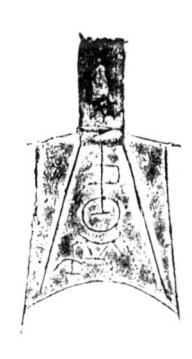

26
- 釋文　盧氏
- 釋讀　《竹書紀年》："晉出公十九年，晉韓龍取盧氏城。"[3] 地在今河南盧氏縣境。
- 幣形　斜肩空首布
- 著錄　《貨系》578－586；《先秦編》184

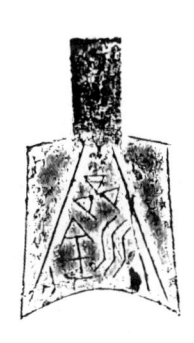

27
- 釋文　盁川釿
- 釋讀　即"三川釿"。《史記・秦本紀》："秦界至大梁，初置三川郡。"韋昭注："有河、洛、伊，故曰三川。"駰案：《地理志》漢高祖更名河南郡。[4]
- 幣形　斜肩空首布
- 著錄　《貨系》567－577；《先秦編》177

---

[1] "采"字的釋讀根據《東亞錢志》記載從郭沫若先生之説"采，古文穗字"。
[2] 何琳儀：《首陽布幣考——兼述斜肩空首布地名》，《古幣叢考》，頁67—68。
[3] 方詩銘、王修齡：《古本竹書紀年輯證》，上海：上海古籍出版社，1981年，頁82。
[4] 司馬遷：《史記》卷5，頁219—220。

五、狄

01
- 釋文　䣱刀
- 釋讀　通"肥"。肥，本春秋小國，爲白狄，屬鮮虞。地在今河北藁城西南。《左傳·昭公十二年》："晉荀吳僞會齊師者，假道於鮮虞，遂入昔陽。秋八月壬午，滅肥，以肥子綿皋歸。"[1]
- 幣形　尖首刀
- 著錄　《先秦編》463
- 其他　《貨系》2739－2744、《先秦編》448 著錄有"非"字尖首刀，"非"或爲"䣱"字省體。

02
- 釋文　壴
- 釋讀　即"鼓"。亦春秋小國，爲白狄，屬鮮虞，與"肥"臨近。《左傳·昭公二十二年》："遂襲鼓滅之。"杜注："鼓，白狄之別。鉅鹿下曲陽縣有鼓聚。"地在今河北藁城東、晉縣西。[2]
- 幣形　尖首刀
- 著錄　《貨系》2681－2684；《先秦編》455

03
- 釋文　九刀
- 釋讀　讀爲"仇"，仇由。春秋時白狄國。《韓非子·説林》："智伯將伐仇縣，而道難不通，乃鑄大鐘遺之。"[3]
- 幣形　尖首刀
- 著錄　《貨系》2699；《先秦編》428

---

[1] 黄錫全：《從尖首刀面文"䣱""鼓"等談到尖首刀的國别年代及有關問題》，《先秦貨幣研究》，頁249。
[2] 黄錫全：《從尖首刀面文"䣱""鼓"等談到尖首刀的國别年代及有關問題》，《先秦貨幣研究》，頁250—251。
[3] 黄錫全：《尖首刀銘文釋地》，《先秦貨幣研究》，頁258。

04

- ● 釋文　壬刀
- ● 釋讀　"壬"讀爲"任"。《左傳·哀公四十年》："國夏伐晉，取邢、任、欒、鄗、逆畤、陰人、壺口，會鮮虞，納荀寅於柏人。"杜注："八邑，晉地。"[1]
- ● 幣形　尖首刀
- ● 著錄　《先秦貨幣研究》頁263
- ● 其他　《先秦編》462收錄"壬"。

05

- ● 釋文　勺刀
- ● 釋讀　"勺"當即"勺梁"，在今河北定州北、望都縣東。《水經注·滱水》引《竹書紀年》："燕人伐趙，圍濁鹿。趙武靈王及代人救濁鹿，敗燕師於勺梁。"其地春秋或戰國初屬鮮虞。[2]
- ● 幣形　尖首刀
- ● 著錄　《先秦編》431
- ● 其他　《貨系》2675-2680、《先秦編》430著錄"勺"。

06

- ● 釋文　匸刀
- ● 釋讀　讀爲"雞"，雞丘或雞澤。《春秋·隱公三年》："同盟於雞澤。"《國語》作"雞丘"。春秋屬晉，一度當屬白狄。[3]
- ● 著錄　《先秦貨幣研究》頁264

---

[1] 黃錫全：《尖首刀銘文釋地》，《先秦貨幣研究》，頁260。
[2] 黃錫全：《尖首刀銘文釋地》，《先秦貨幣研究》，頁259。
[3] 黃錫全：《尖首刀銘文釋地》，《先秦貨幣研究》，頁259。

第二節　戰國時期（上）

戰國時期是金屬鑄幣全面發展時期，這一時期的金屬鑄幣呈現出形制多樣、面文豐富等特點。楊寬系統介紹了戰國時期銅幣的四種形式：

> 一、布幣，從空首布蛻變而來，主要流行於三晉（即魏、趙、韓三國），有圓肩、方足、圓跨的，有方肩方足、圓跨的，有方肩、尖足、圓跨的，有方肩、方足、方跨的。二、刀幣，從工具中的刀蛻變而來，主要流行於齊、燕、趙三國。齊刀形制較爲長大，都是尖頭，燕、趙形制較短小，方頭或圓頭。三、圓錢，錢作圓形，圓孔無郭，方孔的出現較遲。主要流行在東周、西周、秦以及趙、魏兩國沿黃河地區。四、銅貝，形狀像子安貝，該是沿襲古代用貝作貨幣的習慣而來，主要流行於楚國廣大地區。[1]

上揭内容大抵概括了這一時期的貨幣形制及其分布。黄錫全和吳良寶師的著述中則更加全面且詳細地分析了各種類型貨幣的鑄行時間和分布區域。[2]

這一時期的貨幣面文也呈現出更加豐富的狀態。除了明顯記錄數字、干支、吉語等信息外，出現了：大量的歷史地名；[3] 貨幣單位，如布幣上的"鈣"、圜錢上的"兩"、刀幣上的"賹"等；貨幣等制關係，如"半鈣""一鈣""二鈣"等；此外，還有可能涉及的貨幣鑄造機構或職官，如燕"明"刀背文"外爐"，燕方足布的"右明夋彊"。我們將按照國别將這一時期的金屬鑄幣面文呈現出來。

---

[1] 楊寬：《戰國史》，上海：上海人民出版社，2016年，頁142。
[2] 黄錫全：《先秦貨幣通論》；吳良寶：《中國東周時期金屬貨幣研究》。
[3] 黄錫全：《先秦貨幣中的地名》，《先秦貨幣研究》，頁361—371。紀夢寧：《戰國時期三晉貨幣資料整理與相關研究》，吉林大學2021年碩士學位論文。

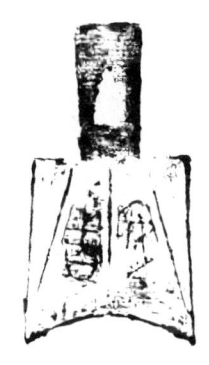

一、周

01
- 釋文　安周
- 釋讀　或以爲吉語，取安定周室之意。[1]
- 幣形　平肩空首布
- 著録　《貨系》641–642；《先秦編》112

02
- 釋文　安臧
- 釋讀　讀爲"安臧"。《貨幣文字考》："安臧者，蓋取阜安百物寶藏興焉之意。"[2] 也可能爲地名。
- 幣形　平肩空首布
- 著録　《貨系》645–680；《先秦編》112

03
- 釋文　玨
- 釋讀　讀爲"穀"。《左傳·定公八年》："二月己丑，單子伐穀城"，注曰："穀城在河南縣西。"地在今河南洛陽西北。[3]
- 幣形　方足小布
- 著録　《中國錢幣》2004–2

---

[1]《先秦編》，頁112。
[2]丁福保：《古錢大辭典》，頁1256。
[3]何琳儀、唐晉源：《周方足布續考》，《中國錢幣》2004年第2期。

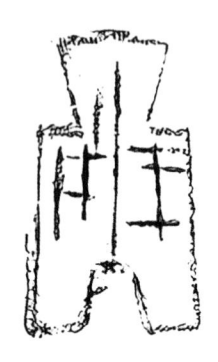

04
- 釋文　王成
- 釋讀　讀爲"王城"。《左傳·莊公二十一年》："夏，同伐王城。"[1] 地在今河南洛陽西。
- 幣形　方足小布
- 著錄　《先秦編》292

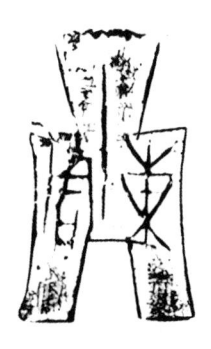

05
- 釋文　東周
- 釋讀　《史記·周本紀》："考王封其弟于河南，是爲桓公，以續周公之官職。桓公卒，子威公代立。威公卒，子惠公代立，乃封其少子於鞏以奉王，號東周惠公。"[2] 地在今河南鞏縣。
- 幣形　方足小布
- 著錄　《貨系》2281；《先秦編》292

06
- 釋文　北尋
- 釋讀　讀爲"北鄩"。地在今河南偃師東北，戰國應屬東周國。[3]
- 幣形　方足小布
- 著錄　《古錢新典》頁49

---

[1] 杜預注，孔穎達疏：《春秋左傳正義》卷9，頁1774。
[2] 司馬遷：《史記》卷4，頁158。
[3] 何琳儀：《周方足布考》，《古幣叢考》，頁73—76。

第二章　東周金屬鑄幣文字所見貨幣史料　　107

07
- 釋文　鄑
- 釋讀　讀爲"留"，即春秋劉子邑。《漢書·地理志》"（河南郡）緱氏，劉聚，周大夫劉子邑。"[1]
- 幣形　方足小布
- 著錄　《貨系》1678；《先秦編》294

08
- 釋文　東周
- 釋讀　地在今河南鞏縣。（參看"東周"方足小布）。
- 幣形　圜錢
- 著錄　《貨系》4077－4078；《先秦編》612

09
- 釋文　西周
- 釋讀　《史記·周本紀》："王赧時東、西周分治。王赧徙都西周。"《正義》："敬王從王城東徙成周，十世至王赧，從成周西徙王城，西周武公居焉。"[2] 西周王城即在洛陽澗濱東周城遺；成周則在漢洛陽。[3]
- 幣形　圜錢
- 著錄　《貨系》4080－4081；《先秦編》612

10
- 釋文　安臧
- 釋讀　讀爲"安臧"。參看"安臧"平肩空首布。
- 幣形　圜錢
- 著錄　《貨系》4079；《先秦編》612

---

[1] 李家浩：《戰國貨幣考（七篇）》，《著名中年語言學家自選集·李家浩卷》，頁86。
[2] 司馬遷：《史記》卷4，頁160—161。
[3] 李學勤：《東周與秦代文明》，北京：文物出版社，1984年，頁14—16。

二、韓

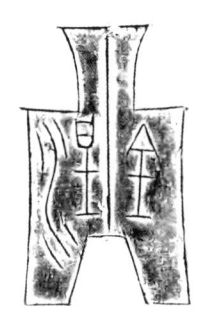

01

- **釋文** 百涅
- **釋讀** 讀爲"百盈"。表示貨幣流通的吉語。[1]
- **幣形** 銳角布
- **著錄** 《貨系》1221－1230；《先秦編》225

02

- **釋文** 公
- **釋讀** 何琳儀釋爲"容"，《春秋·定公四年》："許遷於容城。"[2] 黃錫全讀爲"沈"，"浚"從"沈"即允聲。《詩·鄘風·干旄》："在浚之郊"，鄭箋："浚，衛邑。"魏滅衛後，屬魏。[3]
- **幣形** 銳角布
- **著錄** 《貨系》1231－1237

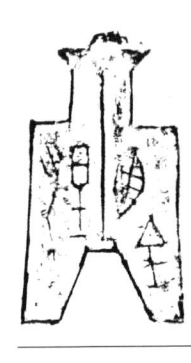

03

- **釋文** 舟百涅
- **釋讀** "舟"讀爲"州"，即《左傳》所記南陽之州，本爲周邑，後入於晉，戰國時應爲韓邑。[4] "涅"讀爲"盈"，表示貨幣流通的吉語。
- **幣形** 銳角布
- **著錄** 《貨系》1220；《先秦編》226

---

[1] 何琳儀：《戰國文字通論》，北京：中華書局，1989年，頁109。
[2] 何琳儀：《銳角布幣考》，頁87—89。
[3] 黃錫全：《銳角布國別漫議》，《先秦貨幣研究》，頁79。
[4] 裘錫圭：《戰國貨幣考（十二篇）》，《裘錫圭學術文集·金文及其他古文字卷》，頁227。

04

- 釋文　共金
- 釋讀　"共金"之"共",當與濟源縣北之共山關係較大。此地春秋屬周,戰國屬韓。[1]
- 幣形　銳角布
- 著錄　《中國錢幣》2014-6

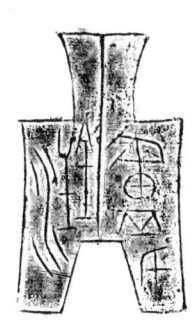

05

- 釋文　盧氏百涅
- 釋讀　《竹書紀年》:"晉出公十九年,晉韓龍取盧氏城。"[2] 地在今河南盧氏縣境。
- 幣形　銳角布
- 著錄　《貨系》1215-1219;《先秦編》227

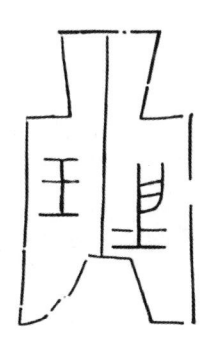

06

- 釋文　𡌴王
- 釋讀　讀爲"野王"。《史記·白起王翦列傳》:"四十五年,伐韓之野王。野王降秦,上黨道絕。"《漢書·地理志》河內郡有野王縣。[3]
- 幣形　方足小布
- 著錄　《古錢大辭典》39

---

[1] 黃錫全:《談談新見銳角布與"利民"寳首布》,《中國錢幣》2014年第6期。
[2] 方詩銘、王修齡:《古本竹書紀年輯證》,頁82。
[3] 吳良寳:《"野王"方足布幣考》,《江蘇錢幣》2008年第1期。趙平安:《談談戰國文字中用爲"野"的"冶"字》。

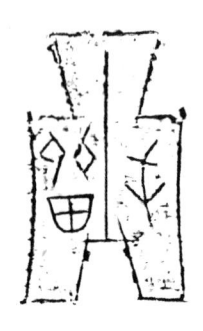

110　貨幣的發生：出土先秦文獻所見貨幣史料整理與研究

07
- 釋文　屯留
- 釋讀　《史記·趙世家》："肅侯元年，奪晉君端氏，徙處屯留。"[1] 地在今山西長治屯留東南。
- 幣形　方足小布
- 著錄　《貨系》1666–1677；《先秦編》274

08
- 釋文　唐是
- 釋讀　讀爲"楊氏"。《左傳·昭公二十八年》："僚安爲楊氏大夫。"杜注："平陽楊氏縣。"[2] 地在今山西洪洞縣東南。
- 幣形　方足小布
- 著錄　《貨系》2256–2262；《先秦編》293

09
- 釋文　斁垣
- 釋讀　讀爲"襄垣"。《漢書·地理志》上黨郡有襄垣縣。地在今山西襄垣北。[3]
- 幣形　方足小布
- 著錄　《貨系》1611–1657

---

[1] 司馬遷：《史記》卷43，頁1802。
[2] 杜預注，孔穎達疏：《春秋左傳正義》卷52，頁2118。
[3] 吴良寶：《戰國金文考釋兩篇》，《中國歷史文物》2006年第2期。

10

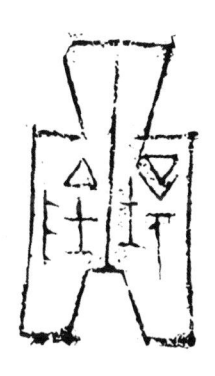

- 釋文　壞陰
- 釋讀　讀爲"襄陰"。
- 幣形　方足小布
- 著錄　《貨系》1658－1665；《先秦編》238
- 其他　從"襄"字寫法判定爲韓幣。

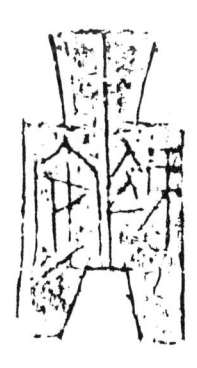

11

- 釋文　䛊安
- 釋讀　讀爲"長安"。
- 幣形　方足小布
- 著錄　《貨系》1535－1538；《先秦編》267
- 其他　幣文"䛊"字所從"長"字的寫法特殊，目前只見於韓國兵器，如五年鄭令戈（集成11553）、二十年鄭令戈（集成11372）。

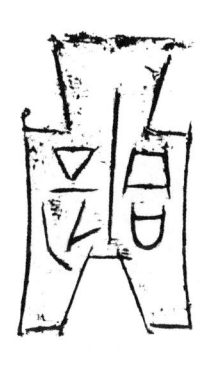

12

- 釋文　同是
- 釋讀　讀爲"銅鞮"。《左傳·成公九年》："秋，鄭伯如晉，晉人討其貳于楚也，執諸銅鞮。"[1] 地在今山西沁縣西南。
- 幣形　方足小布
- 著錄　《貨系》1581－1592；《先秦編》250
- 其他　"烏疋"還作"烏邔"（《貨系》1953－1957）。

---

[1] 杜預注，孔穎達疏：《春秋左傳正義》卷26，頁1905。

13

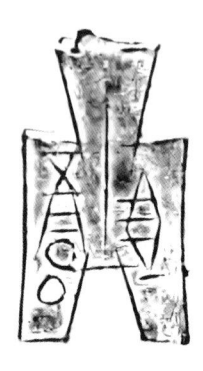

- 釋文　馬雝
- 釋讀　讀爲"馬雝"。[1]
- 幣形　方足小布
- 著錄　《貨系》1697－1714；《先秦編》299
- 其他　"馬雝"還見於"王三年馬雝令戈"，根據戈銘"造"字寫法判斷爲韓器。[2]

14

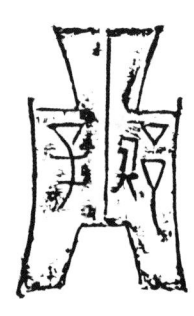

- 釋文　鉅子
- 釋讀　讀爲"長子"。《史記·趙世家》："攻鄭，敗之，以與韓，韓與我長子。"《漢書·地理志》上黨郡有長子縣。[3] 地在今山西長子縣西。
- 幣形　方足小布
- 著錄　《貨系》1493－1517；《先秦編》258
- 其他　"長"字有異體作"木"（《貨系》1528－1534）、"枲"（《古錢大辭典》299）。

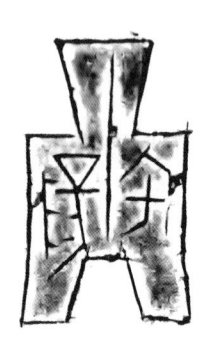

15

- 釋文　宅陽
- 釋讀　《史記·韓世家》："懿侯五年，與魏惠王會宅陽。"《正義》引《括地志》云："宅陽故城一名北宅，在鄭州滎陽縣東南十七里也。"[4] 地在今河南鄭州北。
- 幣形　方足小布
- 著錄　《貨系》2023－2057；《先秦編》277
- 其他　"宅陽"亦作"毛昜"（《貨系》2058－2063）。

---

[1][2] 曾庸：《若干戰國布幣地名之辨證》，《考古》1980年第1期。
[3] 司馬遷：《史記》卷43，頁1799。班固：《漢書》卷28，頁1553。
[4] 司馬遷：《史記》卷45，頁1868。

第二章　東周金屬鑄幣文字所見貨幣史料　　113

16
- **釋文**　綸氏
- **釋讀**　讀爲"綸氏"。《竹書紀年》："楚吾得帥師及秦伐鄭，圍綸氏。"[1] 地在今河南登封西南。
- **幣形**　方足小布
- **著録**　《古錢大辭典》252

17
- **釋文**　洀
- **釋讀**　讀爲"州"。"洀"布也是州邑所鑄的貨幣。據《水經注·沁水》，州地有沁水支流朱溝水流經……幣文"洀"字就應該是州水的專字。[2]
- **幣形**　方足小布
- **著録**　《貨系》2283－2289；《先秦編》234

18
- **釋文**　郲
- **釋讀**　即典籍中的"時來"。《左傳·隱公十一年》："夏，公會鄭伯于時來。"杜預注："時來，郲也。滎陽縣東有釐城。"地在今河南鄭州附近。[3]
- **幣形**　方足小布
- **著録**　《貨系》1994；《先秦編》279

---

[1] 方詩銘、王修齡：《古本竹書紀年輯證》，頁 152—153。
[2] 裘錫圭：《古文字釋讀三則·釋郲》，《裘錫圭學術文集·金文及其他古文字卷》，頁 227；原載《徐中舒先生九十壽辰紀念文集》，成都：巴蜀書社，1990 年。
[3] 吴榮曾：《戰國布幣地名考釋三則》。

19

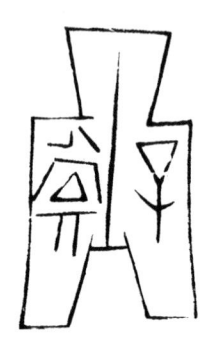

- **釋文** 尚子
- **釋讀** 讀爲"尚子",爲"長子"異名。[1]
- **幣形** 方足小布
- **著錄** 《古錢大辭典》299

20

- **釋文** 鄘
- **釋讀** 讀爲"麁"。《左傳·昭公二十六年》:"居王於麁。"[2] 地在今山西霍縣東北。
- **幣形** 方足小布
- **著錄** 《貨系》1814-1838;《先秦編》268

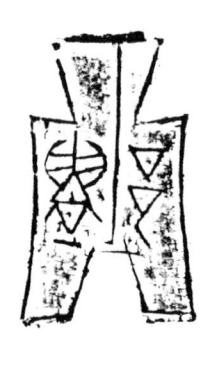

21

- **釋文** 鄒
- **釋讀** 即"鑄(鑄)",讀爲"注"。《史記·魏世家》:"(文侯)三十二年……敗秦于注",《集解》:"司馬彪曰:河南梁縣有注城也。"[3] 地在今河南臨汝西。
- **幣形** 方足小布
- **著錄** 《貨系》2264-2269;《先秦編》287
- **其他** "鑄"有異體作"盅"(《貨系》2270-2276)。

---

[1] 張頷:《古幣文三釋》,《張頷學術文集》,頁112—113。

[2] 杜預注,孔穎達疏:《春秋左傳正義》卷52,頁2114。

[3] 裘錫圭:《戰國貨幣考(十二篇)》,《裘錫圭學術文集·金文及其他古文字卷》,頁219。

第二章　東周金屬鑄幣文字所見貨幣史料　　115

22
- 釋文　宜昜
- 釋讀　讀爲"宜陽"。《史記·韓世家》:"九年,秦拔我宜陽,斬首六萬。"[1] 地在今河南宜陽西。
- 幣形　方足小布
- 著錄　《古錢大辭典》164

23
- 釋文　涅
- 釋讀　《竹書紀年》:梁惠王十二年"鄭取屯留、尚子、涅"。《漢書·地理志》上黨郡有涅氏縣。[2] 地在今山西武鄉縣西北。
- 幣形　方足小布
- 著錄　《貨系》1887－1905;《先秦編》281

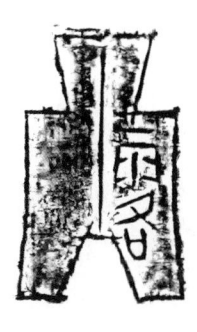

24
- 釋文　䨣
- 釋讀　即"露"字,讀爲"潞"。《左傳·宣公十五年》:"辛亥,滅潞。"《漢書·地理志》隸上黨郡,"故潞子國"。[3] 地在今山西潞縣東北。
- 幣形　方足小布
- 著錄　《貨系》1930;《先秦編》285
- 其他　"露"有時省作"雨"(《貨系》1931－1933)。

---

[1] 司馬遷:《史記》卷45,頁1867。
[2] 方詩銘、王修齡:《古本竹書紀年輯證》,頁116。班固:《漢書》卷28,頁1553。
[3] 杜預注,孔穎達疏:《春秋左傳正義》卷24,頁1888。班固:《漢書》卷28,頁1553。

25
- 釋文　陽城
- 釋讀　《史記·周本紀》：赧王"五十九年，秦取韓陽城、負黍"。[1] 地在今河南登封縣東。
- 幣形　方足小布
- 著錄　《貨系》1688－1696；《先秦編》282

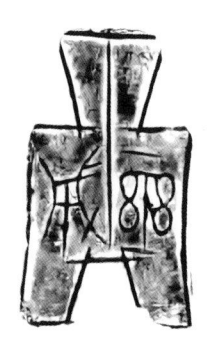

26
- 釋文　埕城
- 釋讀　讀爲"隰城"。[2]《左傳·僖公二十五年》："取大叔于溫，殺之于隰城。"[3] 地在今山西離石縣西。
- 幣形　方足小布
- 著錄　《貨系》1487－1492；《先秦編》260

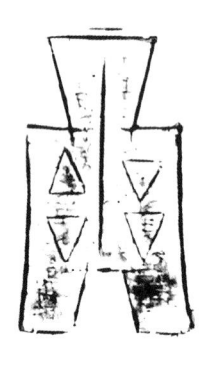

27
- 釋文　邰
- 釋讀　即古"鄶"。鄶爲古國名，今《詩》作"檜"，篇名爲《檜風》。鄶國周代爲鄭國所滅。其地望在今河南省密縣東之鄶城。[4]
- 幣形　方足小布
- 著錄　《貨系》2277－2278；《先秦編》232

---

[1] 司馬遷：《史記》卷4，頁168。
[2] 丁福保：《古錢大辭典》，頁1230。
[3] 杜預注，孔穎達疏：《春秋左傳正義》卷16，頁1820。
[4] 張頷：《古幣文三釋》，《張頷學術文集》，頁111—112。

三、魏

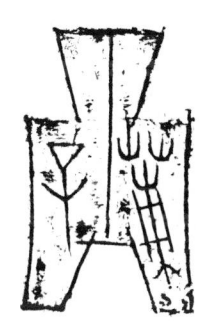

01
- 釋文　莆子
- 釋讀　讀爲"蒲子"。《左傳·僖公四年》："重耳奔蒲"。[1] 地在今山西隰縣。
- 幣形　方足小布
- 著録　《貨系》1539－1548；《先秦編》232

02
- 釋文　皮氏
- 釋讀　《史記·魏世家》："秦取我汾陰、皮氏、焦。"《漢書·地理志》河東郡有皮氏縣。[2] 地在今山西河津縣。
- 幣形　方足小布
- 著録　《貨系》2187－2202；《先秦編》229

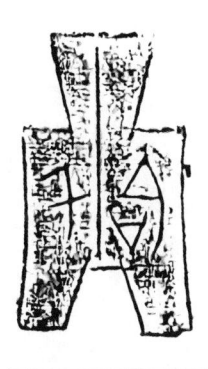

03
- 釋文　奇氏
- 釋讀　讀爲"猗氏"。《漢書·地理志》河東郡有猗氏縣。[3] 地在今山西臨猗縣。
- 幣形　方足小布
- 著録　《貨系》1723－1729；《先秦編》231

---

[1] 杜預注，孔穎達疏：《春秋左傳正義》卷12，頁1793。
[2] 司馬遷：《史記》卷44，頁1848。班固：《漢書》卷28，頁1550。
[3] 班固：《漢書》卷28，頁1550。

04

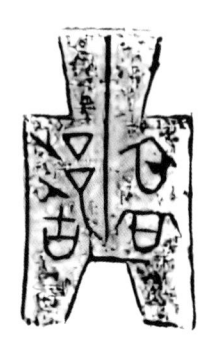

- **釋文** 高都
- **釋讀** 《史記·秦本紀》：秦莊襄王三年"蒙驁攻魏高都、汲，拔之"。《括地志》云："高都故城今澤州是。"《漢書·地理志》隸上黨郡。[1] 地在今山西晉城。
- **幣形** 方足小布
- **著錄** 《貨系》1906-1920；《先秦編》233

05

- **釋文** 粱
- **釋讀** 讀爲"梁"。魏國都城。《史記·魏世家》惠王三十一年"安邑近秦，於是徙治大梁"。[2] 地在今河南開封西北。
- **幣形** 方足小布
- **著錄** 《貨系》2151-2186；《先秦編》234

06

- **釋文** 郛氏
- **釋讀** 或讀爲"端氏"，[3] 或讀爲"泫氏"。[4]
- **幣形** 方足小布
- **著錄** 《貨系》1980-1992；《先秦編》283
- **其他** 幣文有單獨作"郛"（《貨系》1993）。

---

[1] 司馬遷：《史記》卷5，頁219。班固：《漢書》卷28，頁1553。
[2] 司馬遷：《史記》卷44，頁1847。
[3] 朱德熙：《古文字考釋四篇》，《古文字研究》第8輯，頁16。
[4] 何琳儀：《橋形布幣考》，《古幣叢考》，頁178—179。

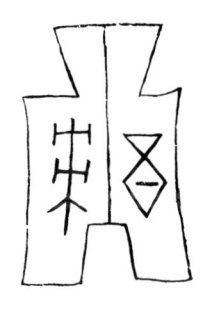

第二章　東周金屬鑄幣文字所見貨幣史料　　119

07
- 釋文　酉棗
- 釋讀　讀爲"酸棗"。《竹書紀年》："魏襄王十年……河溢酸棗。"[1]《史記·秦始皇本紀》："五年，將軍驁攻魏，定酸棗、燕、虛、長平、雍丘、山陽城，皆拔之，取二十城。"[2] 地在今河南延津縣西南。
- 幣形　方足小布
- 著錄　《古錢大辭典》150

08
- 釋文　和[3]
- 釋讀　讀"和"。《國語·晉語》："范宣子與和大夫爭田。"地望不詳。疑讀"郃"，"晉侯伐秦，圍郃、新城"。在今陝西澄城南。[4]
- 幣形　方足小布
- 著錄　《貨系》1866–1870；《先秦編》306

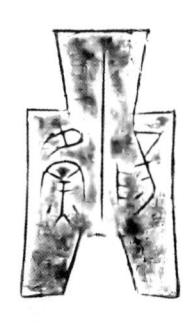

09
- 釋文　虘陽
- 釋讀　何琳儀讀爲"魯陽"，《史記·楚世家》："魏取我魯陽。"《漢書·地理志》隸南陽郡，在今河南魯山。[5] 曾庸讀爲"虞陽"，《史記·秦本紀》："秦使摎伐魏，取吳城。"《正義》引《括地志》云："虞城故城在陝州河北縣東北五十里虞山之上，亦名吳山，周武王封弟虞仲於周之北故夏墟吳城，即此城也。"地在今山西平陸北。[6]
- 幣形　方足小布
- 著錄　《貨系》1958–1979；《先秦編》236

---

[1] 方詩銘、王修齡：《古本竹書紀年輯證》，頁151。
[2] 司馬遷：《史記》卷6，頁224。
[3][4][5] 何琳儀：《三晉方足布彙釋》，《古幣叢考》，頁212。
[6] 曾庸：《若干戰國布幣地名之辨證》，《考古》1980年第1期。

10

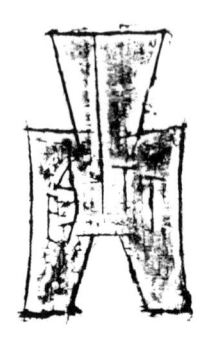

- **釋文** 开陽
- **釋讀** 讀爲"軹陽"。《漢書·地理志》"軹"屬河內郡，地在今河南濟源南十三里的軹城鎮，南距鄴約八十里。[1]
- **幣形** 方足小布
- **著録** 《貨系》1608－1610；《先秦編》304

11

- **釋文** 壞陰
- **釋讀** 或以爲"壞陰"係"襄丘"之陰，位於蒲阪之東北，戰國屬魏。[2] 或以爲"襄陰"，《漢書·地理志》定襄郡有襄陰縣，地在今山西西北長城以北。[3]
- **幣形** 圜錢
- **著録** 《貨系》4047－4054；《先秦編》618
- **其他** 黄錫全讀爲"畢陰"。[4] 從幣文"襄"字寫法及幣形來看，當屬魏。

12

- **釋文** 共
- **釋讀** 《史記·魏世家》："河內共、汲必危。"《漢書·地理志》河內郡有共縣。[5] 地在今河南輝縣。
- **幣形** 圜錢
- **著録** 《貨系》4036－4043；《先秦編》610

---

[1] 李家浩：《戰國开陽布考》，頁391—394。
[2] 《貨系》"總論"，頁32。
[3] 何琳儀：《三晉圜錢彙釋》，《古幣叢考》，頁218。
[4] 黄錫全：《先秦貨幣通論》，頁307—308。
[5] 司馬遷：《史記》卷44，頁1858。班固：《漢書》卷28，頁1554。

13

- 釋文　桼睘一釿
- 釋讀　讀爲"漆縣一釿"。地在今河南長垣縣西。[1]
- 幣形　圜錢
- 著錄　《古錢大辭典》151；《先秦編》616

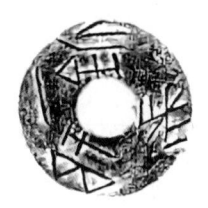

14

- 釋文　桼垣一釿
- 釋讀　讀爲"漆垣一釿"。《漢書·地理志》上郡有漆垣縣。地在今陝西銅川西北。[2]
- 幣形　圜錢
- 著錄　《貨系》4055－4064；《先秦編》614

15

- 釋文　共屯赤金
- 釋讀　讀爲"共純赤金"。即共地鑄造的純銅圜錢。
- 幣形　圜錢
- 著錄　《貨系》4044－4046；《先秦編》611

16

- 釋文　垣
- 釋讀　《史記·秦本紀》：昭襄王"十五年，大良造白起攻魏，取垣，復與之"。[3] 地在今山西垣曲縣東南。
- 幣形　圜錢
- 著錄　《貨系》4026－4035；《先秦編》614

---

[1] 梁鶴：《"桼睘一釿"試解》，《中國文字研究》第28輯，上海：上海書店出版社，2018年，頁31—33。

[2] 裘錫圭：《戰國貨幣考（十二篇）》，《裘錫圭學術文集·金文及其他古文字卷》，頁205—206。

[3] 司馬遷：《史記》卷5，頁213。

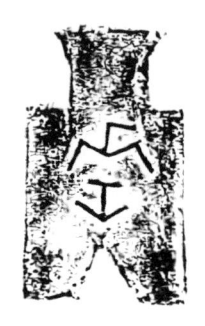

17
- 釋文　畏
- 釋讀　讀爲"魏"。[1]《史記·六國年表》:"庶長將兵拔魏城。"地在今河北大名縣西南。[2]
- 幣形　鋭角布
- 著録　《貨系》1238–1244;《先秦編》229

18
- 釋文　畏一釿
- 釋讀　讀爲"魏一釿"。[1]《史記·六國年表》:"庶長將兵拔魏城。"地在今河北大名縣西南。[2]
- 幣形　橋形布
- 著録　《貨系》1409–1416;《先秦編》224

19
- 釋文　梁正𠂤百尚乎
- 釋讀　讀爲"梁整幣百當鋝"。[3] 梁,魏國都城。《史記·魏世家》:惠王三十一年"安邑近秦,於是徙治大梁"。駰案:"汲冢紀年曰:'梁惠成王九年四月甲寅,徙都大梁'也。"[4] 地在今河南開封西北。
- 幣形　橋形布
- 著録　《貨系》1350–1369;《先秦編》216
- 其他　亦見"梁(梁)半𠂤(幣)二百尚(當)乎(鋝)"(《貨系》1370–1372)。

---

[1] 吴榮曾:《戰國布幣地名考釋三則》,頁5轉55。
[2] 周波:《中山器銘文補釋》,《出土文獻與古文字研究》第3輯,上海:復旦大學出版社,2010年,頁201—207。
[3] 李家浩:《戰國貨幣文字中"𠂤"和"比"》,《中國語文》1980年第5期。
[4] 司馬遷:《史記》卷44,頁1847。

20

- 釋文　梁亢釿百尚乎
- 釋讀　讀爲"梁衡釿百當鋝"。"衡釿"即其質量（重量）平正、可以作爲衡量標準的釿布。[1] 梁，魏國都城。
- 幣形　橋形布
- 著録　《貨系》1343－1349；《先秦編》216
- 其他　亦見"梁（梁）亢（衡）釿五十尚（當）乎（鋝）"（《貨系》1334－1342）。

21

- 釋文　言易二釿
- 釋讀　"言易"即圁陽，讀爲"圁陽"。《地理志》上郡"圁水出西，東入河"，師古注："圁音銀，其澤在下。"故址在今陝西神木縣東。[2]
- 幣形　橋形布
- 著録　《貨系》1376－1377；《先秦編》213－214
- 其他　"言（圁）易（陽）"亦見於"言易一釿"（《貨系》1378－1387）。"言半釿"（《貨系》1388）是"言易半釿"的省寫。

22

- 釋文　甫反一釿
- 釋讀　讀爲"蒲阪一釿"。《史記·魏世家》："秦拔我蒲反、陽晉、封陵。"[3] 地在今山西永濟縣西南。
- 幣形　橋形布
- 著録　《貨系》1425－1429；《先秦編》213
- 其他　亦見"甫反半釿"（《貨系》1430）。

---

[1] 陳劍：《說說戰國文字中寫法特殊的"亢"和從"亢"諸字》，《出土文獻與古文字研究》第3輯，頁177—179。

[2] 裘錫圭：《戰國貨幣考（十二篇）》，《裘錫圭學術文集·金文及其他古文字卷》，頁221—222。

[3] 司馬遷：《史記》卷44，頁1852。

23
- 釋文　盧氏料（半）釿
- 釋讀　《竹書紀年》："晉出公十九年，晉韓龍取盧氏城。"[1] 地在今河南省盧氏縣境。
- 幣形　橋形布
- 著錄　《貨系》1435－1437；《先秦編》220

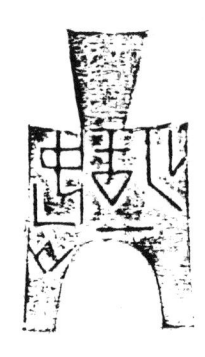

24
- 釋文　高女一釿
- 釋讀　讀爲"高奴一釿"。地在今陝西延安附近。[2]
- 幣形　橋形布
- 著錄　《貨系》1431－1434；《先秦編》219

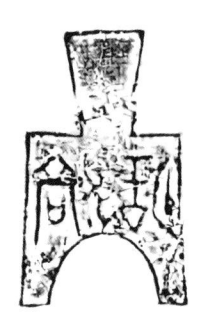

25
- 釋文　高半釿
- 釋讀　讀爲"郜半釿"。《左傳・文公三年》："秦伯伐晉……取王官及郊也。"《史記・秦本紀》引作"鄗"。地在今山西聞喜南。[3] 或以爲"高"是"高奴"的省稱。[4]
- 幣形　橋形布
- 著錄　《貨系》1434；《先秦編》219

---

[1] 方詩銘、王修齡：《古本竹書紀年輯證》，頁82。
[2] 湯餘惠：《戰國銘文選》，長春：吉林大學出版社，1993年，頁109。
[3] 何琳儀：《橋形布幣考》，《古幣叢考》，頁178。
[4] 吳良寶：《中國東周時期金屬貨幣研究》，頁150—151。

26

- 釋文　安邑二釿
- 釋讀　安邑，魏早期都城。《史記·魏世家》："二年，城安邑、王垣。"[1] 地在今山西夏縣西北。[2]
- 幣形　橋形布
- 著錄　《貨系》1245－1283；《先秦編》210
- 其他　亦見"安邑一釿"（《貨系》1284－1306）、"安邑半釿"（《貨系》1307－1310）。

27

- 釋文　郢氏半釿
- 釋讀　或讀爲"端氏"，[3] 或讀爲"泫氏"。[4]
- 幣形　橋形布
- 著錄　《貨系》1440－1442；《先秦編》220

28

- 釋文　陰晉一釿
- 釋讀　《史記·魏世家》："秦拔我蒲阪、陰晉、封陵。"[5] 地在今陝西華陰縣東。
- 幣形　橋形布
- 著錄　《貨系》1417－1421；《先秦編》218
- 其他　亦見"陰晉半釿"（《貨系》1422－1424）。

---

[1] 司馬遷：《史記》卷44，頁1842。
[2] 關於魏都安邑的位置可參看中國科學院考古研究所山西工作隊：《山西夏縣禹王城調查》，《考古》1963年第9期；后曉榮：《戰國政區地理》，北京：文物出版社，2013年，頁85。
[3] 朱德熙：《古文字考釋四篇》，頁16。
[4] 何琳儀：《橋形布幣考》，《古幣叢考》，頁178—179。
[5] 司馬遷：《史記》卷44，頁1852。

29
- 釋文　呆一釿
- 釋讀　何琳儀釋"禾",讀爲"元",即"元里"。《史記·魏世家》:"惠王十七年,與秦戰元里,秦取我少梁。"地在今陝西澄城南。[1]
- 幣形　橋形布
- 著錄　《貨系》1323;《先秦編》220-221

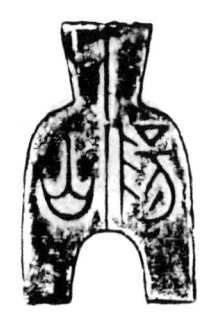

30
- 釋文　山陽
- 釋讀　《史記·秦始皇本紀》:"五年,將軍驁攻魏,定酸棗、燕、虛、長平、雍丘、山陽城,皆拔之,取二十城。"[2] 地在今河南焦作市東。
- 幣形　橋形布
- 著錄　《貨系》1447-1450;《先秦編》208

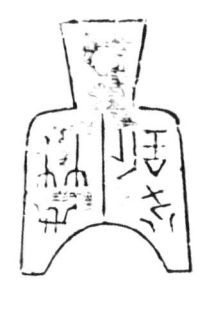

31
- 釋文　共半釿
- 釋讀　《史記·魏世家》:"河內共、汲必危。"《漢書·地理志》河內郡有共縣。[3] 地在今河南輝縣。
- 幣形　橋形布
- 著錄　《貨系》1438-1439;《先秦編》209

---

[1] 何琳儀:《橋形布幣考》,《古幣叢考》,頁173—174。
[2] 司馬遷:《史記》卷6,頁224。
[3] 司馬遷:《史記》卷44,頁1858。班固:《漢書》卷28,頁1554。

第二章　東周金屬鑄幣文字所見貨幣史料　　127

32
- 釋文　庚一釿
- 釋讀　"庚"釋爲"陝"。[1]《史記·秦本紀》：惠文君十三年"使張儀伐取陝，出其人與魏"。《漢書·地理志》隸弘農郡，故虢國。[2] 地在今河南三門峽市。
- 幣形　橋形布
- 著錄　《貨系》1390-1407；《先秦編》222-223
- 其他　亦見"陝半釿"（《貨系》1408）。

四、趙

001
- 釋文　閵
- 釋讀　讀爲"藺"。《史記·趙世家》：武靈王"秦拔我藺"。[3] 地在今山西離石縣西。
- 幣形　尖足小布
- 著錄　《貨系》713-720；《先秦編》351
- 其他　《貨系》721-729、《先秦編》352-253 還見"閵半"尖足小布。"閵（藺）"還見於圜足布、方足布、圜錢和直刀中。

002
- 釋文　大陰
- 釋讀　讀爲"大陰"，疑典籍之"陰"。《左傳·僖公十五年》："晉陰飴甥即呂甥也，食采於陰。"地在今山西霍縣南。[4]
- 幣形　尖足小布
- 著錄　《貨系》815-873；《先秦編》312

---

[1] 張頷：《魏幣 $\hat{\mathbb{R}}$ 布考釋》，《中國錢幣》1985年第4期。
[2] 司馬遷：《史記》卷5，頁206。班固：《漢書》卷28，頁1549。
[3] 司馬遷：《史記》卷43，頁1804。
[4] 何琳儀：《尖足布幣考》，《古幣叢考》，頁112。

128　貨幣的發生：出土先秦文獻所見貨幣史料整理與研究

003
- 釋文　中陽
- 釋讀　《史記·趙世家》：惠文王十四年"與秦會中陽"。《正義》引《括地志》："中陽故城在汾州隰城縣南十里。"[1] 地在今山西省中陽縣。
- 幣形　尖足小布
- 著錄　《貨系》1034－1041；《先秦編》317

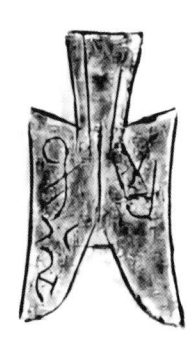

004
- 釋文　晉昜
- 釋讀　即"晉陽"。《左傳·定公十三年》："趙鞅奔晉陽。"[2] 地在今山西太原南。
- 幣形　尖足小布
- 著錄　《貨系》903－946；《先秦編》344

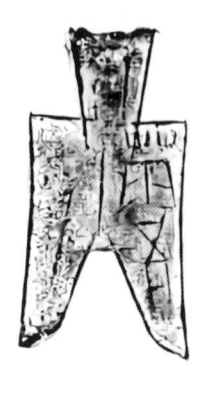

005
- 釋文　雚人
- 釋讀　讀爲"霍人"。《左傳·襄公十年》："使周内史選其族嗣納諸霍人。"[3] 地在今山西繁峙東南。
- 幣形　尖足小布
- 著錄　《貨系》1084－1085；《先秦編》361

---

[1] 司馬遷：《史記》卷43，頁1816。
[2] 杜預注，孔穎達疏：《春秋左傳正義》卷56，頁2150。
[3] 杜預注，孔穎達疏：《春秋左傳正義》卷31，頁1947。

第二章　東周金屬鑄幣文字所見貨幣史料

006
- 釋文　膚虒
- 釋讀　讀爲"慮虒"。《漢書·地理志》太原郡有慮虒縣。地在今山西省五臺縣北。[1]
- 幣形　尖足小布
- 著錄　《貨系》991－999；《先秦編》358
- 其他　亦見"膚虒半"（《貨系》985－990），"膚虒"是合文。

007
- 釋文　余水
- 釋讀　何琳儀讀爲"塗水"。《左傳·昭公二十八年》："知徐吾爲塗水大夫"。《漢書·地理志》屬太原郡"榆次"下"塗水鄉"。地在今山西榆次西南。[2]
- 幣形　尖足布
- 著錄　《貨系》1213

008
- 釋文　襄平
- 釋讀　地望待考。
- 幣形　尖足小布
- 著錄　《貨系》1108－1110；《先秦編》365
- 其他　幣文"襄"呈現典型的趙國特點。

---

[1] 裘錫圭：《戰國貨幣考（十二篇）》，《裘錫圭學術文集·金文及其他古文字卷》，頁217—218。最新研究可參看吳良寶：《戰國地名"膚施""慮虒"及相關問題》，《文史》2017年第2期。
[2] 何琳儀：《尖足布幣考》，《古幣叢考》，頁112。

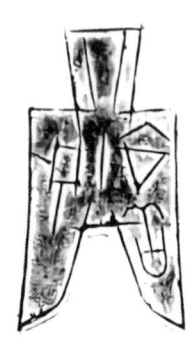

009

- 釋文　襄城
- 釋讀　地望待考。張家山漢簡《秩律》等資料顯示"中陽、平周、西都、襄城"是西漢初期上郡的屬縣，位於黃河以西的今陝西境内。[1]
- 幣形　尖足小布
- 著錄　《貨系》1086－1107；《先秦編》363

010

- 釋文　襄洹
- 釋讀　讀爲"襄垣"，《地理志》隸上黨郡，在今山西襄垣北。[2]
- 幣形　尖足小布
- 著錄　《貨系》1111；《先秦編》363
- 其他　幣文"襄"字寫法屬趙。

011

- 釋文　鄐
- 釋讀　讀爲"邪"。[3]
- 幣形　尖足小布
- 著錄　《貨系》876－893；《先秦編》328
- 其他　"邪"字在幣文中還作"邪"形（《貨系》876），亦見"鄐半"（《貨系》892）。

---

［1］吴良寶：《尖足布幣鑄造地及相關問題研究》。
［2］何琳儀：《尖足布幣考》，《古幣叢考》，頁116。
［3］何琳儀：《尖足布幣考》，《古幣叢考》，頁112。

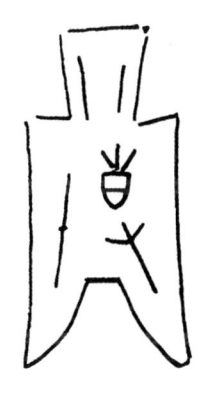

第二章　東周金屬鑄幣文字所見貨幣史料　　131

012
- 釋文　博
- 釋讀　趙有三地與"博"有關。其一，《地理志》西河郡"博陵"，確切地望不詳，約在今山西、陝西北部交界處。其二，《戰國策·齊策一》："悉趙涉河漳指博關。"在今山東博平西北。其三，《地理志》：信都國"下專，莽曰閏博。"在今河北深縣東南。[1]
- 幣形　尖足小布
- 著錄　《古幣叢考》頁125
- 其他　《先秦編》362著錄有"🗝（專）"字尖足布，當爲"博"字省形。

013
- 釋文　善坓
- 釋讀　讀爲"善無"。《漢書·地理志》雁門郡有善無縣。[2]
- 幣形　尖足小布
- 著錄　《先秦貨幣研究》頁76

014
- 釋文　武平
- 釋讀　《史記·趙世家》："趙徙漳水武平西。"地在今河北文安北。[3] 或以爲在邯鄲附近。[4]
- 幣形　尖足小布
- 著錄　《貨系》1001-1011；《先秦編》330

---

[1] 何琳儀：《尖足布幣考》，《古幣叢考》，頁121—122。
[2] 黃錫全：《平首尖足布新品數種考述——兼述這類布的種類、分布與年代》，《先秦貨幣研究》，頁69。
[3] 何琳儀：《尖足布幣考》，《古幣叢考》，頁113。
[4] 吳良寶：《讀幣札記（四則）》，《徐州師範大學學報》1999年第3期。

015

- 釋文　武安
- 釋讀　《史記·秦本紀》："武安君歸，王齮將伐趙武安、皮牢，拔之。"《漢書·地理志》魏郡有武安縣。[1]地在今河北武安縣西南。
- 幣形　尖足小布
- 著錄　《貨系》1012－1026；《先秦編》331

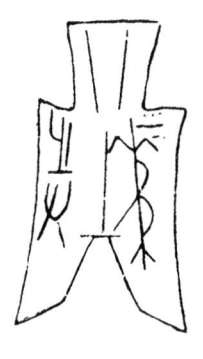

016

- 釋文　鯀寺
- 釋讀　讀爲"繁時"，《漢書·地理志》雁門郡有繁時縣。地在今山西渾源縣西南。[1]
- 幣形　尖足小布
- 著錄　《先秦貨幣研究》頁76
- 其他　亦有幣文作"鯀之"（《貨系》1000）。

017

- 釋文　尃
- 釋讀　讀爲"博"。參012"博"。
- 幣形　尖足小布
- 著錄　《先秦編》362

---

[1] 何琳儀：《尖足布幣考》，《古幣叢考》，頁113。

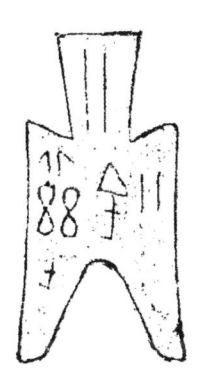

第二章　東周金屬鑄幣文字所見貨幣史料　　133

018
- **釋文**　北羕釿
- **釋讀**　"北羕"爲"兹氏"，或"兹"。"兹"稱"北兹"，猶如"宅陽"一名"北宅"。[1]
- **幣形**　尖足小布
- **著錄**　《貨系》1027–1033；《先秦編》326

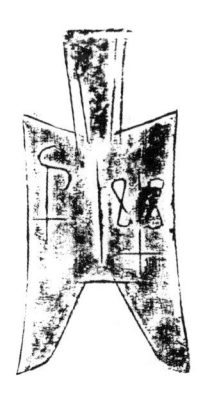

019
- **釋文**　羕氏
- **釋讀**　"羕"讀爲"兹"，即"兹氏"。《史記·樊酈滕灌列傳》："益食兹氏。"《地理志》隸太原郡。[2] 在今山西汾陽縣南。
- **幣形**　尖足小布
- **著錄**　《貨系》732–739；《先秦編》337–339
- **其他**　亦見"兹氏半"（《貨系》741–802）。幣文"兹"（《貨系》803–807）當是"兹氏"的省稱。

020
- **釋文**　西都
- **釋讀**　《史記·趙世家》：武靈王"十年，秦取我西都及中陽"。《漢書·地理志》隸西河郡。地在今陝西榆林市橋頭峁城址。[3]
- **幣形**　尖足小布
- **著錄**　《貨系》1042–1052；《先秦編》327

---

[1] 何琳儀：《尖足布幣考》，《古幣叢考》，頁114。
[2] 司馬遷：《史記》卷95，頁2666。班固：《漢書》卷28，頁1551。
[3] 榆林市文物保護研究所：《榆林市榆陽區橋頭峁城址調查——兼西都、中陽、平周故城考》，《文博》2019年第6期。

021

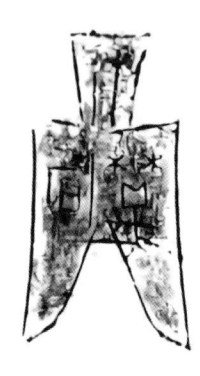

- **釋文**　萬石
- **釋讀**　讀爲"離石"。《史記・趙世家》:"秦殺疵河西,取我藺、離石。"《漢書・地理志》屬西河郡。[1] 地在今山西呂梁市離石區。
- **幣形**　尖足小布
- **著録**　《貨系》1060–1063;《先秦編》360

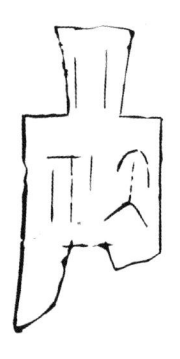

022

- **釋文**　大亓
- **釋讀**　讀"大箕",即"箕"。《春秋・僖公三十二年》:"晉人敗狄於箕。"注:"太原陽邑縣南有箕城。"地在今山西太谷東。[2]
- **幣形**　尖足小布
- **著録**　《貨系》1083;《先秦編》311

023

- **釋文**　新城
- **釋讀**　《史記・秦本紀》:"(莊襄王)三年……攻趙榆次、新城、狼孟,取三十七城。"《正義》引《括地志》云:"新城一名小平城,在朔州善陽縣西南四十七里。"[3] 地在今山西朔州市朔城區。
- **幣形**　尖足小布
- **著録**　《貨系》1073–1081;《先秦編》311

---

[1] 司馬遷:《史記》卷43,頁1803。班固:《漢書》卷28,頁1618。
[2] 何琳儀:《尖足布幣考》,《古幣叢考》,頁115。
[3] 司馬遷:《史記》卷5,頁219。

024

- 釋文　平州
- 釋讀　《路史·國名紀》："平州在汾州介休縣西。""州"與"周"音近可通，典籍習見，例不備舉。"平州"即"平周"，見《魏世家》：襄王十三年"秦取我曲沃、平周"。《地理志》隸西河郡，在今山西孝義西南。[1]
- 幣形　尖足小布
- 著錄　《貨系》1149－1183；《先秦編》320

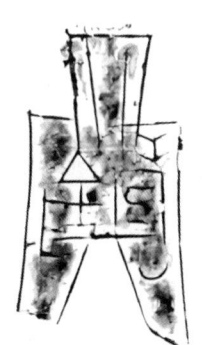

025

- 釋文　壽陉
- 釋讀　讀爲"壽陰"。或謂"平壽之陰"，[2] 或謂"山西壽水之南"，[3] 或讀爲"雕陰"，《魏世家》：襄王"五年，秦敗我龍賈軍四萬五千於雕陰"。[4]
- 幣形　尖足小布
- 著錄　《貨系》1053－1059；《先秦編》357
- 其他　方足小布有作"壽金"（《先秦編》267）。

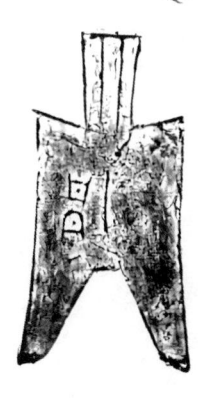

026

- 釋文　甘丹
- 釋讀　讀爲"邯鄲"。《史記·趙世家》："敬侯元年……趙始都邯鄲。"[5] 地在今河北邯鄲市。
- 幣形　尖足小布
- 著錄　《貨系》894－902；《先秦編》319

---

[1] 何琳儀：《尖足布幣考》，《古幣叢考》，頁117。
[2] 鄭家相：《中國古代貨幣發展史》，頁113。
[3] 朱活：《古錢新探》，頁69。
[4] 何琳儀：《尖足布幣考》，《古幣叢考》，頁114—115。
[5] 司馬遷：《史記》卷43，頁1798。

027
- 釋文　于半
- 釋讀　"于"讀爲"盂"。《左傳·昭公二十八年》:"盂丙爲盂大夫。"杜注:"太原盂縣。"[1] 地在今山西陽曲北。
- 幣形　尖足小布
- 著錄　《貨系》1064－1067;《先秦編》311
- 其他　亦見尖足小布"于"(《貨系》1068)。

028
- 釋文　易曲
- 釋讀　讀爲"陽曲"。《地理志》隸太原郡。[2] 地在今山西定襄東。
- 幣形　尖足小布
- 著錄　《貨系》965－981;《先秦編》349

029
- 釋文　平周
- 釋讀　面文亦作"平州"。見024"平州"。
- 幣形　方足小布
- 著錄　《古錢大辭典》77

---

[1] 杜預注,孔穎達疏:《春秋左傳正義》卷52,頁2118。
[2] 班固:《漢書》卷28,頁1552。

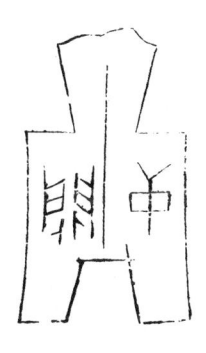

第二章　東周金屬鑄幣文字所見貨幣史料　　137

030
- 釋文　干閉
- 釋讀　讀爲"扞關"。《戰國策·趙策一》："今燕盡韓之河南，距沙丘，而至鉅鹿之界三百里；距於扞關，至於榆中千五百里。"地在今陝西膚施一帶。[1]
- 幣形　方足小布
- 著録　《古錢大辭典》333

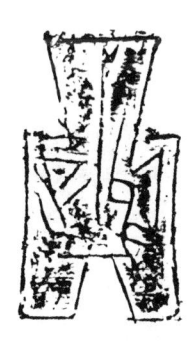

031
- 釋文　烏疋
- 釋讀　讀爲"烏蘇"，即"閼與"。《史記·趙世家》："秦、韓相攻，而圍閼與。趙使趙奢將，擊秦，大破秦軍閼與下。"地在今山西沁縣西。[2]
- 幣形　方足小布
- 著録　《貨系》1950－1952；《先秦編》293

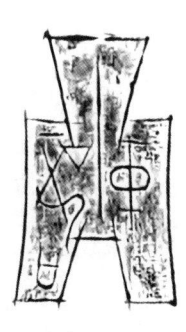

032
- 釋文　中都
- 釋讀　《史記·秦本紀》：秦惠文君後元九年"伐取趙中都、西陽"。[3] 地在今山西平遥縣西。
- 幣形　方足小布
- 著録　《貨系》1549－1579；《先秦編》
- 其他　"都"有作省體"邑"（《貨系》1580－1581）。

---

[1] 黄錫全：《"干關"方足布考——干關、扞關、挻關、糜關異名同地》，《先秦貨幣研究》，頁87—91。
[2] 李家浩：《戰國於疋布考》。
[3] 司馬遷：《史記》卷5，頁207。

033
- **釋文** 北亓
- **釋讀** 讀爲"北箕"。《春秋·僖公三十二年》："晉人敗狄于箕。"[1] 地在今山西太谷東。
- **幣形** 方足小布
- **著錄** 《貨系》1605－1607；《先秦編》246
- **其他** 有異體作"北芹"（《貨系》1604）、"鄿"（《貨系》2220）。

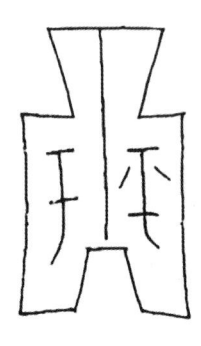

034
- **釋文** 平于
- **釋讀** 讀爲"平舒"。《史記·趙世家》：趙孝成王"十九年，趙與燕易土，以龍兌、汾門、臨樂與燕。燕以葛、武陽、平舒與趙"。地在今山西廣寧縣西。[2]
- **幣形** 方足小布
- **著錄** 《中國山西歷代貨幣》頁42

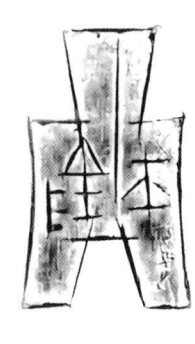

035
- **釋文** 平陰
- **釋讀** 讀爲"平陰"。《史記·趙世家》："五年，代地大動，自樂徐以西，北至平陰。"[3] 地在今山西陽高縣西南。
- **幣形** 方足小布
- **著錄** 《貨系》1800－1806；《先秦編》292

---

[1] 杜預注，孔穎達疏：《春秋左傳正義》卷17，頁1832。
[2] 黃錫全：《趙國方足布七考》，《先秦貨幣研究》，頁97—98。
[3] 司馬遷：《史記》卷43，頁1832。

第二章　東周金屬鑄幣文字所見貨幣史料　　139

036
- 釋文　平侌
- 釋讀　讀爲"平原"。趙有平原君，其封地在今山東平原南。但與方足小布出土地不合。[1]
- 幣形　方足小布
- 著錄　《貨系》1807－1809

037
- 釋文　榆即
- 釋讀　讀爲"榆次"。《史記·秦本紀》："（莊襄王）三年……攻趙榆次、新城、狼孟，取三十七城。"《漢書·地理志》太原郡有榆次縣。地在今山西榆次北。[2]
- 幣形　方足小布
- 著錄　《古錢大辭典》248；《先秦編》266

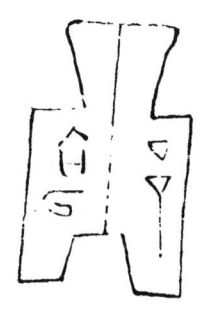

038
- 釋文　鄗
- 釋讀　《史記·趙世家》：武靈王"三年，城鄗"。[3] 地在今河北寧晉縣西。
- 幣形　方足小布
- 著錄　《古錢大辭典》210；《先秦編》266

---

[1] 吳良寶：《中國東周時期金屬貨幣研究》，頁179。
[2] 裘錫圭：《戰國貨幣考（十二篇）》，《裘錫圭學術文集·金文及其他古文字卷》，頁206—208。
[3] 司馬遷：《史記》卷43，頁1803。

039
- 釋文　朿負
- 釋讀　讀爲"棘蒲"。《左傳·哀公元年》:"師及齊師、衛孔圉。鮮虞人伐晉，取棘蒲。"地在今河北趙縣。[1]
- 幣形　方足小布
- 著録　《先秦編》308

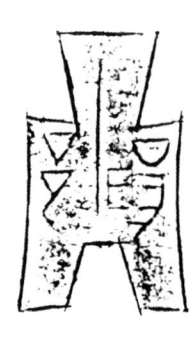

040
- 釋文　陽邑
- 釋讀　《竹書紀年》:"梁惠成王九年，與邯鄲、榆次、陽邑。"[2] 地在今山西太谷縣東北。
- 幣形　方足小布
- 著録　《貨系》1679－1687；《先秦編》265

041
- 釋文　鄔
- 釋讀　《左傳·昭公二十八年》:"司馬彌牟爲鄔大夫。"《漢書·地理志》隸太原郡。[3] 地在今山西介休縣東北。
- 幣形　方足小布
- 著録　《貨系》1934－1947；《先秦編》264

---

[1] 黄錫全:《古幣六考》,《先秦貨幣研究》,頁102—103。
[2] 方詩銘、王修齡:《古本竹書紀年輯證》,頁113。
[3] 杜預注,孔穎達疏:《春秋左傳正義》卷52,頁2118。班固:《漢書》卷28,頁1551。

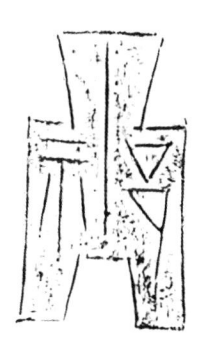

第二章　東周金屬鑄幣文字所見貨幣史料　　141

042
- 釋文　祁
- 釋讀　《左傳·昭公二十八年》："賈辛爲祁大夫。"[1] 地在今山西祁縣。
- 幣形　方足小布
- 著錄　《貨系》1840－1849；《先秦編》253

043
- 釋文　邿
- 釋讀　讀爲"代"。《史記·秦始皇本紀》："還攻代，擄代王嘉。"地在今河北蔚縣東北。[2]
- 幣形　方足小布
- 著錄　《貨系》2203－2212；《先秦編》247

044
- 釋文　邸
- 釋讀　即"邸"字，讀爲"泜"。"邸"從"邑"，大概是爲位於泜水流域的"軹"邑而造的。地在今河北元氏縣附近。[3]
- 幣形　方足小布
- 著錄　《貨系》2021－2022；《先秦編》298

---

[1] 杜預注，孔穎達疏：《春秋左傳正義》卷52，頁2118。
[2] 李家浩：《戰國邿布考》。
[3] 李家浩：《戰國貨幣考（七篇）》。

045
- **釋文** 郱
- **釋讀** 讀爲"武邑"。《漢書·地理志》隸信都國，在今河北武邑縣。[1]
- **幣形** 方足小布
- **著錄** 《古錢大辭典》278

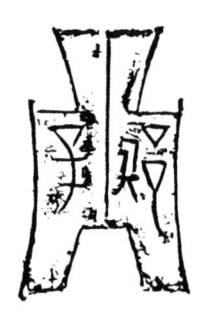

046
- **釋文** 郒子
- **釋讀** 讀爲"長子"。《史記·趙世家》：成侯"五年，韓與我長子"。《漢書·地理志》上黨郡有長子縣。[2] 地在今山西長子縣。
- **幣形** 方足小布
- **著錄** 《貨系》1493－1519；《先秦編》258
- **其他** 亦有"長子"布（《古錢大辭典》269）。"長子"還有"邑子""木子"兩種省體。[3]

047
- **釋文** 邑子
- **釋讀** "郒子"之省體。
- **幣形** 方足小布
- **著錄** 《貨系》1521－1526

---

[1] 何琳儀：《三晉方足布彙釋》，《古幣叢考》，頁209。
[2] 司馬遷：《史記》卷43，頁1799。班固：《漢書》卷28，頁1553。
[3] 吳良寶：《戰國布幣釋讀三則》，《古文字研究》第22輯，北京：中華書局，2000年，頁133—134。

048

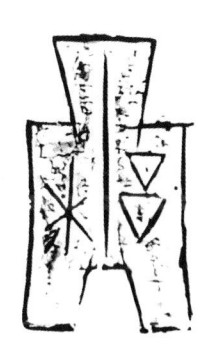

- 釋文　木子
- 釋讀　"郲子"之省體。
- 幣形　方足小布
- 著錄　《貨系》1529－1534

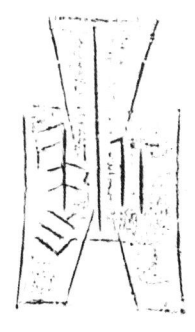

049

- 釋文　北屈
- 釋讀　《左傳·莊公二十八年》："蒲與二屈，君之疆也。"杜預注："二當爲北。"[1]《水經注·河水》："水出羊求川，西逕北屈縣故城南。城即夷吾所奔邑也。"《漢書·地理志》隸河東郡。[2] 地在今山西吉縣北。
- 幣形　方足小布
- 著錄　《貨系》1593－1603；《先秦編》247

050

- 釋文　土勻
- 釋讀　讀爲"土軍"。《水經注·河水》："吐京郡治故城，即土軍縣故城也。"《漢書·地理志》隸西河郡。[3] 地在今山西石樓縣。
- 幣形　方足小布
- 著錄　《貨系》2006－2013；《先秦編》295
- 其他　"土爻"（《貨系》2014）、"土尋"（《貨系》2011）布，可能是"土勻"布的異體。[4]

---

[1] 杜預注，孔穎達疏：《春秋左傳正義》卷10，頁1781。
[2] 酈道元著、王先謙校：《合校水經注》，北京：中華書局，2009年，頁54。班固：《漢書》卷28，頁1550。
[3] 酈道元著、王先謙校：《合校水經注》，頁51。班固：《漢書》卷28，頁1618。
[4] 吳良寶：《戰國布幣釋讀三則》，頁135—137。

051

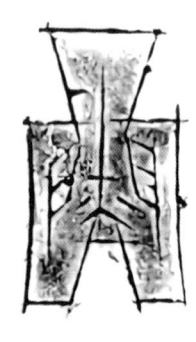

- 釋文　閥
- 釋讀　讀爲"藺"。《史記·趙世家》：武靈王"秦拔我藺"。[1] 地在今山西離石縣西。
- 幣形　方足小布
- 著録　《貨系》1457－1486；《先秦編》262

052

- 釋文　王刀
- 釋讀　王者所鑄，故曰王刀。[2]
- 幣形　直刀
- 著録　《貨系》3876

053

- 釋文　言昜亲刀
- 釋讀　讀爲"圁陽新刀"。[3] 圁陽地在今陝西神木縣東。
- 幣形　直刀
- 著録　《貨系》3994；《先秦編》605－606
- 其他　"言（圁）昜（陽）"亦見於"言昜刀"（《貨系》3995）。"言刀"（《貨系》3996－4001）、"言半"（《貨系》4002）中的"言"是"言（圁）昜（陽）"的省稱。

---

[1] 司馬遷：《史記》卷43，頁1804。
[2] 裘錫圭：《先秦古書中的錢幣名稱》，《裘錫圭學術文集·金文及其他古文字卷》，頁259；原載《中國錢幣論文集》第4輯，2002年。
[3] 裘錫圭：《戰國貨幣考（十二篇）》，《裘錫圭學術文集·金文及其他古文字卷》，頁221—222。

054

- **釋文**　成
- **釋讀**　讀爲"城"。"城""成"古通。西漢時涿郡的屬縣有成……很可能涿郡的成在戰國時代曾爲趙邑，城直刀就鑄於此地。此外，《漢書·地理志》廣平屬縣有城鄉。此地名《漢書·王子侯表下》作"成鄉"。神爵三年封平干頃王子慶爲成鄉侯。同表又有"成陵"。神爵四年封平干頃王子充爲成陵侯。成鄉與成陵，表中都注明屬廣平。從這兩個地名看，廣平國境內很可能本有名"成（城）"之地。在戰國時代，廣平國地區主要屬趙。其境內如確有名"成（城）"之地，"城"直刀也可能鑄於此地。[1]
- **幣形**　直刀
- **著錄**　《貨系》3871－3875；《先秦編》603

055

- **釋文**　西刀
- **釋讀**　黃錫全曾釋"鹵"。[2] 後改釋"西"。爲戰國中晚期趙國境內的少數民族狄人所鑄。[3]
- **幣形**　直刀
- **著錄**　《先秦編》601；《先秦貨幣研究》246
- **其他**　西字直刀面文還有"西刀遇之（?）""西遇之（?）"。

---

[1] 裘錫圭：《談談"成白"刀》，《裘錫圭學術文集·金文及其他古文字卷》，頁245—246；原載《中國錢幣論文集》第3輯，1998年。
[2] 黃錫全：《"鹵刀"新考》，《先秦貨幣研究》，頁245—246。
[3] 黃錫全：《記山西北部發現的兩批戰國小刀幣》，《中國錢幣》2003年第2期。

056

- **釋文**　甘丹刀
- **釋讀**　讀爲"邯鄲刀"。"邯鄲"爲趙都城，在今河北邯鄲。
- **幣形**　直刀
- **著錄**　《貨系》3803－3805；《先秦編》594
- **其他**　"甘（邯）丹（鄲）"，亦見"甘丹"（《貨系》3806－3857、《先秦編》592），背文作"丁""木""工""刀""廿""十一""十""七"等。

057

- **釋文**　白人
- **釋讀**　讀爲"柏人"。《史記·趙世家》："晉定公二十一年，簡子拔邯鄲。中行文子奔柏人。"[1] 今河北隆堯縣西。
- **幣形**　直刀
- **著錄**　《貨系》3887；《先秦編》595－596
- **其他**　"白（柏）人"亦見"白人刀"（《貨系》3878－3886）。幣文還見"白刀"（《貨系》3888－3905），"白"當是"白人"的省稱。

058

- **釋文**　閵
- **釋讀**　讀爲"藺"。《史記·趙世家》：武靈王"秦拔我藺"。[2] 地在今山西離石縣西。
- **幣形**　直刀
- **著錄**　《貨系》4003－4005；《先秦編》607

---

[1] 司馬遷：《史記》卷43，頁1792。
[2] 司馬遷：《史記》卷43，頁1804。

第二章　東周金屬鑄幣文字所見貨幣史料　　147

059
- 釋文　垈坪
- 釋讀　讀爲"廣平"。《漢書·地理志》隸廣平國，地在今河北曲周北。[1]
- 幣形　圜錢
- 著錄　《貨系》407-4076；《先秦編》619

060
- 釋文　萬石
- 釋讀　讀爲"離石"。《史記·趙世家》："秦殺疵河西，取我藺、離石。"[2] 地在今山西離石縣。
- 幣形　圜錢
- 著錄　《貨系》4074；《先秦編》618

061
- 釋文　閵
- 釋讀　讀爲"藺"。《史記·趙世家》：武靈王"秦拔我藺"。[3] 地在今山西離石縣西。
- 幣形　圜錢
- 著錄　《貨系》4065-4066；《先秦編》617

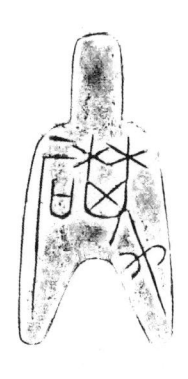

062
- 釋文　萬石
- 釋讀　讀爲"離石"。《史記·趙世家》："秦殺疵河西，取我藺、離石。"[4] 地在今山西離石縣。
- 幣形　圓足布
- 著錄　《貨系》2422-2455；《先秦編》369

---

[1] 何琳儀：《三晉圜錢彙釋》，《古幣叢考》，頁218。
[2][4] 司馬遷：《史記》卷43，頁1803。
[3] 司馬遷：《史記》卷43，頁1804。

063

- 釋文　閞
- 釋讀　讀爲"藺"。《史記·趙世家》：武靈王"秦拔我藺"。[1] 地在今山西離石縣西。
- 幣形　圓足布
- 著錄　《貨系》2346-2421；《先秦編》369

064

- 釋文　王夸
- 釋讀　讀爲"望諸（都）"。《漢書·地理志》中山國有望都。今河北省有望都縣。[2]
- 幣形　三孔布
- 著錄　《中國古今泉幣辭典》4425、《首都博物館叢刊》1993-8

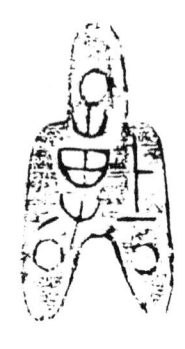

065

- 幣文　上尃
- 釋讀　"上博"。古人以北爲上、南爲下，如漢代的上曲陽（今河北省曲陽縣西）就在下曲陽（今河北省晉縣西）之北。上尃大概就是下尃北面相距不遠的一個城邑。[3]
- 幣形　三孔布
- 著錄　《貨系》2469-2470；《先秦編》373
- 其他　背文"十九兩""十二朱"。

---

[1] 司馬遷：《史記》卷43，頁1804。
[2] 何琳儀：《王夸布幣考》，《古幣叢考》，頁151—154；原載《古籍整理研究學刊》1991年第5期。
[3] 裘錫圭：《戰國貨幣考（十二篇）》，《裘錫圭學術文集·金文及其他古文字卷》，頁212—213。

066

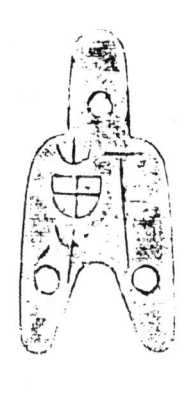

- 幣文　下専
- 釋讀　讀爲"下博"。《漢書·地理志》，信都國有下博。其地在今河北省深州市東，戰國時在趙國疆域內。"博"從"專"聲，幣文的下専無疑就是下博。[1]
- 幣形　三孔布
- 著録　《貨系》2471；《先秦編》371
- 其他　背文"十五兩"。

067

- 釋文　上艻
- 釋讀　讀爲"上艾"。據《漢書·地理志》，太原郡有上艾縣。其地在今山西省平定縣東南，戰國時在趙國疆域內。[2]
- 幣形　三孔布
- 著録　《貨系》2478；《先秦編》372–373
- 其他　背文"十二朱"。

068

- 釋文　上邙[3]陽
- 釋讀　即"上曲陽"。《漢書·地理志》隸常山郡。[4]地在今河北曲陽縣西。
- 幣形　三孔布
- 著録　《貨系》2465；《先秦編》374
- 其他　背文"廿兩"。

---

[1] 裘錫圭：《戰國貨幣考（十二篇）》，《裘錫圭學術文集·金文及其他古文字卷》，頁212。
[2] 裘錫圭：《戰國貨幣考（十二篇）》，《裘錫圭學術文集·金文及其他古文字卷》，頁211。
[3] 李零：《戰國鳥書箴銘帶鉤考釋》，《古文字研究》第8輯，北京：中華書局，1983年，頁62注③。
[4] 班固：《漢書》卷28，頁1576。

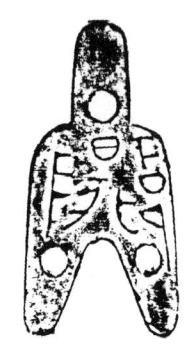

069

- **釋文** 下邔陽
- **釋讀** 讀爲"下曲陽"。《戰國策·燕策》:"南鄰爲秦,北下曲陽爲燕",鮑彪注:"下曲陽屬鉅鹿。"《漢書·地理志》隸巨鹿郡。[1] 地在今河北晉縣西。
- **幣形** 三孔布
- **著錄** 《貨系》2466-2467;《先秦編》372
- **其他** 背文"十七兩""十二朱·十一"。

070

- **釋文** 余亡
- **釋讀** 讀"余無"。見《後漢書·西羌傳》注引《竹書紀年》:"太丁四年,周人伐余無之戎,克之。"或作"余吾",見《漢書·地理志》上黨郡下有余吾。又作"徐吾",見王先謙《漢書補注》:"吳卓信曰:《通典》作徐吾。"地在今山西省屯留北,戰國屬趙。[2]
- **幣形** 三孔布
- **著錄** 《貨系》2482;《先秦編》379

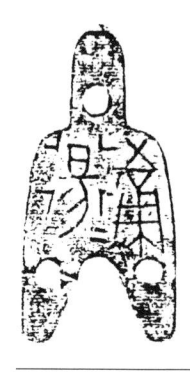

071

- **釋文** 南行昜
- **釋讀** 讀爲"南行唐"。南行唐在漢代屬常山郡,其地在今河北省行唐縣附近,戰國時屬趙,《史記·趙世家》惠文王八年有"城南行唐"之文。[3]
- **幣形** 三孔布
- **著錄** 《貨系》2462;《先秦編》382

---

[1] 諸祖耿編撰:《戰國策集注匯考(增補本)》,頁1646。班固:《漢書》卷28,頁1575。

[2] 何琳儀:《余亡布幣考——兼述三孔布地名》,《古幣叢考》,頁145—146;原載《中國錢幣》1990年第3期。

[3] 裘錫圭:《戰國貨幣考(十二篇)》,《裘錫圭學術文集·金文及其他古文字卷》,頁209—211。

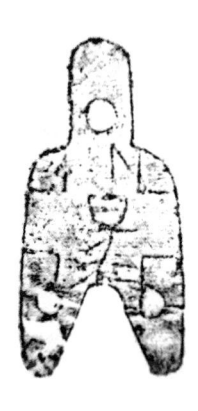

072

- 釋文　北行昜
- 釋讀　讀爲"北行唐"。應是"南行唐"北面不遠的一處城邑。[1]
- 幣形　三孔布
- 著錄　《叩問三代文明》458

073

- 釋文　邘與
- 釋讀　讀爲"閼與",地在今山西和順縣西北。《史記·魏世家》:"如耳見成陵君曰:昔者,魏伐趙,斷羊腸,拔閼與……"[2]
- 幣形　三孔布
- 著錄　《貨系》2480;《先秦編》380

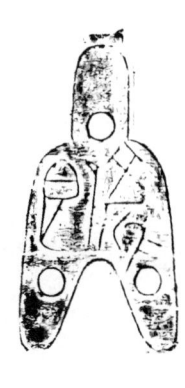

074

- 釋文　鴈即
- 釋讀　讀爲"鴈次"。戰國時趙有鴈門。《漢書·地理志》和《後漢書·郡國志》"雁門"都作"鴈門"。鴈次應是戰國時趙國鴈門的一個重要城邑。[3]
- 幣形　三孔布
- 著錄　《貨系》2476;《先秦編》385

---

[1] 黃錫全:《新見"北行昜"三孔布簡析》,頁454—458。
[2] 裘錫圭:《戰國貨幣考(十二篇)》,《裘錫圭學術文集·金文及其他古文字卷》,頁216。
[3] 裘錫圭:《戰國貨幣考(十二篇)》,《裘錫圭學術文集·金文及其他古文字卷》,頁211—212。

075

- 釋文　尸膚
- 釋讀　讀爲"即裴"，見《地理志》魏郡。地在今河北肥鄉西南，戰國屬趙。[1]
- 幣形　三孔布
- 著錄　《貨系》2483；《先秦編》387

076

- 釋文　平臺
- 釋讀　《漢書·地理志》常山郡有平臺縣。地在今河北平鄉縣東北。[2]
- 幣形　三孔布
- 著錄　《貨系》2479；《先秦編》376
- 其他　背文"十二朱·廿"。

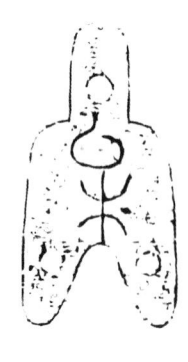

077

- 釋文　枏
- 釋讀　即"臬"，讀"貍"或"狸"。《趙世家》：悼襄王"九年，趙攻燕，取貍、陽城"。地在今河北任丘北。[3]
- 幣形　三孔布
- 著錄　《貨系》2472－2474；《先秦編》378

---

[1] 何琳儀：《三孔布幣考》，《古幣叢考》，頁160。
[2] 裘錫圭：《戰國貨幣考（十二篇）》，《裘錫圭學術文集·金文及其他古文字卷》，頁211。
[3] 何琳儀：《三孔布幣考》，《古幣叢考》，頁159。

078

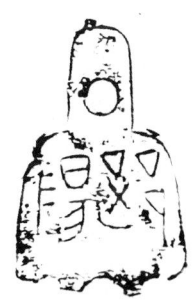

- **釋文** 邸陽
- **釋讀** 或讀爲"沮陽",[1] 或讀爲"劇陽",[2] 或讀爲"蘇陽"。[3]
- **幣形** 三孔布
- **著錄** 《貨系》2468;《先秦編》380

079

- **釋文** 安陽
- **釋讀** 趙有東西安陽。《七國地理考》卷四"趙安陽"條:"西安陽,《漢志》屬五原。本魏地,後入於趙。《史記》惠文王二十四年攻魏安陽取之,是也。……東安陽,《漢志》屬代郡。《水經注·灅水》引《地理風俗記》曰:五原有西安陽,故此加東也。《史記》惠文王三年封長子章爲安陽君。《正義》引《括地志》云:東安陽故城在朔州定襄縣界。"安陽三孔布鑄於東安陽的可能性似乎比較大。[4]
- **幣形** 三孔布
- **著錄** 《貨系》248-2459;《先秦編》376

080

- **釋文** 亡終
- **釋讀** 讀爲"無終"。《左傳·昭公元年》:"晉中行穆子敗無終及群狄于太原。"無終爲古部族名,係白狄、赤狄之胡的一支——戎族,活動於太行山麓,今河北、山西北部。……秦置無終縣,治在天津薊縣。漢時無終縣,治於今河北東部玉田。[5]
- **幣形** 三孔布
- **著錄** 《貨系》2460;《先秦編》374
- **其他** 背文"十三·十二朱"。

---

[1] 李家浩:《戰國於疋布考》。
[2] 何琳儀:《戰國文字通論》,頁117。
[3] 李家浩:《戰國官印考釋(二篇)》,《文物研究》第7輯,合肥:黃山書社,1991年。
[4] 裘錫圭:《戰國貨幣考(十二篇)》,《裘錫圭學術文集·金文及其他古文字卷》,頁213—214。
[5] 朱華:《略談"無終"三孔布》,《中國錢幣》1987年第5期。

081

- 釋文　鄎
- 釋讀　讀爲"戲"。《左傳·襄公九年》記諸侯伐鄭，"同盟于戲"，杜注："戲，鄭地。"此地戰國時似當屬韓。《左傳·昭公九年》有地名"戲陽"，在今河南内黄北。[1]
- 幣形　三孔布
- 著録　《貨系》2485；《先秦編》386

082

- 釋文　安陰
- 釋讀　即"安陰"，疑讀"安險"，見《地理志》中山國。地在今河北安國和定縣之間，戰國後期屬趙。[2]
- 幣形　三孔布
- 著録　《貨系》2461；《先秦編》378

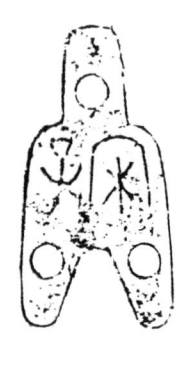

083

- 釋文　宋子
- 釋讀　《史記·刺客列傳》："高漸離變名姓爲人庸保，匿作於宋子。"《集解》徐廣曰："縣名也，今屬鉅鹿。"《正義》："宋子故城在趙州平棘縣北三十里。"地望在今河北省趙縣東北。[3]
- 幣形　三孔布
- 著録　《貨系》2456；《先秦編》379

---

[1] 裘錫圭：《戰國貨幣考（十二篇）》，《裘錫圭學術文集·金文及其他古文字卷》，頁228。
[2] 何琳儀：《三孔布幣考》，《古幣叢考》，頁161。
[3] 朱華：《山西朔縣出土"宋子"三孔布》，《中國錢幣》1984年第4期。

084

- 釋文　北九門
- 釋讀　《趙世家》："（惠文王）二十八年……藺城北九門大城。"《正義》："恒州九門縣城。"據《漢書·地理志》，九門爲常山郡屬縣。地在今河北藁城縣西北。[1]
- 幣形　三孔布
- 著錄　《貨系》2477；《先秦編》376

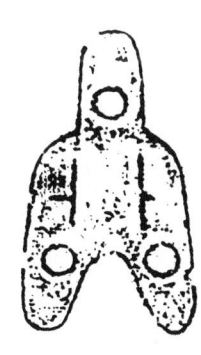

085

- 釋文　卝
- 釋讀　讀爲"關"，《漢書·地理志》常山郡有關縣。地在今河北省欒城縣北。[2]
- 幣形　三孔布
- 著錄　《古錢大辭典》1226；《先秦編》375

086

- 釋文　大酉
- 釋讀　即"夫酉"，讀爲"扶柳"。《戰國策·趙策》："趙攻中山，取扶柳。"地在今河北冀縣西北。[3]
- 幣形　三孔布
- 著錄　《先秦貨幣通論》，頁144

---

[1] 裘錫圭：《戰國貨幣考（十二篇）》，《裘錫圭學術文集·金文及其他古文字卷》，頁213。
[2] 李家浩：《戰國於疋布考》。
[3] 黃錫全：《三孔布奧秘試探》，《先秦貨幣研究》，頁187。

087
- **釋文** 陽湔
- **釋讀** 或讀爲"陽原",地在今河北陽原縣南。[1] 或讀爲"陽晉"。[2]
- **幣形** 三孔布
- **著錄** 《貨系》2464;《先秦編》385

088
- **釋文** 鄭
- **釋讀** 讀爲"權"。《燕策》一:"權之難,燕再戰不勝,趙弗救。"程恩澤曰:"《元和志》桓州真定縣北二十里有故權城,即古之犍鄉也。後漢建武元年,賈復與王校戰於真定,大破之。即此地,今在正定縣北二十里。"地在今河北正定北,戰國先屬燕國,後屬趙國。[3]
- **幣形** 三孔布
- **著錄** 《貨系》2488;《先秦編》387

089
- **釋文** 陽鄡[4]
- **釋讀** 讀爲"陽晉"。地在今山東鄆城縣西。《史記·廉頗藺相如列傳》:"趙惠文王十六年,廉頗爲趙將伐齊,大破之,取陽晉。"[5]
- **幣形** 三孔布
- **著錄** 《中國錢幣》2005-2

---

[1] 李家浩:《戰國於疋布考》。
[2] 黃錫全:《新見三孔布簡釋》。
[3] 何琳儀:《三孔布幣考》,《古幣叢考》,頁160。
[4][5] 程燕:《釋三孔布"陽鄡"》,《中國錢幣》2006年第2期。

090
- 釋文　封氏
- 釋讀　讀爲"封斯"。《漢書·地理志》隸常山郡,地在今河北趙縣西北。[1]
- 幣形　三孔布
- 著録　《貨系》2486;《先秦編》382

091
- 釋文　武陽
- 釋讀　《水經注·濁漳水》云:長蘆水"又北逕安陽城東,又北逕武陽城東,《十三州志》曰:扶柳縣東北有武陽城故縣也。"地在今河北省冀州市小寨鄉。[2]
- 幣形　三孔布
- 著録　《先秦貨幣通論》頁1447

092
- 釋文　辛處
- 釋讀　讀爲"新處"。《漢書·地理志》隸中山國,地在今河北定縣東北。[3]
- 幣形　三孔布
- 著録　《貨系》2487;《先秦編》384

---

[1]《貨系》"總論",頁20。
[2] 吳良寶、馬孟龍:《三孔布地名"武陽"新考》。
[3] 李家浩:《戰國於疋布考》。

093

- **釋文** 五陘
- **釋讀** 讀爲"五陘"。《戰國策·趙策二》:"至(王)遂胡服率騎入胡,出於遺遺之門,逾九限之固,絶五俓(鮑本作徑),至榆中,辟地千里。"黃丕烈《札記》謂五俓之"俓"是"陘之假借"。《戰國策補釋》:"五徑……或爲五陘之訛。《爾雅·釋山》:山絶,陘。疏謂山形連延中忽斷絶者名陘。《吕氏春秋》天下九塞,井陘其一。地記太行八陘,其第五陘曰土門關,即井陘也。"《漢書·地理志》常山郡有井陘縣,應劭注:"井陘山在南,音刑。"疑幣文五陘即指井陘,戰國時當爲趙邑。[1]
- **幣形** 三孔布
- **著録** 《貨系》2484;《先秦編》375

094

- **釋文** 轅[2]
- **釋讀** 讀爲"轅"。《左傳·哀公十年》:"趙鞅帥師伐齊,取犁及轅。"注:"祝阿縣西有轅城。"地在今山東禹城西南。[3]
- **幣形** 三孔布
- **著録** 《貨系》2481;《先秦編》384

---

[1] 裘錫圭:《戰國貨幣考(十二篇)》,《裘錫圭學術文集·金文及其他古文字卷》,頁214。

[2] 黃錫全:《三孔布奥秘試探》,《先秦貨幣研究》,頁189。

[3] 何琳儀:《三孔布幣考》,《古幣叢考》,頁165。

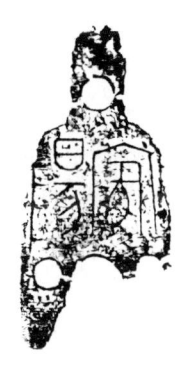

095
- 釋文　家陽
- 釋讀　或疑家陽即葭水北岸之邑，當在今河北省南和縣附近。[1] 或讀爲"華陽"，位於常山（恒山）以南，在今河北省唐縣西北。[2]
- 幣形　三孔布
- 著録　《貨系》2457；《先秦編》383

096
- 釋文　阿
- 釋讀　《史記·趙世家》："（成侯）十九年……與燕會阿"，《正義》："《括地志》云：故葛城，一名依城，又名西阿城，在瀛洲高陽縣西北五十里。……以齊有東阿，故曰西阿城……"又："（孝成王）十九年，趙與燕易土……燕以葛、武陽、平舒與趙"，《正義》亦引《括地志》葛城即西阿城條。[3]
- 幣形　三孔布
- 著録　《貨系》2489；《先秦編》380

097
- 釋文　妬邑
- 釋讀　讀爲"石邑"，地在今河北獲鹿縣東南。《史記·趙世家》武靈王："二十一年攻中山……王軍取鄗、石邑、封龍、東垣。"《正義》引《括地志》云："石邑故城在恒州鹿泉縣南三十五里。"[4]
- 幣形　三孔布
- 著録　《貨系》2475；《先秦編》381

---

[1] 裘錫圭：《戰國貨幣考（十二篇）》，《裘錫圭學術文集·金文及其他古文字卷》，頁214。
[2] 何琳儀：《王夸布幣考》，《古幣叢考》，頁154—155。
[3] 裘錫圭：《戰國貨幣考（十二篇）》，《裘錫圭學術文集·金文及其他古文字卷》，頁213。
[4] 裘錫圭：《戰國貨幣考（十二篇）》，《裘錫圭學術文集·金文及其他古文字卷》，頁215。

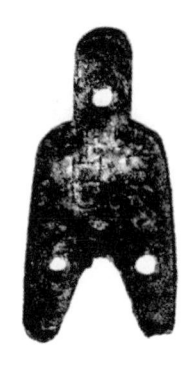

098
- 釋文　邔
- 釋讀　讀爲"顧"。《左傳・哀公二十一年》："公及齊侯邾子盟於顧。"杜注："齊地。"今山東范縣五十里有顧城。[1]
- 幣形　三孔布
- 著錄　《中國錢幣》2005 - 2

099
- 釋文　郭
- 釋讀　讀爲"崞"。《漢書・地理志》雁門郡有崞縣。地在今山西渾源縣。[2]
- 幣形　三孔布
- 著錄　《中國錢幣》2013 - 2

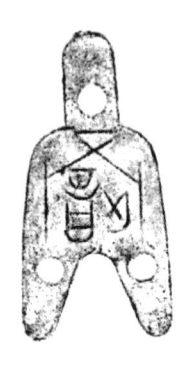

100
- 釋文　𦈢
- 釋讀　即"發干"。《漢書・地理志》東郡有發干縣，地在今山東堂邑縣西南。[3]
- 幣形　三孔布
- 著錄　《中國錢幣》2012 - 4

---

[1] 黃錫全：《新見三孔布簡釋》。
[2] 黃錫全：《介紹一枚新見"郭"字三孔布》。
[3] 黃錫全：《介紹一枚"𦈢"字三孔布》。

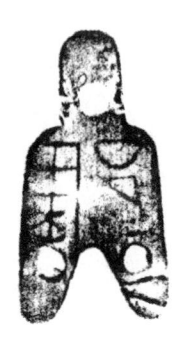

101
- 釋文　建邑
- 釋讀　讀爲"建城"或"建成"。漢代有三個建城和建成：《漢書·地理志》隸豫章郡（江西高安縣）、《地理志》隸沛郡（河南永成縣東南）、《地理志》隸渤海郡（河北省泊頭市交河鎮）。此"建邑"當指河北交河之建城。[1]
- 幣形　三孔布
- 著錄　《中國錢幣》2010－1

102
- 釋文　赤鞻
- 釋讀　讀爲"赤麗"，《史記·趙世家》：趙幽繆王遷三年，"秦攻赤麗、宜安，李牧與戰肥下"。《正義》引《括地志》："宜安故城在恒州槀城縣西南二十里也。肥累故城在恒州槀城縣西七里，春秋時肥子國，白狄別種也。"[2]
- 幣形　三孔布
- 著錄　《漢字漢語研究》2023－4

五、中　山

01
- 釋文　成白
- 釋讀　中山國仿鑄趙國的直刀，"成白"讀爲"城柏"，是兩個並列的都鑄有直刀的趙國城邑之名。[3]
- 幣形　直刀
- 著錄　《貨系》3861－3870；《先秦編》604－605

---

[1] 黃錫全：《介紹一枚新品三孔布"建邑"》。
[2] 黃錫全：《介紹一枚新品"赤鞻"三孔布》。
[3] 裘錫圭：《談談"成白"刀》，《裘錫圭學術文集·金文及其他古文字卷》，頁245。

第三節　戰國時期（下）

一、燕

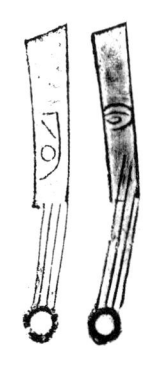

01

- **釋文**　明
- **釋讀**　具體釋義仍待研究。[1]
- **幣形**　弧折"明"刀；方折"明"刀
- **著錄**　《貨系》2874－3783；《先秦編》577－590
- **其他**　其背文信息豐富，有"中""左""右""爐"等。[2]

02

- **釋文**　安陽
- **釋讀**　《水經注·滱水》："又東得蒲水口，水出西北蒲陽山……又南逕安陽亭東。《晉書地道記》曰：蒲陰縣有安陽關，蓋安陽關都尉治。世俗名斯川爲安陽壙。"安陽關故址在今河北省完縣西北，跟燕邑曲逆、唐等故址極近。[3]
- **幣形**　方足小布
- **著錄**　《貨系》2290－2316；《先秦編》250－253

---

[1] "明"字諸說可參看張弛：《中國刀幣彙考》，石家莊：河北人民出版社，1997年，頁34—39。

[2] 馮括：《燕明刀幣背文體系研究》，《中國錢幣》2018年第4期。

[3] 裘錫圭：《戰國貨幣考（十二篇）》，《裘錫圭學術文集·金文及其他古文字卷》，頁219—220。後在其《古文字論集》"追記"中提到此布面文當讀作"陽安"。按，從貨幣面文傳統讀序看，此面文仍應讀作"安陽"。

第二章　東周金屬鑄幣文字所見貨幣史料　　163

03
- 釋文　斿刀
- 釋讀　"斿刀""寒號"均爲借字，本字當作"韓皋"。《史記·趙世家》悼襄王"二年，李牧將攻燕，拔武遂、方城……城韓皋"。地在今河北固安。[1]
- 幣形　方足小布
- 著録　《貨系》2340－2341

04
- 釋文　纕坪
- 釋讀　即"襄平"。《史記·匈奴列傳》："燕亦築長城，自造陽至襄平。《漢書·地理志》隸遼東郡，在今遼寧遼陽。[1]
- 幣形　方足小布
- 著録　《貨系》2317－2326；《先秦編》290

05
- 釋文　坪陰
- 釋讀　讀爲"平陰"。《史記·趙世家》幽繆王"五年，代地大動，自樂徐以西，北至平陰，臺屋墻垣大半壞，地坼東西百三十步"。地在今山西陽高東南。[1]
- 幣形　方足小布
- 著録　《貨系》2327－2333；《先秦編》289

06
- 釋文　忾昌
- 釋讀　讀爲"廣昌"。《史記·樊酈滕灌列傳》："破得綦毋印、尹潘軍於無終、廣昌。"《漢書·地理志》隸代郡，地在今河北淶源。[1]
- 幣形　方足小布
- 著録　《貨系》2334－2339

---

[1] 何琳儀：《燕國布幣考》，《中國錢幣》1992年第2期。

164　貨幣的發生：出土先秦文獻所見貨幣史料整理與研究

07
- 釋文　右明牟𧉩
- 釋讀　讀爲"右明司鏅"。"司鏅"可能是燕國管理貨幣的職官，相當周官"司貨"（《禮記·曲禮下》）；"右明"則可能是管理貨幣的機構。[1]
- 幣形　方足小布
- 著録　《貨系》2342－2344；《先秦編》288－289

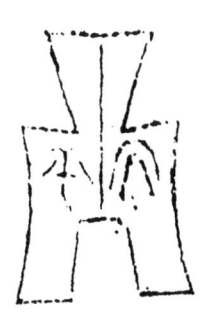

08
- 釋文　宜平
- 釋讀　疑讀"安平"。《地理志》遼西有"新安平"，在今河北樂縣西，戰國屬燕。[2]
- 幣形　方足小布
- 著録　《中國錢幣》1992－4

09
- 釋文　一刀
- 釋讀　《錢匯》曰"一刀"者，言此一枚可直"明"刀一枚也。[3]
- 幣形　圜錢
- 著録　《貨系》4114－4120；《先秦編》608

10
- 釋文　明刀
- 釋讀　其義不明。
- 幣形　直刀
- 著録　《貨系》4121－4126；《先秦編》618

---

[1][2] 何琳儀:《燕國布幣考》。
[3] 丁福保:《古錢大辭典》，頁1307。

第二章　東周金屬鑄幣文字所見貨幣史料　　165

11
- 釋文　明四（？）
- 釋讀　其義不明。
- 幣形　圜錢
- 著錄　《貨系》4127－4128；《先秦編》618－619

二、齊

01
- 釋文　齊之夻朊[1]
- 釋讀　一般認爲"齊"爲國都，即臨淄。
- 幣形　刀幣
- 著錄　《貨系》2497－2506；《先秦編》388

02
- 釋文　安陽之夻朊
- 釋讀　齊"安陽"有兩地。《史記·六國年表》：齊宣公四十四年"伐魯、莒及安陽"，地在今山東曹縣東。《後漢書·趙彥傳》："莒有五陽之地。"地在今莒縣與濟南之間。幣文"安陽"可能與後者有關。[2]
- 幣形　刀幣
- 著錄　《貨系》2507－2515；《先秦編》389

03
- 釋文　節墨之夻朊
- 釋讀　"節墨"即"即墨"。《史記·田敬仲完世家》："威王召即墨大夫而語之曰，自子之居即墨也。"[3]地在今山東平度縣東南。
- 幣形　刀幣
- 著錄　《貨系》2516－2551；《先秦編》393

---

[1] 吳振武：《戰國貨幣銘文中的"刀"》，頁308—310。
[2] 吳良寶：《中國東周時期金屬貨幣研究》，頁103。
[3] 司馬遷：《史記》卷46，頁1888。

04

- **釋文** 齊厺疕
- **釋讀** 見01。
- **幣形** 刀幣
- **著錄** 《貨系》2589－2661；《先秦編》389

05

- **釋文** 節墨厺疕
- **釋讀** 見03。
- **幣形** 刀幣
- **著錄** 《貨系》2552－2574；《先秦編》390－391

06

- **釋文** 齊遊（拓）邦䟦厺疕
- **釋讀** 讀爲"齊拓邦長大刀"。一般認爲是田齊襄王復國所造貨幣。[1]
- **幣形** 刀幣
- **著錄** 《貨系》2575－2586；《先秦編》404－405

---

[1] 黃錫全：《齊"六字刀"銘文釋讀及其相關問題》，《先秦貨幣研究》，頁313—328。

第二章　東周金屬鑄幣文字所見貨幣史料　　167

07
- 釋文　莒邦
- 釋讀　"莒"讀爲"莒"。莒邦殘刀可能是莒縣之莒所鑄的……這種刀幣大概是莒亡以後其地已入於齊時所鑄的。[1]
- 幣形　刀幣
- 著錄　《貨系》2496；《先秦編》406－407

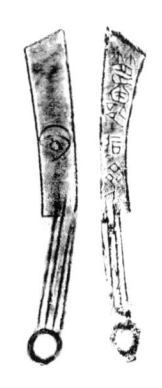

08
- 釋文　明
- 釋讀　其義不明。
- 幣形　齊明刀
- 著錄　《貨系》3784－3802
- 其他　背文：莒（莒）冶齊刀，吳振武指出爲莒地所冶齊刀，當是莒亡以後其地入於齊時在當地模仿齊刀鑄造的。[2]

09
- 釋文　賹旡
- 釋讀　"賹旡"即"記載一枚法定刀幣"。[3]
- 幣形　圜錢
- 著錄　《貨系》4091－4097；《先秦編》616

---

[1] 裘錫圭：《戰國貨幣考（十二篇）》，《裘錫圭學術文集·金文及其他古文字卷》，頁222—224。
[2] 吳振武：《談新近公布的兩枚戰國齊莒刀》，《文物研究》第3輯，合肥：黃山書社，1988年，頁140—144。
[3] 何琳儀：《釋賹》，《古幣叢考》，頁22。

10
- 釋文　賹四厇
- 釋讀　"賹四厇"即"記載四枚法定刀幣"。[1]
- 幣形　圜錢
- 著錄　《貨系》4098－4107；《先秦編》617

11
- 釋文　賹六厇
- 釋讀　"賹六厇"即"記載六枚法定刀幣"。[2]
- 幣形　圜錢
- 著錄　《貨系》4108－4113；《先秦編》617

三、秦

01
- 釋文　半兩
- 釋讀　《漢書·食貨志》："秦兼天下，幣爲二等：黃金以溢爲名，上幣；銅錢質如周錢，文曰：'半兩'，重如其文。"[3]
- 幣形　圜錢
- 著錄　《貨系》4282－4320

02
- 釋文　半睘
- 釋讀　半睘者，圜金之半也。[4]
- 幣形　圜錢
- 著錄　《貨系》4067－4068；《先秦編》610

---

[1][2] 何琳儀：《釋賹》，《古幣叢考》，頁22。
[3] 班固：《漢書》卷24，頁1152。
[4] 鄭家相：《中國古代貨幣發展史》，頁189。

第二章　東周金屬鑄幣文字所見貨幣史料　　169

03
- 釋文　一珠重一兩・十二
- 釋讀　應爲記值。
- 幣形　圜錢
- 著錄　《貨系》4069；《先秦編》609

04
- 釋文　一珠重一兩・十四
- 釋讀　應爲記值。
- 幣形　圜錢
- 著錄　《貨系》4070－4073；《先秦編》609

05
- 釋文　兩甾
- 釋讀　"甾"讀"錙"。《說文・金部》："錙，六銖也。"[1]"兩甾"即十二銖，也就是"半兩"。
- 幣形　圜錢
- 著錄　《貨系》4082－4090；《先秦編》613

06
- 釋文　長安
- 釋讀　秦長安君鑄錢。《史記・秦始皇本紀》："八年，王弟長安君成蟜將軍擊趙反，死屯留。"[2]
- 幣形　圜錢
- 著錄　《先秦編》613

---

[1] 許慎：《說文解字》卷14，頁298。
[2] 朱活：《古錢新探》，頁265。

07
- 釋文　文信
- 釋讀　文信侯吕不韋鑄錢。[1]
- 幣形　圜錢
- 著録　《先秦編》610

四、楚

01
- 釋文　郢再
- 釋讀　"再"讀爲"稱"。"郢再"就是郢地鑄造的稱量貨幣。
- 幣形　金版
- 著録　《貨系》4196–4253;《先秦編》25

02
- 釋文　陳再
- 釋讀　《左傳·昭公十二年》楚靈王:"今我大城陳、蔡、不羹,賦皆千乘。"[2] 戰國晚期曾爲楚都。地在今河南省淮陽地區。
- 幣形　金版
- 著録　《貨系》4254–4263;《先秦編》25–26

---

[1] 1955年洛陽西工漢河南縣城遺址中部出土文信錢石範1件。
[2] 杜預注,孔穎達疏:《春秋左傳正義》卷42,頁2064。

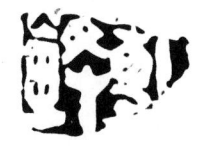

第二章　東周金屬鑄幣文字所見貨幣史料　　171

03
- **釋文**　専鎡
- **釋讀**　何琳儀讀爲"郪"。《說文》："郪，汝南上蔡亭。"地在今河南上蔡縣西南，戰國時期爲楚國南境。[1] 黃錫全讀爲"郙"，"疑指傅陽，山東棗莊與江蘇沛縣一帶"。[2]
- **幣形**　金版
- **著録**　《貨系》4265；《先秦編》25

04
- **釋文**　鄘冉
- **釋讀**　讀爲"櫟"。《左傳·昭公四年》："吳伐楚，入棘、櫟、麻。"杜預注："棘、櫟、麻皆楚東鄙邑。譙國酇縣東經有棘亭，汝陰新蔡縣東北有櫟亭。"[3]
- **幣形**　金版
- **著録**　《貨系》4275；《先秦編》27

05
- **釋文**　彭
- **釋讀**　讀作"卞"。《春秋·僖公十七年》："夫人姜氏會齊侯于卞。"杜預注："卞，今魯國卞縣。"地在今山東泗水東部。[4]
- **幣形**　金版
- **著録**　《貨系》4272－4274；《先秦編》27

---

[1] 何琳儀：《楚幣六考》，《古幣叢考》，頁232—233。
[2] 黃錫全：《〈中國歷代貨幣大系·先秦貨幣〉釋文校定》，《先秦貨幣研究》，頁358。
[3] 朱活：《古幣三談》，《中國錢幣》1983年第2期；徐少華：《包山楚簡釋地十則》，《文物》1996年第12期。
[4] 趙平安：《釋楚國金幣中的"彭"字》，《語言研究》2004年第4期。

06
- 釋文　中
- 釋讀　按照金版文字通例，此印文當爲地名。長沙仰天湖楚簡中有"中君"，或以爲"中君"的封邑"中"就在湖南境內。[1]
- 幣形　金版
- 著錄　《貨系》4276；《先秦編》23

07
- 釋文　鹽金
- 釋讀　"鹽"，漢之"鹽瀆縣"，地在今江蘇鹽城西北，因其地靠海，爲產海鹽之地而名。[2]
- 幣形　金版
- 著錄　《貨系》4266–4271；《先秦編》27

08
- 釋文　坴坴
- 釋讀　讀"廣陵"。《史記·六國年表》楚懷王十年"城廣陵"。王先謙曰："春秋吳地，戰國時屬楚。"地在今江蘇揚州。[3]
- 幣形　金版
- 著錄　《中國錢幣》2005–2

09
- 釋文　羕陵
- 釋讀　讀"漾陵"。地名，亦見養陵公戈、《包山》75等。地在今河南沈丘縣、安徽界首市一帶。[4]
- 幣形　金版
- 著錄　《先秦編》28

---

[1] 吳良寶：《戰國楚簡地名輯證》，頁126。
[2] 黃錫全：《先秦貨幣通論》，頁351。
[3] 何琳儀：《廣陵金幣考》，《中國錢幣》2005年第2期。
[4] 吳良寶：《戰國楚簡地名輯證》，頁91—96。

10
- 釋文　貝
- 釋讀　以"貝"爲名。
- 幣形　蟻鼻錢
- 著録　《先秦編》34

11
- 釋文　君
- 釋讀　或以爲地名。[1]
- 幣形　蟻鼻錢
- 著録　《貨系》4163－4167；《先秦編》34

12
- 釋文　行
- 釋讀　可能是通行、流行之義。[2]
- 幣形　蟻鼻錢
- 著録　《貨系》4170；《先秦編》34

13
- 釋文　巽[3]
- 釋讀　讀爲"錢"。楚國有"三錢之府"，見《史記·越王句踐世家》。[4]
- 幣形　蟻鼻錢
- 著録　《貨系》4134－4152；《先秦編》35

---

[1] 王獻唐：《中國古代貨幣通考》，頁198。
[2] 黃錫全：《楚銅貝貝文釋義新探》，《先秦貨幣研究》，頁227。
[3] 駢宇騫：《試釋楚國貨幣文字"巽"》，《語言文字研究專輯（下册）》，1986年，頁293—298。
[4] 李家浩：《戰國貨幣文字中的"冎"與"比"》。

14
- **釋文** 夆朱
- **釋讀** "夆"讀爲"錘"。"錘銖",表示三分之一銖。[1]
- **幣形** 蟻鼻錢
- **著録** 《貨系》4153-4162;《先秦編》34

15
- **釋文** 全
- **釋讀** 全訓完,訓純色,有可能表示銅貝的質地完美、純正。[2]
- **幣形** 蟻鼻錢
- **著録** 《貨系》4171;《先秦編》34

16
- **釋文** 忻
- **釋讀** 一般讀爲"釿"。
- **幣形** 蟻鼻錢
- **著録** 《貨系》4168-4169;《先秦編》33

17
- **釋文** 匋
- **釋讀** 或釋爲"匡",以爲地名。[3]
- **幣形** 蟻鼻錢
- **著録** 《貨系》4172;《先秦編》35

---

[1] 劉剛:《楚銅貝"夆朱"的釋讀及相關問題》,《出土文獻與古文字研究》第5輯,頁444—452。李天虹:《由嚴倉楚簡看戰國文字資料中的"才""夆"兩字的釋讀》,《簡帛》第9輯,上海:上海古籍出版社,2014年,頁26—32。

[2] 黄錫全:《楚銅貝文釋義新探》,《先秦貨幣研究》,頁227。

[3] 陳隆文:《楚銅貝幣面文匋字新釋》,《河南大學學報(社會科學版)》2008年第5期。

18
- 釋文　䧹[1]
- 釋讀　幣文"䧹"字又見於信陽簡和包山簡中。包山簡163、176有"䧹君"一詞，學者讀爲"唐"，即西周、春秋時期的唐國故地。[2]
- 幣形　蟻鼻錢
- 著錄　《文物》2001-9

19
- 釋文　者曲[3]
- 釋讀　其義待考。
- 幣形　蟻鼻錢
- 著錄　江西《錢幣研究》1999-1

20
- 釋文　視金一朱
- 釋讀　視同黃金一銖。[4]
- 幣形　錢牌
- 著錄　《先秦編》21

21
- 釋文　視金二朱
- 釋讀　視同黃金二銖。[5]
- 幣形　錢牌
- 著錄　《先秦編》21-22

---

[1] 楊鳳翔：《前所未見的"陽"字蟻鼻錢》，《文物》2001年第9期。
[2] 吳良寶：《戰國楚簡地名輯證》，頁103—105。
[3] 何琳儀：《戰國文字通論（訂補）》，上海：上海古籍出版社，2017年，頁155。
[4][5] 黃錫全：《楚銅錢牌"見金"應讀"視金"》，《先秦貨幣研究》，頁221—222。

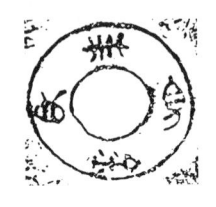

22
- 釋文　視金四朱
- 釋讀　視同黃金四銖。[1]
- 幣形　錢牌
- 著錄　《先秦編》22

23
- 釋文　枋[2]比當忻
- 釋讀　讀爲"枋幣四釿"。
- 幣形　燕尾布
- 著錄　《貨系》4175－4184；《先秦編》274
- 其他　背文"七展"[3]

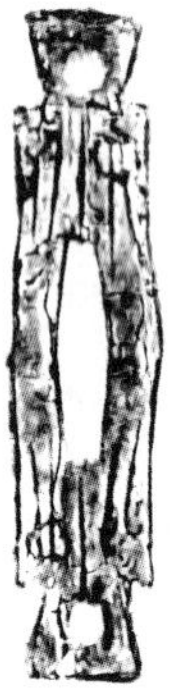

24
- 釋文　枋比四忻
- 釋讀　讀爲"枋幣四釿"。
- 幣形　錢牌
- 著錄　《貨系》4185－4189

---

[1] 黃錫全：《楚銅錢牌"見金"應讀"視金"》，《先秦貨幣研究》，頁221—222。

[2] "枋"字的釋讀從李守奎：《釋㔶距末與楚帛書中的"方"字》，《漢語言文字研究》第1輯，2015年。

[3] 此字的釋讀從陳劍：《釋展》，《追尋中華古代文明的蹤迹——李學勤學術活動五十年紀念文集》，上海：復旦大學出版社，2002年。

第三章　簡牘所見貨幣史料

在上一章介紹戰國金屬鑄幣時，提及楚國的金版和金餅，這應與楚國盛產黃金有關。關於楚國產黃金，典籍多有記載，如《戰國策·楚策三》："黃金、珠璣、犀象出於楚。"[1]《管子·地數》："夫楚有汝、漢之金，齊有渠展之鹽，燕有遼東之煮。此三者，亦可以當武王之屬。"[2] 汝水和漢水是楚國境内重要的兩條河流。《史記·貨殖列傳》也言："衡山、九江、江南、豫章、長沙，是南楚也……豫章出黃金。"[3] 因此，在楚簡中多見與"金"相關的内容。由於楚簡的内容所涉非常豐富，我們暫時排除了書類文獻，以能反映楚國社會生活的文書類簡爲主，以利於揭示楚國的貨幣使用情況。在已公布的文書類楚簡材料中内容相對完整，研究較爲充分的是包山楚簡，本章討論的内容也以包山楚簡爲參考。

典籍關於秦幣的記載，以《史記·平準書》和《漢書·食貨志》最爲詳細。

　　虞夏之幣，金爲三品，或黃，或白，或赤；或錢，或布，或

---

[1] 劉向集錄，范祥雍箋證，范邦瑾協助校：《戰國策箋證》，上海：上海古籍出版社，頁540。
[2] 黎翔鳳撰，梁運華整理：《管子校注》卷23，《新編諸子集成》，北京：中華書局，2018年，頁1506。
[3] 司馬遷：《史記》卷129，頁3268。

刀，或龜貝。及至秦，中一國之幣爲（三）〔二〕等，黃金以溢
名，爲上幣；銅錢識曰半兩，重如其文，爲下幣。而珠玉、龜
貝、銀錫之屬爲器飾寶藏，不爲幣。然各隨時而輕重無常。[1]

(《史記・平準書》)

秦兼天下，幣爲二等：黃金以溢爲名，上幣；銅錢質如周錢，
文曰："半兩"，重如其文。而珠玉龜貝銀錫之屬爲器飾寶臧，不
爲幣，然各隨時而輕重無常。[2]　　　(《漢書・食貨志》)

無論是《平准書》還是《食貨志》，都記載秦時以黃金、銅錢爲幣，黃金以"溢"爲名，銅錢以"半兩"爲名。不同的是，《史記・平準書》言"一國之幣爲三"，而《漢書・食貨志》言"幣爲二等"。從其內容所述，前代學者多認爲《平准書》"三"實爲"二"之誤，如清代梁玉繩《史記志疑》言："徐氏《測議》謂名爲三等，而止敘其二，不及中幣，恐三字誤，而不知三字乃二字之誤，《漢志》是'二等'也。"[3] 現代學者也多認爲："秦朝的貨幣制度，是一種金錢本位，大數用黃金，小數用半兩錢。"[4]

秦簡牘的發現、整理與研究，深刻改變了秦國、秦代的文獻狀況和歷史認知，是中國現代學術史上的重大事件。[5] 關於秦簡牘中貨幣史料的研究，前文已經做過敘述。在目前已公布的秦簡中，記錄貨幣的材料比較豐富，不僅記錄了秦用錢、金的大量內容，還明確記錄秦用布幣。現根據材料性質不同，分爲"秦律令簡所見貨幣史料""秦簡牘經濟文書中的貨幣史料"以及"秦簡牘《數》類、書信中的貨幣史料"三類加以整理。

---

[1] 司馬遷：《史記》卷30，頁1442。
[2] 班固：《漢書》卷24，頁1152。
[3] 梁玉繩：《史記志疑》卷16，北京：中華書局，1981年，頁833。
[4] 彭信威：《中國貨幣史》，頁136。
[5] 陳偉等著：《秦簡牘整理與研究》，頁1。

第一節　包山楚簡所見"金"

　　1987年1月，湖北荊沙考古隊在荊門十里鋪鎮王場村包山港2號楚墓中發現一批戰國楚簡，學界一般稱爲"包山楚簡"。[1] 包山楚簡共448枚。整理者將簡文按內容分爲文書、卜筮祭禱記錄和遣策三大類。文書簡記錄了一些獨立的事件或案件；卜筮祭禱記錄的則是墓主人貞問吉凶禍福，請求鬼神與先人賜福、保佑；遣策則記錄隨葬物品。[2] 我們整理的內容主要集中在文書簡。

　　文書簡分有篇題和無篇題兩種。有篇題的分《集箸》《集箸言》《受期》和《疋獄》四類。《集箸》是有關驗查名籍的案件記錄；《集箸言》是有關名籍糾紛的告訴及呈送主管官員的記錄；《受期》是受理各種訴訟案件的時間與審理時間及初步結論的摘要記錄；《疋獄》是關於起訴的簡要記錄，與《受期》在內容上是互爲關聯的。無篇題的文書簡大致分爲三組：一組是關於官員爲鄩郳之地貸邸異之金以糴種的記錄；一組是一些案件的案情與審理情況的詳細記錄，以及呈送給左尹的情況匯報；一組是關於"詛"的記錄。[3]

　　包山楚簡中"金"共出現五十九例，[4] 其中不僅有單字"金"，還有複合詞"黃金""鋝金""足金""關金""赤金""白金"等。[5]

---

[1] 湖北省荊沙鐵路考古隊包山楚墓整理小組:《包山2號墓竹簡概述》，《文物》1988年第2期。

[2] 湖北省荊沙鐵路考古隊:《包山楚簡》，北京：文物出版社，1991年，頁9—14。湖北省荊沙鐵路考古隊:《包山楚墓》，北京：文物出版社，1991年，頁267—276。

[3] 朱曉雪:《包山楚簡綜述》，頁6。

[4] 李守奎、賈連翔、馬楠編著:《包山楚墓文字全編》，上海：上海古籍出版社，2012年，頁488—490。

[5] 本文的釋文主要參考朱曉雪:《包山楚簡綜述》。

一、金

1. 東周之客紳朝、郢（燕）客登（鄧）余善、秦客墜（陳）斳（慎—輇）……之宎宮敘（舒）雁，肉稟（禄）旦瀘（費）之，無吕（以）賵（饋）之。中𨛭（舍）戠（職）賵（饋）之客成昜（陽）辻尹成吕（以）告子司馬。八月戊寅，子司馬諽（屬）之。九月甲申之日，司豐之客須幽箸言胃（謂）：小人吕（以）八月甲申之日舍（舍）肉稟（禄）之𨛭（舍）人□□䜌（饋）客之齎，金十兩又一兩。義亞爲李。　　（《包山》145）

此則材料出自《集箸言》之"饋客之齎案"。第一句中某"客"是指來自東周、燕國、秦國等的使者。"禄"，劉信芳引《天官·大宰》："四曰禄位"，鄭玄注："禄若今月俸也。""肉禄"謂客卿就官事之所食用，折算成金額發放。[1] 簡文"歸"作 形，讀爲"饋"。"中𨛭"，學者多以爲是"中舍"，職官名。[2]《周禮·地官·舍人》："舍人掌平官中之政，分其財守，以澹掌其出入。凡祭祀、共簠簋、實之，陳之。賓客，亦如之，共其禮，車米、筥米、芻禾。"[3] "齎"，通"資"，指費用、錢財。簡文大意是各國的使者因俸食的肉的廢除，沒有得到饋食。中舍負責發放饋食之職的成陽尹成將此事上告子司馬。八月戊寅日，子司馬委托交付。饋客的齎錢有十一兩金。十一兩金即是償還諸客之未發放的肉禄。從中可知諸客在楚的齎錢之數。

2. 所又（有）責（債）於寑戠五帀（師），而不交於新客

---

[1] 劉信芳：《包山楚簡解詁》，臺北：藝文印書館，2003年，頁145。
[2] 周鳳五：《包山楚簡〈集箸〉〈集箸言〉析論》，《中國文字》新21期，1996年，頁40。劉信芳：《楚系簡帛釋例》，合肥：安徽大學出版社，2011年，頁19。
[3] 孫詒讓撰，王文錦、陳玉霞點校：《周禮正義》，頁1228—1231。

者，豕玫苛瞰杒（利）之金一益（鎰）剩（半）益（鎰）。秀几。戠緩（纓）爲李。所又（有）賕（責—債）於刻寑（寢）戠、寑戠、繇（繇—由）戠五市（師），而不交於新客者，㐁（造）辵六（大）敔（令）李愳（悷）之金五益（鎰）。

(《包山》146)

此則材料出自《集箸》"債不交於新客"。簡文中的"寑"，整理者認爲是地名。《左傳·宣公十二年》："沈將軍中軍"，杜注："沈或作寑，寑縣也。"寑，在今河南固始縣。[1] 劉信芳認爲是寑廟，所謂"刻寑"是"刻"地之寑廟。[2] 五師，或指國家的軍隊。《周禮·地官·小司徒》載："五師爲軍。"[3] 從簡文内容看"寑戠五市（師）"與下文"刻寑（寢）戠""寑戠""繇（繇—由）戠五市（師）"應該是同一類機構。簡文的"新客"，《左傳·昭公十八年》："使司寇出新客，禁舊客勿出於宫。"注曰："新來聘者。"[4] 指新聘請的人，其身份或爲工匠。簡文大意是：有債於寑戠五市（師）等機構，而没有移交給新客的人，都要受到一定的罰金。

上揭兩例，都涉及金的單位，一是"兩"，一是"益"。典籍中關於黄金的單位記載不同，《漢書·食貨志》："黄金方寸，而重一斤。"師古曰："言黄金以斤爲名，錢則以銖爲重也。"[5]《史記·平準書》："黄金以鎰名"，《集解》孟康曰："二十兩爲鎰。"[6]《史記·燕召公世家》："子之因遺蘇代百金"，《正義》瓚云："秦以一鎰爲一金。"孟康云："二十四兩曰鎰。"[7] 以"鎰"爲單位，還見

---

[1] 湖北省荆沙鐵路考古隊：《包山楚簡》，頁50。
[2] 劉信芳：《楚系簡帛釋例》，頁40。
[3] 孫詒讓撰，王文錦、陳玉霞點校：《周禮正義》，頁776。
[4] 杜預注，孔穎達疏：《春秋左傳正義》卷48，頁2085。
[5] 班固：《漢書》卷24，頁1149。
[6] 司馬遷：《史記》卷30，頁1442—1443。
[7] 司馬遷：《史記》卷34，頁1555。

於貸金諸簡中。目前楚文字中未見以"斤"爲單位稱量金幣的直接證據。1945年，在湖南長沙出土了一套環權，共十枚，其中第九號環權上刻有"半益"二字。[1] 李學勤根據此種環權，認爲楚的益不像古書所説是二十兩或二十四兩，而是十六兩，即與斤相同。[2]

3. 陞（陳）□、宋獻爲王煮盬（鹽）於洖（海），受屯二儋之飤（食），金鋜二鋜。將以成收。　　　　（《包山》147）

此則材料出自《集箸》"煮鹽於海"。林澐、劉釗、李家浩、趙平安等先生都對此條簡文進行過討論。[3] 李家浩認爲此簡文的性質類似僱傭契約。具體分析如下：

"王"是僱主，"陳□、宋獻"是僱傭者，"煮鹽於海"是僱傭者所從事的工作，"授屯二擔之食，金鋜二鋜"是僱主者每人每月的飲食和傭金。《管子·輕重甲》："管子對曰：孟春既至，農事且起，……北海之衆無得聚庸（傭）而煮鹽。若此，則鹽必坐長十倍。"簡文的陳□、宋獻二人就是管子所説的"聚傭而煮鹽"的"傭"。[4]

簡文大意如李先生所分析。關於僱主提供"授屯二擔之食，金鋜二鋜"，李先生結合傳賃龍節"一檐（擔）飤（食）之"的記載，指出"擔"是楚國的容量單位，一擔的容量爲一斛二斗。簡文的"屯"，義同"皆"，即都提供二擔的食物。[5] 但是他未對傭金"金鋜二鋜"作分析。

---

[1] 國家計量總局主編：《中國古代度量衡圖集》，北京：文物出版社，1982年，頁159圖。

[2] 李學勤：《楚簡所見黃金貨幣及其稱量》，頁63。

[3] 林澐：《讀包山楚簡札記七則》，《江漢考古》1992年第4期。劉釗：《談包山楚簡中"煮鹽於海"的重要史料》，《中國文物報》1992年10月18日。李家浩：《傳賃龍節銘文考釋——戰國符節銘文研究之三》，《考古學報》1998年第1期。趙平安：《戰國文字中的鹽字及相關問題研究》，《考古》2004年第8期。

[4] 李家浩：《傳賃龍節銘文考釋——戰國符節銘文研究之三》。

[5] 李家浩：《傳賃龍節銘文考釋——戰國符節銘文研究之三》。

"銍",形作"[圖]",諸家有釋"銍""鈗(鎈)""鍟(釜)"字、讀"凷(塊)""鍰"之説。[1] 其義難解。

楚國蟻鼻錢有一面文作"[圖]",釋作"夅朱",以往大家對其解釋不一。[2] 劉剛根據白于藍對《郭店·窮達以時》簡文"板桎"可以讀爲"鞭箠"的認識,提出"夅朱"可以讀爲"錘銖"。"錘"作爲重量單位,表示三分之一。"夅(錘)朱(銖)"表示的應該是三分之一銖金的價值。[3] 李天虹在劉剛的基礎上,根據新出嶽麓秦簡關於"錘"的相關內容,進一步對"錘"字進行了解釋,指出出土資料中的"夅"確實用爲"錘",表示三分之一。[4] 此處用來表示金的數值,應該也是沒有問題的。"金銍二銍"即"金錘二錘",表示三分之二金。

4. 九月己亥之日鄆(畢)右仟尹李扰受舒(幾),十月辛巳之日,不遷(歸)登(鄧)人之金,陞門又(有)敗。秀不孫。

(《包山》44)

此則材料出自《受期》。簡文所言"鄧人之金",指徵收鄧人的黃金。"九月己亥這一天,鄾君之司馬和畢右仟分別收到司法機構發來的公文,要求他們在十月辛巳以前把不歸還徵收鄧人的黃金的情況報告國都郢的司法機構。"[5] 上述所言歸鄧人之金,簡43言"歸鄧人之板":

九月己亥,[圖]君之右司馬垍(均)臧(莊)受舒(幾),十月辛巳之日,不遷(歸)板於登(鄧)人以至(致)命於郢,

---

[1] 朱曉雪:《包山楚簡綜述》,頁373—374。
[2] 可參考附録"東周金屬鑄幣疑難字字釋綜覽"之"夅"字條。
[3] 劉剛:《楚銅貝"夅朱"的釋讀及相關問題》,《出土文獻與古文字研究》第5輯,頁444—452。
[4] 李天虹:《由嚴倉楚簡看戰國文字資料中的"才""夅"兩字的釋讀》,頁26—32。
[5] 李家浩:《談包山楚簡"歸鄧人之金"一案及其相關問題》,《出土文獻與古文字研究》第一輯,2006年。

陞門又（有）敗。秀不孫。　　　　　　　　（《包山》43）

上揭簡文中的"板"，學者都認爲是金版。整理者指出："《周禮·秋官·職金》：'則供其金版。'楚國金幣有版金，自銘爲'郢爯''陳爯'等。"[1] 這也爲我們了解楚國金版的使用提供了參考。

二、黄　　金

王命=（命命）龔陵公鼈、（宜）昜（陽）司馬（强）貣（貸）邺（越）異之黄金，吕（以）貣（貸）鄀（鄝）吕（以）翼（糴）種（種）。　　　　　　　　　　　　　（《包山》103）

鄝莫囂（敖）悤、左司馬敃（殹）、安陵莫囂（敖）繺（樂）（獻）爲鄝貣（貸）邺（越）異之黄金七益（鎰）吕（以）翟（糴）種（種）。迡（過）旮（幾）不賽金。　　（《包山》105）

（鄝）陵攻尹産、少攻尹（悖）爲（鄝）陵貣（貸）邺（越）異之黄金七益（鎰）吕（以）翟（糴）種（種）。迡（過）旮（幾）不賽金。　　　　　　　　　　　（《包山》106）

羕（漾）陵攻尹（悤）與喬尹黄蠠爲羕（漾）陵貣（貸）邺（越）異之黄金卅=（三十）益（鎰）二益（鎰）吕（以）翟（糴）種（種）。迡（過）旮（幾）不賽金。　　（《包山》107）

株昜（陽）莫囂（敖）郘（吕）壽君與喬差（佐）疨（偃）爲株昜（陽）貣（貸）邺（越）異之黄金七益（鎰）吕（以）翟（糴）種（種）。迡（過）旮（幾）不賽金。（《包山》108）

荃〈莖—黄〉昜（陽）司馬寅、黄辛、宋瘍爲荃〈莖—黄〉昜（陽）貣（貸）邺（越）異之黄金七益（鎰）吕（以）翟（糴）種（種）。迡（過）旮（幾）不賽金。　　（《包山》109）

---

[1] 湖北省荆沙鐵路考古隊：《包山楚簡》，頁40。

第三章　簡牘所見貨幣史料　　185

　　郙連嚻（敖）競（景）悆（㥛）攻尹（賠）、波尹（宜）爲郙貣（貸）郙（越）異之黃金七益（鎰）㠯（以）翟（糴）穜（種）。䢛（過）旮（幾）不賽金。　　　　　　　（《包山》110）

　　正昜（陽）莫嚻（敖）達、正昜（陽）[字]公㠯（己）、少攻尹㥛（哀）爲正昜（陽）貣（貸）郙（越）異之黃金十益（鎰）一益（鎰）四兩㠯（以）翟（糴）穜（種）。䢛（過）旮（幾）不賽金。　　　　　　　（《包山》111）

　　昜（陽）陵連嚻（敖）達、大尨尹足爲昜（陽）陵貣（貸）郙（越）異之黃金四益（鎰）㠯（以）翟（糴）穜（種）。䢛（過）旮（幾）不賽金。　　　　　　　（《包山》112）

　　新都（都）莫嚻（敖）（勝）、新都（都）桑夒（夜）公達爲新都（都）貣（貸）郙（越）異之黃金五益（鎰）㠯（以）翟（糴）穜（種）。䢛（過）旮（幾）不賽金。　　（《包山》113）

　　州莫嚻（敖）㳄、州司馬庚爲州貣（貸）郙（越）異之黃金七益（鎰）㠯（以）翟（糴）穜（種）。䢛（過）旮（幾）不賽金。　　　　　　　　　（《包山》114）

"黃金"的材料出自《貸金》簡，講述的是子司馬以王命命令下屬官員貸越異之黃金給郊縣來糴種的事情。此處特別強調的貸越異之"黃金"，後文有詳細論述。[1]

三、鈗　金

　　大司馬邵（昭）郙（陽）敗晉市（師）於鄴（襄）陵之歲（歲），顕（夏）㮣（夕）之月庚午之日，命（令）尹子士、大市（師）子繡（佩）命冀陵公邘（于）鼇爲郙（鄢）貣（貸）

――――――――――
[1] 見第五章第一節"從包山楚簡'貸金糴種'到秦'貸種'"。

邻（越）異之鋝金一百益（鎰）二益（鎰）四（兩）。

(《包山》115)

上揭材料仍出自《貸金》簡。"鋝金"僅一見。整理者指出："從簡文內容可知鋝金是黃金。鋝，似借作采，《漢書·魏相傳》：'有數表采易陰陽'，注：'撮取也'。鋝金或指砂金，以區別於版金。"[1] 黃盛璋則讀爲"彩金"，指黃金。黃金有光彩，前加彩字，專指黃金。[2] 何琳儀也認爲讀爲"彩金"，似即"砂金"。[3] 陳時聖則從該簡文出自同一組《貸金》簡、都稱"金"爲由，認爲鋝金應是黃金。[4] 也有學者讀爲"碎金""鋌金"或"鎐金"。[5] 從簡文內容來看，皆言貸"越異之金"，僅此一例鋝金，此處理解爲黃金更宜。

四、足　　金

甘臣（固）之歲（歲），左司馬迌（适）㠯（以）王命=（命，命）巫〈亟—期〉思舍（舍）桼=（柊）黃王之黿（龏）一青（青）犨（犧）之齋，足金六匀（鈞）。是歲（歲）也，巫〈亟—期〉思少司馬屈羣㠯（以）足金六匀（鈞）珵（聽）命於桼=（柊，柊）㡭夫=（大夫）左司馬邻（越）虘（虞）弗受。餓（盛）公鵙（邊）之歲（歲），巫〈亟—期〉思少司馬邘（𦎫）（勝）或㠯（以）足金六匀（鈞）舍（舍）桼=（柊，柊）㡭夫=（大夫）集昜（陽）公䣙（蔡）逯弗受。　　(《包山》129-130)

---

[1] 湖北省荊沙鐵路考古隊：《包山楚簡》，頁47。
[2] 黃盛璋：《包山楚簡中若干重要制度發覆與爭論未決諸關鍵字解難決疑》，《湖南考古輯刊》第六集，1994年。
[3] 何琳儀：《戰國古文字典：戰國文字聲系》，頁97。
[4] 陳時聖：《〈包山楚簡〉中"金"問題試論》，"第一屆出土文獻學術研討會"論文，臺北，2000年。
[5] 朱曉雪：《包山楚簡綜述》，頁244。

上揭材料出自《集箸言》"期思拒金案"。簡文講述期思和柊兩地因一青犧產生的糾紛。"足金六鈞"是爲了"齎"一青犧。"齎"字，前文已述，指資用、錢財。"足金六鈞"當是這一頭青犧的價值。簡文大意，"甘固的那年（甘固爲人名，以爲以事紀年），左司馬叫'適'的人奉王命，命令期思（期思爲楚邑）給予柊（柊爲楚邑）邑的名叫'黃王之貪'的人一頭青色犧牛的錢，其價值爲成色十足的金六鈞。"[1] 關於足金，后德俊認爲"足金"應是熔煉之後已鑄成合格金版或金塊的黃金，而非指黃金的純度。[2]

五、關　　金

陵让尹塙吕（以）楊虎斂（斂）閛（關）金於邨敓，□仿之新昜（陽）一邑、雳（霝—靈）坨一邑、厤（礪）一邑、鄩一邑、房一邑、俈（造）楮一邑、新佶（造）一邑；奧亓（其）瑪，女繇（繇—由）一賽、涅瑪一賽、潒瑪一賽、斫瑪一賽，不量亓（其）閛（關）金。　　　　　　　　　　（《包山》149）

上揭材料出自《集箸》"斂關金"。關金，應是指在關卡要地所徵收的稅金，[3] 也就是現在所說的"關稅"。所收稅爲金。該內容是目前關於徵收關稅最早的記錄。

第二節　秦律令簡所見貨幣史料

秦律簡是指記錄秦時法律的簡牘。目前所見的秦律簡主要包括睡

---

[1] 單育辰：《包山簡案例研究兩則》，《吉林大學學報（社會科學版）》2010年第1期。
[2] 后德俊：《"包山楚簡"中的"金"義小考》。
[3] 石泉主編：《楚國歷史文化辭典》，武漢：武漢大學出版社，1996年，頁168。

虎地秦簡和嶽麓秦簡，里耶秦簡偶有所記。睡虎地秦簡中的《秦律十八種》《效律》《法律雜抄》是法律條文；《法律答問》《封診式》是對法律的解釋和治獄程式。[1] 嶽麓秦簡叁中有司法文書《爲獄等狀四種》；嶽麓秦簡肆中有法律條文以及由於殘斷未標明法律名稱但是内容與睡虎地秦簡法律内容相類的"類律簡"。[2]

在新公布的嶽麓秦簡中，第一次出現大量的秦令。秦令的抄寫有幾種不同的形制：一是單獨抄寫令名者，其簡端有墨丁，令名後面還有干支編序；二是抄寫完一條令文之後，在末尾標注令名，然後再用干支和數字一起編號；三是在摘抄令文條款之後，沒有注明令名，而僅記編號；四是在抄寫完令文後，僅録"廷""廷卒"和干支或數字編號。[3]

一、金 布 律

金布律，係關於貨幣、財物方面的法律。漢代有金布律，或稱金布令，《漢書·蕭望之傳》注："金布者，令篇名也，其上有府庫金錢布帛之事，因以名篇。"《晉書·刑法志》："金布律有毁傷失縣官財物……金布律有罰入責以呈黃金爲價……"[4]

  1. 官府受錢者，千錢一畚，以丞、令印印。不盈千者，亦封印之。錢善不善，雜實之。出錢，獻封丞、令，乃發用之。百姓

---

[1] 睡虎地秦簡的相關内容主要參看睡虎地秦墓竹簡整理小組編：《睡虎地秦墓竹簡》，北京：文物出版社，1990年；陳偉主編：《秦簡牘合集·釋文注釋修訂本（壹）》，武漢：武漢大學出版社，2016年。

[2] 相關内容參看朱漢民、陳松長主編：《嶽麓書院藏秦簡（叁）》，上海：上海辭書出版社，2013年；陳松長主編：《嶽麓書院藏秦簡（壹—叁）釋文修訂本》，上海：上海辭書出版社，2018年；（德）陶安：《嶽麓秦簡〈爲獄等狀四種〉釋文注釋》，上海：上海古籍出版社，2021年；陳松長主編：《嶽麓書院藏秦簡（肆）》，上海：上海辭書出版社，2015年；朱紅林：《〈嶽麓書院藏秦簡（肆）〉疏證》，上海：上海古籍出版社，2021年。

[3] 陳松長：《嶽麓書院所藏秦簡綜述》，《文物》2009年第3期。

[4] 睡虎地秦墓竹簡整理小組編：《睡虎地秦墓竹簡》，頁36。

市用錢，美惡雜之，勿敢異。金布

（睡簡·秦律十八種·金布律 64-65）

2. 布袤八尺，福（幅）廣二尺五寸。布惡，其廣袤不如式者，不行。金布　　　　　（睡簡·秦律十八種·金布律 66）

3. 錢十一當一布。其出入錢以當金、布，以律。金布

（睡簡·秦律十八種·金布律 67）

4. 賈市居死<列>者及官府之吏，毋敢擇行錢、布；擇行錢、布者，列伍長弗告，吏循之不謹，皆有辠（罪）。金布

（睡簡·秦律十八種·金布律 68）

5. 有買及買（賣）殹（也），各嬰其賈（價）；小物不能各一錢者，勿嬰。金布　　　（睡簡·秦律十八種·金布律 69）

6. 官相輸者，以書告其出計之年，受者以入計之。八月、九月中其有輸，計其輸所遠近，不能逮其輸所之計，□□□□□□【移】計其後年。計毋相繆。工獻輸官者，皆深以其年計之。金布律　　　　　（睡簡·秦律十八種·金布律 70-71）

7. 有責（債）於公及貲、贖者居它縣，輒移居縣責之。公有責（債）百姓未賞（償），亦移其縣，縣賞（償）。金布律

（睡簡·秦律十八種·金布律 76）

8. 百姓叚（假）公器及有責（債），其日蹙以收責之，而弗收責，其人死亡；及隸臣妾有亡公器、畜生者，以其日月減其衣食，毋過三分之一，其所亡眾，計之，終歲衣食不蹙以稍賞（償），令居之，其弗令居之，其人【死】亡，令其官嗇夫及吏主者代賞（償）之。金布　（睡簡·秦律十八種·金布律 77-79）

9. 縣、都官坐效、計以負賞（償）者，已論，嗇夫即以其直錢分負其官長及冗吏，而人與參辨券，以效少內，少內以收責之。其入贏者，亦官與辨券，入之。其責（債）毋敢隃（逾）歲，隃（逾）歲而弗入及不如令者，皆以律論之。金布

（睡簡·秦律十八種·金布律 80-81）

10. 官嗇夫免，復爲嗇夫，而坐其故官以貲賞（償）及有它責（債），貧竇毋（無）以賞（償）者，稍減其秩、月食以賞（償）之，弗得居；其免殴（也），令以律居之。官嗇夫免，效其官而有不備者，令與其稗官分，如其事。吏坐官以負賞（償），未而死，及有辠（罪）以收，抉出其分。其已分而死，及恒作官府以負責（債），牧將公畜生而殺、亡之，未賞（償）及居之未備而死，皆出之，毋責妻、同居。金布

（睡簡·秦律十八種·金布律82－85）

11. 縣、都官以七月糞公器不可繕者，有久識者靡蚩之。其金及鐵器入以爲銅。都官輸大內，【大】內受買（賣）之，盡七月而覊（畢）。都官遠大內者輸縣，縣受買（賣）之。糞其有物不可以須時，求先買（賣），以書時謁其狀內史。凡糞其不可買（賣）而可以爲薪及蓋蘮〈蘮〉者，用之；毋（無）用，乃燔之。金布

（睡簡·秦律十八種·金布律86－88）

12. 受（授）衣者，夏衣以四月盡六月稟之，冬衣以九月盡十一月稟之，過時者勿稟。後計冬衣來年。囚有寒者爲褐衣。爲幏布一，用枲三斤。爲褐以稟衣：大褐一，用枲十八斤，直六十錢；中褐一，用枲十四斤，直卌六錢；小褐一，用枲十一斤，直卅六錢。已稟衣，有餘褐十以上，輸大內，與計偕。都官有用□□□□其官，隸臣妾、舂城旦毋用。在咸陽者致其衣大內，在它縣者致衣從事之縣。縣、大內皆聽其官致，以律稟衣。金布

（睡簡·秦律十八種·金布律90－93）

13. 稟衣者，隸臣、府隸之毋（無）妻者及城旦，冬人百一十錢，夏五十五錢；其小者冬七十七錢，夏卌四錢。春冬人五十五錢，夏卌四錢；其小者冬卌四錢，夏卅三錢。隸臣妾之老及小不能自衣者，如舂衣。·亡、不仁其主及官者，衣如隸臣妾。金布

（睡簡·秦律十八種·金布律94－96）

14. ●金布律曰：諸亡縣官器者，必獄治，臧（贓）不盈百

廿錢，其官自治，勿獄。　　　　　　　　　　　（嶽麓肆116）

15. ●金布律曰：有買及賣毆（也），各嬰其賈（價），小物不能各一錢者，勿嬰。　　　　　　　　　　　（嶽麓肆117）

16. ●金布律曰：出户賦者，自泰庶長以下，十月户出芻一石十五斤；五月户出十六錢，其欲出布者，許之。十月户賦，以十二月朔日入之，五月户賦，以六月望日入之，歲輸泰守。十月户賦不入芻而入錢者，入十六錢。吏先爲？印，斂，毋令典、老挾户賦錢。　　　　　　　　　　　　　（嶽麓肆118－120）

17. ●金布律曰：官府爲作務、市受錢，及受齋、租、質、它稍入錢，皆官爲缿，謹爲缿空（孔），嫠（須）毋令錢能出，以令若丞印封缿而入，與入錢者參辨券之，輒入錢缿中，令入錢者見其入。月壹輸缿錢，及上券中辨其縣廷，月未盡而缿盈者，輒輸之，不如律，貲一甲。　　　　　　　（嶽麓肆121－123）

18. ●金布律曰：市衝術者，沒入其賣毆（也）于縣官，吏循行弗得，貲一循<盾>。縣官有賣毆（也），不用此律。有販毆（也），旬以上必於市，不者令續<贖>䙴（遷），沒入其所販及賈錢于縣官。典、老、伍人見及或告之而弗告，貲二甲。有能捕告贖䙴（遷）皋一人，購金一兩┘。賣瓦土（墼）糞者，得販賣室中舍中，租如律令。　　　　　　　　　　　（嶽麓肆124－126）

19. ●金布律曰：禁毋敢以牡馬、牝馬高五尺五寸以上，而齒未盈至四以下，服輂車及貇（墾）田，爲人就（僦）載，及禁賈人毋得以牡馬、牝馬高五尺五寸以上者載以賈市及爲人就（僦）載，犯令者，皆貲各二甲，沒入馬縣官。有能捕告者，以馬予之。鄉亭嗇夫吏弗得，貲各一甲；丞、令、令史貲各一盾，馬齒盈四以上當服輂車、貇（墾）田、就（僦）載者，令廄嗇夫丈齒令、丞前，久（灸）右肩，章曰：當乘。不當乘，竊久（灸）及詐僞令人久（灸）皆䙴（遷）之，沒入馬縣官。（嶽麓肆127－131）

20. ●金布律曰：黔首賣馬牛勿獻（讞）廷，縣官其買毆

(也),與和市若室,勿敢强。」買及賣馬牛、奴婢它鄉、它縣,吏爲(?)□傳書及致以歸及(?)免(?),弗爲書,官嗇夫吏主者,貲各二甲,丞、令、令史弗得,貲各一甲。其有事關外,以私馬牛羊行而欲行賣之及取傳賣它縣,縣皆爲傳,而欲徙賣它縣者,發其傳爲質。黔首賣奴卑(婢)、馬牛及買者,各出廿二錢以質市亭。皇帝其買奴卑(婢)、馬,以縣官馬牛羊貿黔首馬牛羊及買,以爲義者,以平賈(價)買之,輒予其主錢。而令虛質、毋出錢、過旬不質,貲吏主者一甲,而以不質律論。黔首自告,吏弗爲質,除。黔首其爲大隃取義,亦先以平賈(價)直之。質奴婢、馬、牛者,各質其鄉,鄉遠都市,欲徙**(缺14)**老爲占者皆聚(遷)之。舍室爲里人盜賣馬、牛、人,典、老見其盜及雖弗見或告盜,爲占質,黥爲城旦,弗見及莫告盜,贖耐,其伍、同居及一典,弗坐。賣奴卑(婢)、馬、牛者,皆以帛書質,不從令者,貲一甲。賣半馬半牛者,毋質諸鄉。　　(嶽麓肆 198-206)

二、關市律

關市,官名,見《韓非子·外儲説左上》,管理關市的税收等事務。《通鑑·周紀四》胡注認爲關市即《周禮》的司關、司市,"戰國之時合爲一官"。此處關市律係關於關市職務的法律。[1] 新出嶽麓秦簡肆《金布律》簡 121-123 中關於"官府爲作務、市受錢"的規定與睡虎地秦簡中《關市律》簡 97 的記載相近,陳松長認爲睡虎地秦簡《關市律》實際是《金布律》。[2]

1. 爲作務及官府市,受錢必輒入其錢缿中,令市者見其入,不從令者貲一甲。　　(睡簡·秦律十八種·關市律 97)

---

[1] 睡虎地秦墓竹簡整理小組編:《睡虎地秦墓竹簡》,頁 42—43。
[2] 陳松長:《睡虎地秦簡"關市律"辨證》。

2. ●關市律曰：縣官有賣買殹（也），必令令史監，不從令者，貲一甲。

(嶽麓肆 243)

三、司 空 律

司空，官名，掌管工程，因當時工程多用刑徒，後逐漸成爲主管刑徒的官名，《漢書·百官表》注引如淳云："律，司空主水及罪人。賈誼曰：'輸之司空，編之徒官。'"[1] 司空律，關於司空職務的法律。[2]

1. 官長及吏以公車牛稟其月食及公牛乘馬之稟，可殹（也）。官有金錢者自爲買脂、膠，毋（無）金錢者乃月爲言脂、膠，期踐。爲鐵攻工，以攻公大車。司空

(睡簡·秦律十八種·司空律 128-129)

2. 有辠（罪）以貲贖及有責（債）於公，以其令日問之，其弗能入及賞（償），以令日居之，日居八錢；公食者，日居六錢。居官府公食者，男子參，女子駟（四）。司

(睡簡·秦律十八種·司空律 133-134)

3. 毄（繫）城旦舂，公食當責者，石卅錢。司空

(睡簡·秦律十八種·司空律 143)

4. 城旦舂毀折瓦器、鐵器、木器，爲大車折輂（輮），輒治（笞）之。直一錢，治（笞）十；直廿錢以上，孰（熟）治（笞）之，出其器。弗輒治（笞），吏主者負其半。司空

(睡簡·秦律十八種·司空律 147-148)

5. 百姓有母及同牲（生）爲隸妾，非適（謫）罪殹（也）而欲爲冗邊五歲，毋賞（償）興日，以免一人爲庶人，許之。·

---

[1] 睡虎地秦墓竹簡整理小組編：《睡虎地秦墓竹簡》，頁 48。
[2] 睡虎地秦墓竹簡整理小組編：《睡虎地秦墓竹簡》，頁 49。

或贖䙴（遷），欲入錢者，日八錢。司空

(睡簡·秦律十八種·司空律 151 - 152)

6. ●司空律曰：有辠以貲贖及有責（債）於縣官，以其令日問之，其弗能入及償，以令日居之，日居八【錢】，食縣官者日居六錢，居官府食縣官者男子參（叁），女子駟（四）；當居弗居者貲官嗇夫、吏各一甲，丞、令、令【史】各一盾。

(嶽麓肆 257 - 258)

四、效　律

《效律》詳細規定了核驗縣和都官物資賬目的一系列制度。對於在軍事上有重要意義的物品，如兵器、鎧甲和皮革等，規定尤爲詳盡。特別是對於度量衡器，律文明確規定了誤差的限度，這是貫徹統一度量衡政策的法律保證，對鞏固封建國家的經濟有很重要的作用。[1]

1. 爲都官及縣效律：其有贏、不備，物直之，以其賈（價）多者辠（罪）之，勿贏（累）。　　　　　　（睡簡·效律 1）

2. 斗不正，半升以上，貲一甲；不盈半升到少半升，貲一盾。半石不正，八兩以上；鈞不正，四兩以上；斤不正，三朱（銖）以上；半斗不正，少半升以上；參不正，六分升一以上；升不正，廿分升一以上；黃金衡贏（纍）不正，半朱（銖）【以】上，貲各一盾。　　　　　　（睡簡·效律 5 - 7）

3. 數而贏、不備，直百一十錢以到二百廿錢，誶官嗇夫；過二百廿錢以到千一百錢，貲嗇夫一盾；過千一百錢以到二千二百錢，貲官嗇夫一甲；過二千二百錢以上，貲官嗇夫二甲。

(睡簡·效律 8 - 10)

---

[1] 睡虎地秦墓竹簡整理小組編：《睡虎地秦墓竹簡》，頁69。

4. 縣料而不備者，欽書其縣料殹（也）之數。縣料而不備其見（現）數五分一以上，直其賈（價），其貲、諄如數者然。十分一以到不盈五分一，直過二百廿錢以到千一百錢，諄官嗇夫；過千一百錢以到二千二百錢，貲官嗇夫一盾；過二千二百錢以上，貲官嗇夫一甲。百分一以到不盈十分一，直過千一百錢以到二千二百錢，諄官嗇夫；過二千二百錢以上，貲官嗇夫一盾。

（睡簡·效律 11-16）

5. 計校相繆（謬）殹（也），自二百廿錢以下，諄官嗇夫；過二百廿錢以到二千二百錢，貲一盾；過二千二百錢以上，貲一甲。人户、馬牛一，貲一盾；自二以上，貲一甲。

（睡簡·效律 56-57）

6. 計脱實及出實多於律程，及不當出而出之，直其賈（價），不盈廿二錢，除；廿二錢以到六百六十錢，貲官嗇夫一盾；過六百六十錢以上，貲官嗇夫一甲，而復責其出殹（也）。人户、馬牛一以上爲大誤。誤自重殹（也），減辠（罪）一等。

（睡簡·效律 58-60）

五、法律答問

《法律答問》，多采用問答形式，對秦律的一些條文、術語以及律文的意圖作出明確解釋。[1] 學者關於《法律答問》的性質有不同的認識。[2]

1. "害盜別徼而盜，駕（加）辠（罪）之。"·可（何）謂"駕（加）辠（罪）"？·五人盜，臧（贓）一錢以上，斬左止，有（又）黥以爲城旦；不盈五人，盜過六百六十錢，黥劓（劓）

---

[1] 睡虎地秦墓竹簡整理小組編：《睡虎地秦墓竹簡》，頁93。
[2] 相關内容可參看陳偉主編：《秦簡牘合集·釋文注釋修訂本（壹）》，頁179—180。

以爲城旦；不盈六百六十到二百廿錢，黥爲城旦；不盈二百廿以下到一錢，罷（遷）之。求盜比此。（睡簡・法律答問1-2）

2. 人臣甲謀遣人妾乙盜主牛，買（賣），把錢偕邦亡，出徼，得，論各可（何）殹（也）？當城旦舂黥之，各畀主。
（睡簡・法律答問5）

3. 或盜采人桑葉，臧（贓）不盈一錢，可（何）論？貲繇（徭）三旬。（睡簡・法律答問7）

4. 司寇盜百一十錢，先自告，可（何）論？當耐爲隸臣，或曰貲二甲。（睡簡・法律答問8）

5. 甲盜，臧（贓）直千錢，乙智（知）其盜，受分臧（贓）不盈一錢，問乙可（何）論？同論。（睡簡・法律答問9）

6. 甲盜不盈一錢，行乙室，乙弗覺，問乙論可（何）殹（也）？毋論。其見智（知）之而弗捕，當貲一盾。
（睡簡・法律答問10）

7. 甲盜錢以買絲，寄乙，乙受，弗智（知）盜，乙論可（何）殹（也）？毋論。（睡簡・法律答問11）

8. 工盜以出，臧（贓）不盈一錢，其曹人當治（笞）不當？不當治（笞）。（睡簡・法律答問13）

9. 夫盜千錢，妻所匿三百，可（何）以論妻？妻智（知）夫盜而匿之，當以三百論爲盜；不智（知），爲收。
（睡簡・法律答問14）

10. 夫盜三百錢，告妻，妻與共飲食之，可（何）以論妻？非前謀殹（也），當爲收；其前謀，同皋（罪）。夫盜二百錢，妻所匿百一十，可（何）以論妻？妻智（知）夫盜，以百一十爲盜；弗智（知），爲守臧（贓）。（睡簡・法律答問15-16）

11. 削（宵）盜，臧（贓）直百一十，其妻、子智（知），與食肉，當同皋（罪）。（睡簡・法律答問17）

12. 削（宵）盜，臧（贓）直百五十，告甲，甲與其妻、子智（知），共食肉，甲妻、子與甲同辠（罪）。

（睡簡·法律答問 18）

13. "盜盜人，買（賣）所盜，以買它物，皆畀其主。"今盜盜甲衣，買（賣），以買布衣而得，當以衣及布畀不當？當以布及其它所買畀甲，衣不當。　　（睡簡·法律答問 23－24）

14. "公祠未闋，盜其具，當貲以下耐爲隸臣。"今或益〈盜〉一腎，益〈盜〉一腎臧（贓）不盈一錢，可（何）論？祠固用心腎及它支（肢）物，皆各爲一【具】，一【具】之臧（贓）不盈一錢，盜之當耐。或直廿錢，而祓盜之，不盡一具，及盜不直（置）者，以律論。　　（睡簡·法律答問 25－26）

15. 士五（伍）甲盜一羊，羊頸有索，索直一錢，問可（何）論？甲意所盜羊殹（也），而索係羊，甲即牽羊去，議不爲過羊。　　（睡簡·法律答問 29）

16. "府中公金錢私貣（貸）用之，與盜同灋（法）。"·可（何）謂"府中"？·唯縣少內爲"府中"，其它不爲。

（睡簡·法律答問 32）

17. 士五（伍）甲盜，以得時直臧（贓），臧（贓）直過六百六十，吏弗直，其獄鞫乃直臧（贓），臧（贓）直百一十，以論耐，問甲及吏可（何）論？甲當黥爲城旦；吏爲失刑辠（罪），或端爲，爲不直。　　（睡簡·法律答問 33－34）

18. 士五（伍）甲盜，以得時直臧（贓），臧（贓）直百一十，吏弗直，獄鞫乃直臧（贓），臧（贓）直過六百六十，黥甲爲城旦，問甲及吏可（何）論？甲當耐爲隸臣，吏爲失刑辠（罪）。甲有辠（罪），吏智（知）而端重若輕之，論可（何）殹（也）？爲不直。　　（睡簡·法律答問 35－36）

19. 或以赦前盜千錢，赦後盡用之而得，論可（何）殹（也）。毋論。　　（睡簡·法律答問 37）

20. 告人盜百一十，問盜百，告者可（何）論？當貲二甲。

盗百，即端盗駕（加）十錢，問告者可（何）論？當貲一盾。貲一盾應律，雖然，廷行事以不審論，貲二甲。

(睡簡·法律答問 38-39)

21. 告人盗千錢，問盗六百七十，告者可（何）論？毋論。

(睡簡·法律答問 40)

22. 誣人盗千錢，問盗六百七十，誣者可（何）論？毋論。

(睡簡·法律答問 41)

23. 甲告乙盗直百一十，問乙盗卅，甲誣駕（加）乙五十，其卅不審，問甲當論不當？廷行事貲二甲。 (睡簡·法律答問 42)

24. 當貲盾，沒錢五千而失之，可（何）論？當譖。

(睡簡·法律答問 48)

25. 誣人盗直廿，未斷，有（又）有它盗，直百，乃後覺，當並臧（贓）以論，且行真辠（罪）、有（又）以誣人論？當貲二甲一盾。 (睡簡·法律答問 49)

26. 甲謀遣乙盗殺人，受分十錢，問乙高未盈六尺，甲可（何）論？當磔。 (睡簡·法律答問 67)

27. "邦客與主人鬪，以兵刃、投（殳）梃、拳指傷人，臀以布。"可（何）謂"臀"？臀布入公，如貲布，入齋錢如律。

(睡簡·法律答問 90)

28. 小畜生入人室，室人以投（殳）梃伐殺之，所殺直二百五十錢，可（何）論？當貲二甲。 (睡簡·法律答問 92)

29. "隸臣將城旦，亡之，完爲城旦，收其外妻、子。子小未可別，令從母爲收。" ·可（何）謂"從母爲收"？人固買（賣），子小不可別，弗買（賣）子母謂殹（也）。

(睡簡·法律答問 116)

30. "捕亡，亡人操錢，捕得取錢。"所捕耐辠（罪）以上得取。

(睡簡·法律答問 130)

31. 甲告乙賊傷人，問乙賊殺人，非傷殹（也），甲當購，

購幾可（何）？當購二兩。　　　　　　　　　　（睡簡·法律答問 134）

32. 捕亡完城旦，購幾可（何）？當購二兩。
　　　　　　　　　　　　　　　　　　　　　　（睡簡·法律答問 135）

33. 夫、妻、子五人共盜，皆當刑城旦，今中〈甲〉盡捕告之，問甲當購○幾可（何）？人購二兩。（睡簡·法律答問 136）

34. 夫、妻、子十人共盜，當刑城旦，亡，今甲捕得其八人，問甲當購幾可（何）？當購人二兩。（睡簡·法律答問 137）

35. 或捕告人奴妾盜百一十錢，問主購之且公購？公購之之。
　　　　　　　　　　　　　　　　　　　　　　（睡簡·法律答問 141）

36. 有稟叔（菽）、麥，當出未出，即出禾以當叔（菽）、麥，叔（菽）、麥賈（價）賤禾貴，其論可（何）殹（也）？當貲一甲。會赦未論，有（又）亡，赦期已盡六月而得，當耐。
　　　　　　　　　　　　　　　　　　　　　　（睡簡·法律答問 153）

37. 邦亡來通錢過萬，已復，後來盜而得，可（何）以論之？以通錢。　　　　　　　　　　　　　　（睡簡·法律答問 181）

38. 智（知）人通錢而爲臧（藏），其主已取錢，人後告臧（藏）者，臧（藏）者論不論？不論論。（睡簡·法律答問 182）

39. 甲誣乙通一錢黥城旦罪，問甲同居、典、老當論不當？不當。　　　　　　　　　　　　　　　　（睡簡·法律答問 183）

40. 可（何）謂"臧（贓）人"？"臧（贓）人"者，甲把其衣錢匿臧（藏）乙室，即告亡，欲令乙爲盜之，而實弗盜之謂殹（也）。　　　　　　　　　　　　　　（睡簡·法律答問 205）

41. "貣（貸）人贏律及介人。"·可（何）謂"介人"？不當貣（貸），貣（貸）之，是謂"介人"。（睡簡·法律答問 206）

42. 可（何）如爲"大誤"？人户、馬牛及者（諸）貨材（財）直過六百六十錢爲"大誤"，其它爲小。
　　　　　　　　　　　　　　　　　　　　　　（睡簡·法律答問 209）

六、法律文書

此類簡文在睡虎地秦簡中被稱爲"封診式"。《治獄》和《訊獄》是對官吏審理案件的要求。其餘各條都是對案件進行調查、檢驗、審訊等程序的文書程式，其中包括了各類案例，以供有關官吏學習，並在處理案件時參照執行。[1]

（一）爰書

爰書，《漢書·張湯傳》注："爰，換也，以文書代替其口辭也。"王先謙《補注》："傳爰書者，傳因辭而著之文書。"但簡文中的爰書意義較爲廣泛，包括司法案件的供辭、記錄、報告書等。[2] 關於"爰書"的性質，學者已有不同的觀點。[3]

1. □□□爰書：某里公士甲自告曰："以五月晦與同里士五（伍）丙盜某里士五（伍）丁千錢，毋（無）它坐，來自告，告丙。"即令【令】史某往執丙。（睡簡·封診式·盜自告15－16）

2.【爰】書：某里士五（伍）甲、乙縛詣男子丙、丁及新錢百一十錢、容（鎔）二合，告曰："丙盜鑄此錢，丁佐鑄。甲、乙捕索（索）其室而得此錢、容（鎔），來詣之。"

（睡簡·封診式·盜自告19－20）

3. 爰書：……丁辭曰："士五（伍），居某里。此首某里士五（伍）戊殹（也），與丁以某時與某里士五（伍）己、庚、辛，強攻羣盜某里公士某室，盜錢萬，去亡。己等已前得。丁與戊去亡，流行毋（無）所主舍。自晝居某山，甲等而捕丁戊，戊射乙，而伐殺收首。皆毋（無）它坐皋（罪）。"（睡簡·封診式·羣盜28－30）

---

[1] 睡虎地秦墓竹簡整理小組編：《睡虎地秦墓竹簡》，頁147。
[2] 睡虎地秦墓竹簡整理小組編：《睡虎地秦墓竹簡》，頁148。
[3] 相關內容可參看陳偉主編：《秦簡牘合集·釋文注釋修訂本（壹）》，頁265—266。

4. 爰書：某里士五（伍）甲縛詣男子丙，告曰："丙，甲臣，橋（驕）悍，不田作，不聽甲令。謁賣（賣）公，斬以爲城旦，受賈錢。"·訊丙，辭曰："甲臣，誠悍，不聽甲。甲未賞（嘗）身免丙。丙毋（無）病毆（也），毋（無）它坐皋（罪）。"令令史某診丙，不病。·令少內某、佐某以市正賈（價）賈丙丞某前，丙中人，賈（價）若干錢。　（睡簡·封診式·告臣 37－39）

5. 卅五年七月戊子朔己酉，都鄉守沈爰書：高里士五（伍）廣自言：謁以大奴良、完，小奴嚋、饒，大婢闌、願、多、□，禾稼、衣器、錢六萬，盡以予子大女子陽里胡，凡十一物，同券齒。典弘占。　　　　　　　　　　　　　（里耶壹 8－1554）

6. 卅一年后九月庚辰朔戊子，司空色爰書：吏以卒戍上造涪陵亭橋　難有貲錢千三百卌四，貧不能入，以約居，積二百廿四日，食縣官，日除六錢。　　　　　　（里耶貳 9－630+9－815）

（二）鞠

鞠（音拘），審訊問罪，《尚書·吕刑》正義："漢世問罪謂之鞠。"[1]

7. 廿六年八月丙子，遷陵拔、守丞敦狐詣訊殷夗等，辯（辭）各如前。

鞠之：成吏、閒、起贅、平私令殷夗、嘉出庸（傭），賈（價）三百，受米一石，臧（贓）直百卌，得。成吏亡，嘉死，審。　　　　　　　　　　　　　（里耶壹 8－1743+8－2015）

8. 鞠：船亡盜，媼臧（贓）直二百一十錢□☒

（里耶貳 9－1429）

（三）爲獄等狀四種[2]

《爲獄等狀四種》見於嶽麓秦簡叁，以秦王政時代的司法文書爲

---

[1] 睡虎地秦墓竹簡整理小組編：《睡虎地秦墓竹簡》，頁 101。
[2] 本小節的釋文參看（德）陶安：《嶽麓秦簡〈爲獄等狀四種〉釋文注釋》。

主要内容，按其材質、書寫體裁等分爲四類。第一類是奏讞文書，包括《癸、瑣相移謀購案》《尸等捕盜疑購案》《猩、敞知盜分贓案》《芮盜賣公列地案》《多小未能與謀案》《暨過誤失坐官案》《識劫婉案》。第二類內容分兩種，一種是縣級長官爲破案立功的獄史或令史以"敢言"形式寫的一對推薦文書，附以詳細的偵查記錄，包括《妘刑殺人等案》《同、顯盜殺人案》；另一種是郡府以"謂"的形式命令縣來處理經過郡覆審的乞鞠案件，包括《魏盜殺安、宜等案》《得之強與棄妻奸案》《田與市和奸案》《善等作所案》。第三類與第一類相同，爲狹義的奏讞案件，包括《學爲僞書案》。第四類案情與張家山漢簡《奏讞書》案例十八相似，包括《綰等畏耎還走案》。[1]

9.《癸、瑣相移謀購案》

癸等詣州陵，盡鼠（予）瑣等【死】辠（罪）購。瑣等利得死辠（罪）購，聽請相移。癸等券付死辠（罪）購，先以私錢【二千】鼠（予）瑣等，以爲購錢數。得公購，備鼠（予）瑣等。行弗詣告，皆謀分購。未致購，得。（中略）利癸等約死辠（罪）購，聽請，券付死辠（罪）購，先受錢二千。未受公購錢，得。沛等不智（知）瑣等弗詣、相移受錢。（中略）·診、問：死辠（罪）購四萬三百廿；羣盜盜殺人購八【萬六百卅（四十）錢……】□。它如告、辥（辭）。治等別【論】☐·鞠之：癸、行、柳、轎、沃，羣盜治等盜殺人，癸等追，瑣、渠、樂、得、潘、沛巳（已）共捕。沛等令瑣等詣，約分購，未詣。癸等智（知）治等羣盜盜殺人，利得其購，給瑣等約死辠（罪）購。瑣等弗能告，利得死辠（罪）購，聽請相移，給券付死辠（罪）購。先受私錢二千以爲購，得公購備。行弗告，約分購。沛等弗詣，約分購，不智（知）弗詣、相移受錢。獄未斷，未致購，得。死辠（罪）購四萬三百廿；羣盜盜殺人購八萬六百卅（四十）錢。

---

[1] 朱漢民、陳松長主編：《嶽麓書院藏秦簡（叁）》"前言"。

(中略) 癸先以私錢二千鼠（予）以爲購數。行弗詣告，皆謀分購。未致購，得。疑癸、瑣、綰等辠（罪）。　　　（嶽麓叁 3－30）

10.《尸等捕盜疑購案》

・診、問如告、辤（辭）。京州後降爲秦。爲秦之後，治、閻等乃羣盜【盜】殺傷好等。律曰：產捕羣盜一人，購金十四兩。有（又）曰：它邦人□□□盜，非吏所興，毋（無）什伍將長者捕之，購金二兩。*(中略)*・灋（讞）固有審矣。治等，審秦人殹（也），尸等當購金七兩；閻等，其荊人殹（也），尸等當購金三兩。它有令。　　　　　　　　　　（嶽麓叁 35－43）

11.《猩、敞知盜分臧案》

・【問】：達等叔冢，不與猩、敞謀，得衣器告；猩、敞受分，臧（贓）過六百六十錢。【它】如辤（辭）。・鞫之：達等叔冢，不與猩、敞謀，【得】衣器告；猩、敞受分，臧（贓）過六百六十錢。得。猩當黥城旦，敞耐鬼薪。　　（嶽麓叁 59－61）

12.《芮盜賣公列地案》

・敢灋（讞）之：江陵言：公卒芮與大夫材共蓋受棺列，吏後弗鼠（予）。芮買（賣）其分肆士五（伍）朵，地直千，蓋二百六十九錢。以論芮。*(中略)* 芮分方曰：欲即并賈（價）地、蓋千四百。方前顧（雇）芮千，巳（已）盡用錢買漁具。後念悔，恐發覺有辠（罪）。欲益賈（價）令方勿取，即枉（詀）謂方：賤！令二千。二千弗取，環（還）方錢。方曰：貴！弗取。芮毋（無）錢環（還）。居三日，朵責，與期：五日備賞（償）錢；不賞（償），朵以故賈（價）取肆。朵曰：若（諾）。即弗環（還）錢，去往［・］漁。得。它如材、更。・方曰：朵不存，買芮肆。芮後益賈（價），弗取。責錢，不得。不得居肆。芮母索後環（還）二百錢，未備八百。*(中略)* 獄史豬曰：芮、方并賈（價），豬以芮不【……。問：……費六百】*(缺 07/缺簡)* 九錢，買（賣）分四百卅五尺，直千錢。它如辤（辭）。・鞫之：

芮不得受列，擅蓋治公地，費六百九，□……地積（?）四百（三十），……四百，巳（已）受千錢，盡用。後環（還）二百。地臧（贓）直千錢。　　　　　　　　　　　（嶽麓叁 62-87）

13.《識劫婉案》

【敢讞（讞）】之：十八年八月丙戌，大女子婉自告曰：七月爲子小走馬蒹（義）占家訾（貲）。蒹（義）當□大夫建、公卒昌、士五（伍）積、喜、遺錢六萬八千三百，有券，婉匿不占吏爲訾（貲）。婉有市布肆一、舍客室一。*(中略)*・建、昌、積、喜、遺曰：故爲沛舍人。【沛】織（貸）建等錢，以市販，共分贏。市折，建負七百，昌三萬三千，積六千六百，喜二萬二千，遺六。券責建等，建等未賞（償），識欲告婉，婉即折券，不責建。它如婉。*(中略)*・問：匿訾（貲）稅及室、肆，臧（贓）直各過六百六十錢。它如辤（辭）。・鞫之：婉爲大夫沛妾。沛御婉，婉產蒹（義）、姎。沛妻危死，沛免婉爲庶人，以爲妻，有（又）產必、若。籍爲免妾。沛死，蒹（義）代爲戶後，有肆、宅。婉匿訾（貲），稅直過六百六十錢。先自告，告識劫。識爲沛隸。沛爲取（娶）妻，欲以肆、舍客室鼠（予）識。後弗鼠（予），爲買室，分馬一匹、田廿（二十）畝，異識。沛死，識後求肆、室。婉弗鼠（予），識恐謂婉：且告婉匿訾（貲）。婉以故鼠（予）肆、室。肆、室直過六百六十錢。　（嶽麓叁 108-134）

14.《䵣盜殺安、宜等案》

・問如辤（辭）。臧（贓）四百一十六錢。巳（已）論磔䵣。・䵣，晉人，材犹（尤）。端買城旦赤衣，以盜殺人。（嶽麓叁 166）

15.《田與市和奸案》

未論，市弟大夫驩、親走馬路後請貨毋智錢四千，曰：更言吏不捕田、市上。毋智【□】受錢，恐吏智（知），不敢自言。環（還）錢。它如故獄。　　　　（嶽麓叁 193-194）

16.《學爲僞書案》

廿二年八月癸卯朔辛亥，胡陽丞唐敢讞（讞）之：四月乙丑，丞
矰曰：君子子癸詣私書矰所，自謂馮將軍毋擇子，與舍人來田南陽。
毋擇【□□□叚（假）錢二】萬及（種）食胡陽，以田。……臣
老，癸與人出田，不齎錢、（種）。願（願）丞主叚（假）錢二萬
貣（貸）、食支卒歲。稼孰（熟）倍賞（償）。（嶽麓叁 210－221）

七、其 他 律

本小節整理了《廄苑律》《倉律》《秦律雜抄》《田律》和《賊
律》中關於貨幣的記錄。《田律》《廄苑律》係關於農田水利、山林
保護、牛馬制養方面的法律。[1]《倉律》，係關於糧草倉的法律。[2]
《賊律》亦見於張家山漢簡《二年律令》中，《晉書·刑法志》引張
斐《律表》："無變斬擊謂之賊。"[3]《秦律雜抄》大約是根據應用需
要從秦律中摘錄的一部分律文，有一些在摘錄時還可能對律文作了簡
括和刪節，因而較難理解。[4]

1. 其大廄、中廄、宮廄馬牛殹（也），以其筋、革、角及其
賈錢效，其人詣其官。其乘服公馬牛亡馬者而死縣，縣診而雜賈
（賣）其肉，即入其筋、革、角，及索（索）入其賈錢。錢少律
者，令其人備之而告官，官告馬牛縣出之。

（睡簡·秦律十八種·廄苑律 17－19）

2. 畜雞離倉。用犬者，畜犬期足。豬、雞之息子不用者，賈
（賣）之，別計其錢。　倉　　（睡簡·秦律十八種·倉律 63）

---

[1] 睡虎地秦墓竹簡整理小組編：《睡虎地秦墓竹簡》，頁 19。
[2] 睡虎地秦墓竹簡整理小組編：《睡虎地秦墓竹簡》，頁 25。
[3] 張家山二四七號漢墓竹簡整理小組：《張家山漢墓竹簡［二四七號墓］》（釋文修訂本）》，北京：文物出版社，2006 年，頁 16。
[4] 睡虎地秦墓竹簡整理小組編：《睡虎地秦墓竹簡》，頁 79。

3. 吏自佐、史以上負從馬、守書私卒，令市取錢焉，皆䙴（遷）。
（睡簡·秦律雜抄 10）

4. 田律曰：吏歸休，有縣官吏乘乘馬及縣官乘馬過縣，欲貧芻稾、禾、粟、米及買菽者，縣以朔日平賈（價）受錢，先爲錢及券，刻以令、丞印封，令、令史、賦主各挾一辨，月盡發刻令、丞前，以中辨券案錐（讎）錢，錢輒輸少內，皆相與靡（磨）除封印，中辨臧（藏）縣廷。（嶽麓肆 111－113）

5. 賊律曰：爲券書，少多其實，人戶、馬、牛以上，羊、犬、彘二以上及諸誤而可直者過六百六十錢，皆爲大誤；誤羊、犬、彘及直不盈六百六十以下及爲書而誤、脫字爲小誤。小誤，貲一盾；大誤，貲一甲。誤，毋（無）所害□□□□殹（也），減臯一等。（嶽麓肆 225－227）

八、類律簡

本小節的內容未直接標注"律名"，但是從其內容可以判斷與已有的秦律內容相近或相同。爲了與前文明確標注"律名"的簡文區分，稱爲"類律簡"。本小節內容爲嶽麓秦簡肆的第一、二組的簡文。根據整理者的意見，第一組（簡 1－105）是有關"亡律"的內容；第二組（簡 106－283）的內容均是秦律。[1]

1. 及諸當隸臣妾者亡，以日六錢計之，及司寇冗作及當踐更者亡，皆以其當冗作及當踐更日，日六錢計之，皆與盜同灋。不盈廿二錢者，貲一甲。其自出殹（也），減罪一等。亡日數錢過六百六十而能以錢數物告者，購金二兩，其不審，如告不審律。六百六十錢以下及不能審錢數而告以爲亡，購金一兩，其不審，完爲城旦舂到耐罪，貲二甲；貲罪，貲一甲。（嶽麓肆 17－21）

---

[1] 陳松長主編：《嶽麓書院藏秦簡（肆）》"前言"。

2. 臧不盈廿二錢，貲一甲，耐罪以下，令備前縠（繫）日。
（嶽麓肆 22）

3. 十四年七月辛丑以來，諸居貲贖責（債）未備而去亡者，坐其未備錢數，與盜同灋。其隸臣妾殹（也），有（又）以亡日臧數，與盜同灋。隸臣妾及諸當作縣道官者、僕、庸，爲它作務，其錢財當入縣 道 官而逋未入去亡者，有（又）坐逋錢財臧，與盜同灋。
（嶽麓肆 66－69）

4. 䙴（遷）者、䙴（遷）者所包有罪已論，當復詣䙴（遷）所，及罪人、收人當論而弗詣弗輸者，皆䙴（遷）之。有能捕若詗告當復詣䙴（遷）所及當輸不輸者一人，購金二兩。
（嶽麓肆 73+83）[1]

5. ☐灋，耐皋以下䙴（遷）之，其臣史殹（也），輸縣鹽，能捕若詗告犯令者，刑城旦皋以下到䙴（遷）皋一人，購金二兩。
（嶽麓肆 82）

6. 隸臣妾、城旦舂之司寇、居貲贖責（債）縠（繫）城旦舂者勿責衣食。其與城旦舂作者，衣食之如城旦舂，人奴婢縠（繫）城旦舂，貧衣食縣官，日未［備］而死者，出其衣食。縠（繫）城旦舂食縣官當責者，石卅錢。泰匠有貲贖責（債）弗能入，輒移官司空，除都會。
（嶽麓肆 269－270）

7. 徒隸縠（繫）城旦舂、居貲贖責（債）而敢爲人僕、養、守官府及視臣史事若居隱除者，坐日六錢爲盜。吏令者，耐。
（嶽麓肆 271－272）

九、秦令簡

從目前已經公布的内容看，秦令簡的内容主要是嶽麓肆的第三

---

[1] 朱紅林：《〈嶽麓秦簡（肆）〉疏證》，頁 74。

組，嶽麓伍、嶽麓陸和嶽麓柒的第一、二組。[1]

1. 制詔丞相御史：兵事畢矣，諸當得購賞賚責者，令縣皆亟予之。令到縣，縣各盡以見（現）錢，不禁者，勿令巨皋。令縣皆亟予之。■丞相御史請：令到縣，縣各盡以見錢不禁者亟予之，不足，各請其屬所執灋，執灋調均；不足，乃請御史，請以禁錢貸之，以所貸多少爲償，久易（易）期，有錢弗予，過一金，貲二甲。■內史郡二千石官共令。　　　　　　　（嶽麓肆 308‒312）

2. 昭襄王命曰：置酒節（即）徵錢金及它物以賜人，令獻（讞），丞請出；丞獻（讞），令請出。以爲恒。●三年詔曰：復用。　　　　　　　　　　　　　　　　　　　　　（嶽麓肆 344‒345）

3. 丞相下，尉布，御史議，吏敢令後入官者出錢財酒肉，入時共分飲食及出者，皆【貲】二甲，責費。　　　　（嶽麓肆 382）

4. 能捕耐皋一人購錢二千，完城旦舂皋一人購錢三千，刑城旦舂以上之皋一人購錢四千。女子寡、有子及毋子而欲毋稼（嫁）者、許之。謹布令、令黔首盡。　　　　（嶽麓伍 6‒7）

5. 執灋、執灋丞、卒史主者，皋減焉一等，當坐者或偏捕告，其所當坐者皆相除，或能捕若訶告從人、從人屬、舍人及挾舍匿者，死皋一人若城旦舂、鬼薪白粲皋二人，購錢五千。捕城旦舂、【鬼薪白粲皋一人若罷（遷）耐皋二人】，購錢二千五百。捕罷（遷）耐皋一人，購錢千二百。　　　　（嶽麓伍 24‒26）

6. 新地吏及其舍人敢受新黔首錢財酒肉它物、及有賣買叚（假）賃貣於新黔首而故貴賦〈賤〉其賈（價），皆坐其所受及故爲貴賦〈賤〉之減（贓）、叚（假）賃費、貣息、與盜同灋。其貲買新黔首奴婢畜產及它物盈三月以上而弗予錢者坐所貲賈〈買〉錢數，亦與盜同灋。學書吏所年未盈十五歲者，不爲舍人。

---

[1] 秦令簡的相關內容可參看陳安然：《嶽麓秦簡"令"集釋》。

有能捕犯令者城旦舂一人，購金四兩。捕耐皁一人，購金一兩。

（嶽麓伍 39－42）

7. 它隱除犯令者，坐曰六錢爲盗，盗比隸臣不守其所葆職。吏令者，以請寄人灋論之。　　　　　　　　　　（嶽麓伍 91）

8. 工隸臣妾及工當隸臣妾者亡，以六十錢計之，與盗同灋，其自出殹（也），減皁一等。　　　　　　　　　（嶽麓伍 92）

9. 令曰：吏及黔首有貲贖萬錢以下而謁解爵一級以除，【及】當爲疾死、死事者爲後，謁毋受爵，以除貲贖，皆許之。其所除貲贖、[皆許之其所除貲贖]過萬錢而謁益【解】爵/【毋受爵者、亦許之。一級除貲贖毋過萬】錢，其皆謁以除親及它人及并自爲除、毋過三人。貲贖不盈萬錢以下，亦皆【許之。其年過卅五以上者，不得解】爵、毋受爵、毋免以除它人。　　（嶽麓伍 138－141）

10. 能捕以城邑反及智（知）而舍者一人、（拜）爵二級、賜錢五萬。詗吏、吏捕得之、購錢五萬。諸已反及與吏卒戰而

（嶽麓伍 173）

11. 受爵者毋過大夫，所□雖多□□□□□□□□□□及不欲受爵，予購級萬錢，當賜者，有（又）行其賜。

（嶽麓伍 174－175）

12. 【人】貲各二甲，鄉嗇夫及令、丞、尉貲各一甲，而免鄉嗇夫。或能捕死皁一人，購金七兩。　　（嶽麓伍 195）

13. 禁毋敢爲旁錢，爲旁【錢】者，貲二甲而廢。縣官可以爲作【務產錢者，免，爲上計如】律。徒隸輓稟以輓日之庸（傭）吏（事）收錢爲取就（僦），不爲旁錢。　　（嶽麓伍 210－211）

14. ☐鹽皁一人，購金一兩。其所署書能捕若詗告之，購如它人捕詗者。

（嶽麓伍 227）

15. 自今以來，治獄以所治之故，受人財及有賣買焉而故少及多其賈（價），雖毋枉殹（也），以所受財及其貴賤賈（價），與【盗】【同】灋。叚（假）貪賤〈錢〉金它物其所治・所治之

親所智（知）……叚（假）賃費貸賤〈錢〉金它物其息之數，與盜同灋。叚（假）貸錢金它物其所治、所治之室人、室【人】父母妻子同産，雖毋枉殹（也），以所叚（假）賃費貸錢金它物其息之數，與盜【同】灋。吏治獄，其同居或以獄事故受人財及有賣買焉故少及多其賈（價），以告治者，治【者】弗【言吏、受者/治】者以所受財及其貴賤賈（價），與盜同灋。叚（假）貸錢金它物，爲告治者，治【者】爲枉事，以所叚（假）賃費貸錢金它物其息之數，受者與盜同灋，不告治者，受者獨坐，與盜同灋。叚（假）貸錢金【它物】☐母妻子同産，以告治者，治者雖弗爲枉事，以所叚（假）賃費貸錢金它物其息之數，受者/治者與盜同灋，不【告】治者，受者獨坐，與盜同灋。告治者，治者即自言吏，毋辠。受者，其及〈父〉毋〈母〉殹（也），以告☐☐☐ **(缺36)(缺37)** ☐以所受財及其貴錢〈賤〉賈（價），與盜同灋。爲請，治者爲/枉事，得，皆耐。其辠重于耐者，以重者論，盜律論受者，其告治者，治者弗爲枉事，【治者】毋辠。治獄者親及所智（知）弗與同居，以獄事故受人財及有賣買焉【而故少及多其賈（價），弗爲請而謾】☐　　　　　（獄麓伍229-239）

16. 有獄者/有獄者親所智（知）以財酒肉食遺治獄者，治獄者親所智（知），弗受而告吏，以盜【律】論遺者，以臧（贓）賜告者，臧（贓）過四千錢者，購錢四千，勿予臧（贓）入縣官。　　　　　　　　　　（獄麓伍249-250）

17. 令曰：河間守言，河間以葦及蔡薪夜。議：令縣官賣葦及蔡薪，入錢縣官☐及☐☐☐☐☐。　　　　　　（獄麓伍302）

18. 令曰：吏及臣史有教女子辤（辭）上書即爲書而受錢財酒肉焉，因反易〈易〉其言、不用其請（情）實而令其☐☐☐盜、爲[言作]（詐）僞、辠完爲城旦以上、已論〈論〉輒盜戒（械）、令鄰（遴）徒/毋害吏謹將傳輸巴縣鹽、唯勿失、其耐城

旦，已論輸巴縣鹽，有能捕黥城旦舂一人，購金二兩……濃、耐
舉以下罨（遷）之，其臣史（也）、輸縣鹽、能捕若詞告犯令者、
刑城旦舂以下到罨（遷）舉一人、購金二兩。（嶽麓伍 308－312）

19. 受詔有治殹（也）及上書言事，所以爲可而賜者，聞其
縣官或即以其治事用濃律盡極中詔□賜，及諸上書言事而賜者，
其賜皆自一衣以上及賜它物，直其賜，直千錢以上者，其或有舉
罨（遷）。　　　　　　　　　　　　　　　（嶽麓伍 328－329）

20. □□有能告不自占者一人，購金一兩□　（嶽麓伍 332）

21. 捕犯令者黥城旦舂舉一人，購金四兩，罨（遷）舉一人，
購金二兩，免其婢以爲妻，有子其主所而不爲訾（貲）者勿。

（嶽麓伍 333）

22. 諸挾縣官戟、刃、弓、弩詣吏者，皆除其舉，有（又）
以平賈（價）予錢。　　　　　　　　　　　　　（嶽麓陸 10）

23. 有能捕犯令而當刑爲城旦舂者一人，購金二兩，完城旦
舂、鬼薪白粲舉一人，購金一兩。　　　　　　（嶽麓陸 40－41）

24. 諸物之有程而當入縣官者，其惡不如程而請吏入，其受
請者及所請，皆坐惡不如程者與盜同濃，臧（贓）不盈百一十錢
者，皆耐以爲司寇。　　　　　　　　　　　　（嶽麓陸 46－47）

25. 制詔丞相、御史：兵事畢矣，諸當得購賞貰責（債）者，
令縣皆亟予之。令到縣，縣各盡以見（現）錢不禁□不足，各請
其屬所執濃，執濃調均，不足，乃請御史，請以禁錢貸之，以所
貸多少爲償，久易（易）期。　　　　　　　　（嶽麓陸 68－69）

26. 禁黔首毋得買故徼外蠻夷筋角皮革，不從令者，以其所
買筋角皮革直賈（價），與盜出禁故徼關同濃。　（嶽麓陸 72）

27. 致者留八分日一到過五日□以行制書不署急而留之律論
之。贖罪以下，有（又）以其敗不可致者直錢負留者。

（嶽麓陸 123－124）

28. 受人 財 及有賣買焉而故少及多其賈（價），雖毋枉殹

（也），以所受財及其貴賦〈賤〉賈（價），與盜同灋。叚（假）、貣錢金它物其所治、所【治】之親所智（知）以☐☐以所叚（假）、賃、費、貣錢金它物其息之數，與盜同灋。叚（假）、貣錢金它物其所治之室人、所治之室人父母、妻子、同產，雖毋枉殹（也），以所叚（假）、賃、費、貣錢金它物其息之數，與盜同灋。☐事，以所叚（假）、賃、費、貣錢金它物其息之數，與盜同灋。

（獄麓陸 159－163）

29. 吏治獄，其同居或以獄事故受人財及有賣買焉而故少及多其賈（價），以告治者，治者弗言吏，受者、治者以所受財及其貴賤賈（價），與盜同灋，叚（假）、貣錢金它物爲告治者，治者爲柱〈枉〉事，以所叚（假）、賃、費、貣錢金它物，其息之數，受者、治者，與盜同灋。不告治者、受者獨坐，與盜同灋。叚（假）、貣錢金它物其同居之所治，所治之室人，室【人】父☐

（獄麓陸 166－169）

30. ☐受財及其貴賤賈（價），與☐(缺 30) ☐治者，治者弗爲柱〈枉〉事⌐，治者毋罪。治獄者親及所智（知）弗與同居，以獄事故受人財及有賣買焉而故【少】及多其賈（價），以☐

（獄麓陸 170－172）

31. 治獄受人財酒肉食，叚（假）、貣人錢金它物及有賣買焉【而故】少及多其賈（價），以其故論獄不直，不直罪重，以不直律論之。不直罪輕，以臧（贓）論之。有獄論者，有獄論者親所智（知）以獄事故以財酒肉食遺及以錢金它物叚（假）、貣治獄者，治獄者親所智（知）及有賣買焉而故少及多其賈（價），已受之而得，予者毋罪。　　（獄麓陸 173－175）

32. 自今以來，有毆詈其父母者，輒捕以律論，典智（知）弗告，罨（遷）。鄉部嗇夫智（知）弗捕論，貲二甲而廢。弗智（知），典及父母、伍人貲各二甲，鄉部嗇夫及令、丞、尉貲各一甲，捕免鄉部嗇夫。或能捕死罪一人，購金七兩。　（獄麓陸 191－193）

第三章　簡牘所見貨幣史料　213

33. 禁毋敢爲旁錢，爲旁錢者，貲二甲而廢。縣道官可以爲作婺（務）産錢者，免，爲上計如律。　　　（嶽麓陸206）

34. 徒隸輓稟以輓日出庸吏（事）收錢爲取就（僦），不爲旁。
　　　　　　　　　　　　　　　　　　　　　　（嶽麓陸207）

35. 延陵言：佐角坐縣官田殿，貲二甲，貧不能入，角擇除爲符離冗佐，謁移角貲署所，署所令先居之延陵，不求賞（償）錢以糴，有等比。　　　　　　　　　（嶽麓陸246-247）

36. 令曰：黔首冗募、羣戍卒有貲直千錢以上弗能償，令戍新地。　　　　　　　　　　　　　　　　　　（嶽麓柒18）

37. 有貲贖責（債）貧當戍者，皆以其錢數雇戍日，爲書約。如貲首、罰戍當戍者，其貧毋（無）食，令居縣貸，足以□之，□之不審，贖耐。及當戍，年六十三歲亦作之縣而令作縣者歸田如居貲。　　　　　　　　（嶽麓柒21-22）

38. 自今以來，吏及黔首有貲贖萬錢以下而謁解爵一級以除，及當爲疾死、死事者後謁毋受爵以除貲贖，皆許之。其所【除】貲贖過萬錢而謁益解爵、毋受爵者，亦許之。一級除貲贖毋過萬錢。其皆謁以除親及它人及並自爲除，毋過三人。貲贖不盈萬錢以下，亦皆許之。　　　　　　　（嶽麓柒25-27）

39. ☑士五（伍）兼貲錢拾（給）日，頼欲爲解爵，並除兼貲拾（給）日，有等比。　　　　　　　　　（嶽麓柒37）

40. 罷（遷）未行，其人及親、所智（知）能爲捕坐此物當罷（遷）者二人除其罷（遷）。其毋罷（遷）除殹（也），而能捕坐此物當罷（遷）者二人，購錢五千。（嶽麓柒51-52）

41. 南陽、南郡有能得虎者，一虎賜千錢。　　（嶽麓柒60）

42. 歲上得虎數，御史別受錢及除繇（徭）戍數。（嶽麓柒061）

43. 簀裏妻緹得虎狗一，爲緹夫除一歲繇（徭）戍，不欲除繇（徭）戍，賜五百錢。有等比焉。　　　　　（嶽麓柒62）

44. ·諸黔首繇（徭）給其行事，以其故瘒（癉），厭（壓）、隨（墮）、流 死，爲盜賊若蟲獸殺者，皆以死事爲置後。其傷折伎（肢）、朕體者，賜之各千錢。　　　　（嶽麓柒 75－76）

45. 黔首男子年十八歲以上及吏貲一甲，及責（債）自千錢及諸有貲者，各以其縣道平賈（價）物直，物直千錢以上弗能償，人而丁粦者，皆遣令戍新地，如貲首及罰戍，而爲除，日六錢，日備者輒歸之。　　　　（嶽麓柒 108－109）

第三節　秦簡牘經濟文書中的貨幣史料

里耶秦簡內容豐富，涵括户口、土地開墾、物産、田租賦税、勞役徭役、倉儲錢糧、兵甲物資、道路里程、郵驛津渡管理、奴隸買賣、刑徒管理、祭祀先農以及教育、醫藥等相關政令和文書。[1] 本節主要梳理了里耶秦簡中經濟文書中涉及的貨幣史料。[2]

一、出入錢

錢的收入和支出都是要求明確記録的。少内作爲朝廷、縣府掌管錢財的官署。錢的出入由少内負責。[3]

1. 除見錢三百六十，錢千付令佐處，未出計。

（里耶壹 6－5）

---

[1] 湖南省文物考古研究所：《里耶秦簡（壹）》"前言"，北京：文物出版社，2012 年，頁 6。

[2] 里耶秦簡的內容主要參考陳偉主編：《里耶秦簡牘校釋（第一卷）》；陳偉主編：《里耶秦簡牘校釋（第二卷）》。

[3] 王四維：《秦縣少內財政職能及其管理制度》，《史學月刊》2020 年第 11 期。

第三章　簡牘所見貨幣史料　215

2. 廿八年八月乙酉，少内守敬出錢二千六百八十八☐

（里耶壹 8－409）

3. 用錢八萬，毋見錢。府報曰取臧錢臨沅五

（里耶壹 8－560）

4. 凡出錢千三百一十☐　　　　　（里耶壹 8－597）

5. ☐☐酉陽守丞又敢告遷陵丞主：令史曰，令佐莫邪自言上造☐☐遺莫邪衣用錢五百未到。遷陵問莫邪衣用錢已到☐問之，莫邪衣用未到。　　　　　　　　　（里耶壹 8－647）

6. 錢二千一百五十二。卅五年六月戊午朔丙子，少内沈受市工用叚（假）少内内唐。　　（里耶壹 8－888+8－936+8－2202）

7. 卅年九月庚申，少内守增出錢六千七百廿，環（還）令佐朝、義、佐匽甓各一甲，史狅二甲。九月丙辰朔庚申，少内守增敢言之：上出券一。　　　　　（里耶壹 8－890+8－1583）

8. ☐☐出錢千一百五十二購隸臣于捕戍卒不從☐

（里耶壹 8－992）

9. 付郪少内金錢計錢萬六千七百九十七。（里耶壹 8－1023）

10. 錢百六十。卅五年八月丁巳朔戊寅，少内沈出以【禀】☐☐　　　　　　　　　　　　　　　（里耶壹 8－1214）

11. ☐☐四斗半斗于隸臣徐，所取錢五。（里耶壹 8－1709）

12. ☐☐于隸臣齰，所取錢十二。☐般手　（里耶壹 8－827）

13. ☐☐庭，所取錢六，衛（率）之各三。・令佐平監。

（里耶壹 8－967）

14. 卻之，廷令尉、少内各上☐☐　日備轉除以受錢而☐☐當坐者以書言☐　　　　　　　　　　（里耶壹 8－2010）

15. 錢二千六百八十八。卅四年後九月壬辰朔丁酉，司空守瘥受少内守就。　　　　　　　（里耶壹 8－838+9－68）

16. 出白布五幅帷一堵，袤五丈，糾☐☐☐平所，取錢☐，

衛（率）五☐☒ (里耶貳 9-126)

17. 出☐錢九萬七☐☒ (里耶貳 9-469)

18. ☒☐胡敢言之：出粟一斗大半斗，斗十二錢以貸冘☐已報受曰：定以付遷陵倉貪（貸），計爲 (里耶貳 9-715+9-1849)

19. 五月甲申，司空☐出錢三千一十二，已。(里耶貳 9-764)

20. 錢百卅七。卅二年六月乙巳朔甲子，成都少内☐☐☐☒ (里耶貳 9-882)

21. 元年六月辛未朔甲戌，少【内壬】受倉守説。☒　錢四千三百一十四。☒ (里耶貳 9-950+9-1262)

22. 錢二千六百八十八。☒卅四年九月癸亥朔戊寅，屏陵受☐☒ (里耶貳 9-1020)

23. 錢二千六百八十八。☒卅四年九月癸亥朔戊寅，少内守狐付☒ (里耶貳 9-1144)

24. 錢六千七百廿。☒卅四年九月癸亥朔辛巳，少内【守】☒ (里耶貳 9-1226)

25. ☒【嬰所】，取錢二百錢☒☐【手】。(里耶貳 9-1271)

26. ☒入新繭六兩以當錢 (里耶貳 9-1432)

27. 高里士五（伍）☐☐☐器取錢十八☐卅☐年二月丁未司空守☐☐☒ (里耶貳 9-1534)

28. ☒十二月入錢八十八。☒ (里耶貳 9-1537)

29. 錢二萬三千二百卅二。☒卅四年九月癸亥朔辛巳，少内守☒ (里耶貳 9-1554)

30. 錢壹 卅四年七月☐☐朔丁丑，少内☒ (里耶貳 9-1689)

31. ☐☐羣入郡縣官錢九☐☒ (里耶貳 9-1709)

32. 廿六年六月辛亥朔乙亥，少【内守不】害敢言☒錢二千二百卌四以稟徒隸夏衣。今爲出中辨券十上。敢言之。

(里耶貳 9-1872)

33. 錢二千六百八十八。卅四年九月癸亥朔辛未，少内守狐付新☐　　　　　　　　　　（里耶貳 9-1901+9-2132）

34. 卅四年十一月【丁卯朔】甲午，倉守壬、佐郊出錢千五百一十八錢，以衣大隸妾嬰等廿八人冬衣，人五十五，其二人各【卅】☐　　　　　　　　　　（里耶貳 9-1931+9-2169）

35. ☐令佐婦曰：少内受錢弗☐☐【丞】執☐弗得☐☐☐
　　　　　　　　　　　　　　　　　（里耶貳 9-2460）

二、買（賣）錢

1. ☐☐☐十七斗，斗五錢……☐☐☐等買。……
　　　　　　　　　　　　　　　　　（里耶壹 8-210）

2. 涪陵來以買鹽急，卻即道下，以券與卻，靡千錢。除少内、☐卻、道下操養錢來視。華購而出之。癃（應）多問華得毋爲事縋。華爲癃（應）問，適以前日所分養錢者以寄遺癃（應），即西陽☐☐。　　　（里耶壹 8-650+8-1462）

3. 賣二斗取美錢卅，賣三斗☐柏已取廿一，今使者八十一。
　　　　　　　　　　　　　　　　　（里耶壹 8-771）

4. 卅五年六月戊午朔己巳，庫建、佐般出賣【祠】☐衛（率）之，斗二錢。　　　　　　　　（里耶壹 8-845）

5. 卅五年六月戊午朔己巳，庫建、佐般出賣祠窖餘徹酒二斗八升于☐☐衛（率），斗二錢。令史獻監。☐　（里耶壹 8-907）

6. 卅五年六月戊午朔己巳，庫建、佐般出賣祠窖☐☐☐一朐于隸臣徐，所取錢一。令史獻監。般手。（里耶壹 8-1002+8-1091）

7. 卅五年六月戊午朔己巳，庫建、佐般出賣祠窖餘徹脯一朐于☐☐☐，所取錢一。令史獻監。般手。（里耶壹 8-1055+8-1579）

8. 卅五年十月壬辰朔乙酉，少内守履出黔首所得虎肉二斗，賣于更戍士五（伍）城父□里場所，取錢卌。衡（率）之，斗廿錢。令史就視平。雠手。

（里耶貳 9‒56+9‒1209+9‒1245+9‒1928+9‒1973）

9. 卅五年十月壬戌朔乙酉，少內府履出黔首所得虎……妾遷所，取錢廿一。衡（率）之，斗廿錢半錢。令史就視平。□

（里耶貳 9‒186+9‒1215+9‒1295+9‒1999）

10. □□，苐（第）丁，肉一賣于隸臣歲所，取錢卅三，入。□□令史上監。□　　　　　　　　　（里耶貳 9‒597）

11. 錢少，不□以買羽備賦□　　（里耶貳 9‒992）

12. 廿九年少內□買徒隸用錢三萬三千□□少內根、佐之主。□

（里耶貳 9‒1406）

13. 出廿七，買履一兩□出十，令長□出廿，買□在史信所。□　□□魚在史信所。□　□三百卌一。□狐錢一千一百五十二。□予端三百卌【錢】。□　　　　　　　（里耶貳 9‒1447）

14. 臣昧死言：臣竊聞黔首擇錢甚，而縣□問其故，賈人買惡錢以易＜易＞縣官□□　（里耶貳 9‒1942+9‒2299）

15. 衡（率）之，頭二錢，足四□　　（里耶貳 9‒3331）

三、貲贖債錢

貲，有罪被罰款或被罰物者。贖，犯法而按律被判爲"贖"一類罪罰者。債，因種種原因損壞公物、虧欠公款或借貸官府公債者。[1]

1. 十二月戊寅，都府守胥敢言之：遷陵丞膻曰：少內巸言冗佐公士櫟道西里亭貲三甲，爲錢四千卌二。自言家能入。爲校□□□謁告櫟道受責。有追，追曰計廿八年□責亭妻胥亡。胥亡

---

[1] 張金光：《秦制研究》，上海：上海古籍出版社，2004 年，頁 553。

曰：貧，弗能入。謁令亭居署所。

（里耶壹 8－60＋8－656＋8－665＋8－748）

2. 士五（伍）巫倉溲產尸貲錢二千二百五十二。卅一年四月甲申，洞庭縣官受巫司空渠良。　（里耶壹 8－793＋8－1547）

3. 士五（伍）巫南就曰路娶貲錢二千六百☐卅一年四月丙戌，洞庭縣官受巫☐　　　　　　（里耶壹 8－1083）

4. 吏貧當展約。☐　☐六錢　　　　　（里耶壹 8－2037）

5. 卅三年四月辛丑朔丙午，司空騰敢言之：陽陵宜居士五（伍）毋死有貲餘錢八千六十四。毋死戍洞庭郡，不智（知）何縣署。·今爲錢校券一上，謁言洞庭尉，令毋死署所縣責，以受陽陵司空——司空不名計。　　　　　　　　（里耶貳 9－1）

6. 卅三年三月辛未朔戊戌，司空騰敢言之：陽陵仁陽士五（伍）不猌有貲錢八百卅六。不猌戍洞庭郡，不智（知）何縣署。·今爲錢校券一上，謁言洞庭尉，令不猌署所縣責，以受陽陵司空——司空不名計。　　　　　　　　（里耶貳 9－2）

7. 卅三年三月辛未朔戊戌，司空騰敢言之：陽陵下里士五（伍）不識有貲余錢千七百廿八。不識戍洞庭郡，不智（知）何縣署。今爲錢校券一上，謁言洞庭尉，今署所縣責，以受陽陵司空——司空不名計。　　　　　　　　（里耶貳 9－3）

8. 卅三年四月辛丑朔丙午，司空騰敢言之：陽陵孝里士五（伍）衷有貲錢千三百卌四。衷戍洞庭郡，不智（知）何縣署。·今爲錢校券一上，謁言洞庭尉，令衷署所縣責，以受陽陵司空——司空不名計。　　　　　　　　（里耶貳 9－4）

9. 卅三年四月辛丑朔丙午，司空騰敢言之：陽陵下里士五（伍）鹽有貲錢三百八十四。鹽戍洞庭郡，不智何（知）縣署。·今爲錢校券一上，謁言洞庭尉，令鹽署所縣責，以受陽陵司空——司空不名計。　　　　　　　　（里耶貳 9－5）

10. 卅三年四月辛丑朔戊申，司空騰敢言之：陽陵禔陽上造徐有赀钱二千六百八十八。徐戍洞庭郡，不智（知）何县署。今为钱券一上，谒言洞庭尉，令署所县责，以受阳陵司空——司空不名计。
（里耶贰9-6）

11. 卅三年四月辛丑朔戊申，司空腾敢言之：阳陵禔阳士五（伍）小㺇有赀钱万一千二百七十一。㺇戍洞庭郡，不智（知）何县署。·今为钱校券一上，谒言洞庭尉，令申署所县责，以受阳陵司空——司空不名计。
（里耶贰9-7）

12. 卅三年四月辛丑朔丙午，司空腾敢言之：阳陵逆都士五（伍）越人有赀钱千三百卌四。越人戍洞庭郡，不智（知）何县署。·今为钱校券一上，谒令洞庭尉，令越人署所县责，以受阳陵司空——司空不名计。
（里耶贰9-8）

13. 卅三年三月辛未朔戊戌，司空腾敢言之：阳陵仁阳士五（伍）䫵有赎钱七千六百八十。䫵戍洞庭郡，不智（知）何县署。·今为钱校券一上，谒言洞庭尉，令䫵署所县受责，以受阳陵司空——司空不名计。
（里耶贰9-9）

14. 卅三年四月辛丑朔丙午，司空腾敢言之：阳陵叔作士五（伍）胜白有赀钱千三百卌。四胜白戍洞庭郡，不智（知）何县署。·今为钱校券一上，谒言洞庭尉，令胜白署所县责，以受阳陵司空——司空不名计。
（里耶贰9-10）

15. 卅三年三月辛未朔丁酉，司空腾敢言之：阳陵谿里士五（伍）采有赀余钱八百五十二。不采戍洞庭郡，不智（知）何县署。·今为钱校券一上，谒洞庭尉，令署所县责，以受阳陵司空——司空不名计。
（里耶贰9-11）

16. 卅三年四月辛丑朔丙午，司空腾敢言之：阳陵聱里公卒广有赀钱千三百卌四。广戍洞庭郡，不智（知）何县署。今为钱校券一上，谒言洞庭尉，令广署所县责，以受阳陵司空——司空不名计。
（里耶贰9-12）

17. 入尉史黚赀钱七百七十六。元年八月【庚】午丁亥，少

内守☐、佐訢受。　　　　　　　　　（里耶貳 9-91+9-2033）

18. 令佐贛入賞錢七百七十六。元年八月庚午☐

（里耶貳 9-119）

19. 賞錢四千二百廿四。☐　　　　（里耶貳 9-321）

20.【元】年八月庚午朔戊戌，少内壬入陽里寡婦孌賞錢☐今佐贛監。　　　　　　　　　　　（里耶貳 9-720）

21. ☐守☐☐敢言之：遷陵丞☐☐☐里☐有責錢二千三百。

（里耶貳 9-2213）

四、直[1]　　錢

1. 廿六年三月壬午朔癸卯，左公田丁敢言之：佐州里煩故爲公田吏，徙屬。事荅不備，分負各十五石少半斗，直錢三百一十四。煩冗佐署遷陵。今上責校券二，謁告遷陵令官計者定，以錢三百一十四受旬陽左公田錢計，問可（何）計付，署計年爲報。

（里耶壹 8-63）

2. ☐不備，直錢四百九十。少内段、佐卻分負各二百卌五。

（里耶壹 8-785）

3. 卅一年十月乙酉朔朔日，貳春鄉守☐大奴一人直錢四千三百☐小奴一人直錢二千五百☐・凡直錢六千八百。☐

（里耶壹 8-1287）

4. ☐……☐直錢三千六百。　　　　（里耶貳 9-139）

5. 卅四年十一月丁卯朔甲午，倉守壬、佐卻出襦【袍四、絝】……☐隸妾欬等四人。袍一直十五，絝一直七。三人錢各卌，一人卌八。　　　　　　　（里耶貳 9-495+9-498）

---

[1] 關於"直錢"的討論可參看第五章第三節内容。

6. ☒五效不備，直錢卌。少內守欣、佐利分負，各廿。

（里耶貳 9－505）

7. ……産子十，直七☒　費五千四百錢☒

（里耶貳 9－1359）

8. ☒利責券，效不備木梯一，直錢三。殷、利分負。

（里耶貳 9－1727+9－2408）

9. ……☒十二。衛（率）之，四直七錢，其四☒☒六☒。

（里耶貳 9－2501）

五、稅　錢

1. ☒十一月户芻錢三【百】☒　　　　（里耶壹 8－559）

2. 户芻錢六十四。卅五年。☒　　　　（里耶壹 8－1165）

3. 租錢百廿☒　　　　　　　　　　　（里耶壹 8－1180）

4. 都鄉黔首田啓陵界中，一頃卌一畝，錢八十五。都鄉黔首田貳【春界中者，二頃卌七畝，錢百卌九。】·未入者十五☒

（里耶貳 9－543+9－570+9－835）

5. 田芻稟錢千一百卌四。元年二月癸酉朔辛巳，少內守疵受右田守☒。令佐丁監。　　　　（里耶貳 9－743）

6. 連多問商柏得毋恙☒連敢謁之柏：連言☒　芻錢其中矣。

（里耶貳 9－1899）

7. ☒☒芻錢☒☒☒☒☒予☒贛手。　　（里耶貳 9－2264）

六、其他錢

1. 皆當爲禁錢☒☒　　　　　　　　　（里耶壹 8－13）

2. 日得五錢三百五十☒☒　　　　　　（里耶壹 8－350）

3. 錢四萬九千四百六十九☐　　　　　　（里耶壹 8-818）
4. 錢二千六百八十八。☐卅四年後九月壬辰朔丁酉，☐☐
　　　　　　　　　　　　　　　　　　（里耶壹 8-838）
5. ☐隸。錢八。☐令佐歊監。　☐　　　（里耶壹 8-917）
6. 錢二千七百。卅三年八月己亥朔丙寅，僞☐
　　　　　　　　　　　　　　　　　　（里耶壹 8-1263）
7. 錢萬八千三百六十四。☐三百☐☐☐……　卅三年……
　　　　　　　　　　　　　　　　　　（里耶壹 8-1801）
8. 錢四萬九千四百六十九。卅五☐　　　（里耶壹 8-1814）
9. 錢二千一百五十二。卅☐　　　　　　（里耶壹 8-2202）
10. 元年少內金錢日治筍。　　　　　　（里耶貳 9-27）
11. ☐辛亥朔庚申，少☐☐亡衣餘錢廿三☐（里耶貳 9-34）
12. 七百七十六錢。　　　　　　　　　　（里耶貳 9-67）
13. 錢二千一百一十二。廿九☐　　　　　（里耶貳 9-308）
14. ☐錢二百九十八。☐訢手。　　　　　（里耶貳 9-583）
15. 令史☐自言：爲遷陵吏，去家過千里，當以令益【僕】錢……屯它郡縣，盡歲不來……　　　　（里耶貳 9-600）
16. 卅一年十二月甲申朔朔日，田龜敢言之：泰守書曰：爲作務產錢自給。今田未有作務產☐徒，謁令倉、司空遣☐☐田。敢言之。　　　　　　　　　　　　　　（里耶貳 9-710）
17. 餘錢八百九十八錢泰半☐　　　　　　（里耶貳 9-788）
18. 錢四☐二☐一十☐☐　　　　　　　　（里耶貳 9-952）
19. 以亡錢論，負狅☐☐　　　　　　　　（里耶貳 9-990）
20. ☐恬敢謁義=季……爲恬稟嘉平錢，以遺☐
　　　　　　　　　　　　（里耶貳 9-1081+9-1414）
21. 凡錢七百九☐　　　　　　　　　　　（里耶貳 9-1179）
22. 【遷】陵粱粟石八十三錢☐　　　　　（里耶貳 9-1258）

23. ☐□毋錢☐　　　　　　　　　　　　（里耶貳 9 - 1464）

24. ☐□私錢廿到☐　　　　　　　　　（里耶貳 9 - 1470）

25. 錢五十五。卅四年九月癸亥☐　　（里耶貳 9 - 1598）

26. ☐養順錢卅三　　　　　　　　　　（里耶貳 9 - 1648）

27. ☐官毋□者錢十☐　　　　　　　（里耶貳 9 - 1880 背）

28. 千七百六十四錢□☐　　　　　　（里耶貳 9 - 2257）

29. 錢千。　　　　　　　　　　　　　（里耶貳 9 - 3422）

七、價[1]

1. 卅五年十一月辛卯朔朔日，都鄉守擇敢言之：上十一月平賈（價），謁布鄉官。敢言之。啓手。十一月辛卯朔己酉，遷陵守丞繹下尉、鄉官：以律令從事。以次傳，別書。就手。十一月己酉旦，守府印行尉。十一月辛卯，都鄉守擇與令史就雜取市賈（價）平。秫米石廿五錢。粱（粱）米石廿錢。

（里耶貳 9 - 1088+9 - 1090+9 - 1113）

2. ☐【陵】卅年十月盡八月市平賈（價）：叔（菽）斗三。·☐麥斗二。☐　　　　　　　　　　　（里耶貳 9 - 1185）

八、傭作文書

"傭作文書"是記錄僱傭勞作及支取工錢的記錄。整理者指出此部分文書的筆迹與同出卷三《算書》之後書寫的錢糧記賬文字相同，最有可能出自簡牘使用者亦即墓主人的親筆。[2] 因此，此文書内容

---

[1] 關於"價"的討論可參看第五章第三節。

[2] 北京大學出土文獻與古代文明研究所編：《北京大學藏秦簡牘（貳）》，上海：上海古籍出版社，2023 年，頁 491。

與前所舉里耶秦簡公文書性質不同。此單列。

　　以正月辛丑六日初作，盡四月壬戌十七日，定作八十三日。日三錢大半錢，爲錢三百一。□以四月庚午作，以五月戊寅去不作。

　　・正月得六日，爲錢廿二。
　　・二月得一月，錢百一十。
　　・三月得一月，錢百一十。
　　・四月得十七日，錢六十二。
　　・凡錢三百四，已入二百五十三。
　　卅錢夜取。
　　秋米一石五斗，石十三，直廿。
　　十七夜取。
　　十五醉取，賀。
　　十五朝取。朝以六月丁巳作。
　　十二夜取。
　　廿夜取。
　　廿吾取。
　　十八夜取。
　　二，酒，□取。
　　三，酒，吾取。
　　一，酒，張忘取。
　　廿夜取。
　　卅夜取。
　　廿夜取。
　　夜取廿。
　　・凡取錢二百五十三。
　　可取朝爲庸（傭）賈（價）月百一十錢。初作，先入六十一錢；米一石五斗，石十三。古（沽）酒，旁一錢。錢卅。

乘馬當屬二百六十四。

朝以六月丁巳作。

蘭以七月戊寅作。

朝以六月【丁】巳……癸□□【錢】卅，夜取廿，夜取廿。……□三，除二日疾，定錢八十七。

(北大秦簡貳·傭作文書1-4)

第四節　秦簡牘《數》類、書信中的貨幣史料

嶽麓秦簡貳公布了一組《數》簡，共有算題81例，按内容可分爲租稅類、面積類、營軍之術、合分與乘分、衡制、穀物换算類、衰分類、少廣類、體積類、贏不足類、勾股算題等。[1] 其中"合分與乘分""衰分類""贏不足類"等算題中都有涉及貨幣内容。此外，北大秦簡肆有《算書甲種》，其中有涉及"利息"計算的内容。

一、《數》中的貨幣史料

1. 芻一石十六錢，稟一石六錢，今芻稟各一升，爲錢幾可（何）？得曰：五十分錢十一，芻一升百分錢十六，稟一升百分錢六，母同，子相從。　　　　　　（嶽麓貳·數73-74）

2. 稟石六錢，一升得百分錢六，芻石十六錢，一升得百分【錢十六】☒　　　　　　　　　　　　（嶽麓貳·數75）

3. ☒貲一甲直錢千三百卌四，直金二兩一垂，一盾直金二垂。贖耐，馬甲四，錢七千六百八十。　　　（嶽麓貳·數82）

---

[1] 朱漢民、陳松長主編：《嶽麓書院藏秦簡（貳）》"前言"，上海：上海辭書出版社，2011年。

4. 馬甲一，金三兩一垂，直錢千九百廿，金一朱（銖）直錢廿四，贖死，馬甲十二，錢二萬三千卌。　（嶽麓貳・數 83）

5. 衰分之述（術）。耤（藉）有五人，此共買鹽一石，一【人出十】錢，一人【出】廿錢，【一】人出卅錢，一人出卌錢，一人出五十錢，今且相去也，欲以錢少【多】。（嶽麓貳・數 120）

6. 分鹽。其述（術）曰：並五人錢以爲法，有（又）各異置【錢】□……【以】一石鹽乘之以爲（實），實如法一斗。
　　　　　　　　　　　　　　　　（嶽麓貳・數 121）

7. 貣（貸）人百錢，息八錢，今貣（貸）人十七錢，七日而歸之，問取息幾可（何）？曰：得息三百七十五分錢百一十九。其方：卅日乘百八而以爲法，亦以十七錢乘七日爲（實），實如法而一。
　　　　　　　　　　　　　　　（嶽麓貳・數 143-144）

8. 糶（糶）。米賈（價）石五十錢，今有廿七錢，欲糶（糶）米，得幾可（何）？得曰：五斗四升。（嶽麓貳・數 148）

9. 糶（糶）米述（術）曰：以端賈（價）爲法，以欲糶（糶）米錢數乘一石爲（實），實如法得一升。（嶽麓貳・數 147）

10. 米賈（價）石六十四錢，今有粟四斗，問得錢幾可（何）？曰：十五錢廿五分錢九。其述（術）以粟米求之。
　　　　　　　　　　　　　　　　（嶽麓貳・數 152）

11. 有金以出三關，關五兌（稅）【一】除金一兩，問始盈金幾可（何）？曰：一兩有（又）六十四分兩之六十一。其述（術）曰：直（置）兩而參四之。　（嶽麓貳・數 149）

12. 布八尺十一錢，今有布三尺，得錢幾可（何）。得曰：四錢八分錢一。其述（術）曰：八尺爲瀘（法），即以三尺如瀘（法）得一錢。　　　　　（嶽麓貳・數 145-146）

13. 銅斤十二【錢】者，兩得十六分【錢】十二，朱（銖）得廿四分錢十二。　　　　　（嶽麓貳・數 159）

14. 贏不足。三人共以五錢市，今欲賞（償）之，問人之出

幾可（何）錢？得曰：人出一錢三分錢二。其述（術）曰：以贏、不足互乘母。　　　　　　　　　　（嶽麓貳・數202）

15. 凡以贏不足有（又）求足，楷（藉）之，曰：貣（貸）人錢三，今欲賞（償）米，斗二錢，賞（償）一斗，不足一錢，【賞（償）二斗】有（又）應一錢，即直（置）一斗、二斗，各直（置）☐　　　　　（嶽麓貳・數203+C410104）[1]

16. 米一斗五錢，叔（菽）五斗一錢，今欲以一錢買二物【共一斗】，各得幾可（何）？曰：米得一升三分升二，叔（菽）得八升三分升一。术（術）以贏不足求之。（嶽麓貳・數205－206）

17. ☐斗九錢，粱（粱）十……七錢，叔（菽）十斗……斗，用八錢，問各幾可（何）？曰：稻六斗。（嶽麓貳・數207）

18. ☐【贏】不足以爲法，如法而得一錢。（嶽麓貳・數211）

19. ☐一述（術）曰，以七十錢爲法，以三錢乘☐

（嶽麓貳・數212）

20. ☐☐乘曰一 錢 ☐　　　　　（嶽麓貳・數218）

21. 有錢一百，息月六錢，今有錢五十二，以行十五日，問：息幾可（何）？曰：一錢七十五分之卅二。・其述（術）曰：以錢母與一月日數相乘也，爲法；以今錢數與行日數相乘也，有（又）以息乘之，爲實；實如法一錢，不盈，以法命分。

（北大秦簡肆・算書甲種218－220）

二、書信中的貨幣史料

睡虎地4號墓出土了2件書信木牘：11號木牘和6號木牘。信中都提到需要家中寄錢買衣之事。北大秦簡壹《公子從軍》是女主人公牽寫給從軍的"公子"的一封信。裏面記錄"送錢"之事。

---

[1] 陳松長主編：《嶽麓書院藏秦簡（壹—叄）釋文修訂本》，頁123。

1. 二月辛巳，黑夫、驚敢再拜問中、母毋恙也？黑夫、驚毋恙也。前日黑夫與驚別，今復會矣。黑夫寄乞就書曰：遺黑夫錢，毋操夏衣來。今書節（即）到，母視安陸絲布賤可以爲襌裠、襦者，母必爲之，令與錢偕來。其絲布貴，徒操錢來，黑夫自以布此。

(睡虎地4號墓・11號木牘)

2. 錢衣，顧（願）母幸遺錢五、六百，綌布謹善者毋下二丈五尺。☒用垣柏錢矣，室弗遺，即死矣。急急急。

(睡虎地4號墓・6號木牘)

3. 公子從軍，牽送公子錢五百，謂公子自以爲買。

(北大秦簡壹・公子從軍6)

第四章　東周金屬鑄幣文字研究諸例

作爲確認的最早的先秦貨幣，東周金屬鑄幣的整理和研究一直備受學者關注。鑄幣的整理著録、文字釋讀、地望判斷和年代斷定仍是學者們關注的重點，但是由於資料過少，幣文信息有限，對於貨幣的鑄造權、貨幣的鑄行機構、貨幣制度等傳統貨幣學問題研究進展並不理想。限於學力，我們也僅能在現有研究的基礎上，提出一些新的思考。

第一節　金屬鑄幣面文地名性質再討論

東周金屬鑄幣文字中，地名文字佔了大多數。黄錫全統計了400多個。[1] 關於面文地名的性質，學者曾多認爲是鑄造貨幣的國名或城邑名，如彭信威認爲："先秦的刀、布，是由各城邑鑄造，幣面多標明地。"[2] 楊寬也認爲在戰國時期的 "大商業城市都曾鑄造銅幣，銅幣上大都鑄有地名"。[3] 但隨着考古發現的不斷豐富，學者提出幣面地名不一定是鑄造地名，如蔡運章在整理空首布相關資料時提出："從整個空首布文字來看，可以確定爲鑄造地名的是少數……春秋戰

---

[1] 黄錫全：《先秦貨幣中的地名》，《先秦貨幣研究》，頁361—371。
[2] 彭信威：《中國貨幣史》，頁8。
[3] 楊寬：《西周史》，頁142。

國時期周王畿疆域狹小，在區區小周的國土內，絕不可能有一、二百個城邑都來鑄造錢幣。因此我們認爲，空首布的錢文絕大多數不是鑄造地名。"[1] 陳隆文也認爲："不能將貨幣的面文確定爲春秋戰國貨幣的鑄造地點。"[2]

在目前考古發現的鑄幣遺址中，有的遺址中發現了多種面文的鑄幣，比較有名的是鄭州鄭韓故城先後出土"斾錢當釿"布范、"四錢當釿"連布范，"公"小鋭角布范，"涅金"大鋭角布范，"藺""離石"大圓足布范。[3] 顯然，其所示幣面面文地名與錢幣鑄造地名並非同一地。內蒙古涼城蠻漢山遺址、中山國靈壽古城遺址、河北易縣燕下都遺址等都曾出土多種鑄幣地名的錢幣范。[4]

這些幣面的地名如果不是鑄造地名，應該是什麽地名？幣面地名與貨幣鑄造地名有何關係？如何確定貨幣鑄造地名？如何看待貨幣的出土地點？隨着材料的不斷豐富，引起了學者的再思考。

陳隆文指出：

> 從春秋戰國貨幣鑄造技術的角度來講，幣范對鑄幣來說是必不可少的工具。只有有幣范的地方才可能被視爲鑄幣的所在。因此，考古發現的幣范的出土地點，才能被視爲判定鑄幣地點的惟一根據。[5]

陳先生根據出土幣范實物，確認了山西侯馬晉都遺址、運城夏縣禹王城遺址、河南洛陽東周王城遺址、河北平山中山國靈壽城等 28 處考

---

[1] 蔡運章、余扶危：《空首布初探》，頁95。
[2] 陳隆文：《春秋戰國貨幣地理研究》，北京：人民出版社，2006年，頁46。
[3] 蔡全法、馬俊才：《新鄭鄭韓故城出土的戰國錢范、有關遺迹及反映的鑄錢工藝》，《中國錢幣》1995年第2期。
[4] 張文芳、田光：《內蒙古涼城"安陽""邥"布同范鐵范及相關問題探論》，《中國錢幣論文集》第3輯，1998年。河北省文物研究所：《戰國中山國靈壽城：1975—1993年考古發掘報告》，北京：文物出版社，2015年。石永士：《河北易縣燕下都第13號遺址第一次發掘》，《考古》1987年第5期。
[5] 陳隆文：《春秋戰國貨幣地理研究》，頁48。

古遺址爲貨幣鑄地。但是，對於貨幣面文的幾百個地名到底所指爲何，並未有明確指示。而對於貨幣的出土地點，陳先生認爲應被視爲"貨幣流通的範圍"，即流通區域。[1] 這應該是沒有異議的。

朱安祥指出先秦貨幣地理研究存在的三個問題：

> 先秦時期貨幣銘文所涉及的地名不一定是其鑄造地，而且隨着不斷發現的新考古材料證明，此時期廣泛存在着國與國之間的仿鑄情況，"同地異名"與"同名異地"現象也較爲普遍。[2]

這對於我們討論幣文地名性質有很大的參考價值。從目前的考古資料來看，鑄幣地點集中在少數經濟和手工業發達的城邑，大部分是一個國家的都城。對此，朱先生提出了自己的解釋，即："貨幣的鑄造權關係到國家的經濟命脉，各個城邑分散鑄錢，不僅在一定程度上削弱王權，而且也不利於保證貨幣質量。或許有些偏遠地區，經濟發展程度不高、也不具備成熟的冶鑄技術，便把帶有本地地名的貨幣鑄造權交給了經濟較爲發達的國都地區代爲鑄造。"[3]

近年，亓民帥以齊大刀和方足小布上的地名與鑄造地的關係爲例，分析了不同地域的情況，並結合《管子·山國軌》"然後調立環乘之幣。田軌之有餘於其人食者，謹置公幣焉。大家衆，小家寡。山田、間田，曰終歲其食不足於其人若干，則置公幣焉，以滿其準"的記載，認爲"當時國家是根據不同地區的經濟情況而專門對某一地區發行貨幣的，貨幣在貨幣鑄造地點鑄成之後，被投送到相應的地區"。從而提出了東周時期金屬鑄幣面文中地名"都是貨幣鑄成之後最早使用的地方"的推測。[4] 其意見無疑在已有研究成果上又近了一步。

我們將已公布的東周時期的金屬鑄幣范進行了整理（見下表），

---

[1] 陳隆文：《春秋戰國貨幣地理研究》，頁76。
[2] 朱安祥：《先秦貨幣地理研究存在的三個問題》，《中原文物》2016年第4期，頁85。
[3] 朱安祥：《先秦貨幣地理研究存在的三個問題》，頁88。
[4] 亓民帥：《東周時期金屬鑄幣面文中地名的性質》，《中國錢幣》2018年第1期。

可以得出如下認識：一是鑄范地與幣文所示地並不完全一致，幣文所示地名不能確定爲貨幣的鑄造地點。二是，存在貨幣的異地（異國）鑄造的情況，這對鑄幣權的歸屬問題及仿鑄提出新的思考。三是，從現有發現的鑄范地來看，都邑或大型城邑仍是鑄幣的首選之地。

東周金屬鑄幣范出土情況一覽表

出土時間	出土地點	埋藏性質	埋藏年代	幣范種類	幣文	數量	資料來源
1955	漢河南縣城	遺址	戰國晚期	圜錢	文信行	3	霍宏偉：《洛陽東周王城遺址區鑄錢遺存述略》，《中國錢幣》1999年第1期
1958	内蒙古包頭麻池鄉	遺址	戰國	方足布	安陽	3	李逸友：《包頭市窩吐爾壕發現安陽布范》，《文物》1959年第4期
1959	陝西西安未央區	遺址	秦	圜錢	半兩	6	陝西省博物館 師小群：《陝西省博物館收藏的"半兩"錢銅范》，《陝西金融·錢幣專輯》(10)
1959—1964	山西侯馬	遺址	春秋晚期	聳肩尖足空首布		十萬以上	山西省考古研究所：《侯馬鑄銅遺址》，頁102
				銅貝		45	
1962	河北承德柳樹底鄉羅家溝村	遺址	燕國	石刀幣范		1	李霖：《河北承德發現燕國刀幣范》，《考古》1987年第3期
20世紀70年代	河北平山縣三汲鄉中山國靈壽城遺址	遺址	戰國	成白刀幣陶范 仿明刀幣鑄范 仿藺布幣	成白 明 藺		陳應祺：《中山國靈壽城址出土貨幣研究》，《中國錢幣》1995年第2期

續　表

出土時間	出土地點	埋藏性質	埋藏年代	幣范種類	幣文	數量	資料來源
1972/1982	山東臨淄齊國故城	遺址	戰國	刀	齊夻刀	8	張海龍、李劍、張繼斌：《談談齊國故城內鑄錢遺址出土的刀幣范》，《中國錢幣》1987年第4期；張龍海、李劍：《山東齊國故城內新出的刀幣錢范》，《考古》1988年第11期
	陝西鳳翔東社村		春秋戰國之際	圜錢	半兩	6	陝西省雍城考古工作隊　田亞岐：《鳳翔出土秦半兩錢銅范》，《陝西金融·錢幣專輯》（10）
1979/1987	山東莒縣莒國古城	遺址	戰國	刀	山、甲、衣（？）、以等字	64	蘇兆慶：《山東莒縣出土刀幣陶范》，《考古》1994年第5期
1980	四川高縣		秦	圜錢	半兩	28	何澤宇：《四川高縣出土"半兩"錢母范》，《考古》1982年第1期
1980	安徽貴池縣		秦中期	圜錢	半兩	23	陝錢會：《關於安徽貴池縣出土"半兩"錢范的爭論簡介》，《陝西金融·錢幣專輯》（10）
1982	陝西岐山縣故郡鄉		戰國	圜錢	半兩	2	岐山縣博物館：《岐山館藏銅"半兩"錢范》，《陝西金融·錢幣專輯》（10）

續　表

出土時間	出土地點	埋藏性質	埋藏年代	幣范種類	幣文	數量	資料來源
1982	安徽繁昌橫山鎮		戰國	貝	巽	2	陳衍麟:《安徽繁昌出土戰國楚銅貝范》,《文物》1990年第10期
1983	新鄭鄭韓故城	遺址	戰國晚期		橈比當釿十貨（背文）	6	河南文物研究所:《河南新鄭發現"橈比當釿"陶範》,《中國錢幣》1991年第2期
1983	陝西臨潼韓峪鄉油王村	遺址	秦代晚期	圜錢	半兩	14	張海雲:《陝西臨潼油王村發現秦"半兩"銅母范》,《中國錢幣》1987年第4期
	河北保定燕下都遺址	遺址	戰國	明字刀范 燕明刀范	明 明		石永士、石磊:《燕下都東周貨幣聚珍》,北京:文物出版社,1996年,頁286—289、302
				聳肩尖足布、平肩方足布		10	
1989	內蒙古涼城縣	遺址	戰國	平首平肩方足布	安陽戈邑[1]	1	張文芳:《內蒙古涼城縣發現安陽、戈邑布同范鐵范》,《中國錢幣》1996年第3期
1990	山東平度		戰國	刀	明	1	楊樹民:《山東平度市發現齊"𠂉"刀錢范》,《中國錢幣》1991年第3期

---

[1] 此字根據李家浩的釋讀意見應隸定做"邙",讀爲"代"。

續　表

出土時間	出土地點	埋藏性質	埋藏年代	幣范種類	幣文	數量	資料來源
1992	新鄭大吳樓鑄銅遺址	遺址	戰國	小鋭角布	公	7	蔡全法、馬俊才：《新鄭鄭韓故城出土的戰國錢範有關遺跡及反映的鑄錢工藝》，《中國錢幣》1995年第2期
				大鋭角	涅金	3	
				大圓足布	藺	32	
					離石	1	
1993	新鄭小高莊村西遺址	遺址	戰國	大圓足布	藺	134	
					離石		
				圜錢			
1993	陝西韓城城古村		戰國	橋形布	梁半釿	1	成增耀：《韓城出土梁半釿及背殘陶范》，《考古與文物》1994年第5期
1994	陝西綏德辛店鄉	窖藏	戰國晚期—秦	半兩錢范	半兩	4合	師小群：《陝西綏德出土半兩銅合范》，《中國錢幣》2000年第2期
	山西夏縣于廟後辛莊	遺址	戰國	橋形布		1	黄永久：《禹王城遺址發現的鑄幣范》，《山西省考古學會論文集》，1994年
1995	洛陽行署路市政府院内	遺址	戰國早中期	平肩空首布	安臧	2	蔡運章、張書良：《洛陽發現的空首布錢范及相關問題》，《中原文物》1998年第3期

續　表

出土時間	出土地點	埋藏性質	埋藏年代	幣范種類	幣文	數量	資料來源
2000	山東臨淄故城	遺址	戰國	燕明刀	明	9	陳旭:《山東臨淄出土的燕明刀范》,《中國錢幣》2001年第2期
2002—2003	河南新鄭	遺址	春秋早期晚段—春秋晚期	空首布		1400(布范) 5650(芯范)	河南省文物考古研究所:《新鄭監獄春秋鑄錢遺址發掘簡報》,《中國錢幣》2012年第4期
2004	山東青州西辛戰國墓地	墓地	戰國	刀幣	齊大刀	5	山東省文物考古研究所、青州市博物館:《山東青州西辛戰國墓發掘簡報》,《文物》2014年第9期
2016—2017	河南滎陽官莊遺址	遺址	春秋早中期	空首布		54	鄭州大學歷史學院等:《河南滎陽市官莊遺址鑄銅作坊區2016—2017年發掘簡報》,《考古》2020年第10期
2023—2024	洛陽澗西區	遺址	東周	圓足布	藺		洛陽市考古研究院:《河南洛陽發現東周時期手工業作坊遺址》,"文博中國"公衆號2024年11月20日

第二節　金屬鑄幣文字中的貨幣單位

東周時期金屬鑄幣上有一類重要的文字類型：貨幣單位。不同國家、不同形制，其貨幣單位標記不同。下面將逐一進行解釋：

（一）釿

"釿"是目前所見最多的貨幣單位，從春秋晚期的空首布一直到戰國早中期的布幣和圜錢上都有標記。其分布大概如下：

> 平肩空首布："合[1]釿"（《貨系》554）、"鄩釿"（《貨系》559）
> 斜肩空首布："厽川釿"（《貨系》567）
> 聳肩空首布："平犕（？）冥（？）黃（衡）釿"[2]（《貨系》709）
> 尖足小布：北茲釿（《貨系》1028）
> 橋形布：安邑二釿（《貨系》1263）、安邑一釿（《貨系》1284）、安邑半釿（《貨系》1307）、陰晉一釿（《貨系》1417）、陰晉半釿（《貨系》1422）、梁兀[3]釿百當寽（《貨系》1343）等。
> 圜錢：漆垣一釿（《貨系》4055）、漆睘一釿（《錢典》頁832）

"釿"除了見於金屬鑄幣文字外，還見於銅器銘文中，表示紀重單位，如"坪安君鼎"（銘圖2429）載："五益（鎰）六釿半釿四分釿之冢（重）。"因此，早期錢幣學者將貨幣單位及其實測的重量作爲研究對象。如王毓銓就曾實測28種147枚布幣和圜錢，得出結論：

---

[1]《貨系》釋"公"，今從蔡運章、余扶危先生釋"合"。參看蔡運章、余扶危：《空首布初探》，頁93。

[2] 幣文釋讀參看何琳儀：《百邑布幣考——兼述尖足空首布地名》，《史學集刊》1992年第1期。

[3]"兀"字釋讀參看陳劍：《試說戰國文字中寫法特殊的亢和從亢諸字》。

一，在某一定時期之内，鈑單位的重量大致一致；二，貨幣的重量和單位數一致：二鈑的大致是一鈑的倍數，一鈑的大致是半鈑的倍數；在幾百年中鈑單位重量大減，從 37 克强一直減低到了 10 克左右（僅就出土後的重量而言）。[1]

其後，很多學者提出了不同的意見。朱活認爲平首布錢模鑄的鈑字，只是幣名，而不再標明幣材的實際重量。[2] 黄錫全認爲最初鈑當以春秋時的鑄幣之重爲依據，因爲戰國布幣上的"鈑"只是起到價格標度的作用，並非都"重如其文"。[3] 汪慶正、李家浩、蕭清、蔡運章等都就戰國時期"鈑"的減重現象和原因進行過分析。[4] 吳良寶師在分析已有研究的基礎上，通過魏"梁"橋形布的研究情況，指出三晉貨幣中的"鈑"只是虛值化的貨幣單位，不可混同於銅器銘文中的重量單位"鈑"。[5]

（二）寽

"寽"在西周金文中就已出現，如羚簋（銘圖 5258）"取遏（賻）五寽（鋝）"、番生簋（銘圖 5383）"取遣（賻）廿寽（鋝）"，作爲"賻"[6]的單位；還可作爲紀重單位，如四斗司客鈁（銘圖 12312）"三（四）寽（鋝）十一冢（重）"等。作爲紀重單位的"寽"，學者多根據出土實物測量其一寽的重量，如林巳奈夫測量一寽大約是 1230.3 克。[7] 東周金屬貨幣中，"寽"僅見於"梁"鈑布中：

―――――――

[1] 王毓銓：《我國古代貨幣的起源和發展》，頁 81—82。
[2] 朱活：《古錢新探》，頁 55。
[3] 黄錫全：《先秦貨幣通論》，頁 74。
[4] 汪慶正：《近十五年來古代貨幣資料的發現和研究中的若干問題》，《文物》1965 年第 1 期，頁 31—31。李家浩：《戰國時代"冢"字》，《語言學論叢》第 7 輯，1981 年，頁 121。蕭清：《中國古代貨幣史》，北京：人民出版社，1984 年，頁 56。蔡運章、余扶危：《空首布初探》，頁 100—101。
[5] 吳良寶：《貨幣單位"鈑"的虛值化及相關研究》。
[6] "賻"的釋讀參看第一章。
[7]（日）林巳奈夫：《戰國時代之質量單位》，《史林》51 卷 2 號，1968 年，頁 119。

(1) 梁充釿五十當寽　　　　　　　　　　　（《貨系》1334）
(2) 梁充釿百當寽　　　　　　　　　　　　（《貨系》1343）
(3) 梁正尚百當寽　　　　　　　　　　　　（《貨系》1350）
(4) 梁半尚二百當寽　　　　　　　　　　　（《貨系》1370）

學者在討論"梁"釿布時，還會根據金文中"寽"的重量來推測貨幣中"寽"的重量。如黃錫全將"梁"釿布四種稱重，以(1) 爲當時二釿布，(2)(3) 爲一釿布，(4) 爲半釿布，其幣值爲 4∶2∶2∶1。測得一釿的重量平均在 14 克以下，求得一寽約爲 1400 克。所得與金文"寽"的重量相差不多。[1] 吳良寶師對此提出異議：

> 兩種"梁充釿當寽"布幣面文只是標明 50 枚或 100 枚這樣的"釿"布法定地相當於一"寽"的購買力，即使能從中看出"寽"與"釿"的比值一定是 100∶1 的關係，也不能就此認爲"寽"與"釿"作爲重量單位使用時存在 100∶1 的遞進關係；按照這個誤解的比例對四種"梁"字橋形布實測重量推算出的"寽"值與金村銅壺推算出的"寽"重大致相近只是偶爾的巧合，更不能想當然地由此認爲這種比例關係可靠。總之，虛值化的貨幣單位"釿"是不能與實際的重量單位"釿"進行比較的，如果確實需要比較的話，也應以實測紀重魏器得出的"釿"重 25 克來計算。[2]

在同一幣文中，作爲貨幣虛值的貨幣單位"釿"所比值的應該不是紀重單位"寽"。也就是說幣文中的"寽"只能是貨幣單位。而對於以"寽"爲單位的主體可能指代的是金、銀一類的貴金屬。[3]

---

[1] 黃錫全：《先秦貨幣通論》，頁 74。
[2] 吳良寶：《貨幣單位"釿"的虛值化及相關研究》，頁 15。
[3] 吳良寶：《貨幣單位"釿"的虛值化及相關研究》，頁 16。

（三）朱、兩、甾、坌

秦國圜錢面文中有"半兩"（《貨系》4282）、"兩甾"（《貨系》4082）、"一珠重一兩·十二"（《貨系》4069）、"一珠重一兩·十四"（《貨系》4070）。

典籍關於秦幣的記載，"黃金以溢名，爲上幣；銅錢識曰半兩，重如其文，爲下幣。"[1]

兩，《說文·网部》："二十四銖爲一兩。"[2] 甾，讀如"錙"，《說文·金部》："錙，六銖也。"[3] "兩甾（錙）"爲十二銖，即"半兩"。"珠"讀如"銖"。

楚國亦見"視金一朱""視金二朱""視金四朱"[4]（《先秦編》21）銅錢牌，其中的"朱"應讀爲"銖"。

楚國銅貝有面文作"" （《貨系》4153），隸定爲"坌朱"。面文"坌"字，曾被讀爲"降""隆""輕""饒"等。[5] 劉剛根據白于藍對《郭店·窮達以時》簡文"板桱"可以讀爲"鞭箠"的認識，提出"坌朱"可以讀爲"錘銖"。並結合"《說文》訓'錘'爲八銖，即三分之一兩"，指出"'錘'可以表示三分之一"。

戰國時楚國衡制一銖大約合 0.65 克，而這些銅貝重量多在 1.1—3.6 克，遠大於三分之一銖。這是因爲此類貨幣的面文乃記録其價值（購買力）而和重量無關，戰國楚地多用金餅和金版作爲貨

---

[1] 司馬遷：《史記》卷 30，頁 1442。
[2] 許慎：《説文解字》卷 7，頁 154。
[3] 許慎：《説文解字》卷 14，頁 298。
[4] 釋讀意見參看黃錫全：《楚銅錢牌"見金"應讀"視金"》，《中國錢幣》1999 年第 2 期。
[5] 李學勤：《從新出青銅器看長江下游文化的發展》，《文物》1980 年第 8 期；李零：《論東周時期的楚國典型銅器群》，《古文字研究》第 19 輯，北京：中華書局，1992 年；何琳儀：《戰國古文字典：戰國文字聲系》，頁 284；黃錫全：《楚幣新探》，《中國錢幣》1994 年第 2 期。等等。

幣,"坙(錘)朱(銖)"表示的應該是三分之一銖金的價值。[1]

其後,李天虹補充睡虎地秦簡和嶽麓秦簡的相關用例:

睡虎地秦墓竹簡《秦律十八種·司空》有用作重量單位的"錘"。其130號記"一脂、攻閒大車一兩(輛),用膠一兩、脂二錘",整理小組注:"錘,重量單位,相當八銖,即三分之一兩。見《説文》及《淮南子·説山》注。此外古書又有八兩、十二兩等不同説法,數量較大,恐與簡文不合。"整理小組根據文義認爲錘應當是八銖,可是没有提及文獻中還有錘當六銖的説法,所以其結論尚不能令人完全信服。

2010年,于振波先生披露兩枚嶽麓秦簡,其中也記載有重量單位"錘":

貲一甲,直錢千三百卌四,直金二兩一垂(錘)。一盾直金二垂(錘)。0957

馬甲一,金三兩一垂(錘),直錢千□百廿。金一朱(銖),直錢廿四。0970

根據這兩枚簡文的記載,他對錘與銖、兩的換算關係進行推算,得出一錘等於八銖的結論:

(1) 簡0970提到"金一朱,直錢廿四",即金1銖=24錢。
(2) 簡0957提到"貲一甲,直錢千三百卌四,直金二兩一垂",即1甲=1344錢=金2兩1錘。
(3) 已知,金1銖=24錢,1甲=1344錢,可知,1甲=金56銖。
(4) 已知,1兩=24銖,可知,56銖=2兩8銖,即1甲=金56銖=金2兩8銖。

---

[1] 劉剛:《楚銅貝"坙朱"的釋讀及相關問題》,《出土文獻與古文字研究》第5輯,頁444—452。

第四章　東周金屬鑄幣文字研究諸例　　243

(5) 已知，1甲＝金2兩1錘，又根據（4）可知，1甲＝金2兩8銖。在這兩個等式中，與1錘對應的，正是8銖，可見，1錘＝8銖。[1]

推算出《説文》一錘爲八銖的記録的準確性，也進一步實證了劉剛讀爲"錘"的意見。

（四）忻、展[2]

"忻"見於楚銅貝、燕尾布和連布中。燕尾布因其形體細長、形似燕尾而得名。連布又稱"連幣"，因兩枚小布兩足相連而得名。[3]楚銅貝單獨面文"忻"（《貨系》4169）。燕尾布面文有"枋[4]比（幣）[5]當忻"（《貨系》4176）、"枋比（幣）四忻"（《安徽錢幣》2003–2）兩種。連布面文有"四比（幣）當忻"（《貨系》4185）一種。

幣文中的"忻"，其形作"忻"。學者多讀爲"釿"。[6]郭店楚簡公布後，陳偉武師根據楚簡"慎"的寫法，將此字改釋爲"慎"。[7]李天虹則指出楚布文"忻"，與郭店《老子》《緇衣》《語叢四》諸篇"慎"字所從的"斦"旁形體完全一致。從形體上説，"忻"可以釋爲"斦"，而"斦"義"二斤"，用在楚布文裏也非常合適。"枋比（幣）堂（當）斦"，義爲一枚大布當二釿；"四比（幣）堂（當）斦"，義爲四枚小布當二釿；也就是説，楚大布、連布、小布分别是二釿、一釿和半釿布。這不僅與楚布幣本身的重量相吻合，

---

[1] 李天虹：《由嚴倉楚簡看戰國文字資料中"才""坒"兩字的釋讀》，頁30—31。
[2] 此字的釋讀從陳劍：《釋展》。
[3] 吴良寶：《中國東周時期金屬貨幣研究》，頁235。
[4] "枋"字的讀法從李守奎：《釋𧥄距末與楚帛書中的"方"字》。
[5] "比"讀作"幣"，參看李家浩：《戰國貨幣文字中的"𢆶"和"比"》。
[6] 如李家浩：《試論戰國時期楚國的貨幣》，《考古》1973年第3期。何琳儀：《楚幣六考》，《古幣叢考》，頁232—233。等等。
[7] 陳偉武：《舊釋"折"及從"折"之字平議》，《古文字研究》第22輯，頁252。

同時與戰國時期布幣的幣制相一致。[1] 吳良寶師提出異議。[2] 其後，單育辰又根據上博簡肆《曹沫之陣》簡30和簡26編聯所得"位，厚食使爲前行。三行之後，苟見短兵，忻五之間必有公孫公子，是謂軍紀。五人以敔（伍），一人"，認爲"忻五"二字應連讀爲"什伍"。其中的"忻"從"十"得聲，讀爲"什"。因此，燕尾布面文"橈比當忻（十）"的意思就是"橈幣"可以兑換成十個某種貨幣。[3] 這是目前比較新的意見。

"展"形作"䎽"，見於燕尾布的背文"七展"，曾被誤釋爲"十貨"。吳振武指出此字似可釋作"傎"，即古顚字。[4] 此字還見於耳杯銘文"冢（重）十六展"（耳杯《陶齋吉金録》5·3）中，應該是表示重量的單位，經學者測算，耳杯一展的重量約爲3.89克。[5] 李家浩曾實測燕尾布重量，得出一傎（展）之重約5克。[6] 陳劍從字形分析入手，認爲此字左半從"尸"，應當是"展"字，讀爲"錘"，重量單位，此處指八銖。[7] 李學勤進一步指出"七展"應該是指長布一枚的法定重量。[8]

第三節　金屬鑄幣兑换關係

東周時期金屬鑄幣面文中，既存在明顯的等制關係，如橋形布

---

[1] 李天虹：《楚幣文"忻"字别解》，《第四届國際中國古文字學研討會論文集》，香港中文大學，2003年，頁593。
[2] 吳良寶：《中國東周時期金屬貨幣研究》，頁239—240。
[3] 單育辰：《燕尾布"忻"字考》，《中國錢幣》2008年第2期。
[4] 吳振武：《戰國貨幣銘文中的"刀"》，頁317。
[5] 丘光明：《中國物理學大系·計量史》，長沙：湖南教育出版社，2002年，頁114。
[6] 李家浩：《關於鄂陵君銅器銘文的幾點意見》，《江漢考古》1986年第4期。
[7] 陳劍：《釋展》，頁52—53。
[8] 李學勤：《長布、連布的文字和國别》，《中國錢幣論文集》第5輯，2010年，頁6。

"半釿""一釿""二釿";也存在不同單位之間的兌換關係,如"梁亢釿百當孚";還可能存在於不同形制貨幣之間的兌換關係,如圜錢面文上的"賹刀"、楚銅錢牌的"視金一朱"等。

一、同一類型的等制關係

這一類型主要見於"地名+釿"的橋形布中"半釿、一釿、二釿"三等制。

(1) 安邑半釿(《貨系》1307)、安邑一釿(《貨系》1284)、安邑二釿(《貨系》1245)

(2) 言半釿(《貨系》1388)、言陽一釿(《貨系》1378)、言陽二釿(《貨系》1376)

(3) 禾[1]半釿(《貨系》1326)、禾一釿(《貨系》1314)、禾二釿(《貨系》1311)

還有僅見"一釿""半釿",如:

陝一釿(《貨系》1390)、陝半釿(《貨系》1408)

甫反一釿(《貨系》1425)、甫反半釿(《貨系》1430)

這種等制關係的橋形布在形制上存在差異:除了"安邑二釿""安邑一釿"圓肩、襠部較深之外,這一類"二釿"布都是圓肩、深襠,而"一釿"布則平肩、深襠。[2] 其鑄造年代應該是有差異的。黃錫全曾將所見橋形布的有關地點、年代、大小形式列表。[3] 爲了便於觀察,現將上述呈等制關係的橋形布羅列如下:

---

[1]"禾"的釋讀參看何琳儀:《橋形布幣考》,《吉林大學學報》1992年第2期。
[2] 吳良寶:《中國東周時期金屬貨幣研究》,頁147。
[3] 黃錫全:《先秦貨幣通論》,頁124—125。

幣名	二 釿 通長	二 釿 足寬	二 釿 重量	一 釿 通長	一 釿 足寬	一 釿 重量	半 釿 通長	半 釿 足寬	半 釿 重量	年代（公元前）	地點	備注
安邑二釿	6.5	4.1	17.5—31.5							362年前鑄	山西夏縣	圓肩
安邑一釿				5.1	3.5	12.5—16				362年前鑄	山西夏縣	圓肩
安邑半釿							4.7	3.4	6—8.1	362年前鑄	山西夏縣	圓肩
言陽二釿	6.5	4	31							328年前鑄	陝西神木	圓肩
言陽一釿				5—5.5	3.4	13—16				328年前鑄	陝西神木	平肩
言半釿							3.9—4.3	2.5—2.8		328年前鑄	陝西神木	平肩
禾二釿	6.3—6.8	4	30							354年前鑄	陝西澄城南	圓肩
禾一釿				5.3—5.5	3.5	11—17.5				354年前鑄	陝西澄城南	平肩
禾半釿				5.2—5.5	3.6	10.5—16.6	4.1—4.3	2.9	6.7—8.2	354年前鑄	陝西澄城南	平肩
陝一釿							4.6	3.3	7		河南三門峽	圓肩
陝半釿											河南三門峽	圓肩
甫反一釿				5.1—5.3	3.4	13—15.6					山西永濟南	平肩
甫反半釿							4.1	2.9			山西永濟南	平肩

二、不同單位之間的兑换關係

(1) 梁充釿五十當寽　　　　　　　　　　（《貨系》1334）

(2) 梁充釿百當寽　　　　　　　　　　　（《貨系》1343）

(3) 梁正尚百當寽　　　　　　　　　　　（《貨系》1350）

(4) 梁半尚二百當寽　　　　　　　　　　（《貨系》1370）

此類型主要見於"梁"釿布中。上文在討論貨幣單位時曾經做過介紹。很明顯（1）和（2）、（3）和（4）是二等制關係。幣文中的兩個貨幣單位"釿"和"寽（鋝）"是存在兑换關係的，即五十或一百枚"釿"布法定地相當於一"寽"的購買力，"釿"和"寽"的比值是100∶1。"釿"應該是指布，至於"寽"所指，王毓銓認爲兩套"母子"相權布，所謂"當寽"的"寽"，可能是楚國的爰金或白銀。[1] 其後，學者也多指出"寽"當爲重金屬黄金或白銀，如蕭清認爲這種布幣銘文上的"寽"，是指貴金屬黄金或白銀的單位，即100釿單位的這種布幣，值黄金或白銀一"寽"。[2] 郭若愚也認爲"寽"是指黄金的重量，不是銅的重量。[3] 從貨幣流通來看，戰國時期各國經濟交流以金爲主，而金與本國流通貨幣之間應該有交换的媒介。

三、不同形制貨幣之間的兑换關係

（一）"賹刀"圜錢

趙、燕、齊國都曾使用刀幣，但在刀幣面文中未見貨幣單位。反

---

[1] 王毓銓：《中國古代貨幣的起源和發展》，頁56。

[2] 蕭清：《中國古代貨幣史》，頁57。

[3] 郭若愚：《戰國梁布文字析義及有關問題初論》，《先秦鑄幣文字考釋和辨僞》，上海：上海書店出版社，2001年，頁18。

而在燕國和齊國的圜錢中出現了幣文"刀"。燕圜錢"一刀"(《貨系》4114)、"明刀"(《貨系》4121)和齊圜錢"賹刀"(《貨系》4091)、"賹四刀"(《貨系》4098)、"賹六刀"(《貨系》4108),學者認爲"刀"可能是貨幣單位。[1] 燕國流通刀幣,因其幣文作"明",而稱"燕明刀"。至於燕圜錢"一刀"面文意義,可能表明一枚圜錢可以兌換一枚刀幣。[2]

齊國圜錢"賹刀""賹四刀""賹六刀"呈明顯的等制關係,即1∶4∶6。關於"賹"的釋讀,有地名説、金屬單位説,何琳儀結合典籍中"賹"可"記物也",認爲圜錢銘文"賹刀"即"記載一枚法定刀幣","賹四刀"即"記載四枚法定刀幣","賹六刀"即"記載六枚法定刀幣"。[3] 目前學者都比較認同此面文標記着圜錢與刀幣的兌換關係。但是,"賹刀"圜錢與齊刀幣的兌換比值是否爲如學者所示的對應關係?山東大學的徐波博士從考古學角度給出了不同的答案。徐波將不同遺址出土的"賹刀"圜錢重量與齊大刀的重量進行對比,得出"齊大刀"和"賹刀"圜錢之間的比值爲24∶1。[4]

(二)"視金"銅錢牌

目前可見"視金一朱""視金二朱"[5] "視金四朱"銅錢牌,均出自楚國境内。幣文"視"曾被釋爲"良""見",黄錫全根據郭店簡中"見""視"書寫差異,將此字改釋爲"視",並指出"視金一朱""視金二朱""視金四朱"意爲"比照或視同黄金一銖、二銖和四銖"。[6]

---

[1] 吴良寶:《中國東周時期金屬貨幣研究》,頁297—298。

[2] 丁福保:《古錢大辭典》,頁1307。

[3] 何琳儀:《釋賹》,《古幣叢考》,頁17—22。

[4] 徐波:《齊國貨幣的考古學研究》,山東大學2023年博士學位論文,頁94—96。

[5] 發掘簡報公布有"良(視)金二朱"兩塊(汪耀宗、張壽來:《湖北蘄春縣出土一批戰國青銅器》,《文物》1990年第1期),但實物測量兩塊"二朱"錢牌中,輕的幾乎與"一朱"錢牌同樣大小,重量也相同。所以有學者指出"是一朱牌的'一'字鏨成'二'字所成,鏨痕極爲明顯"。(曲毅:《鄂東南出土錢牌考》,《中國錢幣》1993年第2期)

[6] 黄錫全:《古幣札記二則》,《先秦貨幣研究》,頁221。

第四節　研究個案

一、"桼睘一釿"試解

《古錢大辭典》八三二著錄有一枚面文爲"桼睘一釿"的圓孔圜錢（圖一）。關於幣文的釋讀，裘錫圭提出兩種意見：一是"睘"是"垣"的假借字，"桼睘"即"桼垣一釿"中的"桼垣"，即見於《漢書·地理志》上郡屬縣漆垣；二是"睘"字可能跟"半睘"圜錢的"睘"字同義，"桼睘"即漆垣所鑄圜錢之義。[1] 目前學界多采用第一種意見。

圖一　　　　　　　圖二

"桼睘一釿"圜錢的形制和文字風格跟"桼垣一釿"圜錢（圖二）相同，應同爲魏國貨幣。"垣""睘"古音同屬匣紐元部，音近可通，裘先生指出二者相關，有其合理之處。"桼垣"二字不僅見於貨幣面文中，還見於秦上郡戈（《集成》11363）、十三年上郡守戈（《集録二》1233）等兵器中，辭例均爲"桼垣工師……""桼垣"先

---

[1] 裘錫圭：《戰國貨幣考（十二篇）》，《裘錫圭學術文集·金文及其他古文字卷》，頁205—206。

屬魏，後被秦所占，從魏到秦，"柒垣"的書寫未有改變。從戰國貨幣地名用字情況來看，同一個國家的地名用字寫法比較統一，基本上見不到既用本字，同時還用假借字的情況。[1] 因此，雖然"垣"與"睘"古音相近可通，但是結合上述情況，將幣文"柒睘"直接讀爲"柒垣"，恐有不安。

"釿"是一種貨幣單位名稱，[2] "地名+釿"是戰國時期魏國貨幣面文的主要表現形式。其多見於橋形布上，如"安邑一釿"（《貨系》1284）、"共半釿"（《貨系》1438）、"陰晉一釿"（《貨系》1417），還見於圜錢"柒垣一釿"等。如此，"柒睘一釿"圜錢中的"柒睘"，當與"安邑""共""陰晉""柒垣"等一樣，釋爲地名爲宜，將其理解爲秦幣"半睘"之"睘"的"圜錢"[3] 義恐不妥。

我們認爲幣文"睘"可讀爲"縣"，"柒睘"即"柒（漆）縣"，[4] "柒睘一釿"即爲"漆縣"所鑄的一釿圜錢。根據李家浩的意見，三晉文字中的"縣"寫作"鄮"，從"邑""睘"聲，"睘""縣"同爲匣母元部字。[5] 三晉璽印中有"鄼逸鄮（縣）""咎郎鄮（縣）"，魏國兵器銘文中也有"湅鄮（縣）"。《古璽彙編》中有印文 ▨（"睘吏"），[6] "睘吏"讀爲"縣吏"，應無異議。此外，新蔡故城出土的戰國封泥中，有一枚印文爲"蔡睘"，整理者認爲

---

[1] 吳良寶：《中國東周時期金屬貨幣研究》，頁187。
[2] 可參看吳良寶：《貨幣單位"釿"的虛值化及相關研究》，頁13—17。
[3] 裘錫圭：《先秦古書中的錢幣名稱》，又載《裘錫圭學術文集·金文及其他古文字卷》，頁253。
[4] 秦鳳崗曾著文《柒垣一釿當鑄於漆縣》（《中國錢幣》1987年第2期，頁77），認爲圜錢中的"柒垣"從"漆水"（位於涇水西）得名，即漆縣，在今彬縣、永壽二縣及麟遊縣的東面。秦先生關於"漆縣"的考訂仍是在"柒垣"的基礎上進行的，與釋字無關，與本文的立意不同。
[5] 參看李家浩：《先秦文字中的"縣"》，《著名中年語言學家自選集·李家浩卷》，頁27。
[6] 李家浩在文中指出"此印'睘'字的寫法與前揭燕國文字中的'睘'有別，而與三晉文字中的'鄮'字的偏旁相近，但不從'邑'旁。現暫附於此，以待後考。"（李家浩：《先秦文字中的"縣"》，頁27。）

"蔡"即新蔡，"睘"待考。[1] 郝士宏將"睘"讀爲"縣"，"蔡睘"即"蔡縣"，指此次封泥的出土地——新蔡故城。[2]

關於三晉置縣，傳世典籍中有着明確記載，吳良寶師更是以出土文字資料爲依據，稽考了三晉各國設置的縣邑。[3] 其文還指出戰國中晚期三晉各國的貨幣鑄造是由縣邑來執行的。[4] 所以，我們認爲"'桼睘一釿'即爲漆縣所鑄的一釿圜錢"的説法，無論是從文字釋讀還是歷史事實都是可行的。

先秦時期的桼（漆）地不止一處，《左傳》記載有邾國之邑名"漆"，在今山東鄒縣北；《國語》記載有衛國之邑名"漆"，在今河南省長垣縣西（圖三）。[5] 邾國之"漆"未曾屬魏。戰國時期，衛國處在趙魏之間，僅有濮陽及其周圍的很少一部分土地。魏國曾多次攻伐衛國，並最終滅衛，《韓非子·有度篇》記載："魏安厘王攻趙救燕，取地河東，攻盡陶、衛之地。"因此，衛國之"漆"地後屬魏國。

綜上所述，幣文"睘"可讀爲"縣"，"桼睘"即"漆縣"，爲魏國下屬之縣，其地望在今河南省長垣縣西。"桼睘一釿"即爲"漆縣"所鑄的一釿圜錢。關於其具體鑄造年代，應在魏安厘王滅衛（前254年）[6] 之後，屬於戰國晚期魏國圜錢。

---

[1] 周曉陸、路東之：《新蔡故城戰國封泥的初步考察》，《文物》2005年第1期。

[2] 郝士宏：《"睘"應讀爲縣》，《文物》2006年第11期。筆者按，結合上文對"桼睘一釿"的分析，郝文將此字與"縣"字相結合是對的。但是，就此定論"睘是戰國楚國文字中的'縣'字"，恐不妥。清華簡《系年》簡99明確記載"闖（縣）陳、蔡"。新蔡故城出土的楚系封泥占大多數，但是封泥中還見一些非楚系封泥，如三晉、齊、秦，經過上文的對比分析，"睘"是典型的三晉文字，"睘"字封泥應歸爲三晉系封泥。

[3] 吳良寶：《戰國文字所見三晉置縣輯考》，《中國史研究》2002年第4期。

[4] 吳良寶：《戰國文字所見三晉置縣輯考》，頁15。

[5] 譚其驤主編：《中國歷史地圖集》，北京：地圖出版社，1982年，第一册，頁36。

[6] 楊寬：《戰國史》，頁420—421。

圖三

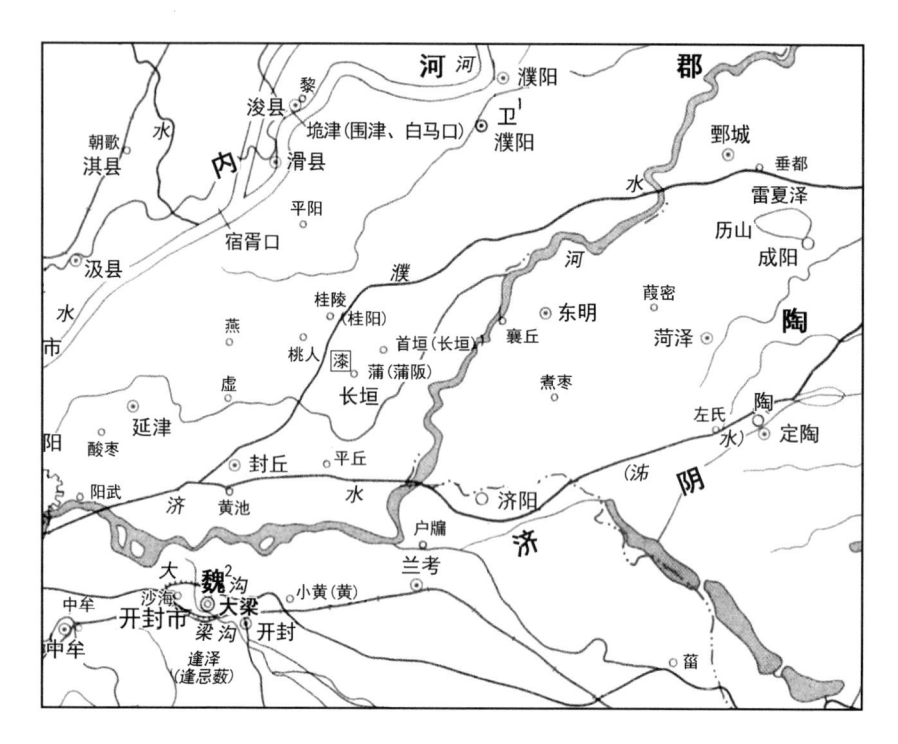

二、新見"高都市南少曲"布幣獻疑

平肩空首布的面文多數是單個的字，少數有兩個或者四個字（可參看《貨系》32—563）。吳毅強新近撰文介紹的一枚新見小型平肩空首布（圖四），[1] 面文鑄有"高都市南少曲"二行六個字，在已知的東周時期布幣中罕見。吳文認爲這枚空首布是戰國早中期的韓國鑄

---

[1] 吳毅強：《"高都市南少曲"布考》，《中國文字》新 45 期，2019 年，頁 141—151。以下簡稱爲"吳文"。今按，此幣即爲北京保利公司於 2017 年 6 月 6 日《泉韻古今——紙幣、機制幣、金銀錠 王覲彤舊藏古錢》公開競標的戰國平肩弧足空首布"高都市史少曲"，可參看 http://www.polypm.com.cn/assest/detail/1/art00669812276/34/12。

幣。仔細研讀吳文之後，筆者有一點不成熟的想法，就此草成小文，請大家批評指正。

吳文認爲，幣文中"高都""少曲"地名的國別都屬於韓。[1] 今按，東周時期"高都"之地有二，一在今山西晉城市，一在今河南洛陽市西南。從平肩空首布幣的流通時間、地域來看，這枚空首布幣文的"高都"應是今洛陽市附近的周地。《水經注·伊水》："伊水又北逕高都城東"，注引《竹書紀年》："梁惠成王十七年，東周與鄭高都、利者也。"[2]《史記·周本紀》所載王赧時蘇代説韓相國與周高都，當與其原爲周地有關。[3] "高都"還見於方足小布（可參看《貨系》1906—1921）面文中，其國別歷來有屬韓和屬魏的爭議。[4] 據統計，1957年以來，"高都"方足小布在北京，山西祁縣、襄汾、屯留，河北易縣燕下都遺址、靈壽，河南鄭州等地都有出土，[5] 因爲多出土於太行山區，所以學者大都傾向於屬魏幣。戰國時期，"少曲"屬韓，見於《史記》《戰國策》等，而"少曲市南""少曲市東"等平肩空首布，學者多主張屬周。[6] 學界普遍認爲，韓國鑄行的是斜肩弧足空首布（可參看《貨系》567—614），而非平肩空首布。吳文判斷這枚平肩空首布爲韓幣，還需要更多的證據。

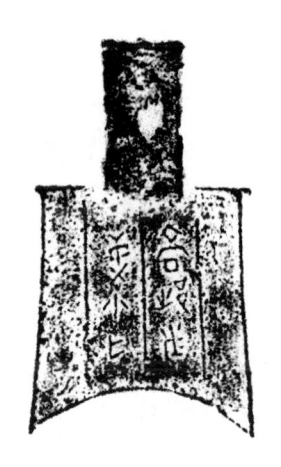

吳文舉了兩個例子證明同一幣文中記載了兩處地名，一是楊繼震所藏"棘蒲少曲"平肩空首布，一是"成白"直刀幣。然而，這兩

圖四　采自吳毅强文

---

[1] 吳毅强：《"高都市南少曲"布考》，頁144—147。
[2] 酈道元著、王先謙校：《合校水經注》，頁245。
[3] 黃盛璋：《試論三晉兵器的國別和年代及其相關問題》，《考古學報》1974年第1期，頁34。
[4] 曾憲通、陳偉武主編：《出土戰國文獻字詞集釋》，頁2641—2642。
[5]《先秦編》，頁233。
[6] 吳良寶：《中國東周時期金屬貨幣研究》，頁33。

個例證都是有問題的，不能用來證實吳文的觀點。首先，吳文所引用的"棘蒲少曲"平肩空首布來自關漢亨的文章，[1] 關文僅提及"當中有一枚面文四字'棘蒲小匕（化省）'"，[2] 釋作"棘蒲少曲"則是吳文的觀點。[3] 將"小匕（化）"改釋爲"少曲"采用了李家浩的意見，[4] 吳文並未指明。吳文和關文都未提供此布幣的圖版。《古錢大辭典》七九六著録一枚平肩弧足空首布（圖五），李佐賢、鮑康《續泉匯》指出"此布各類譜録未見，爲楊幼雲所得，釋爲'棘蒲小化'，引《班志》封柴武子爲棘蒲亭侯"，[5] 當即吳文和關文所説的布幣。關於此幣文的前兩字，裘錫圭曾作過考釋，指出第一個字是不從土的"市"字，第二個字"極似《説文》'朿'字，但也有可能是'朿'的壞字"。[6] 黃錫全也對第二字做過辨析，認爲其爲"朿之壞字"或者省形。[7] 因此，此布面文應爲"少曲市朿"而非"棘蒲少曲"。其次，關於"成白"刀幣的釋讀，説法較多，如"成（郕）白（伯）""成白（柏）""成白（帛）""成（城）白（柏）"等，至今無定論。但誠如裘錫圭所言："我們也不能排斥中山國人對'成伯（霸）'，以此表示自己的國家會强盛起來，其心理跟在本國刀幣背面鑄上'辟封''安邦''大昌'等吉語

圖五 《古錢大辭典》七九六

---

[1] 關漢亨：《空首布泉癡楊繼震——〈中華珍泉追蹤録續編〉（四）》，《中國錢幣》2012年第4期。以下簡稱"關文"。
[2] 吳良寶：《中國東周時期金屬貨幣研究》，頁78。
[3] 關漢亨：《空首布泉癡楊繼震——〈中華珍泉追蹤録續編〉（四）》，頁149。
[4] 李家浩：《楚王酓璋戈與楚滅越的年代》，頁21注②。
[5] 引自丁福保：《古錢大辭典》，頁1265。
[6] 裘錫圭：《戰國文字中的"市"》，《裘錫圭學術文集·金文及其他古文字卷》，頁340。
[7] 黃錫全：《平肩弧足空首布兩考》，頁1。

的齊國人相似。"[1] 所以,"成白"是否爲"城"和"柏人"兩處地名的合稱,尚待證實。吳文所舉的幣文記載兩個地名的證據,其實都是不成立的。

已知的平肩空首布幣面文裏,有"少曲市左""少曲市西""少曲市中""少曲市南"等(《貨系》32—61),均爲"地名+市+方位詞"的格式。"高都市南少曲"則是"地名+市+方位詞+地名"的格式,不僅前所未見,内容上也不易解釋。三晉官印中有"大地名+小地名+職官"的格式,比如"曲邑匄邑守"(《古璽彙編》2238)、"曲邑武陰守"(《戎壹軒藏三晉古璽》003)等,董珊認爲,"武陰"在"曲邑"之下,"曲邑"是這一地區的中心城邑,"武陰"應該是次一級的小縣;從以往璽印研究來看,這種列出兩級地名的璽印,大多是魏國官璽。[2] 從地理位置上看,高都在今河南洛陽市西南,少曲在今河南濟源市東北,兩地分處黄河南北,顯然不是前面所説的大地名、小地名的關係。那麽,這兩個地名出現於同一枚空首布幣中,且爲"地名+市+方位詞+地名"的格式,邏輯上不能合理地加以解釋。

此外,這枚空首布的幣文寫法也有疑問。所謂"南"字,與戰國時期晉系文字的"南"字形體並不相合,[3] 釋"南"實屬無據。所謂"都"字左邊的形體也很特别,與已見的貨幣文字"都"的各種異體都不同。[4]

通過上面的分析,我們認爲這枚新見空首布幣的幣文在文字書寫和内容格式上都存在無法圓滿解釋之處,其文字的真實性不無疑問,謹將此想法寫出來以供大家探討。

---

[1] 裘錫圭:《談談"成白"刀》,《裘錫圭學術文集·金文及其他古文字卷》,頁246。
[2] 張曉東主編:《戎壹軒藏三晉古璽》董珊"序",杭州:西泠印社,2017年,頁4。
[3] 可參看吳良寶:《先秦貨幣文字編》卷六"南"字條,頁91—92;湯志彪:《三晉文字編》卷六"南"字條,頁860—863。
[4] 可參看吳良寶:《先秦貨幣文字編》卷六"都"字條,頁96—98。

三、也談莆子錢權

田率《莆子錢權考》對三件"莆子"錢權進行了考釋，將銘文中的"鎀"讀爲錢，"圢"讀爲重，認爲這三件錢權分別是稱量兩枚、四枚、六枚蒲子發行的方足小布。[1] 戰國錢權歷來受到學者的關注，但囿於材料有限，所得認識還有待進一步深化。今僅就學習田文之後談幾點意見。

（一）幣文釋讀

田文將銘文"鎀"，依陳劍的意見讀爲"錢"。按，"鎀"字還見於仲辣父簠（銘圖40441）"乍（作）寶鎀毁（簠）"，毛公鼎（銘圖2518）"朱旂二鎀"（銘圖2518），邿君鐘（銘圖15175）"鮇鎀"，亦見於清華簡《封許之命》簡6"綴（鷥）鎀索（素）旂"，均讀爲"鈴"。可知，從西周至戰國時期，"鎀"字是一直都存在的。何琳儀認爲鎀疑鈴之繁文。[2] 黄錫全從古鈴字有作"軨"，"䡼"或作"軨"，認爲鈴似可讀如銓。《說文》："銓，稱也。""稱，銓也。"[3] 陳劍則認爲"佥"或"鎀"應直接讀爲"錢"，指相應的三晉方足小布。[4] 從文字釋讀角度來看，銘文"鎀"讀爲"鈴"應無異議，至於進一步通讀爲何字，由於其本身用途尚不確定，還有待進一步研究。

田文將四錢權幣文"▨"字，摹作"圢"，六錢權幣文"▨"，摹作"圢"，隸定爲"圢"，通"塚"，讀作重量的"重"。按，細查此字形與戰國韓十八年塚子戈的"塚"字形"▨"

---

[1] 田率：《莆子錢權考》，《出土文獻》2023年第1期。
[2] 何琳儀：《戰國古文字典：戰國文字聲系》，頁1148。
[3] 黄錫全：《新見一枚"宅陽"布權》，《中國錢幣》2004年第2期。
[4] 陳劍：《關於"宅陽四鈴"等"布權"的一點意見》，《古文字研究》第26輯，北京：中華書局，2006年，頁383—384。

（丏）"（銘圖 17319）左部所從相類，其右部又與坪安君鼎"之塚（重）"合文"㞢"相類。此字所從的"丁""于"之形，可確認爲"塚"字省體，[1] 銘文可直接釋爲"塚"，讀爲"重"。但是，從同時期内"塚""㞢"（塚）的用字和辭例來看，莆子錢權"錢塚"之說有其不合理之處。從同時期的三晉兵器、銅器字所在辭例來看，帶土字旁的"塚"多作"塚子"之"塚"；讀爲"重"的"塚"極少從土旁，且前一般跟具體重量，如坪安君鼎"一益（鎰）十鈒半鈒四分鈒之塚（重）"（銘圖 2389）、中山王墓出土十二年右使車銅盒"塚（重）百廿八刀之塚（重）"（銘圖 19242）等，戰國亦見"半鈒止（之）塚（重）"圜權，[2] 未見上揭"二錢重""四錢重"等非重量描述。

此外，田文引用了魏橋形布"梁夲鈒百當寽"的"夲"字形，認爲"夲""李""彐"諸字皆從"主"得聲，其中的"丁""于""彐"等爲"主"形的訛變。按，田文所引魏橋形布"夲"字形與上揭"塚"字形不同，陳劍曾撰長文搜羅相關字形，根據押韻、異文資料確定"夲（夲）"跟"亢"的密切關係，並給出了"夲"跟"亢"字形關係的解釋。在文中，陳劍指出梁橋形布"夲（亢）"字可以讀爲"衡"。"衡"常訓爲"平"或"正"，作名詞意爲"可爲平正者"，亦即準則、標準。"衡鈒"即其品質（重量）平正，可以作爲衡量標準的鈒布。[3] 陳劍說可從。田文引用梁鈒布例不當。

（二）錢權的功用

目前所見戰國錢權，田文已做整理，（其形如圖六所示）[4] 按其形制可分爲牌形和環形。皮氏、露、宅陽均爲方形銅牌；而"莆子"

---

[1] 吳振武:《說梁重鈒布》，《中國錢幣》1991 年第 2 期。
[2] 黃錫全:《新見布權試析》，《先秦貨幣研究》，頁 165。
[3] 陳劍:《試說戰國文字中寫法特殊的亢和從亢諸字》，頁 178—180。
[4] 參看田文，頁 82—83。

較之更細長。允權形似橋足布，"梁脣"和"半"權形似方足布，八銖權形制與莆子砝碼相似，鹹亭權頂部作圓弧狀。此類牌形權，銘文共同點是有地名。另一種爲環形權，銘文標注"市半釿之塚"和"百家"。其他環形權（砝碼）見於安徽、湖北、湖南等地楚國墓地，不僅有砝碼，還有天平，此類天平和砝碼用來稱量重金屬貨幣黃金，是沒有疑問的。而上揭所謂錢權均不是科學出土物，"使用這種提鈕懸盤天平測量流通貨幣重量"的可能性，缺乏考古實物的驗證。既然此類布幣的用途不甚清晰，稱其爲"砝碼"或者"錢權"似都不夠審慎，或可直接依其形制稱"某布"或"某銅牌"。

圖六

上揭牌形錢權都爲傳世品，並無科學斷代。從錢權形制無法判斷其所對應的布幣形態。但是學者一致認爲其對應的是相應數量的方足小布的重量，應該與"宅陽""皮氏""露""莆子"等均見於方足小布上有關。根據已有材料，"露"方足小布重量爲3.5—5.5克，十枚重約35—55克，已公布"露十鍰"重55克；"宅陽"方足小布重量爲4.5—6.5克，四枚重約18—26克，已公布的"宅陽四鍰"重20

克；"莆子"方足小布重量爲4.9—6.1克，其二枚、四枚、六枚對應的重量分別爲9.8—12.2、19.6—24.4、29.4—36.6克，已公布的三件"莆子"錢權重11、23.3、34.7克。即使所有錢權的重量都在已知對應數量的方足小布重量範圍之内，但方足小布鑄行於戰國晚期的三晉、燕及兩周各國，對於這一長時段内，受鑄造時間、鑄造工藝、鑄造地、流通等條件的影響，這種依靠重量來確認兑換關係的做法，是值得商榷的。

根據已有研究，戰國時期，金屬鑄幣一直處於"減重"狀態，貨幣單位逐漸虚值化。[1] 到了戰國晚期，各國的金屬鑄幣基本實現虚值化。上揭各方足小布已經出現重量差異，以所舉"梁眉"錢權爲例，其大者重22.9克，其"半"者重10克，與同爲"梁釿布"的一釿重10.5—15.8克、半釿重6.5克[2]相比，差别極其明顯。因此，這種依靠錢文的標度與錢幣本身的重量而確定的兑换關係顯然是不符合實際的。此類錢權的性質還可進一步討論。

此外，目前已公布的幾類銅牌形"錢權"，基本遵循了"地名+數字+鋝"的形式，唯有"莆子"錢權多了"塚"字，這種特殊之處還是應該要注意。

四、"少曲"四字布補論

"少曲"四字布由於其幣文特殊引起學者的廣泛關注。從清代到近代，學者釋讀意見不一，如清代古錢家釋"棘甫小七""封甫少化""棘蒲小匕"，[3] 鄭家相釋"封丘少化"。[4] 但都指出前兩字爲地名。其後，裘錫圭釋出幣文中的"市"，將幣文改釋爲"市東少

---

[1] 吴良寶：《貨幣單位"釿"的虚值化及相關研究》。
[2] 《先秦編》，頁215—217。
[3] 丁福保：《古錢大辭典》，頁1265。
[4] 鄭家相：《中國古代貨幣發展史》，頁52。

化""市南少化"等；[1] 李學勤釋"邱陽"爲"曲陽"，以"匕"爲"曲"字；[2] 李家浩結合《巖窟吉金圖錄》42頁著錄一件戈銘，其地名之字作少，當是"少曲"的合文。[3] 幣文至此得以正確釋讀。

關於少曲的地望，《史記·蘇秦列傳》："秦正告韓曰：'我起乎少曲，一日而斷大行。'"《索隱》："地名，近宜陽也。"《正義》："在懷州河陽縣西北，解在《范雎傳》。"[4]《史記·范雎傳》："范雎相秦二年，秦昭王之四十二年，東伐韓少曲、高平，拔之。"《集解》徐廣曰："蘇代曰起少曲，一日而斷太行。"《索隱》按："蘇云'起少曲，一日而斷太行'，故劉氏以爲蓋在太行西南。"[5]《史記》所記地有差異，宜陽在黃河以南，河陽在黃河以北。《讀史方輿紀要》卷一："蘇代約燕王。秦正告韓曰：'吾起乎少曲。'少曲，在懷慶府濟源縣西。《史記·索隱》謂地近宜陽，誤也。"[6] 睡虎地秦簡《葉書》："卌二年，攻少曲。"整理者言："韓地，今河南濟源東北少水彎曲處。"[7]

幣文"少曲"是否是地名少曲？抑或是韓少曲？學者提出了疑問，理由有三：

首先，"市某小匕"屬春秋中晚期周王室的鑄幣，而自春秋中期周襄王把陽樊（今河南濟源縣東南）、溫（今河南溫縣）、原（今河南濟源縣北）、欑茅（今河南修武縣）四邑賜給晉國後，周王室基本上失去了黃河以北的土地。因此，至今黃河以北

---

[1] 裘錫圭：《戰國文字中的"市"》，《裘錫圭學術文集·金文及其他古文字卷》，頁339—341。
[2] 李零：《戰國鳥書箴銘帶鉤考釋》，頁62注3。
[3] 李家浩：《楚王酓璋戈與楚滅越的年代》，頁20—21注②。
[4] 司馬遷：《史記》卷69，頁2272—2273。
[5] 司馬遷：《史記》卷79，頁2415。
[6] 顧祖禹：《讀史方輿紀要》卷1，北京：中華書局，2005年，頁30。
[7] 睡虎地秦墓竹簡整理小組編：《睡虎地秦墓竹簡》，頁5、9。

未見出土平肩空首布的報導。其次，"少曲"始見於雲夢秦簡《編年紀》和《史記·范雎列傳》，是戰國晚期才出現的城邑。這時的少曲先屬韓，後歸秦國所有，而韓、秦兩國都不是鑄行平肩空首布的地區。第三，"少曲"是戰國晚期才興起的小城邑，春秋時期它是否存在尚無明證。因此，當時的"少曲"之"市"不可能有"市左""市中""市南""市西"和"市次"這樣區劃眾多的鑄造作坊。[1]

疑問一和二都涉及空首布不同類型鑄行範圍。根據錢幣學研究，晉鑄行聳肩尖足空首布，平肩空首布在周、鄭、衛等國。且從目前出土的平肩空首布範圍看，主要在洛陽、新鄭、三門峽等地區。[2]《國語·晉語》文公"二年春，公以二軍下次於陽樊……賜公南陽陽樊、溫、原、州、陘、絺、鉏、欑茅之田"。[3]周襄王因晉文公救國有功，賞賜周南陽八邑給晉文公。諸地位於今濟源縣、修武縣、沁陽縣、滑縣等境內。黃河北岸至今僅見聳肩或斜肩空首布，確未出土有平肩空首布。平肩空首布上的"少曲"地名確實與現有認識不符。

關於疑問三，春秋時是否存在"少曲"地名？傳世典籍中確實沒有記載，但是溫縣盟書研究的新進展提供了證據。溫縣盟書"懸書"[4]類中記有"少曲"：

> 所徒敢爲絑（縣）書于小（少）匚（曲）者，所徒敢智（知）爲書不之言者，皇君晉公其壺（諦）惡（亟）睍（視）之，亡臺（夷）非（彼）氏，卑（俾）母（毋）又（有）由（胄）后。(1-1-159)

---

[1] 蔡運章等：《洛陽錢幣發現與研究》，頁34—35。
[2] 空首布的發現可參看三門峽市博物館：《三門峽豐陽村春秋空首布窖藏》，鄭州：大象出版社，2022年，頁33—37。
[3] 徐元誥：《國語集解》，頁352。
[4] 郝本性、魏克彬：《"懸書"解》，《考古學研究》（六），2006年，頁461—464。

　　　　所朔敢爲絉（縣）書于小（少）匚（曲）者……朔敢爲書不之言者……晉公其坣（諦）惡（亞）睍（視）之，亡塺（夷）……母（毋）又（有）由（胄）后。(1-1-166)[1]

　　温縣盟書出土於河南省温縣武德鎮東周時期的盟誓遺址，該遺址位於温縣城東北12.5公里的沁河南岸，西南是州城遺址，與州城僅隔一護城河。盟書年代爲晉定公十五年（前497年），主盟者爲韓氏宗主。[2] 盟書"少曲"的出現，應是目前見到的最早的文獻記録。如此，"少曲"作爲春秋晚期地名是確實存在的。其地望，結合温縣盟書出土地點以及"懸書"的性質，我們認爲"少曲"應近古州地。州城遺址位於沁水南岸，沁水即春秋少水，《水經注·沁水》記載："……其水南分爲二水。一水南出爲朱溝水。沁水又逕沁水縣故城北，蓋藉水以名縣矣，春秋之少水也。"[3] 春秋時"少曲"應爲靠近州地的少水彎曲處的地名，其地應在今温縣境内。

　　但是，我們不能因爲春秋有"少曲"地名，就把"少曲"幣文認定爲春秋"少曲"地所在。空首布的鑄行時間和範圍所展現的矛盾是無法協調的。在没有確定的出土文獻或考古實物的證據前，我們還是應該慎重。但是，我們或許可以做出其他解釋。從目前"少曲"四字布都出土於洛陽東周王城附近來看，它們或與周都洛邑聯繫密切，"少曲"或是洛邑城的一個市名。[4] 它與韓少曲只是同名關係。

　　"少曲"市能在市内各個區内鑄行不同幣文的貨幣，足見其範圍之廣。雖然周王室在春秋晚期已經國勢衰微，但是洛邑作爲周都，其

---

[1] 王建軍、郝本性：《温縣盟書釋字研究的新進展》，《古文字研究》第30輯，北京：中華書局，2020年，頁659。

[2] 河南省文物研究院：《河南温縣東周盟誓遺址一號坎發掘簡報》，《文物》1983年第3期。

[3] 酈道元著，王先謙校：《合校水經注》，頁150。

[4] 20世紀50年代在發掘通過漢河南縣城中部的中州路西工段時，先後發現"河市"戳記陶片24片［中國科學院考古研究所：《洛陽中州路（西工段）》，北京：科學出版社，1959年，頁37—38］。

政治和經濟中心的地位影響是一直都在的，尤其經濟之發達，典籍多載，如《戰國策·秦策》曰："今三川、周室，天下之市朝也。"[1]《貨殖列傳》載："洛陽東賈齊、魯，南賈梁、楚。"[2] "周人既纖，而師史尤甚，轉轂以百數，賈郡國，無所不至。"[3] 此都是洛陽經濟地位的寫照。這麼重要的經濟地位，其往來貿易一定很頻繁。

《周禮·地官·司市》有言："大市，日昃而市，百族爲主；朝市，朝時而市，商賈爲主；夕市，夕時而市，販夫販婦爲主。"[4] 可見，市有時間之分，不同時間有不同人群行市。市亦有區域之分，《周禮·地官·質人》："凡賣儥者質劑焉，大市以質，小市以劑。"鄭司農云："大市，人民馬牛之屬，用長券。小市，兵器珍異之物，用短券。"[5] 市有時間和區域的劃分，那麼對應的貨幣上，是否有相應的區分？"少曲"四字布也許給了一種可能。即"市"可以分"市南""市東""市西""市中""市左"等不同區域。而最新發現的河南洛陽東周時期手工業作坊遺址，建築基址和遺址分布具有明顯的功能分區。[6]

"少曲"四字布通過在貨幣上標注方位，來實現流通範圍或者特定市場的控制，同時也證實《司市》"以次敘分地而經市"非虛設。《漢書》中"長安市"已有"西市""交門市""李里市"等不同的劃分，樂府民歌《木蘭辭》中"東市買駿馬，西市買鞍韉，北市買轡頭，南市買長鞭"也似乎更能與幣文遙相呼應。

---

[1] 劉向集錄，范祥雍箋證，范邦瑾協校：《戰國策箋證》，頁 202。
[2] 司馬遷：《史記》卷 129，頁 3265。
[3] 司馬遷：《史記》卷 129，頁 3279。
[4] 孫詒讓撰，王文錦、陳玉霞點校：《周禮正義》卷 27，頁 1059—1060。
[5] 孫詒讓撰，王文錦、陳玉霞點校：《周禮正義》卷 27，頁 1077。
[6] 洛陽市考古研究院：《河南洛陽發現東周時期手工業作坊遺址》，"文博中國"公眾號，2024 年 11 月 20 日。

第五章　簡牘所見貨幣史料研究諸例

簡牘材料內容之豐富，歷來爲學界所關注。我們在整理其中的貨幣史料時，亦會對其中所涉貨幣制度、經濟活動等內容格外注意。楚簡所涉內容雖然不多，但是在"貸金糴種"問題上能夠與其後秦漢時所載"貸種"問題合而觀之，以探由楚入秦之變。秦簡中豐富的秦"錢"史料，爲深化秦貨幣研究提供了可能。

第一節　從包山楚簡"貸金糴種"到秦"貸種"

一、包山楚簡中的"貸金糴種"

包山楚簡中有專門的記錄貸金活動的"貸金簡"。[1] 它們應該是目前所見最早的關於"借貸"活動的記述，也是我們了解楚國當時借貸活動的主要材料。學者對其多有關注，但多着眼於字詞的釋讀及其

---

[1] 關於"貸金簡"的稱呼參看李零：《包山楚簡研究（文書類）》，《李零自選集》，桂林：廣西師範大學出版社，1998年，頁131—147。劉信芳：《包山楚簡解詁》，頁97。

借貸的過程[1]討論。[2] "貸金簡" 據其内容可分爲兩組，由於第一組簡文中，都有 "貸越異之金……以糴種（種）" 的記録，因此就有學者提出了 "貸金糴種" 問題。[3] 這也是目前關於 "貸種" 的最早記録。

第一組簡包含簡 103-114，共十二支簡，講述了楚國子司馬接受王命，命令冀陵公鼉、宜陽司馬强貸越異黄金來貸給鄙鄰[4]用來糴種，以及各地官員貸領金的情况。[5] 關於簡文的内容，經過諸家解讀，已經有比較充分的認識，但是從 "貸種" 角度來看，還有更多的内容可供參考。

簡 103 是本組簡的首簡，介紹了本次貸金活動的時間、參與人物、記録人員等重要信息。簡 104 記録了貸金償還的約期。簡文如下：

> 大司馬卲（昭）戩（陽）敗晉币（師）於殹（襄）陵之歲（歲），宫月，子司馬呂（以）王命=（命命）冀陵公鼉、宜易（陽）司馬强貪（貸）邲（越）異之黄金，呂（以）貪（貸）鄙鄰（鄰）呂（以）糴（糴）種（種）。【103】王婁逯哉（職）之。里（匡）篰爲李。【103反】訡（幾）至屈栾（夕）之月賽金。【104】

本次借貸活動發生的時間是 "大司馬昭陽敗晉師於襄陵之歲"，爲楚國常見的大事紀年法，[6] 著名的鄂君啓節也有記載。"大司馬昭陽敗

---

[1] 學者關於借貸過程的討論主要集中在第一組簡和第二組簡是否記録同一次借貸活動。

[2] 后德俊：《"糴種"考》；羅俊揚：《從包山楚簡貸金史料論楚國之金融》；李學勤：《楚簡所見黄金貨幣及其稱量》；王穎：《從包山楚簡看戰國中晚期楚國的社會經濟》；羅運環：《包山楚簡貸金簡研究》；張伯元：《爲"越異之金"進一解》，簡帛網，2012 年 1 月 19 日；王准：《包山楚簡"貸金糴種"問題的考察》。

[3] 目前明確提出 "貸金糴種" 問題的是王准。（參看其文《包山楚簡 "貸金糴種" 問題的考察》）。

[4] 關於 "鄙鄰" 的讀法，我們從馬楠之說，讀爲 "郊縣"，係城邑及其所轄鄉遂稍縣之泛稱。參看馬楠：《清華簡第一冊補釋》，《中國史研究》2011 年第 1 期。

[5] 朱曉雪：《包山楚簡綜述》，頁 226—242。

[6] 徐少華：《包山楚簡釋地四則》，《武漢大學學報（哲學社會科學版）》1988 年第 4 期。

晉師於襄陵"即《史記·楚世家》記載（楚悼王）"六年，楚使柱國昭陽將兵而攻魏"之事。[1] 宫月，楚曆。貸金活動涉及的人物是中央的子司馬和地方官員巽陵公、宜陽司馬。

貸金的過程如下：子司馬受王命命令巽陵公和宜陽司馬貸越異之金來貸給郊縣地區，目的是糴種，並約定在屈夕之月償還。首簡中"貸"字共出現兩次，對"貸"字含義的理解，直接影響到對借貸過程的判斷。關於"貸"字含義，學者多言"貸"，只有《十四種》中做了區分，指出前一個"貸"指借入，後一個"貸"指借出。[2] 很明顯，這樣理解的話，借貸行爲是有兩個過程的，即先由巽陵公、宜陽司馬借入越異之金，然後再借出給郊縣糴種。但是，從簡 105-114 的内容來看，各地都直言"貸越異之金"，未談及巽陵公和宜陽司馬，因此借貸行爲的施事者還應理解爲"越異"，而非巽陵公、宜陽司馬二人。第一個"貸"字理解爲其意動用法，"以越異之金貸……"意思就比較明確，即子司馬命令巽陵公和宜陽司馬以越異之金貸給郊縣用來購買種子。二人爲"貸越異之金"這一借貸行爲中央一級的執行者，雖然受王命的是"子司馬"，但是執行者卻是巽陵公和宜陽司馬。而且值得關注的是，巽陵和宜陽不存在與其後申領貸的諸地之中。後文兩個介詞"以"，前者表順承，後者表目的。第二組貸金簡首簡"命巽陵公邗鼇爲鄙鄡貣（貸）邨（越）異之鈷金一百益（鎰）二益（鎰）四（兩）"，[3] 直言"……爲……貸……"可以相證。

整個貸金活動是"貸越異之金以糴種（種）"。"越異"是整個貸金活動的主體，關於"越異"的解釋，目前有三種意見，一是指專職救災的官府機構；[4] 二認爲是地點；[5] 三是指與封禪祭神相類的

---

[1] 學者已有相關研究。可參看湖北省荆沙鐵路考古隊：《包山楚簡》，頁 46。
[2] 朱曉雪：《包山楚簡綜述》，頁 228—230。
[3] 朱曉雪：《包山楚簡綜述》，頁 243。
[4] 劉信芳：《包山楚簡解詁》，頁 98。
[5] 羅俊揚：《從包山楚簡貸金史料論楚國之金融》。

機構。[1]"越異"還見於"越異之司敗"（簡46）、"越異之大市（師）"（簡52）等簡文中。從簡103王能直接命令加以施予，結合里耶秦簡記錄官吏出貸粟多從某倉中直接出的内容來看，"越異"解釋爲官府機構應該更能講通。

此次貸金的目的是"糴穜（種）"。關於"糴穜"，簡文"糴"寫作"櫜"或"翟"。《説文·入部》："糴，市穀也。""穜"，諸家大都作"種"，訓爲"種子"。"糴穜（種）"即購買種子。王准提出不同意見，他以《周禮》中"穜"字幾個用例爲證，認爲"穜"與"種"不同，指某些穀物作爲食物而非種子用途。[2]關於"穜"和"種"的關係，段玉裁有過詳細論述：

《説文·禾部》："穜，埶也。"段注曰："釆部曰：埶，穜也。小篆埶爲穜。之用切。種爲先穜後孰。直容切。而隸書互易之。詳張氏《五經文字》。種者以穀播於土。因之名穀可種者曰種。凡物可種者皆曰種。"《説文·禾部》："種，先種後孰也。"段注："此謂凡穀有如此者，《邠風》傳曰：後孰曰重。《周禮·内宰》注，鄭司農云：先種後孰謂之穜。按《毛詩》作重。叚借字也。《周禮》作穜，撰寫以今字易之也。"[3]

王先生所引用《周禮》"穜"諸例，按照段玉裁的説法是當時漢人轉寫的。目前楚簡所見"種"字，僅清華玖《禱辭》簡19"百種皆顈（集）"作"種"，其餘所見諸例均爲"穜"，而作爲"穜"者兼有諸義。而到了秦簡中，既作"穜"，又作"種"。王准通過辨别"穜"和"種"來進行區分，怕是不合時宜的。"穜"和"種"完全可以看作是一組異體字。如是，"糴穜"的"穜"還是訓爲"穀種"最合理。

---

[1] 張伯元：《爲"越異之金"進一解》。
[2] 王准：《包山楚簡"貸金糴穜"問題的考察》。
[3] 許慎撰，段玉裁注：《説文解字注》，頁321。

從借貸發生的時間來看，亯月，楚曆，但是具體是夏曆幾月，有不同的説法，或認爲楚六月（夏三月），[1] 或認爲楚六月（夏五月），[2] 也因此"賽金"之月"屈柰（夕）"有楚二月（夏十一月）[3] 和楚二月（夏一月）[4] 之别。如果亯月爲夏曆三月，正好是春種的季節，《漢書·昭帝紀》載："三月，遣使者振貸貧民毋種、食者。"[5] 簡104"舀（幾）至屈柰（夕）之月賽金"，記録"賽金"的時間是屈夕之月，所謂的夏曆十一月正好是秋收之後，根據簡文，貸款的時間應該是春耕時，而還貸的時間就確定在秋收之後。從目前兩湖地區耕種的季節來看也是相符的，學者也多有提及。[6]

簡105－114是諸地申領貸金情況的記録，包括申領人和貸金數量。從簡文看，申領貸金的人至少有兩人，有的是三人，這兩三人中除了簡105鄝地出現了中央官員左司馬和安陵莫敖，其他的均爲本地官員，其官職涉及莫敖、攻尹、喬尹、喬佐、連敖、大辻尹等，雖然有些職掌不清楚，但都應是當地執政長官。[7] 我們認爲這兩三人中有借貸的主體，還有擔保人，至於其身份的不同，或與其借貸的數量或者區域的地位是有關係的。

與貸金簡的第二組内容（簡115－119）相比，首簡103並未提及貸越異之金的總量，簡105－114記載，諸地借越異之金總數爲九十四益四兩，但是這只能看作是諸地"辿（過）舀（幾—期）不賽金"的量，而由巽陵公和宜陽司馬貸越異之金的數量不得而知。但是，從

---

[1] 陳偉：《包山楚簡初探》，武漢：武漢大學出版社，1996年，頁3。
[2] 劉彬徽：《楚國曆法建丑新證》，《江漢考古》2021年第4期。
[3] 陳偉：《包山楚簡初探》，頁3。
[4] 劉彬徽：《楚國曆法建丑新證》。
[5] 班固：《漢書》卷7，頁220。
[6] 陳偉：《包山楚簡初探》，頁3；李學勤：《楚簡所見黄金貨幣及其稱量》。
[7] 黄盛璋先生指出"至於地方貸越異之金，也由最高執政長官出面負責。"參看其文《包山楚簡中若干重要制度發展與爭論未決諸關鍵字解難決疑》，《湖南考古輯刊》第六輯，1994年。

第二組貸金簡文來看，巺陵公爲郊縣貸越異之金一百益二益四兩，而簡 116－119 所列諸地貸金數量共七十五益半益四兩，與首簡總數不符，疑簡文所列僅爲不能"賽金"的地方，而有地方已經按期賽金而不被記錄在册了。

包山"貸金糴種"簡，向我們展示了楚國統治者通過"貸金"的方式來"糴種"。由中央命官員將越異之金貸給地方，目前來看受貸人爲縣級主要官員。地方政府負責"貸金糴種"的官員，過期不能"賽（報）"的，是要被追責的。[1] 但是已有材料對"貸種"這一活動的制度化問題不能提供更加詳細的材料，對於最終"糴種"的實現主客體也未交代，只能說"貸金糴種"僅是存在的一種借貸形式。關於"貸金糴種"的原因不太清楚，《史記·晉世家》"晉饑而秦貸我，今秦饑請糴，與之何疑？"[2] 從《楚世家》記載看，（楚懷王）"六年，楚使柱國昭陽將兵而攻魏，破之於襄陵，得八邑。又移兵而攻齊……"[3] 與該年戰事連連，農事受影響，民貧無種應該是有關係的。楚悼王爲了鞏固統治，"貸金糴種"，即借貸黄金去購買穀種，也是可以講通的，而至於去向誰糴種，就不得而知了。

二、秦簡牘中的"貸種"

秦簡中也存在一些"貸種"材料。嶽麓秦簡壹《爲吏治官及黔首》里面有簡 77 云：

貸種食弗請。[4]

---

[1] "貸金簡"是諸家根據其内容對其的劃分，然而從墓主人的身份（左尹）及其相關内容看，應也與司法相關。
[2] 司馬遷：《史記》卷 39，頁 1653。
[3] 司馬遷：《史記》卷 40，頁 1721。
[4] 相關内容參看朱漢民、陳松長主編：《嶽麓書院藏秦簡（壹）》，上海：上海辭書出版社，2010 年，頁 143。

貸種食，整理者言："稺食，穀種和糧食。"[1] 按，此處"請"應該不是一般意義的告訴，應指向上級請示，簡牘文書中常見。作爲"此治官、黔首及身之要也。與它官課，有式令能最"的《爲吏治官及黔首》，此處主語應該明確是指官吏。[2] 而此簡的内容與《法律答問》規定的"府中公金錢私貣用之，與盜同法"相類，私自借用都是不被允許的。

那麼"貸種"的行爲是如何進行的？里耶秦簡貳中有兩支簡的内容涉及"貸種"的問題，可以提供一些參考。其内容如下：

> 廿六年後九月辛酉，啓陵鄉守柎、佐□、稟人矰出麥四斗以貸貧毋穜者貞陽不更佗。令史孫監。自受及券。　□☑。
>
> （里耶貳 9-533+9-886+9-1927）
>
> ……佐操、稟人以貸貧毋穜者成里□☑　☑令史□監。自受。☑　　　　　　　　　（里耶貳 9-880+9-1023）

兩支簡文中都有"貸貧毋穜者"，"毋"通"無"，"穜"通"種"，意爲貸給因爲貧窮而無穀種的人。《管子·禁藏》儘言"貸無種"，此處"貧無種"應該只是其中的一種情況。根據比較完整的簡文内容來分析，整支簡記録了貸種發生的時間、地點、人物、記録以及受貸情況。

時間是二十六年後九月辛酉日。"後九月"，秦代以十月爲歲首，所以閏月稱爲後九月。[3] 秦簡牘材料中多見，如睡虎地秦簡《編年

---

[1] 陳松長主編：《嶽麓書院藏秦簡（壹—叁）釋文修訂本》，頁38。
[2] 朱紅林先生指出貸種食弗請，就是説官吏向百姓貸種食没有向上級請示。這種行爲是違法的。貸種食以支持農民的農業生産，這是中國古代重農思想指導下政府的一貫措施。參看朱紅林：《嶽麓簡〈爲吏治官及黔首〉分類研究（一）》，簡帛網，2011年5月27日。
[3] 關於秦代曆法研究較多。出土簡牘資料豐富了秦曆的研究，如張培瑜、張春龍《秦代曆法和顓頊曆》，湖南省文物考古研究所編著《里耶發掘報告》附録，長沙：嶽麓書社，2007年。

紀》"五十六年後九月，昭死"；《秦律十八種·倉律》"日食城旦，盡月而以其余益爲後九月禀報"；里耶秦簡中更是有多例。"貸貧毋種者"的時間爲什麽在"後九月"？《管子·輕重乙》："淫水十二空，汶淵洙浩滿三之於，乃請以令使九月種麥，日至日穫，則時雨未下而利農事矣。"[1] 通過文獻記載，"九月種麥"是利農事的。如果不能在九月種麥，而是因爲某種原因如"貧"，向後拖延至後九月的，作爲重農的秦朝，[2] 就會有一定的措施，而"貸貧毋種者"似乎就是舉措之一。

施貸者是啓陵鄉守枯、佐□和禀人。啓陵鄉，遷陵縣下的鄉名；鄉守，官職名，指代理鄉嗇夫之職者；[3] 佐，應即鄉佐，《續漢書·百官志》："鄉佐屬鄉主民收賦稅。"[4] 禀人，即廩人，管理穀物的收藏出納。[5] 出貸的對象是"麥"，從現代農業知識看，"麥"屬北方農作物，里耶秦簡中有多處"麥"的記錄，可知當時"麥"在遷陵地區也有種植。受貸者的身份是"貞陽不更"。貞陽，《校釋》言："當是啓陵鄉下之里名。"[6] 不更，《漢書·百官公卿表》"爵：一級曰公士，二上造，三簪褭，四不更，五大夫……二十徹侯。皆秦制，以賞功勞。"[7] 其屬於秦軍功爵的第四級爵，其身份應該受到關注，因爲他並不是我們一貫認爲的平民。令史，官名，職掌文書等事，[8] 整個借貸過程由令史記錄。

---

[1] 黎翔鳳撰，梁運華整理：《管子校注》，頁1607。
[2] 蔡萬進：《秦國糧食經濟研究（增訂本）》，鄭州：大象出版社，2009年，頁17—20。
[3] 陳治國：《里耶秦簡之"守"和"守丞"釋義及其他》，《中國歷史文物》2006年第3期。
[4] 范曄：《後漢書》卷118，頁3624。
[5] 陳偉主編：《秦簡牘合集·釋文注釋修訂本（壹）》，頁129。
[6] 陳偉主編：《里耶秦簡牘校釋（第二卷）》，頁151。
[7] 班固：《漢書》卷19，頁739—740。
[8] 陳偉主編：《里耶秦簡牘校釋（第一卷）》，頁19。

"自受及券"又作"自受券",或作"自受"。"自受"當指由不更佗本人接受所貸之"麥"。券,《説文·刀部》:"券,契也……券別之書,以刀判契其旁,故曰契券。"[1] 用於買賣、債務等契據,《戰國策·齊策》:"使吏如諸民當償者,悉來合券",注曰:"凡券,取者、予者各收一,責則合驗之。"[2] 目前發現的簡牘材料中,有相當一部分屬於契券,爲我們了解當時的借貸活動提供了依據。簡文言"自受及券",應該是對"別券"的描述。

整支簡記録了秦廿六年後九月的辛酉日,啓陵鄉的鄉守枯、佐□和廩人矰支出四斗麥,用來借貸給因爲貧窮而没有穀種耕種的貞陽不更佗,令史孫監負責記録,(佗)自己接受貸種及別券。此"貸種"活動的實施者是鄉級各類官員,如鄉守、佐、廩人,受貸者爲不更,可見"貸種"的實施由鄉級官員負責。

嶽麓秦簡叁收録了秦王政時代的司法文書,案例一四《學爲僞書案》講述了學冒充五大夫馮毋擇的兒子,以毋擇之名私信給胡陽丞,希望其向癸借貸錢、穀種、糧食等來種地,結果被識破所書是僞書而被羈押的事情。[3] 其中就有關於"貸種"的記載。簡文中的"穜"爲"種"字異體,意爲穀種。此篇奏讞文書中共談到三次"貸種"活動,涉及的人物有癸、丞矰、五大夫馮毋擇、胡陽丞主等。第一次提到的是"毋擇【□□□叚(假)錢二】萬及穜(種)食胡陽,以田",是丞矰所述的其收到的關於毋擇【□□□】從胡陽借貸錢二萬、穀種和糧食去種田的私信内容。由於簡文有殘缺,毋擇如何主導此次借貸活動,不得而知。但是後面從"癸私書"的内容可知,假託毋擇之名,以老者身份"臣老,癸與人出田,不齎錢、穜(種)。願丞主叚(假)錢二萬貣(貸)、食支卒歲"。向胡陽丞主囑託借貸之

---

[1] 許慎:《説文解字》卷4,頁87。
[2] 劉向集録,范祥雍箋證,范邦瑾協助校:《戰國策箋證》卷11,頁621。
[3] 參看(德)陶安:《嶽麓秦簡〈爲獄等狀四種〉釋文注釋》,頁152—160。

事，即癸與人出行種田，没帶錢和穀種，希望丞主能借二萬錢和足够支撑一年的糧食。第二次，應是學被要求做情况説明時提到的"毋擇令癸□【□□】糧（種）食，以田。不爲僞書"。雖然簡文有殘缺，但應是假貸錢、種、食之詞。第三次是學自作私信"丈人詔令癸出田南陽，因穜（種）食、錢貣（貸），以爲私【書】"，再次明確老人家（馮毋擇）令他去南陽種田，因爲穀種、糧食和貸錢的事情，寫了一封私人書信。

如果説里耶秦簡中的兩支簡文向我們展示了貸種的過程，即由鄉官直接出貸給借貸者。那麽嶽麓秦簡《學爲僞書案》則向我們展示了有需要的人如何申請借貸的過程，至少是其中的一種過程。學假託毋擇之子名，通過僞書毋擇和自己的兩種私書，期望向胡陽丞主貸錢、種和食。胡陽是秦縣名，《漢書·地理志》作"湖陽"，屬南陽郡，治在今河南唐河縣西南湖陽鎮。[1] 丞，《續漢書·百官志》"縣鄉條"本注曰："丞署文書，典知倉獄。"[2] 是地方官員的總領。受信者爲丞贈，根據下文所述指少内丞，《漢書·魏相丙吉傳》"少内嗇夫白吉祥"顔師古注曰："少内掖庭主府藏之官也。"[3] 少内是縣下屬機構，職掌府庫。可知，有需要者可以直接向少内丞提出申請，少内丞向丞進行匯報，才可决定是否貸種。信中所言"癸田新野，新野丞主幸叚（假）癸錢、食一歲"，也應被参考。

三、入秦之變：從"貸金糴種"到"貸種"

包山楚簡出土於湖北荆門市，睡虎地秦簡出土於湖北雲夢縣，里耶秦簡出土於湖南湘西龍山縣，嶽麓秦簡非科學發掘品，但是從

---

[1] 班固：《漢書》卷28，頁1564。
[2] 范曄：《後漢書》卷118，頁3623。
[3] 班固：《漢書》卷74，頁3149—3150。

其簡牘形制及收藏時的狀態來看，屬於兩湖地區應無疑義。本文所討論的材料，從地域看應屬於舊楚的範圍。從包山楚簡的"貸金糴種"，到秦簡的"貸種"，首先應該是入秦之變。著名的里耶秦簡更名方就是入秦之變的重要例證，而政府"貸種"形式的變化，即楚國時采取貸金糴種的形式來實現"貸種"，而到了秦，直接施行"貸種"。

從包山楚簡的"貸金糴種"到秦簡的"貸種"，二者的區別與聯繫是明顯的。首先，楚通過"貸金"來"糴種"以達到"貸種"的目的，而秦時直接"貸種"；其次，楚的"貸金糴種"是由中央到地方縣級的一種借貸行爲；而秦通過縣鄉級官員實施"貸種"行爲，最終受體是與土地有直接關係的人。但是，無論楚的貸金糴種，還是秦的直接貸種，都是一種政府行爲，且都是被法律規範的，是被嚴格控制的。

包山楚簡中的"貸種"是通過"貸金"以"糴種"來實現的。"貸金"的過程是從中央到地方，且由地方的主要官員負責進行的，如果逾期不"賽（報）"，是要被追究法律責任的。而"糴種"的具體過程則不清楚，但應該是由地方官員來安排實施的。除了"貸金"之外，還要"賽金"，賽金的獲得又是值得研究的問題，但因爲材料有限，暫時未有進展。

秦簡的内容則說明，到了秦代，"貸種"行爲已經直接演變爲政府行爲，而非通過其他途徑來實現。"貸種食"這種行爲是被約束的，必須要"請"，否則"食不得償"。"貸種"是由鄉級官員如鄉守、佐和廩人，直接負責進行的，借貸人爲秦軍功爵的第四級爵"不更"，他們是直接與土地有關係的人。關於"貸種"，據《學爲偽書案》中的私信内容可見，可向相關官員申請；而關於償還，偽書中曾言"稼孰倍償"，但是從簡文所披露的其他的借貸行爲來看，償還是要多於所貸之量的。

這種"變"的導向應該是與秦代日益完善的倉儲制度或者說與秦

直接儲存穀種有關。管子曰："倉廩實而知禮節。"楚國官璽有"邨粟客璽"（《古璽彙編》5549）、"群粟客璽"（《古璽彙編》5549），一般認爲"粟客"爲主管糧食的官。[1] 但是由於史料所載缺失，我們對於楚國糧食的生產與管理的具體情況無從知曉。與楚簡資料不同的是，秦簡牘材料中，有很多關於倉儲制度的内容，爲我們了解秦代的倉儲制度提供了支持。[2] 與"貸種"相關的内容見於秦睡虎地秦簡《秦律十八種·倉律》中。《倉律》簡 39－40 對種子的使用和儲藏有明確的記録，其言：

> 種：稻、麻畝用二斗大半斗，禾、麥畝一斗，黍、荅畝大半斗，叔（菽）畝半斗。利田疇，其有不盡此數者，可殹（也）。其有本者，稱議種之。縣遺麥意爲種用者，毄禾以臧（藏）之。[3]

對田地有利，用不盡這個數量的，也可以。田中已有作物的，酌情種植。縣留麥有意做種子用，"毄禾"來收藏。毄，整理者言法也，即仿效；《合集》言：

> 毄禾，或是與穀子拌和。周家臺秦簡354號："取户旁䵂黍，裹臧（藏）。到種禾時，燔冶，以毄種種，令禾毋閲（稂）。"彼此或有類似處。[4]

按，《説文·殳部》："毄，相雜錯也。"此處指與禾混雜。兩條簡文説明，縣有直接管理穀種的預留和儲存的責任，這也就直接導致了與楚簡"貸金糴種"的不同。

---

[1] 石泉：《楚國歷史文化辭典（修訂本）》，頁400。
[2] 最新的研究成果可參看謝坤：《秦簡牘所見倉儲制度研究》，上海：上海古籍出版社，2021年。
[3] 陳偉主編：《秦簡牘合集·釋文注釋修訂本（壹）》，頁65。
[4] 陳偉主編：《秦簡牘合集·釋文注釋修訂本（壹）》，頁66。

作爲農業大國，歷代統治者都非常重視保民耕種。對於因各種原因"無種"的人，統治者施行"貸種"就成了重要舉措。傳世典籍中關於"貸種"多有記載，如《管子·禁藏》"賜鰥寡，振孤獨，貸無種，與無賦，所以勸弱民"，[1]《管子·揆度》"無種者貸之新"。[2] 出土先秦簡牘文獻中也有"貸種"的相關記錄，綜合考之，爲我們進一步了解先秦"貸種"問題提供了可能。

包山楚簡中負責"貸金糴種"的官員，除了個別的負責農業的左尹外，都是其行政長官。在包山楚簡中有"帝苴之田""城田"等不同區分，[3] 那麼此類"貸金糴種"對象的確認，對於了解楚國農業制度的發展至關重要。雖然，我們前面所言造成楚"貸金糴種"和秦"貸種"直接不同的是秦有專門的律令規定由縣級直接負責穀種的預留和保存。但是其背後應該是更加複雜的土地制度問題。而在秦國軍功爵制度下，國家施行授民授田，目前材料所指向的"貸種"之人非普通百姓黔首，而是二十等爵者，因此這只能代表了秦時政府借貸行爲的一種形式。

此外，從里耶秦簡簡文"貸貧毋種者"，可知秦時遠不是《韓非子·外儲說右下》所云"吾秦法使民有功而受賞，有罪而受誅。今發五苑之蔬果者，使民有功與無功俱賞者，此亂之道也"的"生而亂不如死而治"的治國之道。

《管子》之後，傳世典籍中關於"貸種"的明確記載要到《漢書》。《漢書》中"貸種"之説共四見。文帝時，"春正月丁亥，詔曰：'夫農，天下之本也，其開籍田，朕親率耕，以給宗廟粢盛。民讁作縣官及貸種、食未入、入未備者，皆赦之"。[4] 顏師古注曰：

---

[1] 黎翔鳳撰，梁運華整理：《管子校注》，頁1125。
[2] 黎翔鳳撰，梁運華整理：《管子校注》，頁1532。
[3] 陳偉：《楚簡册概論》，武漢：湖北教育出版社，2012年，頁192—195。
[4] 班固：《漢書》卷4，頁117。筆者按，原書爲"貸種食"，中無點斷，根據注解內容，此處應點斷。

"種者，五穀之種也。食者，所以爲糧食也。"[1] 古來統治者會在春天舉行籍田之禮，正如韋昭所言："借民力以治之，以奉宗廟，且以勸率天下，使務農也。"[2] 文帝詔書言"夫農，天下之本也"，足見其對農業的重視。在舉行"籍田"禮時，順便頒布詔令以饗民人，減輕其負擔，即民人中被罰去給官府做工的，向官府借貸種子、糧食未還的，或者只還一部分未全部還的，全都赦免。到了昭帝時，"三月，遣使者振貸貧民毋種、食者。秋八月，詔曰：'往年災害多。今年蠶麥傷，所振貸種、食勿收責，毋令民出今年田租。'"[3] 宣帝時，"三年春三月，詔曰……又曰：'鰥寡孤獨高年貧困之民，朕所憐也。前下詔假公田，貸種、食。其加賜鰥寡孤獨高年帛。二千石嚴教吏謹視遇，母令失職。'"[4] 漢元帝初元三月，"丙午，立皇后王氏。以三輔、太常、郡國公田及苑可省者振業貧民，貲不滿千錢者賦貸種、食"。[5] 可見，到了漢代，春耕時節由國家賑貸種食已成爲常例。[6]

第二節　簡牘所見秦"錢"芻議

在已經公布的秦簡中，"錢"的内容是很豐富的，不僅涉及秦幣本身，還涉及市賈買賣、出貸、貲罰購賞等内容。在秦簡的記録中，不僅有"錢"，還出現了諸如"行錢""通錢""現錢""禁錢""美錢""惡錢""旁錢""新錢"等稱謂，爲我們了解秦錢制度提供了參考。

---

[1][2] 班固：《漢書》卷4，頁117。
[3] 班固：《漢書》卷7，頁220。
[4] 班固：《漢書》卷8，頁248。
[5] 班固：《漢書》卷9，頁279。
[6] 參看張建民，魯西奇主編：《歷史時期長江中游地區人類活動與環境變遷專題研究》，武漢：武漢大學出版社，2011年，頁224。

一、行　　錢

睡虎地秦簡《秦律十八種·金布律》是目前所見關於錢幣制度最早的法律，其中涉及一些概念，引起學者的廣泛關注。"行錢"就是其一。

> 賈市居死〈列〉者及官府之吏，毋敢擇行錢、布；擇行錢、布者，列伍長弗告，吏循之不謹，皆有辠（罪）。
>
> （睡簡·秦律十八種·金布律 68）

關於"行錢、布"，整理者言意爲對銅錢和布兩種貨幣有所選擇。《漢書·百官公卿表》："（武帝元鼎三年）酇侯周仲居爲太常，坐不收赤仄錢收行錢論。"師古曰："赤側當廢而不收，乃收見行之錢也。"[1] "見行之錢"即"現行之錢"，"行錢"一般理解爲通行的錢幣。

後張家山漢簡《二年律令·錢律》中也出現了"行錢"，簡 197－199曰："錢徑十分寸八以上，雖缺鑠，文章頗可智（知），而非殊折及鉛錢也，皆爲行錢。金不青赤者，爲行金。敢擇不取行錢、金者，罰金四兩。"[2] 是講錢的直徑超過十分之八寸，雖然缺鑠，文章（即文字）也可以認識的，而不是斷裂的，也不是鉛錢的，都爲"行錢"。黃金没有青赤色的，爲"行金"。敢有所選擇不收取行錢、金的人，罰金四兩。

秦漢律簡中都出現了"行錢"，學者多有關注，其觀點大致可分爲三種：一是指通行、流通之錢，如張家山漢簡整理者、李均明、閆曉君；[3]

---

[1] 班固:《漢書》卷 19，頁 778—779。
[2] 張家山二四七漢墓竹簡整理小組:《張家山漢墓竹簡（二四七號墓）釋文修訂本》，頁 35。
[3] 張家山二四七漢墓竹簡整理小組:《張家山漢墓竹簡（二四七號墓）釋文修訂本》，頁 35；李均明:《張家山漢簡與漢初貨幣》；閆曉君:《試論張家山漢簡〈錢律〉》。

二是指法律允許流通的錢,如朱紅林、林益德等;[1] 三是指質地不好的錢,吳榮曾率先指出,[2] 學者多有跟從。[3] 三種釋讀意見,其解讀都有可行但仍有不及之處。

第一種將"行錢"理解爲通行、流通之錢,上揭顏師古之訓解,可見,"行錢"是與"赤仄錢"相並存的錢種。將"行錢"理解爲現行之錢,是一種通用範疇,而"赤仄錢"爲固定範疇;或言"行"在此是動詞,而"赤仄"是形容詞,詞義形態不同。而"行"作流通之義,見於《二年律令·錢律》簡 203:"智(知)人盜鑄錢,爲買銅、炭,及爲行其新錢,若爲通之,與同罪。"[4] 簡文中"行"與"通"並存。對於"通",學者都指向"通錢"。

第二種將"行錢"理解爲法律允許流通的錢,朱紅林指出"行錢""行金"在這裏都是專有名詞,指法定流通的貨幣。《漢書·食貨志》所謂的"法錢"即《二年律令》所說的"行錢",與"法錢"相對的又稱"奸錢"。"奸錢"即"不行錢"。[5] 如果行錢是指法定流通的貨幣,那麼秦簡中所謂"錢"都應是"行錢"的省稱了,但是從簡文內容看,並非如此。

第三種將"行錢"理解爲質次的銅錢。吳榮曾指出"行"讀爲航,古書中表示物之粗惡、爛惡。結合《二年律令·錢律》中關於"行錢""行金"的規定,都是指質次的銅錢和黃金。[6]

---

[1] 朱紅林:《張家山漢簡釋叢》,《考古》2006 年第 6 期;林益德:《漢初的"行金"與"行錢"》,《中興史學》2006 年第 12 期。
[2] 吳榮曾:《秦漢時的行錢》。
[3] 于振波:《走馬樓吳簡習語考釋》,《考古》2006 年第 11 期;高敏:《從〈長沙走馬樓吳簡〉看孫權時期的商品經濟狀況》,《簡帛研究 二〇〇四》,桂林:廣西師範大學出版社,2005 年;沈剛:《走馬樓吳簡所見"具錢""行錢"試解》。
[4] 張家山二四七漢墓竹簡整理小組:《張家山漢墓竹簡(二四七號墓)釋文修訂本》,頁 35。
[5] 朱紅林:《張家山漢簡〈二年律令〉集釋》,北京:社會科學文獻出版社,2005 年,頁 135—136。
[6] 吳榮曾:《秦漢時的行錢》。

沈剛指出吳氏的觀點置於秦簡和張家山漢簡的材料中是可以成立的。"爲了化解幣值和商品不等價的矛盾，國家通過調整鑄幣政策和改良鑄幣技術來逐步解決，最終在西漢武帝時期完成。而先前使用的行錢這一名稱雖然還保留下來，其含義變成'通行之錢'。"[1]但是秦簡中用來區分錢的，還有"善""不善""美""惡"等字詞。《秦律十八種·金布律》簡64－65中言："官府受錢者，千錢一畚，以丞、令印印。不盈千者，亦封印之。錢善不善，雜實之。出錢，獻封丞、令，乃發用之。百姓市用錢，美惡雜之，勿敢異。"[2]可知，官府受錢，錢有善與不善之分；百姓在市中用錢，錢有美惡之別。如何理解此處"善不善""美惡"？善，典籍中多訓爲吉、美、好、大，"美"也訓爲"善"，《説文·羊部》："美與善同意。""惡"，可訓爲不善，《吳越春秋·勾踐伐吳外傳》曰："稱其善掩其惡"，注曰："不善也。"所以，如果"行錢"之"行"如吳榮曾所言讀如"航"，表示物之粗惡、爛惡，但是在同一《金布律》中出現了同樣可以表示錢質地好壞的"善"與"不善"、"美"與"惡"，"行錢"之"行"還應作他解。

里耶貳9－1942+9－2299："臣眛死言：臣竊聞黔首擇錢甚，而縣☐問其故，賈人買惡錢以昜〈易〉縣官☐☐。"[3]簡文有"擇錢"之説，疑與睡虎地《金布律》"擇行錢、布"相關。《金布律》言"擇行錢、布者，列伍長弗告，吏循之不謹，皆有辠"，而里耶貳中言黔首擇錢甚，是因爲賈人買了"惡錢"來易縣官的☐，依文意應是指"縣官錢"，即官府的錢。而不管是"黔首擇錢"，還是"賈市居列者及官府之吏擇行錢、布"，都是在日常的活動之中。因此，《金布律》所言"行錢"，應指官府鑄造流通的錢。

---

[1]沈剛：《走馬樓吳簡所見"具錢""行錢"試解》。
[2]睡虎地秦墓竹簡整理小組編：《睡虎地秦墓竹簡》，頁136。
[3]陳偉主編：《里耶秦簡牘校釋（第二卷）》，頁397。

而到了漢代，隨着錢制的發展，"行錢"就演變成了具有固定含義的術語。關於"擇行錢"，陳偉武師指出此"擇"讀爲"釋"，指捨棄，"擇行錢、布"就是捨棄不用（法定）流通的圜錢或布幣。[1] 結合里耶貳的記載"擇錢甚"，即捨棄錢很嚴重，用"惡錢"而不用"錢"，"擇"訓爲"捨棄"確實更能疏解文意。

二、通　錢

學者在討論"行錢"時，常會聯繫到"通錢"，但是通過聯繫上下簡文內容，"通錢"所指應該與已有觀點不同。

> 邦亡來通錢過萬，已復，後來盜而得，可（何）以論之？以通錢。智（知）人通錢而爲臧（藏），其主已取錢，人後告臧（藏）者，臧（藏）者論不論？不論論。甲誣乙通一錢黥城旦罪，問甲同居、典、老當論不當？不當。
>
> （睡簡・法律答問 181－183）

整理者認爲："疑指行賄，《漢書・張湯傳》：有'與錢通'，注釋爲'錢財之交'，意義不同。"[2] 但可參考。張世超、張玉春認爲"通"字古義爲流通，如果是人爲的，就是通有於無。"通錢"是將在秦境外私鑄的秦錢偷運入境。運入之僞錢擾亂金融、市場，爲害遠比盜竊大，所以"通錢"之罪重於偷盜錢物；偷運進之錢，即是贓物，所以爲之藏匿者要坐匿贓之罪，即使錢已取走，也要追究。"通錢"實際是當時的一種走私行爲。[3]《合集壹》指出："《二年律令》簡203：'智（知）人盜鑄錢，爲買銅、炭，及爲行其新錢，若爲通之，與……'

---

[1] 陳偉武：《秦簡所見貨幣史料校讀二題》，《中山大學學報》2019年第2期。
[2] 睡虎地秦墓竹簡整理小組編：《睡虎地秦墓竹簡》，頁136。
[3] 張世超、張玉春：《"通錢"解》。

簡206－207：'盜鑄錢及佐者，智（知）人盜鑄錢，爲買銅、炭，及爲行其新錢，若爲通之，而能頗相捕，若先自告、告其與，吏捕，頗得之，除捕者罪。'聯繫下一簡，通錢疑指運送盜鑄之錢。"[1]雷長巍則從"通"字釋義出發，結合秦漢律文的規定，認爲"通"爲"交換，流通"義，"通錢"是指將私鑄錢換成市場法定許可流通的貨幣，與《二年律令》所說的"行其新錢"性質相同，是僞造假幣行爲中不可或缺的一個環節，因此按照秦漢法律都會受到嚴懲。[2]

從語言學角度分析，"通錢"之"通"應爲動詞，只不過此"錢"不是普通的錢，而應該是其他的錢。學者都傾向於將此錢與漢律中的"盜鑄錢"相關聯。但是此簡文的開頭爲"邦亡來通錢過萬，已復"，"邦"還見於《法律答問》前幾隻簡文中，有"臣邦"（簡176－178）、"屬邦"等詞，亦有"使者（諸）候（侯）、外臣邦"（簡180），劉瑞指出："'臣邦'可能是秦本土周圍的臣屬之國，秦可以對它們進行直接的管理，故'臣邦人不安其主長而欲去夏者'，秦可以'勿許'。而'外臣邦'可能離秦國本土較遠，秦對它的管理就顯得松了許多，但它卻也明顯不是諸侯的代名詞，因爲秦簡中提到'外臣邦'時是二者並列出現的，即'使者（諸）侯，外臣邦'，對它的管理是由'使'去完成的，進行的是間接的'統治'。"[3] 鄒水傑進一步指出屬邦是秦針對境内少數民族設置的管理機構，在秦統一六國前具有中央與地方雙重屬性，管理歸服的"臣邦"和有蠻夷聚居的"道"。[4] 因此，此處的"通錢"的"錢"應該是指"邦"錢，而非私鑄錢。

---

[1] 陳偉主編：《秦簡牘合集·釋文注釋修訂本（壹）》，頁253。
[2] 雷長巍：《秦漢簡牘法律文獻中的"通錢"》，頁108—112。
[3] 劉瑞：《秦"屬邦""臣邦"與"典屬國"》，《民族研究》1999年第4期。
[4] 鄒水傑：《秦代屬邦與民族地區的郡縣化》，《歷史研究》2020年第2期。

三、美　錢、惡　錢

在討論"行錢"時，我們曾談到錢有美、惡之別，即"百姓市用錢，美惡雜之，勿敢異"。在里耶秦簡中出現了"美錢""惡錢"之記錄。

　　凡一石一斗。呂柏取五斗一參。秏二參。☒
　　賣二斗取美錢卅，賣三都☒柏已取廿一，今使者八十一。
　　　　　　　　　　　　　　　　　　　（里耶壹 8－771）
　　臣昧死言：臣竊聞黔首擇錢甚，而縣☒問其故，賈人買惡錢以易〈易〉縣官□☒　　　（里耶貳 9－1942+9－2299）

里耶壹有殘缺，或認爲美應是人名，[1] 應該是不正確的。此處言"美錢"以及里耶貳出現的"惡錢"，應該指的就是"行錢"。至於何爲"美"，何爲"惡"，目前還不能明確所指。

四、現　錢、禁　錢

嶽麓秦簡肆和陸中記錄有兩條相同的詔令文書，雖然簡文各有殘缺，可合而觀之，其中提到"見（現）錢"和"禁錢"。簡文如下：

　　・制詔丞相、御史：兵事畢矣，諸當得購賞賫責者，令縣皆亟予之。令到縣，縣各盡以見（現）錢不禁者，勿令巨皋。令縣皆亟予之。▮丞相御史請：令到縣，縣各盡以見錢不禁者亟予之，不足，各請其屬所執濃，執濃調均；不足，乃請御史，請以禁錢貸之，以所貸多少爲償，久易（易）期，有錢弗予，過一金，貲二甲。
　　　　　　　　　　　　　　　　　　　（嶽麓肆 308－312）
　　・制詔丞相、御史：兵事畢矣，諸當得購賞賫責（債）者，

---

[1] 陳偉主編：《里耶秦簡牘校釋（第一卷）》，頁224。

令縣皆亟予之。令到縣，縣各盡以見（現）錢不禁☒不足，各請其屬所執灋，執灋調均；不足，乃請御史，請以禁錢貸之，以所貸多少爲償，久易（易）期，有☒令，令以下及將吏皆貲二甲而廢。

（嶽麓陸 68－70）

"見錢"即"現錢"，《漢書・王嘉傳》："是時外戚貲千萬者少耳，故少府水衡見錢多也。"顏師古注："見在之錢也。"[1]"禁錢"還見於里耶秦簡壹 8－13："皆當爲禁錢□☒。"《漢書・賈捐之傳》："暴師曾未一年，兵出不逾千里，費四十餘萬萬，大司農錢盡，乃以少府禁錢續之。"顏師古注："少府錢主供天子，故曰禁錢。"[2]《後漢書・百官志》："承秦，凡山澤陂池之稅，名曰禁錢，屬少府。"[3] 此詔令應是秦初定天下，要求官府論功行賞的指示。"令到縣，縣各盡以見（現）錢不禁者，勿令巨辠（罪）"指出，詔令到達縣府，各縣要盡其現錢不禁者，不要令巨辠（罪）。此處"巨"亦見於睡虎地秦簡《語書》簡 5："令吏民皆明智（知）之，毋巨於辠（罪）"，整理者讀爲"岠"，訓爲至。[4]"毋令巨辠（罪）"即不要犯罪。簡文中所言"現錢不禁者"應該有所指，所禁的應該就是"禁錢"，"不禁者"應該就是除去禁錢的部分。從《金布律》"官府受錢者，千錢一畚，以丞、令印印"中可知，官府所受錢應爲現錢，而對於其所收現錢應該是有所區分的，即有一部分入府庫，成爲禁錢，而剩下的作爲現錢不禁者，可用於平日開支。睡虎地秦簡《法律答問》簡 32："'府中公金錢私貣（貸）用之，與盜同灋，'・可（何）謂'府中'？・唯縣少內爲'府中'，其他不爲。"[5] 此府中（即少內所管）公金錢，應該是所謂的"禁錢"。

---

[1] 班固：《漢書》卷 86，頁 2834。
[2] 班固：《漢書》卷 64，頁 3495。
[3] 范曄：《後漢書》志 26，頁 3600。
[4] 睡虎地秦墓竹簡整理小組編：《睡虎地秦墓竹簡》，頁 14—15。
[5] 睡虎地秦墓竹簡整理小組編：《睡虎地秦墓竹簡》，頁 101。

五、新　　錢

睡虎地秦簡《封診式》簡 19－20 記載一爰書，内容如下：

〔爰〕書：某里士五（伍）甲、乙縛詣男子丙、丁及新錢百一十錢、容（鎔）二合，告曰："丙盜鑄此錢，丁佐鑄。甲、乙捕索（索）其室而得此錢、容（鎔），來詣之。"

關於簡文中的"新錢"，整理者未作解釋。"新錢"一詞亦見於張家山漢簡《二年律令》中。

智（知）人盜鑄錢，爲買銅、炭，及爲行其新錢，若爲通之，與同罪。　　　　　　　　　　　　　　　（簡 203）

盜鑄錢及佐者，智（知）人盜鑄錢，爲買銅、炭，及爲行其新錢，若爲通之，而能頗相捕，若先自告、告其與，吏捕，頗得之，除捕者罪。　　　　　　　　　　　　　　（簡 206－207）

簡文"容"讀爲"鎔"，見於《漢書·食貨志》："今農事棄捐而采銅者日蕃，釋其未耨，冶鎔炊炭，姦錢日多，五穀不爲多"，應劭曰："鎔，形容也，作錢模也。"[1] 可知，"新錢"是指"盜鑄錢"。

六、旁　　錢

嶽麓秦簡伍和陸出現了"旁錢"，釋文如下：

·禁毋敢爲旁錢，爲旁〖錢〗者，貲二甲而廢。縣官可以爲作【務産錢者，免，爲上計如】律。徒隸輓槀以輓日之庸（傭）吏（事）收錢爲取就（僦），不爲旁錢。　　（嶽麓伍 210－211）

---

[1] 班固：《漢書》卷 24，頁 1155。

·禁毋敢爲旁錢，爲旁錢者，貲二甲而廢。縣道官可以爲作
婺（務）產錢者，免，爲上計如律。·廿一·徒隸輓稟以輓日
之庸（傭）吏（事）收錢爲取就（僦），不爲旁。

（嶽麓陸 206－207）

兩條簡文所記内容大致相同。不同的是，前者言"縣官"，後者言
"縣道官"，前者結尾"不爲旁錢"，後者記作"不爲旁"。簡文大意
是禁止賺取旁錢；賺取旁錢的，貲二甲且廢除。官府可以爲作務產錢
的人免除，按照法律進行上計。負責拉運徒隸、按照拉運的日期受僱
傭從事勞役、收錢爲僱傭的，不爲旁錢。

何爲"旁錢"？整理者言："旁錢，指旁入之錢，即其他收入。
《韓非子·顯學》：'今夫與人相若也，無豐年旁入之利，而獨以完給
者，非力則儉也。'"[1] 除了"旁錢"，簡文中還涉及"作務產錢"
和"傭事收錢"。"作務"還見於睡虎地秦簡《秦律十八種·關市律》
簡97："爲作務及官府市，受錢必輒入其錢缿中，令市者見其入，不
從令者貲一甲。"整理者注曰："《墨子·非儒下》：'惰于作務。'《漢
書·尹尚傳》：'無市籍商販作務。'王先謙《補注》引周壽昌云：
'作務，作業工技之流。'即從事于手工業。"[2] "作務產錢"應該是
通過從事手工業產錢，在里耶壹 8－495 中有"作務產錢課"，屬於
"倉課"之一；里耶壹 8－1272："做務入錢。""輓稟"之"輓"，亦
見於嶽麓肆 332 "長輓粟徒"，整理者指出即拉運糧車之徒，即文獻
所見"長輓者"。《戰國策·魏策四》："秦自四境之内執戟以下至於
長輓者。"高誘注："長輓者，長爲輓車之人。"[3] "庸（傭）吏
（事）"指受僱傭從事勞役；就（僦），還見於睡虎地秦簡《效律》：
"百姓或之縣就（僦）及移輸者。"《漢書·食貨志》："弘羊以諸官各

---

[1] 陳松長主編：《嶽麓書院藏秦簡（伍）》，頁159。
[2] 睡虎地秦墓竹簡整理小組編：《睡虎地秦墓竹簡》，頁43。
[3] 陳松長主編：《嶽麓書院藏秦簡（肆）》，頁227。

自市相爭，物以故騰躍，而天下賦輸或不償其僦費"，師古曰："僦，顧也，言所輸賦物不足償其餘顧庸之費也。"[1] 可知，秦律規定作務產費和受僱傭之費是不屬於旁費的。

但是嶽麓肆 68-69 言："隸臣妾及諸當作縣道官者，僕庸爲它作務，其錢財當入縣道官而遝未入去亡者，有（又）坐逋錢財臧，與盜同灋。"[2] 是講隸臣妾以及那些應當在縣道官居作的人，被出租去從事其他工作，所收入的錢財應當上繳縣道官而未上繳卻逃亡者，按照其所獲臟值，與盜竊罪同樣論處。此處所言"作務"而得錢，應該是被視爲旁錢的。

秦簡中豐富的與"錢"相關的詞彙構建起一套嚴密的法律術語體系，既反映了秦代貨幣流通的複雜性，也揭示了國家權力對經濟活動的深度介入。通過辨析"行錢"的官方屬性、"通錢"的跨境流通、"美惡錢"的品質分層、"現錢"與"禁錢"的財政區隔、"旁錢"的認定邊界，我們得以窺見秦王朝通過規範貨幣形態、控制流通渠道、打擊非法交易等手段，將貨幣轉化爲鞏固統治的重要工具。這些概念的考釋印證了秦集權邏輯在貨幣領域的延伸，也共同勾勒出中國古代早期貨幣制度從多元分散向法制化、標準化演進的關鍵過程。

第三節 秦簡中的"賈（價）"與"直"錢

睡虎地秦簡《秦律十八種·金布律》簡 69 言："有買及買（賣）殹（也），各嬰其賈（價）；小物不能各一錢者，勿嬰。金布。"[3]

---

[1] 班固：《漢書》卷 24，頁 1175。
[2] 陳松長主編：《嶽麓書院藏秦簡（肆）》，頁 127。
[3] 睡虎地秦墓竹簡整理小組編：《睡虎地秦墓竹簡》，頁 37。

嶽麓肆 117 有相同記載："金布律曰：有買及賣殹（也），各嬰其賈（價），小物不能各一錢者，勿嬰。"[1] 秦律規定在買賣時，要標注物價。"嬰"，《説文·女部》："頸飾也。"[2] 典籍多訓爲"繞"，也可訓爲"系"。"嬰其價"指在貨物上系簽標明價格。此種標明價格的方式也見於《周禮·泉府》："泉府……以其賈（價）買之，物楬而書之"，鄭玄注曰："物楬而書之，物物爲揃書，書其賈（價），楬著其物也。"[3] 即將價格寫在木楬上。

在出土的簡牘材料中，有一些是簽牌，但尚未見其上標注價格。在已公布的秦簡內容中，確有"賈（價）"多少錢的記載，如嶽麓貳 839 載"米賈（價）石五十錢"。此外，簡文中還多見言某物"直"多少錢的記載，如里耶壹 8－1287"小奴一人直錢二千五百"等。關於"直"，學者讀爲"值"，訓爲"價值""估值""估價"。學者多認爲上述兩類與秦物價相關。[4] 我們將已經公布的秦簡牘材料中與"賈（價）"和"直"錢相關的材料加以分類整理，認爲與"賈（價）"相關的材料可以看作秦時物價史料，但與"直"錢相關的材料應該加以區分，有些與物價並非一致。

一、秦簡所見物"賈（價）"

秦簡中的"價"均寫作"賈"。《説文·人部》："價，物直也。

---

[1] 陳松長主編：《嶽麓書院藏秦簡（肆）》，頁 106。
[2] 許慎：《説文解字》卷 12，頁 263。
[3] 孫詒讓撰，王文錦、陳玉霞點校：《周禮正義》卷 28，頁 1095。
[4] 吳榮曾：《從秦簡看秦國商品貨幣關係發展狀況》；睡虎地秦墓竹簡整理小組編：《睡虎地秦墓竹簡》；黃今言：《雲夢竹簡所見秦的商品交換與市場管理》，《秦都咸陽與秦文化研究》，西安：陝西人民教育出版社，2001 年；王佳：《里耶秦簡所見遷陵地區物價研究》；丁邦友、魏曉明先生編著：《秦漢物價史料彙編》，北京：中國社會科學出版社，2016 年；劉鵬：《簡牘所見秦的糧價與百姓生活》；孟祥偉：《秦代幣制與物價考述》等。

從人賈，賈亦聲。"[1] "價"從"賈"會意得聲。《説文·貝部》："賈，市也。從貝西聲。一曰坐賣售也。"段玉裁注："凡賣者之所得，買者之所出，皆曰賈。俗又別其字作價。"[2] 一般也認爲"賈"通"價"。

在已公布的秦簡中，有些直言"賈（價）多少錢"，如：

(1) 鞠之：成吏、閑、起贅、平私令般匆、嘉出庸（傭），賈（價）三百　　　　　　　　　　（里耶壹 8-1743+8-2015 背）

(2) 沛以三歲時爲識取（娶）妻，居一歲爲識買室，賈（價）五千錢　　　　　　　　　　　　　（嶽麓叁·識劫娩案 116）

兩例都出自法律文書。材料（1）涉及庸價。"庸"，《説文·用部》："庸，用也。"《漢書·周亞夫傳》："取庸苦之，不與錢"，師古曰："庸謂賃也。"[3] 後世多寫作"傭"。即官府出錢雇傭。簡文成吏、閑、起贅、般匆、嘉五人出庸，價爲 300 錢，單人價爲 60 錢。材料（2）涉及買室。沛在三年前爲識娶了妻子，又過了一年爲識買了房子，價錢爲 5000 錢。[4] 關於房産的買賣，典籍記載不多見，此雖是法律文書中的内容，但其内容是陳述事實，是已經完成的交易，仍可認定爲當時的室價。

有些雖未言"價"多少，但是因爲其發生在買賣過程中，我們還是可以看作某物交易價格，如：

(3) 卅二年三月丁丑朔丙申，倉是、佐狗雜出祠先農余徹羊頭一足四賣於城旦赫所，取錢四☒　　　　（14-300、764）[5]

(4) 卅五年六月戊午朔己巳，庫建、佐殷出賣祠窨余徹酒二

---

[1] 許慎：《説文解字》卷 8，頁 165。
[2] 許慎撰，段玉裁注：《説文解字注》卷 6，頁 281。
[3] 班固：《漢書》卷 40，頁 2062。
[4] （德）陶安：《嶽麓秦簡〈爲獄等狀四種〉釋文注釋》，頁 112。
[5] 此類材料可參看張春龍《里耶秦簡祠先農、祠窨和祠隄校券》（《簡帛》第 2 輯，2007 年）。

斗八升於□⊠衛（率），斗二錢。　　　　　　　　　（里耶壹8-907）

（5）第（第）丁，肉一賣於隸臣歲所，取錢卅三，入。

（里耶貳9-597）

（6）卅五年十月壬辰朔乙酉，少内守履出黔首所得虎肉二斗，賣於更戍士五（伍）城父□里場所，取錢卌。衛（率）之，斗廿錢。　（里耶貳9-56+9-1209+9-1245+9-1928+9-1973）

（7）錢十七。卅四年八月癸巳朔丙申，倉□、佐卻出買白翰羽九□長□□□□之□十七分，□□陽里小女子胡傷□。

（里耶壹8-1549）

（8）出廿七，買履一兩⊠　　　　　（里耶貳9-1447）

材料（3）（4）是由官吏出賣祭祀神後所剩祭品的記錄。負責出賣的官吏有"倉""佐""庫""令史"，出賣的物品有酒、羊頭、羊足、脯等。其價爲酒一斗值2/3錢，羊頭一個價2錢，羊足一個0.5錢，一朐[1]脯賣1錢。相比於材料（5）"肉一取錢卅三"的價錢，祭禮後的肉脯價格顯然比較低。材料（6）中，少内守賣更戍士伍虎肉二斗，取錢卌，每斗20錢。里耶貳也有類似的記載：

卅五年十月壬戌朔乙酉，少内守履出黔首所得虎……妾遷所，取錢廿一。衛（率）之，斗廿錢半錢。"

（里耶貳9-186+9-1215+9-1295+9-1999）

兩條簡文僅僅是日期"壬辰""壬戌"的不同，《校釋二》整理者已經指出"壬辰"爲"壬戌"之誤。[2] 其簡文雖有缺漏，但應該也是關於虎肉的，其價爲每斗20.5錢。從簡文可知，黔首得虎後，沒有私自進行買賣，而是由少内守負責出賣虎肉，由令史監看，而價格會略有差異。材料（7）涉及買羽的情況。17錢買白翰羽9，其單價

---

[1] 脯，《説文·肉部》："幹肉也。"朐，《説文·肉部》："脯挺也。""朐"多用來作"脯"的數量單位。

[2] 陳偉主編：《里耶秦簡牘校釋（第二卷）》，頁57。

不到2錢。此類不能整除的價格，其中似乎存在議價的情況。羽與賦有關。[1] 里耶貳9－992"錢少，不□以買羽備賦⊠"。簡文中多次提到"買羽"，如里耶壹8－1755"遷陵買羽，倉衙故⊠"，白翰羽，即白稚的羽毛。材料（8）涉及買鞋，出27錢買一雙鞋。相比之下，鞋的價格還是高。

此外，在新公布的嶽麓秦簡《數》類文獻中，有涉及買鹽、米、菽等材料。雖然《數》主要涉及數學計算問題，記錄不一定是當時的真實情況，卻也可以爲我們研究當時物價提供參考。

（9）耤（藉）有五人，此共買鹽一石，一【人出十】錢，一人【出】廿錢，【一】人出卅錢，一人出卌錢，一人出五十錢，今且相去也，欲以錢少【多】分鹽。（嶽麓貳·數120－121）

（10）糶（糶）。米賈（價）石五十錢，今有廿七錢，欲糶（糶）米，得幾可（何）？得曰：五斗四升。（嶽麓貳·數148）

（11）米賈（價）石六十四錢，今有粟四斗，問得錢幾可（何）？曰：十五錢廿五分錢九。其述（術）以粟米求之。

（嶽麓貳·數152）

（12）米一斗五錢，叔（菽）五斗一錢，今欲以一錢買二物【共一斗】，各得幾可（何）？曰：米得一升三分升二，叔（菽）得八升三分升以。（嶽麓貳·數205）

通過計算，一石鹽約合150錢；米價有每石50錢、64錢之分。"以粟求米，五母三實"，可知粟與米的比值是5：3，粟4斗相當於米12/5斗米，米1石等於10斗，10斗價爲64錢，那麼粟的價格爲每斗3.84錢。菽每斗0.2錢。《九章算術》卷八《方程》中也有相關計算，得菽一斗三錢，[2] 所記有別。

---

[1] 參看沈剛：《秦簡多見地方行政灰度研究》第七章《貢賦之間："羽"賦的性質》，北京：中國社會科學出版社，2021年，頁344—354。
[2] 郭書春譯注：《九章算術譯注》，上海：上海古籍出版社，2021年，頁423。

在秦簡中，直言某物"價"多少錢的用例是比較少見的，對於市場交易中產生的價格，則能更好地體現時價，而《數》中的物價可作參考。

二、秦簡所見"直"錢

秦簡中常見某物"直"多少錢的用例。關於"直"，學者多讀爲"值"，訓爲價值、價錢或估值。[1] 許慎《説文解字》中同時收録了"直"和"值"。《説文·乚部》："直，正見也。"[2]《説文·人部》："值，措也。"[3] 二者釋義不同。先秦秦漢典籍中的"直"字，除本義"正"，又多訓爲"當"。[4] 而典籍中的"值"訓爲措、持或當。[5]"值"和"直"在訓"當"義上相同。段玉裁曰："凡彼此相遇、相當曰值，亦持之意也。"[6]

出土秦漢文獻材料中的"直"，訓爲當，可與典籍相合，《管子·輕重乙》："君直幣之輕重以其數"，注曰："直猶當也。謂決其積粟之數。"[7] 直錢多少即當多少錢，且常與物價相提。《説文解字》訓"價"爲"物直"，其中的"直"應該也是"直錢"的"直"，訓爲當義。[8]

在目前已公布的秦簡中，涉及的"直"錢的材料比較豐富。現根

---

[1] 李園：《秦簡牘辭彙研究》，東北師範大學 2017 年博士學位論文，頁 246。
[2] 許慎：《説文解字》卷 12，頁 268。
[3] 許慎：《説文解字》卷 8，頁 165。
[4] 宗福邦、陳世鐃、蕭海波主編：《故訓匯纂》，北京：商務印書館，2003 年，頁 1543。
[5] 宗福邦、陳世鐃、蕭海波主編：《故訓匯纂》，頁 130。
[6] 許慎撰，段玉裁注：《説文解字注》，頁 382。
[7] 黎翔鳳撰，梁運華整理：《管子校注》卷 24，第 1615 頁。
[8]《漢書》注解中也見"價直"。《漢書·孫寶傳》："有詔郡平田予直"，師古曰："受其田而准償價直也。"《漢書·王莽傳》："莽曰：'君嫌其賈邪？'"師古曰："賈讀曰價，言其所有價直也。"但是從我們目前所觀察到的秦漢出土文獻中的材料看，均寫作"直"。至少在秦漢時期，"直錢""價直"都是寫作"直"，而非"值"。

據材料屬性不同，分爲"律令簡中的'直'錢""經濟類文書簡中的'直'錢"以及"《數》簡中的'直'錢"三類加以分析。

(一) 律令簡中的"直"錢

秦律令簡中的"直"錢内容大體分爲三種：一是直言某物"直"多少錢；二是涉及"直"錢論罪；三是涉及"贓直"論罪。

1. 某物直多少錢

（13）大褐一，用枲十八斤，直六十錢；中褐一，用枲十四斤，直卌六錢；小褐一，用枲十一斤，直卅六錢。

（睡簡·秦律十八種·金布律 91-92）

（14）公卒芮與大夫材共蓋受棺列，吏後弗鼠（予）。芮買（賣）其分肆士五（伍）朵，地直千，蓋二百六十九錢。以論芮。

（嶽麓叁·芮盜賣公列地案 62-63）

材料（13）中涉及"褐"和"枲"兩類物品。褐衣，指用枲（即粗麻）編制的衣，《孟子·滕文公上》注："褐，枲衣也。"是古時貧賤者穿的衣服。[1] 典籍中多直言"褐"。此處可知，"褐"可分大、中、小三類，大褐衣值爲 60 錢，中褐衣值爲 46 錢，小褐衣值爲 36 錢。根據用"枲"的量進行計算，每斤枲，約值 3 錢多。根據秦律，官府是需要向隸臣、府隸等"稟衣"的，而且是有錢數標準的，如睡虎地秦簡《金布律》簡 94-96 規定："稟衣者，隸臣、府隸之毋（無）妻者及城旦，冬人百一十錢，夏五十五錢；其小者冬七十七錢，夏卌四錢。春冬人五十五錢，夏卌四錢；其小者冬卌四錢，夏卅三錢。"[2] 這應該與秦律中對所穿的衣服"褐"進行標值有關。

材料（14）講述公卒芮和大夫材一起搭蓋所承租的棺材攤位，官吏後來沒有將攤位租給他們。芮將他的那部分店鋪賣給士伍朵，地直 1000 錢，店鋪直 269 錢。

---

[1][2] 睡虎地秦墓竹簡整理小組編：《睡虎地秦墓竹簡》，頁 42。

2. "直"錢與量刑

在秦律令文書中存在很多以"直"錢多少來判斷刑罰的規定，即根據直錢的數量不同，給予不同身份的人以不同的處罰，所涉材料較多，擇要舉例。

（15）數而贏、不備，直百一十錢以到二百廿錢，誶官嗇夫；過二百廿錢以到千一百錢，貲嗇夫一盾；過千一百錢以到二千二百錢，貲官嗇夫一甲；過二千二百錢以上，貲官嗇夫二甲。

（睡簡·效律 8－10）

（16）士五（伍）甲盜一羊，羊頸有索，索直一錢，問可（何）論？甲意所盜羊殹（也），而索系羊，甲即牽羊去，議不爲過羊。

（睡簡·法律答問 29）

（17）可（何）如爲"大誤"？人户、馬、牛及者（諸）貨材（財）直過六百六十錢爲"大誤"，其他爲小。

（睡簡·法律答問 209）

（18）賊律曰：爲券書，少多其實，人户、馬、牛以上，羊、犬、彘二以上及諸誤而可直者過六百六十錢，皆爲大誤；誤羊、犬、彘及直不盈六百六十以下及爲書而誤、脱字爲小誤。小誤，貲一盾；大誤，貲一甲。

（嶽麓肆 225－226）

材料（15）出自睡虎地秦簡《效律》。《效律》詳細規定了核驗縣和都官物資賬目的一系列制度。[1] 從簡文內容來看，其計直錢差別對應不同的處罰量級。"數而贏、不備"之"數"指清點物品的數目，"贏"是多，"不備"是不足。除此之外，還見"縣料而不備其現數"（簡 12－16）和"計校相繆（謬）"（簡 56－57）等遇到稱量而不足其現有的數量和會計經過核對發現差異等情況，其產生誤差的量"直"錢多少對應不同的處罰。在里耶文書中有針對此類情況的處理（參看後文）。

---

[1] 睡虎地秦墓竹簡整理小組編：《睡虎地秦墓竹簡》，頁 69。

材料（16）（17）是睡虎地秦簡《法律答問》中所涉直錢與判刑之間的關係。"羊頸有索"應是指栓羊的繩索，其直一錢。材料（17）是對律文中"大誤"的解釋，即錯算人户、馬、牛以及價值超過660錢的財貨，就是"大誤"，其他爲小。材料（18）是《賊律》[1]的内容，涉及券書記録的真僞，並出現了"大誤"和"小誤"。"大誤"亦見於材料（17）。二者相合，内容是統一的。

從上述諸例來看，在法律文書中，直錢數爲"22""110""220""660""1100""2200"等，都爲"11"的倍數，其涉及"諄""除""貲"等刑名。《金布律》簡66-67言："布袤八尺，福（幅）廣二尺五寸。布惡，其廣袤不如式者，不行。錢十一當一布。其出入錢以當金、布，以律。"[2]對作爲貨幣的"布"進行了規定，布與錢的換算是1∶11。諸例中直錢數都是11的倍數，或與"布"折合成"錢"有關。

3."臧（贓）"錢與量刑

"臧"讀爲"贓"。《晉書·刑法志》引張斐注律曰："貨財之利，謂之贓。"[3]其後多直接跟錢數，也有"贓値""値贓"之説。内容中多與"盗"有關。

> （19）·五人盗，臧（贓）一錢以上，斬左止，有（又）黥以爲城旦；不盈五人，盗過六百六十錢，黥劓（劓）以爲城旦；不盈六百六十到二百廿錢，黥爲城旦；不盈二百廿以下到一錢，遷（遷）之。求盗比此。　　　　　　　　（睡簡·法律答問1-2）

---

[1] 張家山漢簡《二年律令》中首律就是《賊律》，李均明先生指出賊律涉及叛亂、謀反、間諜、投遞、縱火、投毒、殺人、僞造璽印等重大刑事案，是關於危害國家安全、個人安全的犯罪與刑罰的規定。（李均明：《中國古代法典的重大發現——談江陵張家山247號漢墓出土〈二年律令〉簡》，《中國文物報》2002年5月3日第7版）

[2] 睡虎地秦墓竹簡整理小組編：《睡虎地秦墓竹簡》，頁36。

[3] 房玄齡等：《晉書》卷30，北京：中華書局，1974年，頁928。

（20）司寇盜百一十錢，先自告，可（何）論？當耐爲隸臣，或曰貲二甲。　　　　　　　　　　（睡簡·法律答問8）

（21）夫盜三百錢，告妻，妻與共飲食之，可（何）以論妻？非前謀殹（也），當爲收；其前謀，同辠（罪）。夫盜二百錢，妻所匿百一十，可（何）以論妻？妻智（知）夫盜，以百一十爲盜；弗智（知），爲守臧（贓）。　　（睡簡·法律答問15-16）

（22）士五（伍）甲盜，以得時直臧（贓），臧（贓）直過六百六十，吏弗直，其獄鞫乃直臧（贓），臧（贓）直百一十，以論耐，問甲及吏可（何）論？甲當黥爲城旦；吏爲失刑辠（罪），或端爲，爲不直。　　　　　（睡簡·法律答問33-34）

（23）告人盜百一十，問盜百，告者可（何）論？當貲二甲。盜百，即端盜駕（加）十錢，問告者可（何）論？當貲一盾。貲一盾應律，雖然，廷行事以不審論，貲二甲。

（睡簡·法律答問38-39）

上述材料均出自睡虎地秦簡《法律答問》中與"盜"直接相關的內容。[1] 其量刑都與"臧（贓）直"多少有關，但也有"自告""分贓""匿贓""知之""弗覺"等不同情況的判斷。贓錢的金額從1錢到1000錢不等。處罰從"貲"到"黥劓"不等。材料（20）涉及"自告"，相當於今日自首，司寇盜110錢，去自首，應當耐爲隸臣或者貲二甲。同樣是盜臧直110錢，材料（22）士伍甲被黥爲城旦。材料（21）涉及夫盜，妻子參與情況的判斷。夫盜，妻子藏匿一部分贓，如果妻子知道丈夫盜而藏匿，就按照藏匿的贓值爲盜；如果不知道，就按律"收"。[2] 材料（23）涉及控告他人盜值不實之情況，這種情況下，控告人也要受到相應處罰。此處所涉人員身份除了

---

[1] 睡虎地秦簡《法律答問》簡1-49多有涉及。

[2] 關於"收"，栗勁提出爲"收孥"之"收"。（栗勁：《〈睡虎地秦墓竹簡〉譯注斠補》，《吉林大學社會科學學報》1984年第5期）張家山漢簡《二年律令》中有專門的《收律》可供參考。

士伍、司寇等外，沒有明確指稱，但應與前列直錢定罰諸例不同。從贓直的數值來看，也多是11的倍數，這與前列直錢定罰例倒是相同，只不過所涉更廣。

（24）及諸當隸臣妾者亡，以日六錢計之，及司寇冗作及當踐更者亡，皆以其當冗作及當踐更日，日六錢計之，皆與盜同灋。亡日數錢過六百六十而能以錢數物告者，購金二兩，其不審，如告不審律。六百六十錢以下及不能審錢數而告以爲亡，購金一兩，其不審，完爲城旦舂到耐罪，貲二甲；貲罪，貲一甲。

（嶽麓肆17-21）

材料（24）涉及"亡"。"亡"指逃亡，其判罰"與盜同灋"。"亡"之後，以錢量刑，也多參考盜，只不過其錢不是"直錢"，也不是"贓直"，而是按照"日錢"來計。根據簡文內容，諸如隸臣妾、司寇冗作、踐更等，都是按照日六錢來計算的，然後根據亡日數，來計算"亡日錢數"，再量刑。這應與他們的身份有關。與"日六錢計"相似，睡虎地秦簡《秦律十八種·司空律》載："有皋（罪）以貲贖及有責（債）於公，以其令日問之，其弗能入及賞（償），以令日居之，日居八錢；公食者，日居六錢。"[1] 即指有罪應貲贖以及欠官府債務的，應該依判決規定的日期加以訊問，如無力繳納賠償，即自判決規定日期起以勞役抵償債務，每勞作一天抵償八錢；由官府給予飯食的，每天抵償六錢。可見對於"亡"者的計錢根據"公食"的"日居六錢"所制定，或與"亡"者的身份有關。

對於律令簡中的"直錢""贓直"等錢數應與其實際價格無關，這種能夠作爲標準的直錢數，其確定應該有一定的參考。後文詳述。

（二）經濟類文書簡中的"直"錢

（25）☒大奴一人直錢四千三百☒小奴一人直錢二千五百☒·

---

[1] 睡虎地秦墓竹簡整理小組編：《睡虎地秦墓竹簡》，頁51。

凡直錢六千八百。　　　　　　　　　　　（里耶壹 8‐1287）

（26）卅四年十一月丁卯朔甲午，倉守壬、佐卻出襦【袍四、絝】……□隸妾欤等四人。袍一直十五，絝一直七。三人錢各卅，一人卅八。　　　　　　　　　　　（里耶貳 9‐495+9‐498）

（27）⊠利責券，效不備木梯一，直錢三。殷、利分負。

（里耶貳 9‐1727+9‐2408）

（28）廿六年三月壬午朔癸卯，左公田丁敢言之：佐州里煩故爲公田吏，徙屬。事苔不備，分負各十五石少半斗，直錢三百一十四。　　　　　　　　　　　　　　　（里耶壹 8‐63）

"大奴""小奴"指奴隸。陳偉指出大奴、小奴、大婢，顯然均屬於私家，是民間購買奴婢或分異家產的官方記錄。[1] 從材料（25）簡文看，一大奴直 4300 錢，一小奴直 2500 錢，共直 6800 錢。可見，在秦時可以私下購買奴人的。除了購買奴人，簡文還見購買徒隸，"令曰恒以朔日上所買徒隸數"（里耶壹 8‐154）、"遷陵守丞都敢⊠以朔日上所買徒隸數守府"（里耶壹 8‐1053），但是出價不知。

材料（26）涉及常用衣物"袍"和"絝"的直錢。"袍"，《釋名》曰："袍，丈夫著，下至跗者也。"即現所謂長袍。絝，《說文》："脛衣也。"段注："今所謂套褲。左右各一，分衣兩脛。"[2] 袍價值爲一領 15 錢，絝價值爲一件 7 錢。與前文所言"褐"的直錢相比，袍、絝的值錢還是很少的。

材料（27）和（28）都可看作"效不備"的處理。相關法律規定可參看前文《效律》的內容。材料（27）講核驗木梯不足數少一，直三錢，由殷、利分負。殷、利應該是官吏之名。里耶貳 9‐505 有相似的記載："……五效不備，直錢卅。少內守欣、佐利分負，各廿。欣死，出分。"只是未言"效不備"的對象。材料（28）講述的是管理公田的

---

[1] 陳偉：《秦簡牘校讀及所見制度考察》，頁 14。
[2] 陳偉主編：《里耶秦簡牘校釋（第一卷）》，頁 315。

官吏左公上報州縣里佐煩爲公田吏職位調動，其管理的荅不足數，而上報遷陵令進行審計。裏面涉及"荅"的物直。荅，即小豆。少半斗，指三分之一斗。[1] 根據《秦律十八種·倉律》簡43規定"叔（菽）、荅、麻十五斗爲一石"，荅十五斗爲一石，"十五石少半斗"約合225又1/3斗，每斗約1.39錢。[2] 睡虎地秦簡《秦律十八種·金布律》簡80-81言："縣、都官坐效、計以負賞（償）者，已論，嗇夫即以其直錢分負其官長及冗吏，而人與參辨券，以效少内，少内以收責之。"[3] 對官吏"分負"做了規定，與里耶壹簡文所記相一致。

（三）《數》簡中的"直"錢

《數》簡中涉及的物"直"材料涉及甲和盾、金和錢的比值關係，值得關注。[4] 如下：

（29）☒貲一甲直錢千三百卌四，直金二兩一垂，一盾直金二垂。贖耐，馬甲四，錢七千六百八十。馬甲一，金三兩一垂，直錢千九百廿，金一朱（銖）直錢廿四，贖死，馬甲十二，錢二萬三千卌。（嶽麓貳·數82-83）

通過簡文可對兩種比值進行計算，可知：

$$1 甲 = 1344 錢 = 2 兩 1 垂金$$
$$1 盾 = 2 垂金$$
$$1 馬甲 = 1920 錢 = 3 兩 1 垂金$$

"垂"即"錘"，相當於8銖。[5] 根據衡制，"廿四朱（銖）兩"，[6] 可得，1銖金=24錢，則1錘金=192錢，1兩金=576錢。甲、盾之

---

[1] 陳偉主編：《里耶秦簡牘校釋（第一卷）》，頁49。
[2] 《校釋一》注[7]計算所得"一升計約2.05錢"（陳偉主編：《里耶秦簡牘校釋（第一卷）》，頁50）有誤。
[3] 睡虎地秦墓竹簡整理小組編：《睡虎地秦墓竹簡》，頁39。
[4] 臧知非：《貲刑變遷與秦漢政治轉折》；于振波：《秦律中的甲盾比價及相關問題》。
[5] 于振波：《秦律中的甲盾比價及相關問題》。
[6] 朱漢民、陳松長主編：《嶽麓書院藏秦簡（貳）》，頁76。

比值爲7∶2；金（兩）、錢之比值爲1∶576。顯然與《漢書·食貨志》所言"黃金重一斤，直錢萬"[1] 相差較遠。

秦簡中的"直"錢用例大致如上所述。如果對其內容加以概括，用秦簡來看，應是"直價"。《龍崗秦墓簡牘》簡文曰："盜死獸直賈以關"。關於"賈"，整理者最早釋爲"買"，後改釋爲"賈"，讀爲"價"，意爲價值。[2] 趙平安指出"直（值）"爲動詞，"賈（價）"爲名詞，"直（值）賈（價）"是"估價"的意思。"直賈（價）以關"就是"估價並向上報告"。[3] 在新公布的嶽麓陸中也有"直賈"的記載，簡72－73曰："禁黔首毋得買故徼外蠻夷筋角皮革，不從令者，以其所買筋角皮革直賈（價），與盜出禁故徼關同法。"[4] 此處"直賈"應該也是估價之意。即禁止黔首買邊境蠻夷的筋角皮革，不聽從命令的人，根據其購買的筋角皮革估算的價值，與非法出邊境同法。

"直"與"賈（價）"還常一起出現。睡虎地秦簡《封診式·穴盜》簡83言"以此直衣賈（價）"，陳公柔指出"以此直衣錢"，即估計失盜的衣價。[5]《效律》簡1"其有贏、不備，物直之，以其賈（價）多者辠（罪）之"，[6] "物直之"的"直"應該也是估算其值的意思，才能去比較其價值，以做處罰判斷。《效律》簡中多有體現，"縣料而不備者，欽書其縣料殹（也）之數。縣料而不備其見（現）數五分一以上，直其賈（價），其貲、訾如數者然。"[7] 受處罰的對

---

[1] 班固：《漢書》卷24，頁1178。
[2] 相關論述可參看武漢大學簡帛研究中心等編著《秦簡牘合集（貳）》，武漢：武漢大學出版社，2014年，頁37。
[3] 趙平安：《雲夢龍崗秦簡釋文注釋訂補》，《江漢考古》1999年第3期。
[4] 陳松長主編：《嶽麓書院藏秦簡（陸）》，頁71。
[5] 陳公柔：《先秦兩漢考古學論叢》，北京：文物出版社，2005年，頁210。
[6] 睡虎地秦墓竹簡整理小組編：《睡虎地秦墓竹簡》，頁69。
[7] 睡虎地秦墓竹簡整理小組編：《睡虎地秦墓竹簡》，頁71。

象涉及物值時，會根據估算的價值來作爲處罰的判斷標準。在以往的研究中，大家對於律令簡中物值其價的討論説法比較多。如是看，律令簡中的此類"直"錢，還是"直"的其價。

三、秦律令簡所見"直"錢的標準——"平賈"

對於律令簡中的"直""贓直"等錢應與其實際價格無關，這種能夠作爲標準的直錢數，其確定應該有一定的參考。里耶、嶽麓秦簡中有多例涉及"平賈（價）受錢""以平賈（價）買之""以平賈（價）受錢"等内容，與上揭我們所舉"賈""直"錢用例相關，我們認爲"直"錢的參考標準就是"平賈"。

張家山漢簡《二年律令》公布後，其中關於"平賈（價）"的記載，引發學者對秦漢"平賈（價）"及其制度的關注。[1] 學者們在談及秦的"平賈（價）"時，均引用了睡虎地秦簡《封診式·告臣》中的"正賈（價）"材料，都以"正賈（價）"爲"平賈（價）"，或認爲秦時已經實行平價制，但是平價制的完善、法制化當是自漢初逐漸實現的；[2] 或推測戰國秦的"正賈（價）"制相當於漢朝"平賈（價）"制的前身；[3] 或認爲《封診式·告臣》中的"正賈（價）"極有可能是漢代"平賈（價）"的源頭。[4] 囿於材

---

[1] 張家山二四七號漢墓竹簡整理小組：《張家山漢簡（二四七號）》（釋文修訂本），北京：文物出版社，2006年；温樂平、程宇昌：《從張家山漢簡看西漢初期平價制度》，《江西師範大學學報》2003年第6期；安忠義：《從"平價"一詞的詞義看秦漢時期的平價制度——對〈張家山漢簡看西漢初期平價制度〉的幾點辨證》，《敦煌學輯刊》2005年第2期；邢義田：《張家山〈二年律令〉行錢行金補正》，簡帛網，2005年11月14日；臧知非：《説〈二年律令〉"平賈"及其他》，《秦漢研究》第4輯，2010年；（日）柿沼陽平：《戰國秦漢時期的物價和貨幣經濟的基本結構》，頁72—73；慕容浩：《秦漢時期"平賈"新探》；韓厚明：《張家山漢簡字詞集釋》，吉林大學2018年博士學位論文，頁401。等等。

[2] 温樂平、程宇昌：《從張家山漢簡看西漢初期平價制度》。

[3] （日）柿沼陽平：《戰國秦漢時期的物價和貨幣經濟的基本結構》。

[4] 慕容浩：《秦漢時期"平賈"新探》。

料較少，學者對於秦"平賈（價）"的討論並不多，且已有討論存在一定的局限性。近年公布的里耶和嶽麓秦簡簡文中多次出現"平賈（價）"，有助於我們了解秦時的"平賈（價）"制，以及秦漢"平賈（價）"制度的不同。[1]

（一）秦簡所見"平賈"材料

睡虎地秦簡中未出現"平賈（價）"材料，新公布的里耶和嶽麓秦簡中都有涉及，約9條11處，現將相關材料摘錄如下：

（1）一人，令、丞各自爲比有瓢別及以平賈（價）。

（里耶壹8-1047）

（2）卅五年十一月辛卯朔朔日，都鄉守擇敢言之：上十一月平賈（價），謁布鄉官。敢言之。/啓手。十一月辛卯朔己酉，遷陵守丞繹下尉、鄉官：以律令從事。以次傳，別書。/就手。/十一月己酉旦，守府印行尉。（里耶貳9-1088+9-1090+9-1113）

（3）☒【陵】卅年十月盡八月市平賈（價）：叔（菽）斗三。·☒麥斗二。☒ （里耶貳9-1185）

（4）金布律曰：……皇帝其買奴卑（婢）、馬，以縣官馬牛羊貿黔首馬牛羊及買，以爲義者，以平賈（價）買之，輒予其主錢。而令虛質、毋出錢、過旬不質，貲吏主者一甲，而以不質律論。黔首自告，吏弗爲質，除。黔首其爲大隃取義，亦先以平賈（價）直之。 （嶽麓肆201-203）

（5）司空律曰：……黔首及司寇、隱官、斡官人居貲贖責（債）或病及雨不作，不能自食者，貸食，以平賈（價）賈

（嶽麓肆259）

（6）田律曰：吏歸休，有縣官吏乘乘馬及縣官乘馬過縣，欲

---

[1] 新討論見：宗周太郎《〈漢簡辭彙考證〉訂補（五）——平賈》，簡帛網，2022年5月17日；張亞偉《秦漢國家治理體系下的"平賈"制》，《史學月刊》2023年第7期。

貣（貸）芻槀、禾、粟、米及買菽者，縣以朔日平賈（價）受錢，先爲錢及券，觬以令、丞印封，令、令史、賦主各挾一辨，月盡發觬令、丞前，以中辨券案雔（讎）錢，錢輒輸少内，皆相與靡（磨）除封印，中辨臧（藏）縣廷。　　（嶽麓肆 111－113）

（7）十四年四月己丑以來，黔首有私挾縣官戟、刃没〈及〉弓、弩者，亟詣吏。吏以平賈（價）買，輒予錢。令到盈二月弗詣吏及已聞令後敢有私挾縣官戟、刃、弓、弩及賣買者，皆與盜同灋。……諸挾縣官戟、刃、弓、弩詣吏者，皆除其皋（罪），有（又）以平賈（價）予錢。　　　　　　（嶽麓陸 5－6+10）

（8）黔首男子年十八歲以上及吏貲一甲，及責（債）自千錢及諸有貣（貸）者，各以其縣道平賈（價）物直，物直千錢以上弗能償，人而丁粦者，皆遣令戍新地，如貲首及罰戍，而爲除，日六錢，日備者輒歸之。　　　　　　　　（嶽麓柒 108－109）

（9）□禾粟叔（菽）麥食馬，平賈（價）入其錢，承騎者必先書馬職（識）、物、高、齒於⊠□馬勿敢乘，書□□□□□□得以食，犯令者，皆貲二甲。　　　　　　（嶽麓柒 243－244）

學者均讀"平賈"爲"平價"。從材料性質看，材料（1）簡文有殘缺，無法判斷，材料（2）、（3）屬於經濟類文書，材料（4）－（6）屬於秦律文，材料（7）－（9）屬於秦令文。從簡文內容看，材料（1）出現了官員"令""丞"，應與"平賈（價）"機制有關；材料（2）所在簡內容完備，對於了解"平賈（價）"的確定過程至關重要；材料（3）涉及"市平賈（價）"，是討論"市"和"平賈（價）"關係的重要材料；材料（4）－（9）是秦律令內容，其所含"平賈（價）"內容對確認秦時"平賈（價）"制的適用至關重要，也是對比漢初"平賈（價）"制的重要材料。

從目前秦簡所公布的"平賈（價）"材料來看，以往學者關於秦"平賈（價）"的討論有諸多不妥之處，如秦律令文書中出現的"平賈（價）"足以證明秦時"平賈（價）"制已經相當成熟；所有秦簡"平賈（價）"材料可證秦漢"平賈（價）"是有傳承的，嶽麓柒"十四年"令簡中的"平賈（價）"，將秦"平賈（價）"出現的年代向前提了很多，而非直指睡虎地秦簡中的"市正賈（價）"等。

關於"平賈"的釋義。"平賈"一詞在先秦秦漢文獻中多有記載，但歷代注家對"平賈"的注解並不多見，《漢書·溝洫志》："治何卒非受平賈者，爲著外繇六月。"蘇林曰："平賈，以錢取人作卒，顧其時庸之平賈也。"如淳曰："律說，平賈一月，得錢二千。"師古曰："賈音價。"[1] 如淳之言，可知漢時"平賈"是依律而言的。但是"平賈"之意並不清晰。以往學者討論"平賈（價）"的含義時，多是從"平"字釋義出發，或以爲"平"是平均之意，"平賈（價）"即平均價格；[2] 或以爲"平"同"評"有評議、裁判的意思，"平賈（價）"是指經過（官府有關部門）評定的物價，即標準價格；[3] 或以爲"平價"指平衡或平定市場物價；[4] 或以爲"平"的意思是使物直其價，"平價"即評定價格；[5] 或以爲"平"爲"公平"之意，"平賈（價）"是官定價格。[6] 可以説，學者對漢代"平賈（價）"的討論是基於傳世文獻對"平"字的闡釋以及出土漢簡的解讀完成的。從秦簡文的內容來看，"平賈（價）"也是作爲一個專有名詞存在的，無論是釋爲官定價格還是公定價格，對於疏通簡文內容是可行的。但是，我們還是希望能夠從秦簡用字本身去確定它的含義。

"平"字在秦簡中出現頻率相對較高，除了時稱"平日""平

---

[1] 班固：《漢書》卷29，頁1689—1690。
[2] 張家山二四七號漢墓竹簡整理小組：《張家山漢簡（二四七號）》（釋文修訂本），頁41。
[3] 宋傑：《漢代的"平賈"》，《首都師範大學學報》1998年第2期，頁39。
[4] 温樂平、程宇昌：《從張家山漢簡看西漢初期平價制度》。
[5] 安忠義：《從"平價"一詞的詞義看秦漢時期的平價制度——對〈張家山漢簡看西漢初期平價制度〉的幾點辨證》。
[6] 臧知非：《說〈二年律令〉"平賈"及其他》，頁18。

旦"、地名"平陸""平陽"等外，其義大概有五種：一是建除名，多見於日書中；二是人名，多見於里耶簡中；三是平齊、相等，如嶽麓貳《數》"盈與童平"；四是平和，如嶽麓叁《爲獄等狀四種》簡169"心平端禮"；五是視平，多見於里耶簡中。[1] 能與"平賈（價）"相關聯的釋義，可參考三和五。但是"平賈（價）"指"平齊"或"相等"的價格，對於文意的疏解，顯然不夠順暢。而"視平"之"平"帶有公平、公正之意，公平、公正的價格應該更符合文意。

除"平賈（價）"外，秦簡中還出現了"正賈（價）"和"端賈（價）"：

（10）令少內某、佐某以市正賈（價）賈丙丞某前，丙中人，賈（價）若干錢。　　　　　　　　　（睡簡·封診式·告臣39）

（11）糶（糶）米述（術）曰：以端賈（價）爲法，以欲糶（糶）米錢數乘一石爲賈（實）＝，（實）如法得一升。

（嶽麓貳·數147）

上揭兩個簡文中"正賈（價）"和"端賈（價）"的位置與"平賈（價）"的位置相當，都表示某一種"賈（價）"。學者也多有關聯，如柿沼陽平指出："'正賈'正如《淮南子·時則訓》'上帝以爲物平'的東漢高誘注載：'平，正。讀評議之評。'所以其是可以用'平賈'來替代的用語。由此推測，戰國秦的'正賈'制相當於漢朝'平賈'制的前身。由於'正'與始皇帝的諱名乃同一字或通假字，所以估計後來將'正賈'更名爲'平賈'。"[2] 關於"端賈（價）"，學者多傾向於"正價"，此處是避始皇帝政諱。[3]

---

[1] 相關釋義可參看李園：《秦簡牘辭彙研究》，頁175。

[2]（日）柿沼陽平：《戰國秦漢時期的物價和貨幣經濟的基本結構》，頁74。

[3] 朱漢民、陳松長主編：《嶽麓書院藏秦簡（貳）》，頁111；許道勝：《〈嶽麓書院藏秦簡（貳）〉初讀（下）》，簡帛網，2012年2月21日；肖燦：《嶽麓書院藏秦簡〈數〉研究》，北京：中國社會科學出版社，2015年，頁94。等等。

在典籍中,"正""端""平"可互訓。《周禮·夏官·大司馬》"以佐王平邦國",鄭玄注:"平,正也。"《國語·晉語》:"知程鄭端而不淫",韋昭注:"端,正也。"三者都指向"正"。在里耶秦簡中,有一類記錄出廩/貸情況的簡文:

  (12) 粟米一石二斗半斗。卅一年三月丙寅,倉武、佐敬、稟人援出稟大隸妾□。令史尚監。   (里耶壹 8-760)

  (13) 粟米一石九斗少半斗。卅三年十月甲辰朔壬戌,發弩繹、尉史過出貣(貸)罰戍士五(伍)醴同陽同□禄。廿　令史兼視平。過手。   (里耶壹 8-761)

  (14) 徑膺粟米一石二斗半斗。·卅一年十二月戊戌倉妃史感稟人援出稟大隸妾援。　令史朝視平。（里耶壹 8-762)

材料(13)、(14)簡末出現"令史某視平"的記錄,與此類相同,材料(12)出現"令史某監"的記錄,《校釋一》言:"疑'視'或'視平'與'監'含義類似,指督看,以保證公平。"[1] 而所謂"平賈(價)"之"平",理解爲"視平"之"平",指公平、公正。這與"正""端"的意思並不違背。《周禮·地官·質人》:"質人掌成市之貨賄、人民、牛馬、兵器、珍異",鄭玄注:"成,平也。會者平物價而來主成其平也。"[2] 質人的任務是在買賣雙方之間主持公正,確定一個雙方能接受的公平價格,目的是保證買賣公平。"平賈(價)"不僅出現在公務文書中,還頻繁出現在律令文中,我們更傾向於它是一個專有名詞,指公平、公正的價格。

(二)秦"平賈"的確認

學者在討論漢代"平賈(價)"制時,多認同漢"平賈(價)"的官定或者公定屬性,但是未有材料直接顯示漢"平賈(價)"就是官府制定的。在上揭秦簡材料中,材料(2)是記錄遷陵縣都鄉守

---

[1] 陳偉主編:《里耶秦簡牘校釋(第一卷)》,頁40。
[2] 孫詒讓撰,王文錦、陳玉霞點校:《周禮正義》,頁1076。

上報十一月平賈（價）的文書，簡文資料完整，同簡背內容綜合觀之，對於我們了解秦時"平賈（價）"有重要參考。

（15）卅五年十一月辛卯朔朔日，都鄉守擇敢言之：上十一月平賈（價），謁布鄉官。敢言之。/啓手。十一月辛卯朔己酉，遷陵守丞繹下尉、鄉官：以律令從事。以次傳，別書。/就手。/十一月己酉旦，守府印行尉。（里耶貳 9－1088+9－1090+9－1113）

（16）十一月辛卯，都鄉守擇與令史就雜取市賈平。秫米石廿五錢。粲（粲）米石廿錢。毋【賣】它物者。十一月乙未旦，都鄉佐啓以來[1]。/就發。

（里耶貳 9－1088 背+9－1090 背+9－1113 背）

這是一則非常完整的文書樣本，既有都鄉守的"上"，即上呈文書；也有遷陵守丞的"下"，即文書下達；還有文書的"行"，即傳遞。簡文中出現了五個時間點："十一月辛卯朔朔日""十一月辛卯朔己酉""十一月己酉""十一月辛卯""十一月乙未"。根據月曆推算，辛卯是十一月一日，乙酉是十一月十九日，乙未是十一月五日。根據簡文，在月初十一月一日發生了兩件事：一是都鄉守上報"十一月平賈（價），謁布鄉官"；二是都鄉守與令史一起去取"市賈（價）平"，得到秫米每石廿五錢、粲（粲）米每石廿錢，沒有其他物品出賣。雖是記錄同一天的事情，但是根據邏輯，應是先去取"市賈（價）平"，得到某些物價，才能上報"平賈（價）"，請求謁布鄉官。其上呈"十一月平賈（價）"應是在十一月辛卯日。

何爲"市賈（價）平"？看簡文中三字的位置在簡第一欄第一列最後，距離簡的底部還有很大距離，"秫米石廿五錢""粲（粲）米石廿錢"分列第一欄的第二和第三行。按照簡文的行文常態，此處"平"應該是與前文"市賈（價）"相連的。但是簡文和典籍中未見

---

[1] "以來"，里耶簡常見。此處指都鄉佐在十一月乙未旦將文書送達。可參看陳偉主編：《里耶秦簡牘校釋（第一卷）》，頁7。

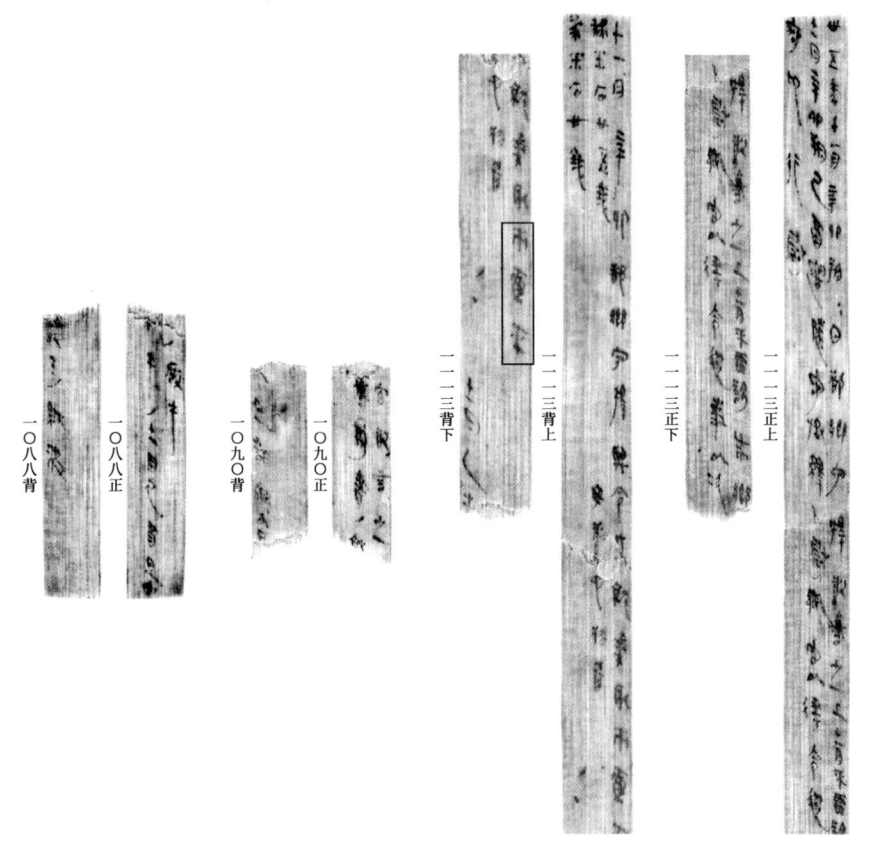

圖 1　里耶貳 9－1088+9－1090+9－1113

"市賈（價）平"的説法。而材料（3）出現的"市平賈（價）+物價"的内容形式與此相合，以及上面談到睡虎地秦簡《封診式·告臣》中的"市正賈（價）"，加之居延漢簡"國安糴粟四千石，請告入縣官，貴市平賈（價）石六錢，得利二萬四千"[1] 所見"市平賈（價）"，我們懷疑此處"市賈（價）平"應爲"市平賈（價）"。"市平賈（價）"的"市"理解爲"平賈（價）"的限定語，即指市場的

---

[1] 謝桂華、李均明、朱國炤：《居延漢簡釋文合校》，北京：文物出版社，1987 年，頁 33。

"平賈（價）"。[1]

我們可以大概勾勒出秦"平賈（價）"確認的過程：十一月一日，由都鄉守和令史一起前往市場獲取市平價，並由都鄉守在當日上呈文書至遷陵縣守丞處。十一月五日早，由都鄉佐將文書送達。十一月十九日，由遷陵縣守丞下發文書給尉、鄉官。文書內容沒有具體指示，但言"以律令從事。以次傳，別書"，即依據律令辦事，按文書送達方向，在相鄰縣道間轉相遞送，另行書寫。可見，都鄉守的上呈文書內容應是被認可的。如此，秦時平價的確認經由"都鄉—縣—尉、鄉"的過程，最終的確認權在縣守丞，平價的官府屬性是可以確定的。

其上有三點值得注意：一是上報"平賈（價）"的官員所屬地爲都鄉。都鄉，指縣治所在之鄉的名稱，與"離鄉"相對，《奏讞書》簡82："五月中天旱不雨，令民翆，武主趣都中。信行離鄉，使舍人小箐裏適守舍。"[2] 即本縣的"平賈（價）"是根據縣治所在的鄉的市平價來確認的，然後再由縣守丞確認後下放尉、鄉官。二是都鄉守要先和令史一起去獲得"市平賈（價）"，再上報。在以往的研究中，有幾位學者認爲"平賈（價）"是由市署機構基於時價（或市價）所定的官方價格，將"平賈（價）"的制定主體確定爲市署機構，[3] 但是從里耶秦簡内容所看，前往雜取"市平賈（價）"的人是都鄉守和令史，鄉守是指代理鄉嗇夫之職的人，[4] 而鄉嗇夫主管

---

[1] 張亞偉認爲秦代"平賈（價）"是政府基於市場平均價格所制定的官定價格。鑒於"平賈（價）"釋義的統一性，我們認爲"市"是"平賈（價）"的限定語。至於市場"平賈（價）"的確定，抑或是相對公正、公平的價格，而這個價格或是市場的平均價格。

[2] 參看裘錫圭：《嗇夫初探》，《雲夢秦簡研究》，北京：中華書局，1981年。高敏：《秦漢"都亭"考略》，《學術研究》1985年第5期。傅舉有：《有關秦漢鄉亭的幾個問題》，《中國史研究》1985年第3期。陳偉主編：《里耶秦簡牘校釋（第一卷）》，頁29—30。

[3] 慕容浩：《秦漢時期"平賈"新探》；韓厚明：《張家山漢簡字詞集釋》，頁401。

[4] 陳治國：《里耶秦簡之"守"和"守丞"釋義及其他》。

賦税，《漢書・百官公卿表上》："十亭一鄉，鄉有三老、有秩嗇夫、遊徼。三老掌教化。嗇夫聽訟，收賦税。"[1] 令史，官名，職掌文書等事。無論是鄉守還是令史都並非專門的機構，但是"平賈（價）"的制定確實與"市"有關。三是"平賈（價）"確認的縣級範疇，即秦時"平賈（價）"的確認經由"都鄉—縣—尉、鄉"的過程，最終的確認權在縣守丞。而在秦律中可見，"平賈（價）"的施行也都涉及"縣"，如材料（8）"以其縣道平賈（價）"物值，以定罰戍。

此外，材料（2）和（6）的"平賈（價）"前均出現了時間定語"朔日"，有學者指出"似秦縣每月平價視都鄉朔日平價而定"。[2] 結合材料可見，"平賈（價）"應該是根據每月朔日的"市平賈（價）"來確認的。材料（3）中出現"卅年十月盡八月市平賈（價）"，秦曆的十月爲歲首，從十月"盡"八月，有十一個月的時間，也在一定程度上説明秦時每月都會有"平賈（價）"上報，並非固定的十一月朔日。

（三）秦"平賈"的適用

從新公布的嶽麓秦簡內容來看，"平賈（價）"在秦時已經法律化、制度化，據目前所見紀年簡來看，早在十四年時，秦令文中就出現了"平賈（價）"。目前公布的材料中，"平賈（價）"見於秦金布律、司空律和田律中，涉及吏買黔首所私挾縣官戟、刃及弓、弩以及贖貸等令文。其適用的範圍大致可分爲三種。

一是涉及黔首與官府的交易行爲。材料（4）是嶽麓肆《金布律》關於黔首出賣自家馬牛的規定，除了無需向縣廷請示批准外，還特別對縣官購買私人馬牛的行爲做了規定。並指出如果皇帝買奴婢、馬以及縣官的馬牛羊與黔首的馬牛羊進行交換或者購買，都應該平價買

---

[1] 班固：《漢書》卷19，頁742。
[2] 陳偉主編：《里耶秦簡牘校釋（第二卷）》，頁254。

入,並及時付給主人錢。如果縣官與黔首的交易有虛質、不出錢或者超過十天不出質的,貲罰吏主者一甲,並按不質律論處。如果黔首自告官吏不爲其辦理質書,免除對黔首的處罰。黔首買賣超過平價,要按照平價論值。在簡文中出現的"以爲義""大隃取義",也是"平賈(價)"出現前的條件。如何理解"義"?整理者言"義,平也。《孔子家語・執轡》:'以之禮則國安,以之義則國義。'王肅注:'義,平也。'取義,即取平、取其平價。"[1] "義"雖然可以訓爲"平",但是此"平"與"平賈(價)"之"平"的取義不同。此"義"應該訓爲"宜",《管子・心術上》:"義者謂各處其宜也。"簡文此處言"以爲義者",即"以爲宜者",意爲認爲合宜的,然後才"以平賈(價)買之";而黔首如果"大隃取義",此處"隃"通"踰",越也。"大隃"即大大地超過可以取得的合適的價格,也應該先以平賈(價)論值。可見,"平賈(價)"在此簡中,不僅有以其價買賣的功用,還可以在議價過程中起到值價的作用。從内容來看,此律更多的是對縣官方的約束。

材料(7)是講十四年四月乙丑以來,對私挾官戟、刃和弓、弩的黔首上交吏的規定。令文指出私挾官戟、刃和弓、弩的黔首應該及時上交官吏,官吏則應該按照平價進行購買,並及時給錢。如果命令滿兩個月、已經聽説了詔令後,没去上交且還敢私挾官戟、刃、弓、弩以及買賣的,則與盗同瀍。針對"賜於縣官者得私挾"的情況,當時的大臣訢、丞相啓、執瀍議曰:"縣官兵多與黔首兵相類者,有或賜於縣官而傳(轉)賣之,買者不智(知)其賜及不能智(知)其縣官兵殹(也)而挾之,即與盗同瀍。詣吏有爲自告,減皋(罪)一等。黔首以其故泰抵削去其久刻,折毁以爲銅若棄之。不便,柀更之。"但對於最後的結果是"諸挾縣官戟、刃、弓、弩詣吏者,皆除其皋(罪),有(又)以平賈(價)予錢"。即只要能夠上交官吏,

---

[1] 陳松長主編:《嶽麓書院藏秦簡(肆)》,頁170。

都可以去除罪,還可以以平賈(價)給錢。可見,無論所挾官戟、刃、弓、弩的成色如何,都可以平價獲得相應的錢,此"平賈(價)"應該是有一定的穩定性的。

二是涉及官府因貸受錢。材料(5)是嶽麓肆《司空律》中規定黔首及司寇、隱官、輓官人在居貲贖債期間因病或者下雨天不能勞作,又不能自給飲食的人,可以向官府借貸糧食,按照平價進行交易,計入居作時間。"貸食"後,涉及償還貸,到了"責(債)券日",即債券上所規定的還債日期,按照律令,要責問他本人,能夠繳納,就在規定的日期繳納或移書所居住的縣進行繳納,不能夠繳納,就要根據律令規定或者債券上規定的日期由其本人居作。移書居住的縣,家人不能繳納的,將書送還的,貲罰一甲。簡文"以令及責(債)券日居之",《秦律十八種·司空律》有相關規定,即簡133:"有罪及貲贖及有責(債)於公,以其令日問之,其弗能入及賞(償),以令日居之,日居八錢;公食者,日居六錢。"在里耶、嶽麓一些簡文中也可見居貲贖債的規格大概是日居八錢或者六錢,如里耶貳9-630+9-815:"吏以卒戍上造涪陵亭橋難有貲錢千三百卌四,貧不能入,以約居,積二百廿四日,食縣官,日除六錢。"

材料(6)涉及《田律》規定官吏休假歸家、有公事,乘私人乘馬或縣官乘馬從縣中經過,如需從所過縣借貸芻槁、禾、粟以及購買菽的,縣按照朔日的平價接受錢,首先登記所受錢數和寫好券書,收錢的缿用令、丞的官印封印,令、令史和賦主各自持有一辨,月末開啟缿,令、丞以中辨券核驗錢的情況,錢隨即輸送給少內,都相互抹除掉封印,中辨收藏在縣廷。從簡文後面內容看,按平賈(價)所受錢應爲"買菽"之錢,而此錢是現錢。爲什麼要單買菽呢?《管子·輕重乙》曰:"請以令爲諸侯之商賈立客舍,一乘者有食,三乘者有芻菽,五乘者有伍養,天下之商賈歸齊若流水。"[1] 或與乘馬的規制

---

[1] 黎翔鳳撰,梁運華整理:《管子校注》,頁1622。

有關。如材料（9）雖然內容有殘缺，但從內容看也與乘馬有關。其中關於官吏歸休或者公事，行經各縣，秦律都有明確規定，如睡虎地秦簡《秦律十八種·倉律》簡44－46言："宦者、都官吏、都官人有事上爲將，令縣貣（貸）之，輒移其稟縣，稟縣以減其稟。已稟者，移居縣責之。有事軍及下縣者，齎食，毋以傳貣（貸）縣。月食者已致稟而公使有傳食，及告歸月不來者，止其後期朔食，而以其來日致其食；有秩吏不止。"

三是涉及以平賈（價）物值定罰。材料（8）中對於18歲以上的黔首男子和貲一甲的吏以及有千錢債或者借貸的，要按照其所在縣"平賈（價）""物直"，趙平安指出"直（值）爲動詞，"賈（價）爲名詞，"直（值）賈（價）"是"估價"的意思。"直賈（價）以關"就是"估價並向上報告"。[1] 物直千錢以上不能償還的，"人而丁鄰者"，睡虎地秦簡《秦律十八種·倉律》簡62有"人丁鄰者"，指同伍中其餘人家的丁壯男子，[2] 都要命令去戍守新地。如果貲首或者罰戍，用來免除的話，每日六錢，日期完備後就可以返回了。嶽麓柒21明確言："有貲贖責（債）貣（貸）當戍者，皆以其錢數雇戍日，爲書約。"目前已公布的秦律令簡中，常見某物"直"多少錢的記載，其物值多與量刑有關。關於此類物值的標準，應與前文所指"平賈（價）"有關。

四、漢承秦制的"平賈"發展

秦簡中的"平賈（價）"材料向我們證實，"平賈（價）"在秦時確實已經法制化、制度化。秦"平賈（價）"的確認是經過"都鄉—縣—尉、鄉"程式實現的，其官府屬性，比大家所討論的漢代

---

[1] 趙平安：《雲夢龍崗秦簡釋文注釋訂補》。
[2] 方勇：《秦簡劄記四則》，《長春師範學院學報》2009年第3期。

"平賈（價）"的官定或公定價格更複雜。漢承秦制，"平賈（價）"制在漢代繼續施行，簡牘材料記載也很豐富，以近秦的張家山漢簡和新出的荊州胡家草場漢簡[1]所記爲例，梳理漢初"平賈（價）"制的發展。爲便於觀察，現將漢初諸簡所見"平賈（價）"材料摘錄如下：

（17）諸盜□，皆以罪（？）所平賈（價）直論之。

（二年律令·盜律 80）

（18）使非有事，及當釋駕新成也，毋得以傳食焉，而以平賈（價）責錢。　　　　　　　（二年律令·傳食律 229-230）

（19）芻槀節貴於律，以入芻槀時平賈（價）入錢。

（二年律令·田律 242）

（20）諸當賜，官毋其物者，以平賈（價）予錢。

（二年律令·賜律 290）

（21）有罰、贖、責（債），當入金，欲以平賈（價）入錢，及當受購、償而毋金，及當出金、錢縣官而欲以除其罰、贖、責（債），及爲人除者，皆許之。各以其二千石官治所縣十月金平賈（價）予錢，爲除。　　　　　（二年律令·金布律 427-428）[2]

（22）亡、殺、傷縣官畜產，不可復以爲畜產，及牧之而疾死，其肉、革腐敗毋用，皆令以平賈（價）償。入死、傷縣官，賈（價）以減償。亡、毀、傷縣官器財物，令以平賈（價）償。入毀傷縣官，賈（價）以減償。

（二年律令·金布律 433-434）[3]

---

[1] 李志芳、蔣魯敬：《湖北荊州市胡家草場西漢墓 M12 出土簡牘概述》，《考古》2020年第 2 期。李志芳、李天虹主編：《荊州胡家草場西漢簡牘選粹》，北京：文物出版社，2021 年。

[2] 胡家草場漢簡 2992 有類似記載："有罰、贖、責（債）當入金，欲以平賈（價）入錢，若當出金、錢縣官而欲以自除者，許之，各以其屬。"

[3] 胡家草場漢簡 3110 有類似記載："亡、毀傷縣官器、財物，令以平賈（價）償。入毀傷縣官，賈（價）以減償。其乘輿器也，有（又）罰金二兩。"

（23）諸盜者皆以獄所平賈（價）直論之。

（張家山 336 墓・盜律 78）

（24）以民馬、牛給縣官事，若以縣官事守牧民馬、牛、畜產而殺傷、亡之，令以平賈（價）償。

（張家山 336 墓・廄律・281）

（25）高皇后元年十月辛卯，以庸（傭）平賈（價）予吏僕養。

（胡家草場 37）

張家山漢簡中，所涉材料的性質均爲律簡，[1] 其"平價"也作"平賈"，與秦簡相同。將秦漢簡牘材料合而觀之，不難發現其承繼與發展。一是平賈（價）的確認。在以往的研究中，學者多肯定平賈（價）的官府屬性，有些學者進一步指出其制定主體爲市署機構。新公布的材料 23《盜律》簡 78 曰："諸盜者皆以獄所平賈（價）直論之。"獄所，訴訟管轄地，[2] 指所有盜竊者都按照訴訟管轄地的平價來估值論罰。在上揭材料（8）中，出現了"以其縣道平賈（價）物直"的記錄，從"縣道"到"獄所"，地屬範圍越來越具體。二是平賈（價）的適用。從張家山漢簡諸律簡中對"平賈（價）"的規定可知，到漢時平賈（價）的適用更加廣泛且明確，涉及盜律、傳食律、田律、賜律、金布律、廄律，內容涵蓋責錢、入錢、賜錢、償錢等。

日本學者柿沼陽平指出戰國秦漢時期存在着固定官價、平價（正價）、實際價格這三個層次的物價結構。[3] 從前文的分析中，我們確定"平賈（價）"應該是秦物價結構中一個重要的獨立存在，即官

---

[1] 在其他地區所見漢簡材料中也見"平賈（價）"的記錄，但是考慮到時代和地域的差異，我們只選取張家山漢簡的內容來作比較。

[2] 荆州博物館編，程浩主編：《張家山漢墓竹簡（三三六號墓）》，頁 175。按：整理者言"本條律文不見於《二年律令》"，材料（17）應該與本簡所述相同。

[3]（日）柿沼陽平：《戰國秦漢時期的物價和貨幣經濟的基本結構》，頁 82。

府根據"市平賈（價）"而確定的價格。除此之外，"市平賈（價）"是不同於"平賈（價）"的存在，這個"市平價"可看作是市場價格。至於柿沼陽平所説的"固定官價"，其所引用的材料是王莽時期的金價，我們認爲在秦時是存在這種固定官價的，我們稱之爲官定價格，但它不是指《漢書·食貨志》所言"黄金重一斤，直錢萬"，而應該是睡虎地秦簡《秦律十八種·金布律》簡91-92中所規定的："大褐一，用枲十八斤，直六十錢；中褐一，用枲十四斤，直卌六錢；小褐一，用枲十一斤，直卅六錢。"因爲這個直錢涉及官府的"稟衣"。除了上面所説的各種"價"外，物本身的價值，我們暫且稱之爲"本價"，也是應該要考慮的。因此，我們認爲秦時存在"本價—市場價格—平價—官定價格"四個層次的物價結構。由於保存下來的都是官府文書，即使是有買有賣的交易，也多涉及官府的人員，這與普通民衆參與的市場交易價是否有别，也是值得注意的。

簡 稱 表

簡　稱	全　　稱
《合集》	《甲骨文合集》
《屯南》	《小屯南地甲骨》
《英藏》	《英國所藏甲骨集》
《花東》	《殷墟花園莊東地甲骨》
《史購》	《史語所購藏甲骨集》
《集成》	《殷周金文集成》
《銘文選》	《商周青銅器銘文選》
《近出》	《近出殷周金文集錄》
《新收》	《新收殷周青銅器銘文暨器影彙編》
《錢典》	《古錢大辭典》
《銘圖》	《商周青銅器銘文暨圖像集成》
《貨系》	《中國歷代貨幣大系·1先秦貨幣》
《先秦編》	《中國錢幣大辭典·先秦編》

續　表

簡　稱	全　稱
《聚珍》	《燕下都東周貨幣聚珍》
《包山》	《包山楚簡》
《睡簡》	《睡虎地秦墓竹簡》
《里耶壹》	《里耶秦簡〔一〕》
《里耶貳》	《里耶秦簡〔二〕》
《嶽麓壹》	《嶽麓書院藏秦簡（壹）》
《嶽麓貳》	《嶽麓書院藏秦簡（貳）》
《嶽麓叁》	《嶽麓書院藏秦簡（叁）》
《嶽麓肆》	《嶽麓書院藏秦簡（肆）》
《嶽麓伍》	《嶽麓書院藏秦簡（伍）》
《嶽麓陸》	《嶽麓書院藏秦簡（陸）》
《嶽麓柒》	《嶽麓書院藏秦簡（柒）》
《秦合集》	《秦簡牘合集》
《北大秦簡壹》	《北京大學藏秦簡牘（壹）》
《北大秦簡貳》	《北京大學藏秦簡牘（貳）》
《北大秦簡肆》	《北京大學藏秦簡牘（肆）》
《校釋一》	《里耶秦簡牘校釋（第一卷）》
《校釋二》	《里耶秦簡牘校釋（第二卷）》

附錄　東周金屬鑄幣疑難字字釋綜覽

説明：

1. 本表選取東周金屬鑄幣文字中的難識字或者學者釋讀意見不一致的字。

2. 考釋意見僅收録學者考釋結論，并按照時間順序進行編列。

3. 出處標注考釋意見的來源信息，詳細出處可參照"參考文獻"。

字頭	字　形	考釋意見	出　　處
元	先秦編 64 平空	亥	黄錫全 1993：《先秦貨幣研究》2001，頁 350
		元	蔡運章、陳娟 1995：《先秦編》，頁 60
		元（原）	吴良寶 2005：《中國東周時期金屬貨幣研究》，頁 40
芣	貨系 2478 孔	苑	奧平昌洪：《東亞錢志》 鄭家相 1958：《中國古代貨幣發展史》，頁 146—147
		芣（艾）	朱活 1965：《古錢新探》1984，頁 74 裘錫圭 1978：《裘錫圭學術文集·金文及其他古文字卷》2012，頁 209—211；原載《北京大學學報》1978－2 何琳儀 1989：《戰國文字通論》，頁 117

續　表

字頭	字形	考釋意見	出　　　處
芿	![字形]貨系2478 孔	芿（艾）	何琳儀 1993：《古幣叢考》2002，頁 162；原載《中國錢幣》1993－4 梁曉景 1995：《先秦編》，頁 372—373 黃錫全 2000：《先秦貨幣研究》2001，頁 183；原載《安徽錢幣》2000－2 吳良寶 2005：《中國東周時期金屬貨幣研究》，頁 214
		芿（簡）	曹錦炎 1984：《中國錢幣》1984－2，頁 67
		艾	汪慶正 1988：《中國歷代貨幣大系·1 先秦貨幣》，頁 585
		萠（間）	郭若愚 1994：《中國錢幣》1994－2，頁 28
余	![字形]貨系1213 尖	涂	汪慶正 1988：《中國歷代貨幣大系·1 先秦貨幣》，頁 372
		余（塗）	何琳儀 1991：《古幣叢考》2002，頁 112；原載《陝西金融·錢幣專輯》1991－16
		余	黃錫全 1993：《先秦貨幣研究》2001，頁 353；原載《第二屆國際中國古文字學研討會論文集》，香港中文大學 1993
唐	![字形]貨系2259 方	周	李佐賢：《古泉匯》 梁曉景 1995：《先秦編》，頁 293
		唐	奧平昌洪：《東亞錢志》 鄭家相 1958：《中國古代貨幣發展史》，頁 93 朱活 1965：《古錢新探》1984，頁 60 汪慶正 1988：《中國歷代貨幣大系·1 先秦貨幣》，頁 548—549

續 表

字頭	字 形	考釋意見	出　　處
唐	貨系 2259 方	唐（楊）	何琳儀 1992：《古幣叢考》2002，頁 96—97；原載《陝西金融·錢幣專輯》18 黃錫全 1993：《先秦貨幣研究》2001，頁 355；原載《第二屆國際中國古文字學研討會論文集》，香港中文大學 1993 黃錫全 1998：《先秦貨幣研究》2001，頁 129—130；原載《中國錢幣論文集》3 吳良寶 2005：《中國東周時期金屬貨幣研究》，頁 182
		唐	張頷 1995：《張頷學術文集》，頁 114—115（"唐是"是"同是"方足布的別品，讀爲"銅"）
		唐（銅）	陶正剛 2004：《文物世界》2004-1，頁 30—31
兯	貨系 554 平空	公	蔡運章 1974：《考古》1974-1，頁 13
		兯（沇）	蔡運章、余扶危 1985：《中國錢幣論文集》1，頁 93 蔡運章 1995：《中國錢幣大辭典·先秦編》，頁 93
		公釿	汪慶正 1988：《中國歷代貨幣大系·1 先秦貨幣》，頁 227
		兯（沿）	黃錫全 1993：《先秦貨幣研究》2001，頁 352；原載《第二屆國際中國古文字學研討會論文集》，香港中文大學 1993
襄	貨系 1653 方	襋（襄）	李佐賢：《古泉匯》 馬昂：《貨布文字考》 何琳儀 1994：《古幣叢考》2002，頁 211；原載《人文雜誌》1994-6 吳良寶 2005：《中國東周時期金屬貨幣研究》，頁 185
		襄	倪模：《古今錢略》 初尚齡：《吉金所見錄》 曹銓：《古泉彙志》

續　表

字頭	字　形	考釋意見	出　　處
襄	貨系 1653 方	襄	曹錦炎 1984：《中國錢幣》1984-2，頁69 陶正剛等 2004：《文物世界》2004-1，頁29
		敀（扞）	秦玉瓚：《遺篋錄》
		壤（襄）	朱活 1965：《古錢新探》1984，頁61
		斁	汪慶正 1988：《中國歷代貨幣大系·1 先秦貨幣》，頁440—448
	貨系 4053 圜錢	濟	李佐賢：《古泉匯》 劉師培：《古泉彙考》 方若：《古化雜詠》 朱活 1984：《古錢新探》1984，頁267 汪慶正 1988：《中國歷代貨幣大系·1 先秦貨幣》，頁1028—1029
		共	馬昂：《貨布文字考》
		襄	曹銓：《古泉彙志》 蔡運章 1995：《先秦編》，頁617—618 何琳儀 1996：《古幣叢考》2002，頁218；原載《舟山錢幣》1996年休刊號
		畢	《古圜法泉譜》 黃錫全 1993：《先秦貨幣研究》2001，頁358；原載《第二屆國際中國古文字學研討會論文集》，香港中文大學 1993 吳良寶 2005：《中國東周時期金屬貨幣研究》，頁249
		齊	鄭家相 1958：《中國古代貨幣發展史》，頁183
		壤	汪慶正 1988：《中國歷代貨幣大系·1 先秦貨幣》總論，頁32

續　表

字頭	字形	考釋意見	出　　處
襄	貨系 1658 方	壤	李佐賢：《古泉匯》 鄭家相 1958：《中國古代貨幣發展史》，頁 100 朱活 1965：《古錢新探》1984，頁 62 汪慶正 1988：《中國歷代貨幣大系・1 先秦貨幣》，頁 448—449 石永士 1995：《先秦編》，頁 238 吳良寶 2005：《中國東周時期金屬貨幣研究》，頁 186
		襄	倪模：《古今錢略》
		垾（安）	秦玉瓚：《遺篋錄》
		壤（襄）	何琳儀 1989：《戰國文字通論》，頁 115 何琳儀 1994：《古幣叢考》2002，頁 207；原載《人文雜誌》1994-6
	貨系 1093 尖	商	李佐賢：《古泉匯》 鄭家相 1958：《中國古代貨幣發展史》，頁 111 朱活 1965：《古錢新探》1984，頁 69 汪慶正 1988：《中國歷代貨幣大系・1 先秦貨幣》，頁 351—353
		敦	馬昂：《貨布文字考》
		高	倪模：《古今錢略》
		襄	北文 1973：《文物》1973-11，頁 3 何琳儀 1991：《古幣叢考》2002，頁 115；原載《陝西金融・錢幣專刊》16 黃錫全 1993：《先秦貨幣研究》2001，頁 353；原載《第二屆國際中國古文字學研討會論文集》，香港中文大學 1993 吳良寶 2005：《中國東周時期金屬貨幣研究》，頁 131
			石永士 1995：《先秦編》，頁 363

续　表

字头	字形	考释意见	出　　處
是	是 貨系 2259 方	是（隄）	李佐賢：《古泉匯》 鄭家相 1958：《中國古代貨幣發展史》，頁 93
		是	奧平昌洪：《東亞錢志》 汪慶正 1988：《中國歷代貨幣大系・1 先秦貨幣》，頁 548—549
		是（氏）	朱活 1965：《古錢新探》1984，頁 60 何琳儀 1992：《古幣叢考》2002，頁 96—97；原載《陝西金融・錢幣專輯》18 黄錫全 1993：《先秦貨幣研究》2001，頁 355；原載《第二届國際中國古文字學研討會論文集》，香港中文大學 1993 梁曉景 1995：《先秦編》，頁 293 黄錫全 1998：《先秦貨幣研究》2001，頁 129—130；原載《中國錢幣論文集》3 吴良寶 2005：《中國東周時期金屬貨幣研究》，頁 182
		是（鞮）	張頷 1995：《張頷學術文集》，頁 114—115（"唐是"是"同是"方足布的别品，讀爲"鞮"） 陶正剛 2004：《文物世界》2004-1，頁 30—31
行	行 貨系 263 平空	行	李佐賢：《古泉匯》 朱活 1965：《古錢新探》1984，頁 24 汪慶正 1988：《中國歷代貨幣大系・1 先秦貨幣》，頁 130 蔡運章 1995：《先秦編》，頁 130
		行（杏）	吴良寶 2004：《中國文字研究》5，頁 166—167
疋	疋 貨系 1950 方	疋	奧平昌洪：《東亞錢志》
		氏	鄭家相 1958：《中國古代貨幣發展史》，頁 98
		疋（蘇）	李家浩 1986：《中國錢幣》1986-4，頁 55—57
		是	汪慶正 1988：《中國歷代貨幣大系・1 先秦貨幣》，頁 497

續　表

字頭	字　形	考釋意見	出　　處
疋	貨系 1950 方	疋（蘇—與）	何琳儀 1994：《古幣叢考》2002，頁 202—203；原載《人文雜誌》1994-6 吴良寶 2005：《中國東周時期金屬貨幣研究》，頁 187
干	錢典 333 方	中	李佐賢：《古泉匯》 鄭家相 1958：《中國古代貨幣發展史》，頁 103 梁曉景 1995：《先秦編》，頁 263—264
		城	朱活 1965：《古錢新探》1984，頁 62
		干	何琳儀 1994：《古幣叢考》2002，頁 211；原載《人文雜誌》1994-6 黃錫全 1995：《先秦貨幣研究》2001，頁 87—89；原載台灣《第二屆中國訓詁學學術研討會論文集》1995.12；《内蒙古金融研究·錢幣專刊》1996-2 黃錫全 1998：《先秦貨幣研究》2001，頁 124；原載《中國錢幣論文集》3 吴良寶 2005：《中國東周時期金屬貨幣研究》，頁 180
言	貨系 1378 橋	晉	李佐賢：《古泉匯》 馬昂：《貨布文字考》 倪模：《古今錢略》 初尚齡：《吉金所見錄》 方若：《古化雜詠》 鄭家相 1958：《中國古代貨幣發展史》，頁 126—127 汪慶正 1988：《中國歷代貨幣大系·1 先秦貨幣》總論，頁 18
		言（圓）	裘錫圭 1978：《裘錫圭學術文集·金文及其他古文字卷》2012，頁 221—222；原載《北京大學學報》1978-2 何琳儀 1992：《古幣叢考》2002，頁 175；原載《吉林大學學報》1992-2

續　表

字頭	字　形	考釋意見	出　　處
言	貨系 1378 橋	言（圓）	黃錫全 1993：《先秦貨幣研究》2001，頁 354；原載《第二屆國際中國古文字學研討會論文集》，香港中文大學 1993 梁曉景 1995：《先秦編》，頁 213—214 黃錫全 2001：《先秦貨幣通論》，頁 120 吳良寶 2005：《中國東周時期金屬貨幣研究》，頁 149
	貨系 4002 直刀	晉	方若：《古化雜詠》 王毓銓 1957：《我國古代貨幣的起源和發展》，頁 63 鄭家相 1958：《中國古代貨幣發展史》，頁 172 汪慶正 1988：《中國歷代貨幣大系·1 先秦貨幣》總論，頁 31；《中國歷代貨幣大系·1 先秦貨幣》，頁 1008—1009 蔡運章、徐葆 1995：《先秦編》，頁 605—606
		言（圓）	裘錫圭 1978：《裘錫圭學術文集·金文及其他古文字卷》2012，頁 221—222；原載《北京大學學報》1978-2 黃錫全 2001：《先秦貨幣通論》，頁 221 楊魯安 2003：《內蒙古金融研究》2003-S4，頁 24
與	貨系 2480 孔	與	朱活 1965：《古錢新探》1984，頁 74 裘錫圭 1978：《裘錫圭學術文集·金文及其他古文字卷》2012，頁 216；原載《北京大學學報》1978-2 汪慶正 1988：《中國歷代貨幣大系·1 先秦貨幣》，頁 586 黃錫全 1993：《先秦貨幣研究》2001，頁 356；原載《第二屆國際中國古文字學研討會論文集》，香港中文大學 1993 梁曉景 1995：《先秦編》，頁 380 吳良寶 2005：《中國東周時期金屬貨幣研究》，頁 220

續　表

字頭	字　形	考釋意見	出　處
與	✽ 貨系 2480 孔	與（居）	李家浩 1986：《中國錢幣》1986-4，頁 56—57 何琳儀 1993：《古幣叢考》2002，頁 164；原載《中國錢幣》1993-4 何琳儀 1998：《戰國古文字典》，頁 582
		與（如）	何琳儀 1989：《戰國文字通論》，頁 117
		與（興）	黃錫全 2000：《先秦貨幣研究》2001，頁 186—187；原載《安徽錢幣》2000-2
鬲	鬲 貨系 326 平空	鬲	戴熙：《古泉叢話》 李佐賢：《古泉匯》 劉體智：《善齋吉金錄》 鄭家相 1958：《中國古代貨幣發展史》，頁 41 汪慶正 1988：《中國歷代貨幣大系·1 先秦貨幣》，頁 151—154 蔡運章 1995：《先秦編》，頁 149
		鬲（櫟—歷）	吳良寶 2004：《中國文字研究》5，頁 165
爲	爲 貨系 538 平空	叔	李佐賢：《古泉匯》
		戚	鄭家相 1958：《中國古代貨幣發展史》，頁 45
		邙	汪慶正 1988：《中國歷代貨幣大系·1 先秦貨幣》，頁 220—221
		爲（蔦）	黃錫全 1993：《先秦貨幣研究》2001，頁 362；原載《第二屆國際中國古文字學研討會論文集》，香港中文大學 1993 吳良寶 2005：《中國東周時期金屬貨幣研究》，頁 38
		㝬	蔡運章 1995：《先秦編》，頁 170

續　表

字頭	字　形	考釋意見	出　　處
尹	貨系 422 平空	瓦	鄭家相 1958：《中國古代貨幣發展史》，頁 43 朱活 1965：《古錢新探》1984，頁 25
		尹或君	黃錫全 1993：《先秦貨幣研究》，頁 351
		尹	蔡運章 1995：《先秦編》，頁 78 吳良寶 2002：《中國文字》新 29，頁 115
臤	貨系 531 平空	夬或臤	黃錫全 1993：《先秦貨幣研究》2001，頁 351；原載《第二屆國際中國古文字學研討會論文集》，香港中文大學 1993
		掔	陳劍 1999：《傳統文化與現代化》1999-1，頁 53
		夬（蒯）	何琳儀 2002：《古幣叢考》2002，頁 61
尋	三晉 129 方	竹	朱活 1965：《古錢新探》1984，頁 64
		尋（鄩）	何琳儀 1996：《古幣叢考》2002，頁 73—76；原載《舟山錢幣》1996-2 黃錫全 1996：《先秦貨幣研究》2001，頁 103—104；原載《陝西金融・錢幣專輯》1996 增 1 吳良寶 2005：《中國東周時期金屬貨幣研究》，頁 193
尃	貨系 2471 孔	尃（薄）	鄭家相 1958：《中國古代貨幣發展史》，頁 144
		尃（傅）	朱活 1965：《古錢新探》1984，頁 74
		尃（博）	裘錫圭 1978：《裘錫圭學術文集・金文及其他古文字卷》2012，頁 212—213；原載《北京大學學報》1978-2 何琳儀 1989：《戰國文字通論》，頁 116 何琳儀 1993：《古幣叢考》2002，頁 162；原載《中國錢幣》1993-4 梁曉景 1995：《先秦編》，頁 373 黃錫全 2000：《先秦貨幣研究》2001，頁 184；原載《安徽錢幣》2000-2 吳良寶 2005：《中國東周時期金屬貨幣研究》，頁 219
		尃	汪慶正 1988：《中國歷代貨幣大系・1 先秦貨幣》，頁 584
		尃（蒲）	郭若愚 1994：《中國錢幣》1994-2，頁 28

續　表

字頭	字形	考釋意見	出　　處
睘	錢典 832 圜錢	睘（垣）	裘錫圭 1978：《裘錫圭學術文集·金文及其他古文字卷》2012，頁 205—206；原載《北京大學學報》1978-2 朱活 1984：《古錢新探》1984，頁 267、269 秦鳳崗 1987：《中國錢幣》1987-2，頁 77 蔡運章 1995：《先秦編》，頁 615—616
		睘（縣）	梁鶴 2018：《中國文字研究》27，頁 30—33
百	貨系 1350 橋	金	李佐賢：《古泉匯》 馬昂：《貨布文字考》 倪模：《古今錢略》 初尚齡：《吉金所見錄》 劉師陸：《虞夏贖金釋文》 高焕文：《癖泉臆説》 葉德輝：《葉氏古泉雜詠注》 鄭家相 1958：《中國古代貨幣發展史》，頁 124
		全	張崇懿：《錢志新編》 王錫榮：《泉貨彙考》 秦玉瓚：《遺篋録》
		百[1]	朱德熙、裘錫圭 1979：《文物》1979-1，頁 43—44
雕	貨系 1699 方	戹吕（營）	李佐賢：《古泉匯》
		服營	馬昂：《貨布文字考》
		陵	倪模：《古今錢略》
		首	初尚齡：《吉金所見錄》
		雕	劉體智：《善齋吉金録》
		服邑	秦玉瓚：《遺篋録》 方若：《言錢補録》 鄭家相 1958：《中國古代貨幣發展史》，頁 101

---

[1] 朱德熙、裘錫圭改釋"百"後，諸家從之，未見異説。

續　表

字頭	字　形	考釋意見	出　　處
雕	![字形]貨系 1699 方	服邑（或釋雕，即雍）	朱活 1965：《古錢新探》1984，頁 61
		雕	曾庸 1980：《考古》1980 - 1，頁 86 石永士 1995：《先秦編》，頁 299 汪慶正 1988：《中國歷代貨幣大系·1 先秦貨幣》，頁 455—458 陶正剛 2004：《文物世界》2004 - 1，頁 32 吳良寶 2005：《中國東周時期金屬貨幣研究》，頁 184
鳶	![字形]貨系 2476 孔	文雁	鄭家相 1958：《中國古代貨幣發展史》，頁 145
		雁（應）	朱活 1965：《古錢新探》1984，頁 74
		鳶（鴈）	裘錫圭 1978：《裘錫圭學術文集·金文及其他古文字卷》2012，頁 210—211；原載《北京大學學報》1978 - 2 吳良寶 2005：《中國東周時期金屬貨幣研究》，頁 220
		鳶（雁）	何琳儀 1989：《戰國文字通論》，頁 117 梁曉景 1995：《先秦編》，頁 385
		隁（雁）	黃錫全 1993：《先秦貨幣研究》2001，頁 356；原載《第二屆國際中國古文字學研討會論文集》，香港中文大學 1993
		文烏	郭若愚 1994：《中國錢幣》1994 - 2，頁 27
烏	![字形]三晉 78 方	烏	鄭家相 1958：《中國古代貨幣發展史》，頁 98 汪慶正 1988：《中國歷代貨幣大系·1 先秦貨幣》，頁 497 吳良寶 2005：《中國東周時期金屬貨幣研究》，頁 187
		於（烏）	李家浩 1986：《中國錢幣》1986 - 4，頁 55—57

續　表

字頭	字形	考釋意見	出　　處
烏	三晉 78 方	於	黃錫全 1993:《先秦貨幣研究》2001，頁 354；原載《第二屆國際中國古文字學研討會論文集》，香港中文大學 1993
		烏（閼）	何琳儀 1994:《古幣叢考》2002，頁 202—203；原載《人文雜誌》1994-6
茲	貨系 791 尖	畿	李佐賢:《古泉匯》
		茲	馬昂:《貨布文字考》 秦玉瓚:《遺篋錄》 蔡雲:《癖談》 鄭家相 1943:《泉幣》21，頁 17 鄭家相 1958:《中國古代貨幣發展史》，頁 109 朱活 1965:《古錢新探》1984，頁 68 何琳儀 1991:《古幣叢考》2002，頁 112；原載《陝西金融·錢幣專輯》1991-16 梁曉景 1995:《先秦編》，頁 337—339 吳良寶 2005:《中國東周時期金屬貨幣研究》，頁 131
寽	先秦編 216 橋	爰（鍰）	李佐賢:《古泉匯》 初尚齡:《吉金所見錄》 高煥文:《癖泉臆說》
		鍰	馬昂:《貨布文字考》
		受	王錫榮:《泉貨彙考》
		爰	劉師陸:《虞夏贖金釋文》 方若:《古化雜詠》 鄭家相 1958:《中國古代貨幣發展史》，頁 124
		鉀	秦玉瓚:《遺篋錄》 葉德輝:《葉氏古泉雜詠注》

續　表

字頭	字形	考釋意見	出　　處
寽	先秦編216 橋	寽	李家浩 1980：《中國語文》1980-5，頁 373 汪慶正 1988：《中國歷代貨幣大系·1 先秦貨幣》總論，頁 19 黃錫全 1993：《先秦貨幣研究》2001，頁 353；原載《第二屆國際中國古文字學研討會論文集》 梁曉景 1995：《先秦編》，頁 215—217 黃錫全 2001：《先秦貨幣通論》，頁 118—119 吳良寶 2005：《中國東周時期金屬貨幣研究》，頁 151—152
		寽（鋝）	吳振武 1991：《中國錢幣》1991-2，頁 21—24 何琳儀 1992：《古幣叢考》2002，頁 174；原載《吉林大學學報》1992-2
膚	貨系996 尖	節	李佐賢：《古泉匯》
		葛	李佐賢、鮑照：《續泉匯》
		韋	劉心源：《奇觚室吉金文選》 鄭家相 1958：《中國古代貨幣發展史》，頁 113
		慮（盧）	朱活 1965：《古錢新探》1984，頁 69
		膚（慮）	裘錫圭 1978：《裘錫圭學術文集·金文及其他古文字卷》2012，頁 217—218；原載《北京大學學報》1978-2 曹錦炎 1984：《中國錢幣》1984-2，頁 70 何琳儀 1991：《古幣叢考》2002，頁 113；原載《陝西金融·錢幣專輯》1991-16 石永士 1995：《先秦編》，頁 358 施謝捷 1998：《簡帛研究》3，頁 173 吳振武 2000：《古文字研究》20，頁 319—321 李零 2008：《中華文史論叢》2008-4，頁 31—32
		慮	汪慶正 1988：《中國歷代貨幣大系·1 先秦貨幣》，頁 334—337 吳良寶 2017：《文史》2017-2，頁 281—288

續　表

字頭	字形	考釋意見	出　　處
鄡	![]貨系 2483 孔	郖霰	裘錫圭 1978：《裘錫圭學術文集·金文及其他古文字卷》2012，頁 216；原載《北京大學學報》1978－2
		鄡	裘錫圭 1992：《裘錫圭學術文集·金文及其他古文字卷》2012，頁 216；原載《古文字論集》 吳良寶 2005：《中國東周時期金屬貨幣研究》，頁 222
		郖霰	汪慶正 1988：《中國歷代貨幣大系·1 先秦貨幣》，頁 586
		卩（即）霰（裘）	何琳儀 1993：《古幣叢考》2002，頁 160；原載《中國錢幣》1993－4 黃錫全 2000：《先秦貨幣研究》2001，頁 186；原載《安徽錢幣》2000－2
亓	![]貨系 1605 方	亓	李佐賢：《古泉匯》
		丌	初尚齡：《吉金所見錄》 馬昂：《貨布文字考》
		邢	倪模：《古今錢略》
		箕	鄭家相 1958：《中國古代貨幣發展史》，頁 146 朱活 1965：《古錢新探》1984，頁 61 汪慶正 1988：《中國歷代貨幣大系·1 先秦貨幣》，頁 439
		丌（箕）	何琳儀 1994：《古幣叢考》2002，頁 210；原載《人文雜志》1994－6 吳良寶 2005：《中國東周時期金屬貨幣研究》，頁 181—182
		亓（箕）	石永士 1995：《先秦編》，頁 246

續 表

字頭	字形	考釋意見	出　　處
喿	錢典 299 方	鄩	李佐賢:《古泉匯》
		冥（鄩）	鄭家相 1958:《中國古代貨幣發展史》,頁 96
		喿（尚—長）	何琳儀 1992:《古幣叢考》2002,頁 94—96；原載《陝西金融·錢幣專輯》18
		奠	張頷 1992:《張頷學術文集》1995,頁 112—113；原載《中國錢幣論文集》2（"奠子"是"長子"的別名）
		喿（尚）	何琳儀 1994:《古幣叢考》2002,頁 205；原載《人文雜誌》1994-6
		尚	吳良寶 2005:《中國東周時期金屬貨幣研究》,頁 186
喜	貨系 353 平空	峕	鄭家相 1958:《中國古代貨幣發展史》,頁 46
		時	朱活 1965:《古錢新探》1984,頁 26
		喜	蔡運章 1974:《考古》1974-1,頁 13 汪慶正 1988:《中國歷代貨幣大系·1 先秦貨幣》,頁 159—160 蔡運章 1995:《先秦編》,頁 152
		喜（釐）	何琳儀 1998:《戰國古文字典》,頁 3
		壴	吳良寶 2003:《中國文字》新 29,頁 113—114
盧	貨系 1959 方	魯	李佐賢:《古泉匯》 馬昂:《貨布文字考》 倪模:《古今錢略》 初尚齡:《吉金所見錄》 曹銓:《古泉彙志》 袁寒雲:《泉簡》 鄭家相 1958:《中國古代貨幣發展史》,頁 98

續　表

字頭	字形	考釋意見	出　　處
盧	貨系 1959 方	盧（漁）	于省吾 1944：《雙劍誃殷契駢枝三編》2009，頁 339
		魚（魯）	朱活 1965：《古錢新探》1984，頁 62
		盧（虞）	曾庸 1980：《考古》1980－1，頁 84—85 陶正剛等 2004：《文物世界》2004－1，頁 31 吳良寶 2005：《中國東周時期金屬貨幣研究》，頁 189
		盧	汪慶正 1988：《中國歷代貨幣大系·1 先秦貨幣》，頁 498—502
		䧊（魯）	何琳儀 1994：《古幣叢考》2002，頁 212；原載《人文雜誌》1994－6
		盧（魚）	何琳儀 1998：《戰國古文字典》，頁 1501
虎	貨系 997 尖	節[1]	李佐賢：《古泉匯》
		長	李佐賢、鮑照：《續泉匯》
		韋[2]	劉心源：《奇觚室吉金文選》
		豕	鄭家相 1958：《中國古代貨幣發展史》，頁 113
		虒（夷）	朱活 1965：《古錢新探》1984，頁 69
		虎（虒）	裘錫圭 1978：《裘錫圭學術文集·金文及其他古文字卷》2012，頁 217—218；原載《北京大學學報》1978－2 曹錦炎 1984：《中國錢幣》1984－2，頁 70 何琳儀 1991：《古幣叢考》2002，頁 113；原載《陝西金融·錢幣專輯》1991－16 吳振武 2000：《古文字研究》20，頁 319—321 李零 2008：《中華文史論叢》2008－4，頁 31—32

---

[1]《古泉匯》將"膚虎"二字看作一字，釋爲"節"。
[2] 實際將"膚虎"的合文" "誤釋爲一字。

續　表

字頭	字　形	考釋意見	出　　處
虎	貨系 997 尖	虒	汪慶正 1988:《中國歷代貨幣大系・1 先秦貨幣》，頁 334—337 石永士 1995:《先秦編》，頁 358 吳良寶 2017:《文史》2017-2，頁 281—288
		虒（施）	施謝捷 1998:《簡帛研究》3，頁 173
即	錢典 248 方	原	李佐賢:《古泉匯》 朱活 1965:《古錢新探》1984，頁 64
		鄉	方若:《言錢補錄》 鄭家相 1943:《泉幣》20，頁 30
		即（次）	裘錫圭 1978:《裘錫圭學術文集・金文及其他古文字卷》2012，頁 206—209；原載《北京大學學報》1978-2
	貨系 949 尖	姑	李佐賢:《古泉匯》
		八匕（化）	倪模:《古今錢略》
		鄉	方若:《言錢補錄》
		鄉（榆鄉 即榆次）	鄭家相 1958:《中國古代貨幣發展史》，頁 109 朱活 1965:《古錢新探》1984，頁 70
		即（次）	裘錫圭 1978:《裘錫圭學術文集・金文及其他古文字卷》2012，頁 206—209；原載《北京大學學報》1978-2 曹錦炎 1984:《中國錢幣》1984-2，頁 69 張頷 1992:《古文字研究》19，頁 300—303 梁曉景 1995:《先秦編》，頁 354 何琳儀 1998:《戰國古文字典》，頁 375 吳良寶 2005:《中國東周時期金屬貨幣研究》，頁 132

續 表

字頭	字形	考釋意見	出　　處
匋	貨系 1133 尖	周	馬昂：《貨布文字考》 倪模：《古今錢略》 初尚齡：《吉金所見錄》 秦玉瓚：《遺篋錄》 鄭家相 1958：《中國古代貨幣發展史》，頁 112 朱活 1966：《古錢新探》1984，頁 69
		匋（陶）	黃盛璋 1974：《考古學報》1974-1，頁 28 曹錦炎 1984：《中國錢幣》1984-2，頁 68 梁曉景 1995：《先秦編》，頁 323 吳良寶 2005：《中國東周時期金屬貨幣研究》，頁 133
		陶	曾庸 1980：《考古》1980-1，頁 86—87
		匋	汪慶正 1988：《中國歷代貨幣大系·1 先秦貨幣》，頁 355—360
		窑（陶）	何琳儀 1991：《古幣叢考》2002，頁 116—117；原載《陝西金融·錢幣專輯》1991-16
侯	先秦編 139 平空	侯	李佐賢：《古泉匯》 劉體智：《善齋吉金錄》 汪慶正 1988：《中國歷代貨幣大系·1 先秦貨幣》，頁 112—113
		矦（鄭）	倪模：《古今錢略》
		侯（緱）	朱活 1965：《古錢新探》1984，頁 2 任常中 1982：《中原文物》1982-2，頁 58
		侯（郰）	黃錫全 1997：《先秦貨幣研究》2001，頁 20；原載《第三屆國際中國古文字學研討會論文集》1997 吳良寶 2005：《中國東周時期金屬貨幣研究》，頁 34
		矦	蔡運章 1995：《先秦編》，頁 139

續　表

字頭	字形	考釋意見	出　　處
高	貨系 395 平空	商	李佐賢：《古泉匯》
		高（鄗）	倪模：《古今錢略》
		高	劉體智：《善齋吉金録》 鄭家相1958：《中國古代貨幣發展史》，頁46 朱活1965：《古錢新探》1984，頁25 任常中1982：《中原文物》1982-2，頁59 蔡運章1995：《先秦編》，頁151
		高（郊）	吳良寶2002：《中國文字》新29，頁113
市	貨系 44 平空	棘	劉體智：《善齋吉金録》 李佐賢、鮑照：《續泉匯》
		封	方若：《言錢補録》 鄭家相1958：《中國古代貨幣發展史》，頁52
		坿（市）[1]	裘錫圭1980：《裘錫圭學術文集·金文及其他古文字卷》2012，頁339—340，原載《考古學報》1980-3
京	貨系 388 平空	京	馬昂：《貨布文字考》 黃錫全1993：《先秦貨幣研究》2001，頁351；原載《第二屆國際中國古文字學研討會論文集》，香港中文大學1993 蔡運章1995：《先秦編》，頁133 何琳儀1998：《戰國古文字典》，頁639—640 吳良寶2005：《中國東周時期金屬貨幣研究》，頁40 湯志彪2009：《三晉文字編》2013，頁785 趙平安2013：《復旦學報》2013-4，頁91 黃錫全2015：《中國錢幣》2015-2，頁6—7
		帝/京	倪模：《古今錢略》
		亳	劉體智：《善齋吉金録》 鄭家相1958：《中國古代貨幣發展史》，頁43 朱活1965：《古錢新探》，頁25 蔡運章、余扶危1985：《中國錢幣論文集》1，頁92 汪慶正1988：《中國歷代貨幣大系·1先秦貨幣》，頁170—171

[1] 裘錫圭改釋"市"後，諸家從之，未見異說。

續　表

字頭	字　形	考釋意見	出　　處
良	先秦編 171 平空	狼	鄭家相 1958：《中國古代貨幣發展史》，頁 46 朱活 1965：《古錢新探》1984，頁 26
		莨	于倩、周健亞 1995：《先秦編》，頁 171
		良（梁）	吳良寶 2004：《中國文字研究》5，頁 166
柳	貨系 491 平空	卯六	李佐賢：《古泉匯》
		柳？桃？	初尚齡：《吉金所見錄》
		聊	劉體智：《善齋吉金錄》
		柳（疑 罞）	汪慶正 1988：《中國歷代貨幣大系·1 先秦貨幣》，頁 206
		罞	蔡運章 1995：《先秦編》，頁 139
榆	貨系 963 尖	榆	李佐賢：《古泉匯》 方若：《言錢補錄》 鄭家相 1943：《泉幣》20，頁 30 鄭家相 1958：《中國古代貨幣發展史》，頁 109 朱活 1965：《古錢新探》1984，頁 70 裘錫圭 1978：《裘錫圭學術文集·金文及其他古文字卷》2012，頁 206—209；原載《北京大學學報》1978-2 何琳儀 1991：《古幣叢考》2002，頁 113；原載《陝西金融·錢幣專輯》1991-16 張頷 1992：《古文字研究》19，頁 300—303 黃錫全 1993：《先秦貨幣研究》2001，頁 352；原載《第二屆國際中國古文字學研討會論文集》 梁曉景 1995：《先秦編》，頁 354—355 吳良寶 2005：《中國東周時期金屬貨幣研究》，頁 132
		鄃	倪模：《古今錢略》

續 表

字頭	字形	考釋意見	出　　處
相	貨系2473 孔	私	李佐賢:《古泉匯》
		枲	王毓銓 1957:《我國古代貨幣的起源和發展》,頁 38 吳良寶 2005:《中國東周時期金屬貨幣研究》,頁 219—220
		杞	鄭家相 1958:《中國古代貨幣發展史》,頁 143
		相	朱活 1965:《古錢新探》1984,頁 74
		相（枲—代）	裘錫圭 1978:《裘錫圭學術文集·金文及其他古文字卷》2012,頁 214—215;原載《北京大學學報》1978-2 梁曉景 1995:《先秦編》,頁 378
		朱	汪慶正 1988:《中國歷代貨幣大系·1 先秦貨幣》,頁 584—585 裘錫圭 1992:《裘錫圭學術文集·金文及其他古文字卷》2012,頁 227;原載《古文字論集》
		相（貍）	何琳儀 1993:《古幣叢考》2002,頁 159;原載《中國錢幣》1993-4 黃錫全 2000:《先秦貨幣研究》2001,頁 185;原載《安徽錢幣》2000-2
		相（㮣—貍）	黃錫全 1993:《先秦貨幣研究》2001,頁 356;原載《第二屆國際中國古文字學研討會論文集》,香港中文大學 1993
		牟	郭若愚 1994:《中國錢幣》1994-2,頁 27
梁	先秦編217 橋	乘	李佐賢:《古泉匯》 劉師陸:《虞夏贖金釋文》
		梁	馬昂:《貨布文字考》 鄭家相 1958:《中國古代貨幣發展史》,頁 123 汪慶正 1988:《中國歷代貨幣大系·1 先秦貨幣》總論,頁 19

續 表

字頭	字形	考釋意見	出　　處
梁	先秦編 217 橋	梁	梁曉景 1995:《先秦編》,頁 216—217 吳良寶 2005:《中國東周時期金屬貨幣研究》,頁 151 吳良寶 2010:《中國錢幣論文集》5,頁 30—35 陳劍 2010:《出土文獻與古文字研究》3,頁 177—179
		半	方若:《言錢補錄》
		梁(梁)	王毓銓 1957:《中國古代貨幣的起源和發展》1990,頁 54—57 吳振武 1991:《中國錢幣》1991-2,頁 21—24 何琳儀 1992:《古幣叢考》2002,頁 174;原載《吉林大學學報》1992-2 吳振武 1993:《第二屆國際中國古文字學研討會論文集》,頁 273—283 黃錫全 2001:《先秦貨幣通論》,頁 118—119
析	貨系 497 平空	非	汪慶正 1988:《中國歷代貨幣大系·1 先秦貨幣》,頁 208 蔡運章 1995:《先秦編》,頁 129
		析	吳良寶 2004:《中國文字研究》5,頁 165
宋	貨系 293 平空	來(郲)	李佐賢:《古泉匯》 秦玉瓚:《遺篋錄》
		來	鄭家相 1958:《中國古代貨幣發展史》,頁 46 朱活 1965:《古錢新探》1984,頁 26 汪慶正 1988:《中國歷代貨幣大系·1 先秦貨幣》,頁 139—140 蔡運章 1995:《先秦編》,頁 128
		宋(沛—濟)	黃錫全 1993:《先秦貨幣研究》2001,頁 350 黃錫全 1994:《先秦貨幣研究》2001,頁 2—3 黃錫全 2001:《先秦貨幣通論》,頁 98
		宋(訾)	何琳儀 1998:《戰國古文字典》,頁 1265
南	貨系 2463 孔	魯	李佐賢:《古泉匯》 鄭家相 1958:《中國古代貨幣發展史》,頁 146
		魚	馬昂:《貨布文字考》 奧平昌洪:《東亞錢志》卷 4

續　表

字頭	字形	考釋意見	出　　處
南	◎ 貨系 2463 孔	葡	李學勤 1959：《文物》1959-8，頁 61
		備	朱活 1965：《古錢新探》1984，頁 74
		南	裘錫圭 1978：《裘錫圭學術文集·金文及其他古文字卷》2012，頁 209—211；原載《北京大學學報》1978-2 汪慶正 1988：《中國歷代貨幣大系·1 先秦貨幣》，頁 583 何琳儀 1989：《戰國文字通論》，頁 116 湯餘惠 1993：《戰國銘文選》，頁 118—119 梁曉景 1995：《先秦編》，頁 382 黃錫全 2000：《先秦貨幣研究》2001，頁 183；原載《安徽錢幣》2000-2 吳良寶 2005：《中國東周時期金屬貨幣研究》，頁 214
		五適（氏）	郭若愚 1994：《中國錢幣》1994-2，頁 26—27
枲	※ 貨系 4058 圜錢	長	李佐賢：《古泉匯》 劉青園：引自初尚齡《吉金所見錄》 劉心源：《奇觚室吉金文選》
		北長	馬昂：《貨布文字考》 初尚齡：《吉金所見錄》
		來	翁宜泉：引自初尚齡《吉金所見錄》
		乘	閻吉人：引自初尚齡《吉金所見錄》
		枲（漆）	裘錫圭 1978：《裘錫圭學術文集·金文及其他古文字卷》2012，頁 205—206；原載《北京大學學報》1978-2 秦鳳崗 1987：《中國錢幣》1987-2，頁 77 蔡運章 1995：《先秦編》，頁 614—615 何琳儀 1996：《古幣叢考》2002，頁 219；原載《舟山錢幣》1996 年休刊號 何琳儀 1998：《戰國古文字典》，頁 1099 黃錫全 2001：《先秦貨幣通論》，頁 305 吳良寶 2005：《中國東周時期金屬貨幣研究》，頁 24 梁鶴 2018：《中國文字研究》28，頁 31—33
		枲	汪慶正 1988：《中國歷代貨幣大系·1 先秦貨幣》，頁 1029—1030

續　表

字頭	字　形	考釋意見	出　　處
邰	△▽▽△ 貨系 2277 方	邰	李佐賢、鮑康：《續泉匯》
		邰	朱活 1965：《古錢新探》1984，頁 64 黃錫全 1993：《先秦貨幣研究》2001，頁 355；原載《第二屆國際中國古文字學研討會論文集》，香港中文大學 1993 梁曉景 1995：《先秦編》，頁 232 吳良寶 2005：《中國東周時期金屬貨幣研究》，頁 193
		合邑	汪慶正 1988：《中國歷代貨幣大系·1 先秦貨幣》，頁 551
		邰（郃）	張頷 1990：《張頷學術文集》頁 111—112；原載《中國古文字研究會第八屆年會論文》 何琳儀 1994：《古幣叢考》2002，頁 202—203；原載《人文雜誌》1994-6 何琳儀 1998：《戰國古文字典》，頁 1387
邪	貨系 882 尖	邪山	倪模：《古今錢略》 馬昂：《貨布文字考》 汪慶正 1988：《中國歷代貨幣大系·1 先秦貨幣》，頁 311—315
		琅邪	初尚齡：《吉金所見錄》
		邪	秦玉瓚：《遺篋錄》 鄭家相 1958：《中國古代貨幣發展史》，頁 109 黃錫全 1993：《先秦貨幣研究》2001，頁 352；原載《第二屆國際中國古文字學研討會論文集》1993 年 梁曉景 1995：《先秦編》，頁 328
		郘	朱活 1966：《古錢新探》1984，頁 70
		邪（或讀爲"葭"）	何琳儀 1991：《古幣叢考》2002，頁 112；原載《陝西金融·錢幣專輯》16 黃錫全 2001：《先秦貨幣研究》，頁 70—71

续　表

字頭	字　形	考釋意見	出　　處
旘	![字形]貨系1210尖	邑	汪慶正 1988：《中國歷代貨幣大系·1 先秦貨幣》，頁 372
		旘（訳）	何琳儀 1991：《古幣叢考》2002，頁 118—119；原載《陝西金融·錢幣專輯》16 李家浩 1992：《著名中年語言學家自選集·李家浩卷》2002，頁 186—187；原載《中國錢幣學會成立十週年紀念文集》 何琳儀 1998：《戰國古文字典》，頁 1076—1077
		旘	黃錫全 1993：《先秦貨幣研究》2001，頁 353；原載《第二屆國際中國古文字學研討會論文集》 梁曉景 1995：《先秦編》，頁 356
邨	![字形]貨系2209方	戈邑	李佐賢：《古泉匯》 初尚齡：《吉金所見錄》 秦玉瓚：《遺篋錄》 汪慶正 1988：《中國歷代貨幣大系·1 先秦貨幣》總論，頁 23 張文芳：《中國錢幣》1996 - 1
		虎邑	馬昂：《貨布文字考》
		戈	倪模：《古今錢略》
		劇	葉德輝：《葉氏古泉雜詠注》
		郊	劉體智：《善齋吉金錄》 朱活 1965：《古錢新探》1984，頁 62 汪慶正 1988：《中國歷代貨幣大系·1 先秦貨幣》，頁 539—541 郭若愚 2001：《先秦鑄幣文字考釋和辨偽》，頁 43—44
		邨（代）	李家浩 1980：《古文字研究》3，頁 160 曹錦炎 1984：《中國錢幣》1984 - 2，頁 68 李家浩 1992：《著名中年語言學家自選集·李家浩卷》2002，頁 179—185；原載《中國錢幣學會成立十週年紀念文集》

続　表

字頭	字　形	考釋意見	出　　處
邙	![字形]貨系 2209 方	邙（代）	黄錫全 1993：《先秦貨幣研究》2001，頁 355；原載《第二屆國際中國古文字學研討會論文集》 何琳儀 1994：《古幣叢考》2002，頁 209；原載《人文雜誌》1994－6 張文芳、田光 1998：《中國錢幣論文集》3，頁 139 吴良寶 2005：《中國東周時期金屬貨幣研究》，頁 176—177
		郊（代）	梁曉景 1995：《先秦編》，頁 247 德君、麗華 2003：《〈内蒙古金融研究〉錢幣文集》5，頁 16—18
邘	![字形]貨系 2021 方	干邑	李佐賢：《古泉匯》
		邘（許）	朱活 1965：《古錢新探》1984，頁 60
		邘	郭若愚 1984：《中國錢幣》1984－3 黄錫全 1993：《先秦貨幣研究》2001，頁 355；原載《第二屆國際中國古文字學研討會論文集》 吴良寶 2005：《中國東周時期金屬貨幣研究》，頁 179—180
		□邑	汪慶正 1988：《中國歷代貨幣大系・1 先秦貨幣》，頁 509
		邘	何琳儀 1990：《古幣叢考》2002，頁 248；原載《文物研究》1990－6 梁曉景 1995：《先秦編》，頁 298
		邘（汧）	李家浩 1992：《著名中年語言學家自選集・李家浩卷》2002，頁 174—176；原載《中國錢幣學會成立十周年紀念文集》
		邘（汧）	何琳儀 1994：《古幣叢考》2002，頁 210；原載《人文雜誌》1994－6

346　貨幣的發生：出土先秦文獻所見貨幣史料整理與研究

續　表

字頭	字形	考釋意見	出　　處
邟	▨ 貨系 2468 孔	邟（沮）	李家浩 1986：《中國錢幣》1986－4，頁 56—57 何琳儀 1998：《戰國古文字典》，頁 582 黃錫全 2000：《先秦貨幣研究》2001，頁 187；原載《安徽錢幣》2000－2
		邟（劇）	何琳儀 1989：《戰國文字通論》，頁 117
		邟（蘇）	李家浩 1986：《中國錢幣》1986－4 黃錫全 1993：《先秦貨幣研究》2001，頁 356；原載《第二屆國際中國古文字學研討會論文集》，香港中文大學 1993
		邟（沮）	梁曉景 1995：《先秦編》，頁 380
		邟	吳良寶 2005：《中國東周時期金屬貨幣研究》，頁 219
邟	▨ 貨系 2280 方	□邑	汪慶正 1988：《中國歷代貨幣大系・1 先秦貨幣》，頁 552
		邟（向）	李家浩 1992：《著名中年語言學家自選集・李家浩卷》2002，頁 170—174；原載《中國錢幣學會成立十周年紀念文集》 黃錫全 1993：《先秦貨幣研究》2001，頁 355；原載《第二屆國際中國古文字學研討會論文集》 何琳儀 1992：《古幣叢考》2002，頁 78；原載《文物季刊》1992－4 何琳儀 1994：《古幣叢考》2002，頁 213；原載《人文雜誌》1994－6 何琳儀 1998：《戰國古文字典》，頁 621 吳良寶 2005：《中國東周時期金屬貨幣研究》，頁 190
		邟（或向邑）	梁曉景 1995：《先秦編》，頁 301

附錄　東周金屬鑄幣疑難字字釋綜覽　　347

續　表

字頭	字形	考釋意見	出　　處
邯	貨系 2466 三	邯（比）	鄭家相 1958：《中國古代貨幣發展史》，頁 140
		邱	朱活 1965：《古錢新探》1984，頁 73 汪慶正 1988：《中國歷代貨幣大系·1 先秦貨幣》，頁 583
		邱（和）	裘錫圭 1978：《裘錫圭學術文集·金文及其他古文字卷》2012，頁 215；原載《北京大學學報》1978－2 梁曉景 1995：《先秦編》，頁 374
		曲	李學勤 1983：李零《戰國鳥書箴銘帶鈎考釋》頁 62 注③ 李零 1983：《古文字研究》8，頁 61—62 何琳儀 1989：《戰國文字通論》，頁 116 裘錫圭 1992：《裘錫圭學術文集·金文及其他古文字卷》2012，頁 227；又《古文字論集》1992，頁 451 黃錫全 2000：《先秦貨幣研究》2001，頁 185；原載《安徽錢幣》2000－2
		邯（曲）	黃錫全 1993：《先秦貨幣研究》2001，頁 356；原載《第二屆國際中國古文字學研討會論文集》，香港中文大學 1993 吳良寶 2005：《中國東周時期金屬貨幣研究》，頁 217
		祁	郭若愚 1994：《中國錢幣》1994－2，頁 28—29
鄩	先秦編 335 尖	鄩（虢）	李佐賢：《古泉匯》
		鄩	倪模：《古今錢略》
		虢	秦玉瓚：《遺篋錄》

續 表

字頭	字形	考釋意見	出　　處
鄂	先秦編335 尖	鄂	劉體智:《善齋吉金錄》 鄭家相 1958:《中國古代貨幣發展史》,頁 113
		郛	朱活 1965:《古錢新探》1984,頁 69
		鄭	孫貫文 1963:《考古》1963-10,頁 564
		鄂（垾）	何琳儀 1991:《古幣叢考》2002,頁 11;原載《陝西金融·錢幣專輯》16 石永士 1995:《先秦編》,頁 334 吳良寶 2005:《中國東周時期金屬貨幣研究》,頁 133
郘	錢典278 方	口邑	李佐賢:《古泉匯》
		越	陳壽卿:引李佐賢《古泉匯》
		武邑	何琳儀 1994:《古幣叢考》2002,頁 209;原載《人文雜誌》1994-6
		郘	吳良寶 2005:《中國東周時期金屬貨幣研究》,頁 209
鄴	三晉14 方	乘邑	李佐賢:《古泉匯》 葉德輝:《葉氏古泉雜詠注》
		梁邑	馬昂:《貨布文字考》 倪模:《古今錢略》 秦玉瓚:《遺篋錄》 曹銓:《古泉彙志》 吳良寶 2005:《中國東周時期金屬貨幣研究》,頁 95
		隸邑	初尚齡:《吉金所見錄》
		鄴	朱活 1965:《古錢新探》1984,頁 62 汪慶正 1988:《中國歷代貨幣大系·1 先秦貨幣》,頁 530—536
		鄴（梁）	何琳儀 1994:《古幣叢考》2002,頁 212—213;原載《人文雜誌》1994-6 吳良寶 2005:《中國東周時期金屬貨幣研究》,頁 189

續　表

字頭	字　形	考釋意見	出　　處
郆	ꁍ 先秦編303 方	莘邑	李佐賢:《古泉匯》 秦玉瓚:《遺篋錄》 鄭家相 1958:《中國古代貨幣發展史》,頁 96
		許邑	馬昂:《貨布文字考》
		郭	初尚齡:《吉金所見錄》 朱活 1965:《古錢新探》1984,頁 63
		枲邑（疑代邑）	汪慶正 1988:《中國歷代貨幣大系·1 先秦貨幣》,頁 541—542
		郆（駘或怡）	黃錫全 1993:《先秦貨幣研究》2001,頁 355;原載《第二屆國際中國古文字學研討會論文集》,香港中文大學 1993 何琳儀 1994:《古幣叢考》2002,頁 203;原載《人文雜誌》1994－6
		郆	石永士 1995:《中國貨幣大辭典·先秦編》,頁 303 吳良寶 2005:《中國東周時期金屬貨幣研究》,頁 190—191
		郆（駘或怡）	何琳儀 1998:《戰國古文字典》,頁 60
		郣	陶正剛等 2004:《文物世界》2004－1,頁 31—32
鄍	ꁍ 先秦編309 方	郎	李佐賢:《古泉匯》
		葛邑	馬昂:《貨布文字考》
		鄎	初尚齡:《吉金所見錄》
		鄎	秦玉瓚:《遺篋錄》 吳良寶 2005:《中國東周時期金屬貨幣研究》,頁 99 朱活 1965:《古錢新探》1984,頁 60

350　貨幣的發生：出土先秦文獻所見貨幣史料整理與研究

續　表

字頭	字形	考釋意見	出　處
鄭	先秦編 309 方	鄭	倪模：《古今錢略》 汪慶正 1988：《中國歷代貨幣大系・1 先秦貨幣》，頁 484—486
		鄩	湯餘惠 1983：《戰國銘文選》1993，頁 116；原載《吉林省貨幣學會首屆會議論文》1983 吳良寶 2005：《中國東周時期金屬貨幣研究》，頁 191
		鄩（波）	吳榮曾 1992：《中國錢幣》1992-2，頁 3—4
		鄩（負）	何琳儀 1995：《古幣叢考》2002，頁 194—197；原載《中國文字》新 19 何琳儀 1998：《戰國古文字典》，頁 123
鄮	貨系 1678 方	留邑	汪慶正 1988：《中國歷代貨幣大系・1 先秦貨幣》，頁 452
		鄮（劉）	李家浩 1992：《著名中年語言學家自選集・李家浩卷》2002，頁 167—169；原載《中國錢幣學會成立十周年紀念文集》 黃錫全 1993：《先秦貨幣研究》2001，頁 354；原載《第二屆國際中國古文字學研討會論文集》
		鄮（留）	梁曉景 1995：《先秦編》，頁 294 何琳儀 1996：《古幣叢考》2002，頁 76；原載《舟山錢幣》1996-2 何琳儀 1998：《戰國古文字典》，頁 263 吳良寶 2005：《中國東周時期金屬貨幣研究》，頁 190
鄂	貨系 1210 尖	鄂	汪慶正 1988：《中國歷代貨幣大系・1 先秦貨幣》，頁 372

續　表

字頭	字　形	考釋意見	出　　處
鄂	貨系 1210 尖	鄂（䚡）	何琳儀 1991：《古幣叢考》2002，頁 118—119；原載《陝西金融・錢幣專輯》16 李家浩 1992：《著名中年語言學家自選集・李家浩卷》2002，頁 186—187；原載《中國錢幣學會成立十周年紀念文集》 何琳儀 1998：《戰國古文字典》，頁 1076—1077
		鄂	黃錫全 1993：《先秦貨幣研究》2001，頁 353；原載《第二屆國際中國古文字學研討會論文集》 梁曉景 1995：《先秦編》，頁 356
鄂	貨系 1990 方	鄂	李佐賢：《古泉匯》 倪模：《古今錢略》 初尚齡：《吉金所見錄》 秦玉瓚：《遺篋錄》 鄭家相 1958：《中國古代貨幣發展史》，頁 100 朱活 1965：《古錢新探》1984，頁 60
		郎（琅）	馬昂：《貨布文字考》
		鄂（端）	朱德熙 1983：《古文字研究》8，頁 16 陶正剛等 2004：《文物世界》2004-1，頁 31
		鄂	汪慶正 1988：《中國歷代貨幣大系・1 先秦貨幣》，頁 502—504
		鄂（汯）	何琳儀 1992：《古幣叢考》2002，頁 178—179；原載《吉林大學學報》1992-2 黃錫全 1993：《先秦貨幣研究》2001，頁 355；原載《第二屆國際中國古文字學研討會論文集》，香港中文大學 1993 何琳儀 1994：《古幣叢考》2002，頁 212；原載《人文雜誌》1994-6 何琳儀 1998：《戰國古文字典》，頁 1054 吳良寶 2005：《中國東周時期金屬貨幣研究》，頁 187
		鄂	白光 1995：《文物春秋》1995-2，頁 85

續　表

字頭	字　形	考釋意見	出　　　處
鄌	中國錢幣 2005-2 孔	鄌（㮚—原）	黃錫全 2005:《中國錢幣》2005-2，頁 3—4
		鄌（晉）	程燕 2006:《中國錢幣》2006-2，頁 7—8
		鄌	湯志彪 2013:《三晉文字編》2013，頁 986
鑄	貨系 2264 方	鄧	李佐賢:《古泉匯》 鄭家相 1958:《中國古代貨幣發展史》，頁 104
		盛邑	馬昂:《貨布文字考》
		盥（鑄）	于省吾 1944:《雙劍吃殷契駢枝三編》2009，頁 339
		鑄（注）	朱活 1965:《古錢新探》1984，頁 62 裘錫圭 1978:《裘錫圭學術文集·金文及其他古文字卷》2012，頁 219；原載《北京大學學報》1978-2 梁曉景 1995:《先秦編》，頁 287
		鑄邑	汪慶正 1988:《中國歷代貨幣大系·1 先秦貨幣》，頁 549—550
		鄠（注）	黃錫全 1993:《先秦貨幣研究》2001，頁 355；原載《第二屆國際中國古文字學研討會論文集》，香港中文大學 1993
		鄠（鑄—注）	何琳儀 1994:《古幣叢考》2002，頁 203；原載《人文雜誌》1994-6 吳良寶 2005:《中國東周時期金屬貨幣研究》，頁 185
		日（涅）	何琳儀 1991:《古幣叢考》2002，頁 118；原載《陝西金融·錢幣專輯》1991-16

续　表

字頭	字　形	考釋意見	出　　處
片	貨系226 平空	阜	李佐賢：《古泉匯》
		亘（洹省）	鄭家相 1958：《中國古代貨幣發展史》，頁 45
		亘（垣）	朱活 1965：《古錢新探》1984，頁 26
		自	汪慶正 1988：《中國歷代貨幣大系・1 先秦貨幣》，頁 117—118 蔡運章 1995：《先秦編》，頁 612
		片（牆）	黃錫全 1993：《先秦貨幣研究》2001，頁 350 何琳儀 2002：《古幣叢考》2002，頁 57—58
采	貨系597 斜空	采	奧平昌洪：《東亞錢志》 蔡運章 1995：《先秦編》，頁 182
		爰	鄭家相 1958：《中國古代貨幣發展史》，頁 58
		采（或釋相）	汪慶正 1988：《中國歷代貨幣大系・1 先秦貨幣》，頁 240
		采（遂）	黃錫全 1993：《先秦貨幣研究》2001，頁 352；原載《第二屆國際中國古文字學研討會論文集》，香港中文大學 1993 何琳儀 1998：《戰國古文字典》頁 609、1242
家	貨系2457 孔	安	鄭家相 1958：《中國古代貨幣發展史》，頁 139 郭若愚 1994：《中國錢幣》1994-2，頁 29
		家	朱活 1965：《古錢新探》1984，頁 74 裘錫圭 1978：《裘錫圭學術文集・金文及其他古文字卷》2012，頁 214；原載《北京大學學報》1978-2 汪慶正 1988：《中國歷代貨幣大系・1 先秦貨幣》，頁 582 裘錫圭 1992：《裘錫圭學術文集・金文及其他古文字卷》2012，頁 227；原載《古文字論集》

續　表

字頭	字　形	考釋意見	出　　處
家	貨系 2457 孔	家	梁曉景 1995:《先秦編》,頁 383 吳良寶 2005:《中國東周時期金屬貨幣研究》,頁 216
		家（固）	何琳儀 1990:《中國錢幣》1990-3,頁 13
		家（華）	何琳儀 1991:《古幣叢考》2002,頁 154—155;原載《古籍整理研究學刊》1991-5 黃錫全 2000:《先秦貨幣研究》2001,頁 186;原載《安徽錢幣》2000-2
冠	中國錢幣 1990-3 方	庀（宅）	馬昂:《貨布文字考》 葉德輝:《古泉雜詠》
		宅	中國山西歷代貨幣 1989:《中國山西歷代貨幣》,頁 34
		蒙	智龕 1990:《中國錢幣》1990-3,頁 61
		宁（下）	何琳儀 1992:《古幣叢考》2002,頁 186—188;原載《文物季刊》1992-4 何琳儀 1994:《古幣叢考》2002,頁 214;原載《人文雜誌》1994-6
		免（宛）	黃錫全 1993:《第二屆國際中國古文字學研討會論文集》,香港中文大學 1993
		冠（原）	黃錫全 1995:《先秦貨幣研究》2001,頁 92—93;原載《華夏考古》1995-2
		冠	吳良寶 2005:《中國東周時期金屬貨幣研究》,頁 191、193

續　表

字頭	字形	考釋意見	出　　處
尙	尙先秦編 216 橋	尙（當）	李佐賢：《古泉匯》 倪模：《古今錢略》 張崇懿：《錢志新編》
		當	馬昂：《貨布文字考》 初尙齡：《吉金所見錄》 王錫棨：《泉貨彙考》 劉師陸：《虞夏贖金釋文》
		尙	秦玉瓚：《遺篋錄》 高煥文：《癖泉臆說》 葉德輝：《葉氏古泉雜詠注》 鄭家相 1958：《中國古代貨幣發展史》，頁 124 汪慶正 1988：《中國歷代貨幣大系·1 先秦貨幣》總論，頁 19
		尙（幣）	李家浩 1980：《中國語文》1980-5，頁 373 吳振武 1991：《中國錢幣》1991-2，頁 21—24 何琳儀 1992：《古幣叢考》2002，頁 174；原載《吉林大學學報》1992-2 黃錫全 1993：《先秦貨幣研究》2001，頁 353；原載《第二屆國際中國古文字學研討會論文集》 梁曉景 1995：《先秦編》，頁 215—216 吳良寶 2005：《中國東周時期金屬貨幣研究》，頁 151—152
		尙（幣）	黃錫全 2001：《先秦貨幣通論》，頁 118—119
咎	咎貨系 1719 方夂	处（咎省）	李佐賢：《古泉匯》 李佐賢、鮑照：《續泉匯》
		咎（皋—高）	翁樹培：引自倪模《古今錢略》
		伊	馬昂：《貨布文字考》

續　表

字頭	字形	考釋意見	出　處
咎	貨系 1719 方仌	咎（高）	孫貫文 1963：《考古》1963-10，頁 564 朱活 1965：《古錢新探》1984，頁 62 黃盛璋 1974：《考古學報》1974-1 何琳儀 1994：《古幣叢考》2002，頁 212；原載《人文雜志》1994-6
		咎	汪慶正 1988：《中國歷代貨幣大系·1 先秦貨幣》，頁 458—459 何琳儀 1994：《古幣叢考》2002，頁 212；原載《人文雜志》1994-6 吳良寶 2002：《古文字研究》24，頁 335—336 吳良寶 2005：《中國東周時期金屬貨幣研究》，頁 186—187
		処（咎—高）奴	黃錫全 1998：《先秦貨幣研究》2001，頁 122—123；原載《中國錢幣論文集》3 陶正剛等 2004：《文物世界》2004-1，頁 30
貞	貨系 341 平空	鼎	李佐賢：《古泉匯》
		尊	倪模：《古今錢略》
		貞	馬昂：《貨布文字考》 劉體智：《善齋吉金錄》 蔡運章 1995：《先秦編》，頁 137
		真	汪慶正 1988：《中國歷代貨幣大系·1 先秦貨幣》，頁 155—158
考	貨系 633 斜空	考	李佐賢：《古泉匯》 初尚齡：《吉金所見錄》 馬昂：《貨布文字考》 鄭家相 1958：《中國古代貨幣發展史》，頁 57

續　表

字頭	字　形	考釋意見	出　　處
考	貨系633 斜空	市	裘錫圭 1980：《裘錫圭學術文集·金文及其他古文字卷》2012，頁 343；原載《考古學報》1980 年第 3 期 汪慶正 1988：《中國歷代貨幣大系·1 先秦貨幣》總論，頁 17 王昭邁 2011：《東周貨幣史》，頁 211—212
		宣（垣）	黃錫全 1993：《〈中國歷代貨幣大系·先秦貨幣〉釋文校訂》，《先秦貨幣研究》2001，頁 352；原載《第二屆國際中國古文字學研討會論文集》1993
		旂	蔡運章 1995：《先秦編》，頁 135
舟	貨系1220 銳	洮（桃）	方若：《古化雜詠》
		洮	鄭家相 1958：《中國古代貨幣發展史》，頁 63
		俞	裘錫圭 1978：《裘錫圭學術文集·金文及其他古文字卷》2012，頁 208；原載《北京大學學報》1978－2 汪慶正 1988：《中國歷代貨幣大系·1 先秦貨幣》，頁 374 梁曉景 1995：《先秦編》，頁 226
		舟	裘錫圭 1990：《裘錫圭學術文集·金文及其他古文字卷》2012，頁 426—427；原載《徐中舒九十壽辰紀念論文集》 何琳儀 1990：《古幣叢考》2002，頁 244；原載《文物研究》6 裘錫圭 1992：《裘錫圭學術文集·金文及其他古文字卷》2012，頁 227；原載《古文字論集》1992 黃錫全 1993：《先秦貨幣研究》2001，頁 353；原載《第二屆國際中國古文字學研討會論文集》，香港中文大學 1993 何琳儀 1996：《古幣叢考》2002，頁 85—87；原載《中國錢幣》1996－2 黃錫全 1997：《先秦貨幣研究》2001，頁 79；原載《中國錢幣》1997－2 吳良寶 2005：《中國東周時期金屬貨幣研究》，頁 170

續　表

字頭	字形	考釋意見	出　處
欣	貨系 238 平空	衣	汪慶正 1988：《中國歷代貨幣大系·1 先秦貨幣》，頁 121—122
		注	黃錫全 1993：《先秦貨幣研究》，頁 351
		玦（注）	何琳儀 1998：《戰國古文字典》，頁 357 何琳儀 2002：《古幣叢考》2002，頁 58—59
		欣（軹）	吳良寶 2004：《古文字研究》25，頁 397—398
邵	貨系 630 斜空	貨	馬昂：《貨布文字考》 李佐賢：《古泉匯》
		貿	秦玉瓚：《遺篋錄》
		邵	方若：《言錢補錄》 鄭家相 1958：《中國古代貨幣的發展史》，頁 57 天津歷史博物館 1990：《天津歷史博物館藏中國歷代貨幣（第一卷）》，頁 34—35 黃錫全 1993：《先秦貨幣研究》2001，頁 352；原載《第三屆國際中國古文字學研討會論文集》1993
勻	貨系 2010 方	毛	李佐賢：《古泉匯》 李佐賢、鮑康：《續泉匯》
		陽	倪模：《古今錢略》
		戔（踐）	鄭家相 1958：《中國古代貨幣發展史》，頁 100 朱活 1965：《古錢新探》1984，頁 62
		勻（均—軍）	胡振祺 1981：《文物》1981-8，頁 88 黃錫全 1986：《古文字研究》15，頁 144
		勻（軍）	何琳儀 1994：《古幣叢考》2002，頁 208—209；原載《人文雜誌》1994-6 吳良寶 2000：《古文字研究》22，頁 135-137 吳良寶 2005：《中國東周時期金屬貨幣研究》，頁 180

續　表

字頭	字　形	考釋意見	出　　處
垂	貨系 1204 鋭	垂	李佐賢:《古泉匯》 初尚齡:《吉金所見録》 秦玉瓚:《遺篋録》 汪慶正 1988:《中國歷代貨幣大系·1 先秦貨幣》,頁 378—379
		聚	鄭家相 1958:《中國古代貨幣發展史》,頁 63
		垂（繁）	湯余惠 1992:《古文字研究》19,頁 504
		殽	裘錫圭 1978:《裘錫圭學術文集·金文及其他古文字卷》2012,頁 218—219;原載《北京大學學報》1978-2
		垂（魏）	吳榮曾 1992:《中國錢幣》1992-2,頁 5 轉 55 裘錫圭 2010:《出土文獻與古文字研究》3,頁 101—104 周波 2010:《出土文獻與古文字研究》3,頁 201—207
		垂（牧）	黄錫全 1993:《先秦貨幣研究》2001,頁 353;原載《第二屆國際中國古文字學研討會論文集》,香港中文大學 1993
		殽（崤）	梁曉景 1995:《先秦編》,頁 228
		埀（垂）	何琳儀 1996:《古幣叢考》2002,頁 89—90;原載《中國錢幣》1996-2
		垂（坶—坶、牧）	黄錫全 1997:《先秦貨幣研究》2001,頁 79—81;原載《中國錢幣》1997-2
		垂	吳良寶 2005:《中國東周時期金屬貨幣研究》,頁 172
	貨系 1415 橋	京	李佐賢:《古泉匯》 初尚齡:《吉金所見録》 鄭家相 1958:《中國古代貨幣發展史》,頁 130
		趙	馬昂:《貨布文字考》
		垂（繁）	湯餘惠 1986:《史學集刊》1986-4,頁 78—79 湯余惠 1993:《戰國銘文選》,頁 110
		殽	汪慶正 1988:《中國歷代貨幣大系·1 先秦貨幣》,頁 406—407

續　表

字頭	字形	考釋意見	出　　處
每	貨系1415 橋	每（堖—姆、牧）	何琳儀 1992：《古幣叢考》2002，頁 176—177；原載《吉林大學學報》1992 - 2 黃錫全 1993：《先秦貨幣研究》2001，頁 354；原載《第二屆國際中國古文字學研討會論文集》，香港中文大學 1993 黃錫全 1997：《先秦貨幣研究》2001，頁 80—81；原載《中國錢幣》1997 - 2
		每（魏）	吳榮曾 1992：《中國錢幣》1992 - 2，頁 5 轉 55 裘錫圭 2010：《出土文獻與古文字研究》3，頁 101—104 周波 2010：《出土文獻與古文字研究》3，頁 201—207
		垂	梁曉景 1995：《先秦編》，頁 224
		每	吳良寶 2005：《中國東周時期金屬貨幣研究》，頁 151
广	貨系544 平空	厃	汪慶正 1988：《中國歷代貨幣大系·1 先秦貨幣》，頁 223—224
		仁	汪慶正 1988：《中國歷代貨幣大系·1 先秦貨幣》，頁 1082
		危	黃錫全 1993：《先秦貨幣研究》2001，頁 352
		人厈	蔡運章 1995：《先秦編》，頁 169
夸	《首都博物館叢刊》8，頁 99 孔	夸	邱文明 1967：《中國古今泉幣辭典》，頁 451 崔恒昇 2002：《古文字研究》23，頁 220 吳良寶 2005：《中國東周時期金屬貨幣研究》，頁 225
		夸（諸—都）	何琳儀 1991：《古幣叢考》2002，頁 151—154；原載《古籍整理研究學刊》1991 - 5
		夸（諸）	黃錫全 2000：《先秦貨幣研究》2001，頁 187；原載《安徽錢幣》2000 - 2
		大于	高桂雲 1993：《中國錢幣》1994 - 2，頁 77；原載《首都博物館叢刊》8，1993 唐石父 2000：《中國錢幣學辭典》，頁 304

附錄　東周金屬鑄幣疑難字字釋綜覽　　361

續　表

字頭	字　形	考釋意見	出　　　處
亢	先秦編 217 橋	充	李佐賢:《古泉匯》 馬昂:《貨布文字考》
		云（倒子）	劉師陸:《虞夏贖金釋文》
		奇	方若:《言錢補錄》
		夸	鄭家相 1958:《中國古代貨幣發展史》，頁 123 何琳儀 1992:《古幣叢考》2002，頁 174；原載《吉林大學學報》1992-2 黃錫全 1993:《先秦貨幣研究》2001，頁 353；原載《第二届國際中國古文字學研討會論文集》，香港中文大學 1993 年 黃錫全 2001:《先秦貨幣通論》，頁 118—119
		充（夸）、奇	汪慶正 1988:《中國歷代貨幣大系·1 先秦貨幣》總論，頁 19
		新	汪慶正 1988:《中國歷代貨幣大系·1 先秦貨幣》，頁 394—396
		塚（冢—重）	吳振武 1991:《中國錢幣》1991-2，頁 21—24
		豪（冢—重）	吳振武 1993:《第二届國際中國古文字學研討會論文集》，頁 273—283
		重	梁曉景 1995:《先秦編》，頁 216—217
		冢	吳良寶 2005:《中國東周時期金屬貨幣研究》，頁 151 吳良寶 2010:《中國錢幣論文集》5，頁 30—35
		亢（衡）	陳劍 2010:《出土文獻與古文字研究》3，頁 177—179

續 表

字頭	字形	考釋意見	出　　處
渝	貨系 2464 孔	渝	朱活 1965：《古錢新探》1984，頁 74 汪慶正 1988：《中國歷代貨幣大系·1 先秦貨幣》，頁 583 梁曉景 1995：《先秦編》，頁 385
		渝（原）	李家浩 1986：《中國錢幣》1986-4，頁 57 黃錫全 1993：《先秦貨幣研究》2001，頁 356；原載《第二屆國際中國古文字學研討會論文集》，香港中文大學 1993 何琳儀 1998：《戰國古文字典》，頁 1045 吳良寶 2005：《中國東周時期金屬貨幣研究》，頁 216
		渝（晉）	黃錫全 2005：《中國錢幣》2005-2，頁 4—5
洀	貨系 2286 方	涿	李佐賢：《古泉匯》
		洮	李佐賢、鮑康：《續泉匯》 方若：《言錢補錄》 鄭家相 1958：《中國古代貨幣發展史》，頁 104 朱活 1965：《古錢新探》1984，頁 60
		溓（沾）	倪模：《古今錢略》
		汝水	王錫榮：《泉貨彙考》
		渝	裘錫圭 1978：《裘錫圭學術文集·金文及其他古文字卷》2012，頁 208；原載《北京大學學報》1978-2 汪慶正 1988：《中國歷代貨幣大系·1 先秦貨幣》，頁 552—553 張頷 1988：《張頷學術文集》1995，頁 143 陶正剛等 2004：《文物世界》2004-1，頁 31
		洀（樊）	裘錫圭 1992：《裘錫圭學術文集·金文及其他古文字卷》2012，頁 227；原載《古文字論集》

續　表

字頭	字形	考釋意見	出　　處
洀	貨系2286 方	洀（州）	裘錫圭 1990：《慶祝徐中舒九十壽辰論文集》，頁 11—13 吳良寶 2005：《中國東周時期金屬貨幣研究》，頁 184—185
		洀（舟）	何琳儀 1992：《古幣叢考》2002，頁 98—99；原載《陝西金融・錢幣專輯》18 黃錫全 1993：《先秦貨幣研究》2001，頁 355；原載《第二屆國際中國古文字學研討會論文集》 何琳儀 1994：《古幣叢考》2002，頁 204；原載《人文雜誌》1994—6
涅	先秦編225 銳	涅	李佐賢：《古泉匯》 秦玉瓚：《遺篋錄》 鄭家相 1958：《中國古代貨幣發展史》，頁 63 朱活 1965：《古錢新探》1984，頁 66 裘錫圭 1978：《裘錫圭學術文集・金文及其他古文字卷》2012，頁 208；原載《北京大學學報》1978－2 黃錫全 1993：《先秦貨幣研究》2001，頁 353；原載《第二屆國際中國古文字學研討會論文集》，香港中文大學 1993
		涅	倪模：《古今錢略》 初尚齡：《吉金所見錄》
		匕	汪慶正 1988：《中國歷代貨幣大系・1 先秦貨幣》，頁 374—376
		涅	何琳儀 1989：《戰國文字通論》，頁 109 吳良寶 2005：《中國東周時期金屬貨幣研究》，頁 170
		涅	梁曉景 1995：《先秦編》，頁 225—226
		涅（行/盈）	何琳儀 1996：《古幣叢考》2002，頁 82—85；原載《中國錢幣》1996－2
		涅（臬）	唐友波 2000：《中國錢幣》2000－2，頁 33

續　表

字頭	字形	考釋意見	出　　處
州	貨系1157 尖	州	李佐賢:《古泉匯》 馬昂:《貨布文字考》 倪模:《古今錢略》 初尚齡:《吉金所見錄》 蔡雲:《癖談》
		州（周）	鄭家相 1958:《中國古代貨幣發展史》, 頁 112 何琳儀 1991:《古幣叢考》2002, 頁 11; 原載《陝西金融・錢幣專輯》16 石永士 1995:《先秦編》, 頁 320 吳良寶 2002:《金景芳教授百年誕辰紀念文集》, 頁 126
		川	白光 1995:《文物春秋》1995－2, 頁 85
奴	貨系1720 方	如	李佐賢:《古泉匯》 李佐賢、鮑照:《續古泉匯》
		奴	倪模:《古今錢略》 孫貫文 1963:《考古》1963－10, 頁 564 朱活 1965:《古錢新探》1984, 頁 62 汪慶正 1988:《中國歷代貨幣大系・1 先秦貨幣》, 頁 458—459 黃錫全 1998:《先秦貨幣研究》2001, 頁 122—123; 原載《中國錢幣論文集》3 吳良寶 2002:《古文字研究》24, 頁 335—336 吳良寶 2005:《中國東周時期金屬貨幣研究》, 頁 186—187
		洛	馬昂:《貨布文字考》
		奴（如）	何琳儀 1994:《古幣叢考》2002, 頁 212; 原載《人文雜志》1994－6
妬	貨系2475 孔	妬（石）	朱活 1965:《古錢新探》1984, 頁 74 裘錫圭 1978:《裘錫圭學術文集・金文及其他古文字卷》2012, 頁 215; 原載《北京大學學報》1978－2 何琳儀 1989:《戰國文字通論》, 頁 116 黃錫全 2000:《先秦貨幣研究》2001, 頁 185; 原載《安徽錢幣》2000－2

附錄　東周金屬鑄幣疑難字字釋綜覽　　365

續　表

字頭	字形	考釋意見	出　　處
妬	貨系2475孔	妒	汪慶正 1988:《中國歷代貨幣大系·1 先秦貨幣》，頁 585
		女石	郭若愚 1994:《中國錢幣》1994-2，頁 27
		娜	吳良寶 2005:《中國東周時期金屬貨幣研究》，頁 220
曲	貨系55平空	匕（化）	李佐賢、鮑照:《續泉匯》 劉體智:《善齋吉金錄》 蔡運章、余扶危 1985:《中國錢幣論文集》1，頁 92—93
		化	方若:《言錢補錄》 鄭家相 1958:《中國古代貨幣發展史》，頁 52 朱活 1965:《古錢新探》1984，頁 25 汪慶正 1988:《中國歷代貨幣大系·1 先秦貨幣》總論，頁 14—15
		匕	裘錫圭 1980:《裘錫圭學術文集·金文及其他古文字卷》2012，頁 339—340；原載《考古學報》1980-3
		匕（幣）	李家浩 1980:《中國語文》1980-5，頁 375—376
		刀	吳振武 1983:《古文字研究》10，頁 310—312
		曲	李學勤 1983: 李零《戰國鳥書箴銘帶鈎考釋》頁 62 注③ 李家浩 1985:《文史》24，頁 20—21 注② 吳振武 1993:《中國錢幣》1993-2，頁 18—19 裘錫圭 2012:《裘錫圭學術文集·金文及其他古文字卷》2012，頁 344 蔡運章 1995:《先秦編》，頁 98 何琳儀 1998:《戰國古文字典》，頁 321 崔恒昇 2002:《古文字研究》23，頁 219—220 吳良寶 2005:《中國東周時期金屬貨幣研究》，頁 33

續　表

字頭	字形	考釋意見	出　　處
凡	貨系 179 平空	成	汪慶正 1988：《中國歷代貨幣大系·1 先秦貨幣》，頁 101—102
		凡	何琳儀 1990：《古幣叢考》2002，頁 248 蔡運章 1995：《先秦編》，頁 60 吳良寶 2005：《中國東周時期金屬貨幣研究》，頁 40
坙	錢典 793 平空	雲	李佐賢：《古泉匯》
		空（塞）	何琳儀 2002：《中國錢幣》2002-2，頁 51—5
		坙（幾）	吳良寶 2005：《中國歷史文物》2005-2，頁 8
坙（隰）	三晉 71 方	幾	李佐賢：《古泉匯》
		隰	倪模：《古今錢略》 鄭家相 1958：《中國古代貨幣發展史》，頁 99 朱活 1965：《古錢新探》1984，頁 61 吳良寶 2001：《古文字論集（二）》 吳良寶 2005：《中國東周時期金屬貨幣研究》，頁 182
		茲	汪慶正 1988：《中國歷代貨幣大系·1 先秦貨幣》，頁 420—421
		樂	黃錫全 1993：《先秦貨幣研究》2001，頁 354；原載《第二屆國際中國古文字學研討會論文集》，香港中文大學 1993 黃錫全 1998：《先秦貨幣研究》2001，頁 121—12；原載《中國錢幣論文集》3
		坙（隰）	梁曉景 1995：《先秦編》，頁 259—260
		坙（樂）	何琳儀 1994：《古幣叢考》2002，頁 206；原載《人文雜誌》1994-6
野	錢典 39 方	土毛	李佐賢：《古泉匯》
		戔（踐）	朱活 1965：《古錢新探》1984，頁 62

續　表

字頭	字形	考釋意見	出　　處
野	錢典 39方	氏	朱活 1991：《古錢新典》，頁 42
		垄	張頷 1986：《古幣文編》，頁 118
		倉	何琳儀 1998：《戰國古文字典》，頁 1537
		垣	董珊 2002：北京大學 2002 年博士學位論文，頁 250—258
		野	吳良寶 2008：《江蘇錢幣》2008 - 1
		冶（野）	趙平安 2018：《新出簡帛與古文字古文獻研究續集》，頁 113—117；原載《嶺南學報》第八輯
鑄	貨系 2275方	豐一	李佐賢：《古泉匯》 鄭家相 1958：《中國古代貨幣發展史》，頁 104
		盧	劉喜海：《古泉彙考》
		盟（鑄）	于省吾 1944：《雙劍吃殷契駢枝三編》2009，頁 339 朱活 1965：《古錢新探》1984，頁 62
		鑄（注）	裘錫圭 1978：《裘錫圭學術文集·金文及其他古文字卷》2012，頁 219；原載《北京大學學報》1978 - 2 何琳儀 1994：《古幣叢考》2002，頁 203；原載《人文雜誌》1994 - 6 梁曉景 1995：《先秦編》，頁 287
		盟（鑄—注）	吳良寶 2005：《中國東周時期金屬貨幣研究》，頁 185
开	貨系 268平空	土	汪慶正 1988：《中國歷代貨幣大系·1 先秦貨幣》，頁 121—122
		于？	黃錫全 1993：《先秦貨幣研究》，頁 351
		主	何琳儀 1998：《戰國古文字典》，頁 356
		开（軹）	吳良寶 2004：《古文字研究》25，頁 397—398

續　表

字頭	字形	考釋意見	出　　處
开	貨系1608 方	亓（箕）	汪慶正 1988：《中國歷代貨幣大系·1 先秦貨幣》，頁 440
		开（沃）	何琳儀 1992：《文物春秋》1992 - 2，頁 27—28 黃錫全 1993：《先秦貨幣研究》2001，頁 354；原載《第二屆國際中國古文字學研討會論文集》，香港中文大學 1993
		开（軹）	李家浩 2004：《古文字研究》25，頁 391—394 吳良寶 2005：《中國東周時期金屬貨幣研究》，頁 184
轘	貨系2481 孔	輲	汪慶正 1988：《中國歷代貨幣大系·1 先秦貨幣》，頁 586
		輾（轅）	何琳儀 1990：《古幣叢考》2002，頁 148；《中國錢幣》1990 - 3
		轘（懷）	黃錫全 1993：《先秦貨幣研究》2001，頁 356；原載《第二屆國際中國古文字學研討會論文集》，香港中文大學 1993
		軸	梁曉景 1995：《先秦編》，頁 384
		轘（懷）	黃錫全 2000：《先秦貨幣研究》2001，頁 189；原載《安徽錢幣》2000 - 2
		轘	吳良寶 2005：《中國東周時期金屬貨幣研究》，頁 220
陝	先秦編222 橋	虞	李佐賢：《古泉匯》 王錫棨：《泉貨彙考》 劉師陸：《虞夏贖金釋文》 鄭家相 1958：《中國古代貨幣發展史》，頁 122
		歷	倪模：《古今錢略》
		魏	馬昂：《貨布文字考》
		陝	張頷 1983：《張頷學術文集》1995，頁 116—121；原載《古文字學論集（初編）》 何琳儀 1992：《古幣叢考》2002，頁 175—176；原載《吉林大學學報》1992 - 2

續　表

字頭	字形	考釋意見	出　　處
陝	先秦編222 橋	陝	黃錫全1993：《先秦貨幣研究》2001，頁354；原載《第二屆國際中國古文字學研討會論文集》，香港中文大學1993 吳良寶2005：《中國東周時期金屬貨幣研究》，頁149
		虞（吳）	汪慶正1988：《中國歷代貨幣大系·1先秦貨幣》總論，頁17—18
陸	貨系2484 孔	陞（陘）	裘錫圭1978：《裘錫圭學術文集·金文及其他古文字卷》2012，頁214；原載《北京大學學報》1978-2 何琳儀1989：《戰國文字通論》，頁117 黃錫全2000：《先秦貨幣研究》2001，頁185；原載《安徽錢幣》2000-2
		陸	汪慶正1988：《中國歷代貨幣大系·1先秦貨幣》，頁586
		陘	郭若愚1994：《中國錢幣》1994-2，頁29
枋	貨系4179 燕尾布	商	鄭樵：《通志》
		端	元好問：《續夷堅志》
		枎	汪德曼：《錢譜》 汪慶正1988：《中國歷代貨幣大系·1先秦貨幣》總論，頁24—25 李德保、周長運1992：《江漢考古》1993-1，頁96，轉60 馬世之、蔡萬進、李德保1994：《江漢考古》1994-2，頁71—73 河南省文物研究所1991：《中國錢幣》1991-2，頁53—55
		扶	董祐誠：《文甲集》 劉青園：《虞夏贖金釋文》 趙北嵐：初尚齡《吉金所見錄》

續　表

字頭	字　形	考釋意見	出　　　處
枋	貨系4179 燕尾布	殊	蔡雲：《辨談》 李佐賢：《古泉匯》
		旆	秦玉瓚：《遺篋錄》 馬昂：《貨幣文字考》
		旆	劉心源：《奇觚室吉金文述》 鄭家相 1958：《中國古代貨幣發展史》，頁 133—134 朱活 1965：《古錢新探》1984，頁 203—206 趙德馨 1996：《楚國的貨幣》，頁 251—252 李家浩 1980：《中國語文》1980-5，頁 374—375 蔡運章 1983：《楚文化研究論文集》，頁 145—146 蔡運章 1998：《中國錢幣論文集》3，頁 160
		殊	陳鐵卿 1942：《泉幣》第 15 期，頁 3 李家浩 1973：《考古》1973-3，頁 194 曹桂岑 1983：《楚文化研究論文集》，頁 130—131 黃盛璋 1989：《古文字研究》17，頁 43—44
		袾	王獻唐 1979：《中國古代貨幣通考》，頁 352—356
		沛	王樹偉 1979：《社會科學戰線》1979-3，頁 194
		姉	李家浩 1986：《江漢考古》1986-4，頁 86
		橈	湯餘惠 1986：《古文字研究》15，頁 17—18 曹錦炎 1992：《中國錢幣》1992-2，頁 60 梁曉景 1995：《先秦編》，頁 285 李天虹 2003：《第四屆國際中國古文字研討會論文集》，頁 593—594 吳良寶 2005：《中國東周時期金屬貨幣研究》，頁 235—244 單育辰 2008：《中國錢幣》2008-2，頁 9—11 李學勤 2010：《通向文明之路》，頁 201—203
		杜	郭若愚 1991：《中國錢幣》1991-2，頁 60 郭若愚 2001：《先秦鑄幣文字考釋和辨偽》，頁 66
		柭	劉宗漢 1993：《中國錢幣》1993-2，頁 29—31
		柭（母）	黃錫全 1994：《中國錢幣》1994-2
		柭（模）	何琳儀 1992：《江漢考古》1992-2，頁 74

附録　東周金屬鑄幣疑難字字釋綜覽　371

續　表

字頭	字形	考釋意見	出　　處
枋	貨系 4179 燕尾布	枕（幠）	何琳儀 1996:《古幣叢考》2002, 頁 229—231 何琳儀 1998:《戰國古文字典》, 頁 615
		枋	李守奎 2015:《漢語言文字研究》1, 頁 119—124 王强 2014:《中國錢幣》2014-2, 頁 10—12
忻	貨系 4189 燕尾布	千	元好問:《續夷堅志》
		十斤	汪德曼:《錢譜》 董祐誠:《文甲集》 劉青園:《虞夏贖金釋文》 秦玉瓚:《遺篋錄》 馬昂:《貨幣文字考》 高焕文:《癖泉臆説》
		卅	趙北嵐:初尚齡《吉金所見録》
		十化	蔡雲:《癖談》 李佐賢:《古泉匯》 葉德輝:《古泉雜詠》 盛昱:《中國錢幣》1990-3, 頁 64
		忻	劉心源:《奇觚室吉金文述》
		忻	陳鐵卿 1942:《泉幣》第 15 期, 頁 3 汪慶正 1984:《中國歷代貨幣大系·1 先秦貨幣》總論, 頁 24—25 李德保、周長運 1993:《江漢考古》1993-1, 頁 96, 轉 60 馬世之、蔡萬進、李德保 1994:《江漢考古》1994-2, 頁 71—73 黄盛璋 1989:《古文字研究》17, 頁 43—44 劉宗漢 1993:《中國錢幣》1993-2, 頁 29—31 黄錫全 1994:《中國錢幣》1994-2 吳良寶 2005:《中國東周時期金屬貨幣研究》, 頁 235—244 王强 2014:《中國錢幣》2014-2, 頁 10—12
		忻（釿）	王獻唐 1979:《中國古代貨幣通考》, 頁 352—356

續 表

字頭	字形	考釋意見	出　　處
忻	貨系 4189 燕尾布	釿	鄭家相 1958：《中國古代貨幣發展史》，頁 133—134 朱活 1965：《古錢新探》1984，頁 203—206 趙德馨 1996：《楚國的貨幣》，頁 251—252 李家浩 1980：《中國語文》1980‐5，頁 374—375 湯餘惠 1986：《古文字研究》15，頁 17—18 曹錦炎 1992：《中國錢幣》1992‐2，頁 60 梁曉景 1995：《先秦編》，頁 285 郭若愚 1991：《中國錢幣》1991‐2，頁 60 郭若愚 2001：《先秦鑄幣文字考釋和辨偽》，頁 66
		忻（釿）	李家浩 1973：《考古》1973‐3，頁 194 李家浩 1986：《江漢考古》1986‐4，頁 86
		忻（十斤）	王樹偉 1979：《社會科學戰線》1979‐3，頁 194 河南省文物研究所 1991：《中國錢幣》1991‐2，頁 53—55
		忻（釿）	曹桂岑 1983：《楚文化研究論文集》，頁 130—131 何琳儀 1996：《古幣叢考》2002，頁 229—231 何琳儀 1998：《戰國古文字典》，頁 615 李學勤 2010：《通向文明之路》，頁 201—203
		忻（釿）	蔡運章 1983：《楚文化研究論文集》，頁 145—146 蔡運章 1998：《中國錢幣論文集》3，頁 160
		所	李天虹 2003：《第四屆國際中國古文字研討會論文集》，頁 593—594
		忻（十）	單育辰 2008：《中國錢幣》2008‐2，頁 9—11
	貨系 4168 銅貝	十斤	初尚齡：《吉金所見錄》引劉青園說
		十化	李佐賢：《古泉匯》2017，頁 98—99
		忻（釿）	王獻唐：《中國古代貨幣通考》1979，頁 198

續　表

字頭	字形	考釋意見	出　　處
忻	![字形]貨系 4168 銅貝	鈆	鄭家相 1958:《中國古代貨幣發展史》,頁 175 李家浩 1973:《考古》1973-3,頁 194 梅凌、呂長禮 1994:《錢幣文論特輯》2,頁 159、163 何琳儀 2001:《安徽錢幣》2001-2 王昭邁 2011:《東周貨幣史》,頁 257
		十斤	王樹偉 1979:《社會科學戰線》1979-3,頁 192—194 (十鈆的省書合字)
		忻	黃盛璋 1989:《古文字研究》17,頁 43—44 吳中華 2013:《江蘇錢幣》2013-1,頁 13—14
		忻(鈆)	黃盛璋 1995:《先秦編》,頁 33
		圻	何琳儀 1998:《戰國古文字典》,頁 1317
		忻(忻)	黃錫全 1999:《錢幣研究》1999-1
		忻(慎)	陳偉武 2000:《古文字研究》22,頁 252
		所	李天虹 2003:《第四屆國際中國古文字研討會論文集》,頁 593—594
		忻(?)	吳良寶 2005:《中國東周時期金屬貨幣研究》2005,頁 242
		十	單育辰 2008:《中國錢幣》2008-2,頁 9—12
展	![字形]先秦編 286 燕尾布	貨	蔡雲:《癖談》 盛昱:《中國錢幣》1990-3,頁 64 鄭家相 1958:《中國古代貨幣發展史》,頁 133—134 朱活 1965:《古錢新探》1984,頁 203—206 李家浩 1973:《考古》1973-3,頁 194

續 表

字頭	字 形	考釋意見	出 處
展	先秦編 286 燕尾布	貨	王樹偉 1979：《社會科學戰線》1979－3，頁 192—194 蔡運章 1983：《楚文化研究論文集》，頁 145—146 曹桂岑 1983：《楚文化研究論文集》，頁 130—131 汪慶正 1988：《中國歷代貨幣大系·1 先秦貨幣》總論，頁 24—25 湯餘惠 1986：《古文字研究》15，頁 17—18 河南省文物研究所 1991：《中國錢幣》1991－2，頁 53—55 郭若愚 1991：《中國錢幣》1991－2，頁 60 劉宗漢 1993：《中國錢幣》1993－2，頁 29—31 馬世之、蔡萬進、李德保 1994：《江漢考古》1994－2，頁 71—73 梁曉景 1995：《先秦編》，頁 285 趙德馨 1996：《楚國的貨幣》，頁 251—252 蔡運章 1998：《中國錢幣論文集》3，頁 160 郭若愚 2001：《先秦鑄幣文字考釋和辨偽》，頁 66
		俱	吳振武 1983：《古文字研究》10，頁 317 李家浩 1986：《江漢考古》1986－4，頁 86 黃錫全 1994：《中國錢幣》1994－2
		俱（顓）	何琳儀 1989：《戰國文字通論》，頁 141
		展（錘）	陳劍 2002：《追尋中華古代文明的蹤迹》，頁 49—53 單育辰 2008：《中國錢幣》2008－2，頁 9—11 李學勤 2010：《通向文明之路》，頁 201—203 王強 2014：《中國錢幣》2014－2，頁 10—12
貝		峃（古邦字）	方若：《古化雜詠》
		圁	鄭家相 1958：《中國古代貨幣發展史》，頁 174
		貝	蔡運章 1995：《先秦編》，頁 34 趙德馨 1996：《楚國的貨幣》，頁 220 黃錫全 1999：《先秦貨幣研究》2001，頁 227

續　表

字頭	字形	考釋意見	出　　處
貝		四	何琳儀 2003：《戰國文字通論（訂補）》2017，頁 186
金		金	王獻唐：《中國古代貨幣通考》1979，頁 198 鄭家相 1958：《中國古代貨幣發展史》，頁 175 朱活 1965：《古錢新探》1984，頁 199 趙德馨 1996：《楚國的貨幣》，頁 219—220
		金（釿）	朱活 1965：《古錢新探》1984，頁 199
		金（百）	劉宗漢 1985：《中國錢幣》1985－2，頁 24—25
		百	何琳儀 1992：《史學集刊》1992－1 吕長禮、梅凌 1993：《錢幣文論特輯》2，頁 159、163
		全	蔡運章 1995：《先秦編》，頁 34 黄錫全 1999：《先秦貨幣研究》2001，頁 225—227；原載江西《錢幣研究》1999－1
匋	貨系 4172 銅貝	匋	李佐賢：《古泉匯》 高焕文：《癖泉臆説》 羅振玉：《俑盧日札》 王獻唐：《中國古代貨幣通考》1979，頁 198 鄭家相 1958：《中國古代貨幣發展史》，頁 176 朱活 1965：《古錢新探》1984，頁 199 趙德馨 1996：《楚國的貨幣》，頁 220
		安	朱活 1992：《古錢新譚》，頁 15 吕長禮、梅凌 1994：《中國錢幣》1994－2，頁 45 黄錫全 1999：《先秦貨幣研究》2001，頁 227—228；原載江西《錢幣研究》1999－1 吕長禮 2004：《安徽錢幣》2004－4
		匩	何琳儀 1989：《戰國文字通論》，頁 141
		匿（壐）	羅運環、楊楓 1997：《中國錢幣》1997－1，頁 9

續　表

字頭	字　形	考釋意見	出　　處
匋	貨系 4172 銅貝	術	柯昌建 1999：《安徽錢幣》1999－2/3
		少甲	何琳儀 2001：《安徽錢幣》2001－2
		匡	陳隆文 2008：《河南大學學報（社會科學版）》2008－5，頁 92
巽		晉	蔡雲：《癖談》
		哭	初尚齡：《吉金所見錄》
		尭	方若：《古化雜詠》
		半兩	馬昂：《貨幣文字考》 李紹曾 1983：《楚文化研究論文集》，頁 152
		當半兩	李佐賢：《古泉匯》2017，頁 532
		貝	吳大澂：《權衡度量實驗考》 鄭家相 1958：《中國古代貨幣發展史》，頁 174 朱活 1965：《古錢新探》1984，頁 198 李家浩 1973：《考古》1973－3，頁 193
		巽	駢宇騫 1978：《語言文字研究專輯（下冊）》1986，頁 293—298；又載《歷史教學》1982－2，頁 63 汪本初 1988：《錢幣文論特輯》1，頁 145—147 蔡運章 1995：《先秦編》，頁 35 王昭邁 2011：《東周貨幣史》，頁 449
		坐	王獻唐：《中國古代貨幣通考》1979，頁 197
		巽（錢）	李家浩 1980：《中國語文》1980－5，頁 376 黃錫全 1999：《先秦貨幣研究》2001，頁 228—229
		貝化	朱活 1980：《中國考古學會第二次年會論文集》1982，頁 103 朱活 1981：《文物》1981－7，頁 94 呂長禮 2004：《江蘇錢幣》2004－4，頁 16

附錄　東周金屬鑄幣疑難字字釋綜覽　377

續　表

字頭	字形	考釋意見	出　　處
巽	巽	襄（穰）	尤仁德1981：《考古與文物》1981-1，頁94
		巽（選）	趙德馨1996：《楚國的貨幣》，頁227 何琳儀1998：《戰國古文字典》，頁1355
		當化	汪本初1988：《錢幣文論特輯》1，頁145—147
		君？	張虎嬰1987：《歷史的軌迹》，頁10
		咢（鄂）	李天元1989：《錢幣研究文選》，頁145、148
		一貝	淑芬：《錢幣研究文選》，頁290
		貝，貨省文	郭若愚1991：《中國錢幣》1991-2，頁60—61
		銖	劉志一1992：《江漢考古》1992-3，頁79—80
		蜀	成增耀2006：《錢幣文論特輯》3，頁22—25
		巽/郢？	趙德馨1996：《楚國的貨幣》，頁223
		巽（賵）	唐友波2003：《江漢考古》2003-3，頁80—82
		咢（鰐）	陳隆文2006：《華夏考古》2006-4，頁94—98
坙	坙 貨系4162	肆	初尚齡：《吉金所見錄》
		各六	馬昂：《貨布文字考》
		各一	方若：《古錢補錄》
		女六	鄭家相1958：《中國古代貨幣發展史》，頁176
		坙	朱活1965：《古錢新探》1984，頁198 李零、劉雨1980：《文物》1980-8，頁31 黃盛璋1989：《古文字研究》17，頁43 趙德馨1996：《楚國的貨幣》，頁225

續 表

字頭	字 形	考釋意見	出　　　處
坙	貨系 4162	五	李家浩 1973:《考古》1973-3, 頁 193 蔡運章 1995:《先秦編》, 頁 35
		坙（隆）	王獻唐:《中國古代貨幣通考》1979, 頁 197
		坙（降）	李學勤 1980:《文物》1980-8, 頁 40
		巠（條—資）	朱活 1980:《中國考古學會第二次年會論文集》1982, 頁 102
		朱（銖）五	曹桂岑 1983:《楚文化研究論文集》, 頁 127
		巠（?）	汪慶正 1988:《中國歷代貨幣大系·1先秦貨幣》總論, 頁 33
		坙（憂?）	李家浩 1986:《江漢考古》1986-4, 頁 85
		坙（隆）	李零 1992:《古文字研究》19, 頁 146
		坙	湯餘惠 1993:《戰國銘文選》, 頁 127
		坙（輕）	黃錫全 1994:《先秦貨幣研究》2001, 頁 205-207；原載《中國錢幣》1994-2 黃錫全 1999:《先秦貨幣研究》2001, 頁 228；原載《錢幣研究》1999-1
		坙（饒）	何琳儀 1998:《戰國古文字典》, 頁 284
		坙（小）	何琳儀 2002:《戰國文字通論（訂補）》2017, 頁 185
		坙（錘）	劉剛 2013:《出土文獻與古文字研究》4, 頁 446、449-450 李天虹 2014:《簡帛》9, 頁 30—31
		坙（攵）	劉敬揚 1988:《福州大學學報》1988-2, 頁 74

續　表

字頭	字形	考釋意見	出　　　處
返	貨系2575	建	李佐賢:《古泉匯》
		通	馬昂:《貨布文字考》
		遲	江秋史
		造	蔡雲:《癖談》 葉德輝:《葉氏古泉雜詠》 汪慶正1988:《中國歷代貨幣大系・1先秦貨幣》總論，頁28
		徙	初尚齡:《吉金所見錄》 方藥雨:《言錢補錄》
		趆	秦玉瓚:《遺篋錄》
		返	何琳儀1986:《中國錢幣》1986-2
		造（建）	朱活1988:《中國錢幣》1988-1
		遜（近）	黃錫全1998:《吉林大學古籍研究所十五週年紀念文集》，頁132
		趆（拓）	王輝2003:《中國錢幣》2003-2
		遜（趆—拓）	翟勝利:《中國國家博物館館刊》2021-3
鄲	貨系379	簹（鄲）	方藥雨:《古化雜詠》 方藥雨:《言錢補錄》 鄭家相1958:《中國古代貨幣發展史》，頁82
		蘺	馬昂:《貨布文字考》
		莒	初尚齡:《吉金所見錄》 汪慶正1988:《中國歷代貨幣大系・1先秦貨幣》總論，頁29

續　表

字頭	字形	考釋意見	出　　處
鄙	貨系379	箮	裘錫圭1978：《北京大學學報》1978-2
		鄙（枏、柞、柜）	李家浩1998：《中國錢幣論文集》3，頁94—97
		筥（簀—莒）	何琳儀1998：《戰國古文字典》，頁452
		鄙	黄錫全1998：《吉林大學古籍研究所十五週年紀念文集》，頁135
厇	貨系2497	化	李佐賢：《古泉匯》
		貨	馬昂：《貨布文字考》
		厇（刀）	吴振武1983：《古文字研究》10，頁305—312
		乇（度）刀	何琳儀1986：《河北金融》1996-2
呑	貨系2504	去	李佐賢：《古泉匯》
		合	馬昂：《貨布文字考》
		法	《泉説》
		谷	秦玉瓚：《遺篋録》
		呑（合）	鄭家相1958：《中國古代貨幣發展史》，頁79
		呑（大）	王獻唐1936：《臨淄封泥文字目録》 裘錫圭1980：《考古學報》1980-3

參考文獻

一、古　　籍

司馬遷撰：《史記》，北京：中華書局，1959年。

班固撰：《漢書》，北京：中華書局，1962年。

范曄撰，李賢等注：《後漢書》，北京：中華書局，1965年。

房玄齡等撰：《晉書》，北京：中華書局，1974年。

阮元校刻：《十三經注疏（附校勘記）》，北京：中華書局，1980年。

方詩銘、王修齡：《古本竹書紀年輯證》，上海：上海古籍出版社，1981年。

梁玉繩撰：《史記志疑》，北京：中華書局，1981年。

罗泌撰：《路史》，《景印文淵閣四庫全書》第383冊，臺北：臺灣商務印書館，1986年。

孫詒讓撰，王文錦、陳玉霞點校：《周禮正義》，北京：中華書局，1987年。

桓寬撰集，王利器校注：《鹽鐵論校注》，北京：中華書局，1992年。

顧棟高輯：《春秋大事表》，北京：中華書局，1993年。

黃懷信、張懋鎔、田旭東撰：《逸周書彙校集注》，上海：上海古籍出版社，1995年。

徐元誥集解，王樹民、沈長雲點校：《國語集解》，北京：中華書局，2002年。

顧祖禹撰，賀次君、施和金點校：《讀史方輿紀要》，北京：中華書局，2005年。

劉向集錄，范祥雍箋證，范邦瑾協助校：《戰國策箋證》，上海：上海古籍出版社，2006年。

許慎撰，段玉裁注：《說文解字注》，杭州：浙江古籍出版社，2006年。

諸祖耿編撰：《戰國策集注匯考（增補本）》，南京：鳳凰出版社，2008年。

酈道元著，王先謙校：《合校水經注》，北京：中華書局，2009年。

許慎撰，徐鉉校注：《説文解字》，北京：中華書局，2013年。

黎翔鳳撰，梁運華整理：《管子校注》，《新編諸子集成》，北京：中華書局，2018年。

許維遹集釋，梁運華整理：《吕氏春秋集釋》，《新編諸子集成》，北京：中華書局，2019年。

二、出土文獻整理類書目及工具書

白於藍：《簡帛古書通假字大系》，福州：福建人民出版社，2017年。

北京大學出土文獻與古代文明研究所編：《北京大學藏秦簡牘》，上海：上海古籍出版社，2023年。

曹錦炎、沈建華編著：《甲骨文校釋總集》，上海：上海辭書出版社，2006年。

曹瑋編著：《周原甲骨文》，北京：世界圖書出版公司，2002年。

陳初生編纂：《金文常用字典》，西安：陝西人民出版社，2004年。

陳松長主編：《嶽麓書院藏秦簡（肆）》，上海：上海辭書出版社，2015年。

陳松長主編：《嶽麓書院藏秦簡（伍）》，上海：上海辭書出版社，2017年。

陳松長主編：《嶽麓書院藏秦簡（壹—叁）釋文修訂本》，上海：上海辭書出版社，2018年。

陳松長主編：《嶽麓書院藏秦簡（陸）》，上海：上海辭書出版社，2020年。

陳松長主編：《嶽麓書院藏秦簡（柒）》，上海：上海辭書出版社，2022年。

陳偉等主編：《楚地出土戰國簡册［十四種］》，北京：經濟科學出版社，2009年。

陳偉主編：《秦簡牘合集·釋文注釋修訂本》，武漢：武漢大學出版社，2016年。

丁福保編：《古錢大辭典》，北京：中華書局，1982年。

甘肅簡牘博物館等編著：《懸泉漢簡（壹）》，上海：中西書局，2019年。

郭沫若主編，中國社會科學院歷史研究所：《甲骨文合集》，北京：中華書局，1978—1982年。

國家計量總局主編：《中國古代度量衡圖集》，北京：文物出版社，1982年。

何琳儀：《戰國古文字典：戰國文字聲系》，北京：中華書局，1998 年。

河北省文物研究所：《戰國中山國靈壽城：1975—1993 年考古發掘報告》，北京：文物出版社，2015 年。

河北省文物研究所編：《燕下都東周貨幣聚珍》，北京：文物出版社，1996 年。

何景成：《甲骨文字詁林補編》，北京：中華書局，2017 年。

胡厚宣主編，王宇信、楊升南總審校：《甲骨文合集釋文》，北京：中國社會科學出版社，1999 年。

湖北省荊沙鐵路考古隊：《包山楚墓》，北京：文物出版社，1991 年。

湖北省荊沙鐵路考古隊：《包山楚簡》，北京：文物出版社，1991 年。

湖南省文物考古研究所編著：《里耶秦簡［一］》，北京：文物出版社，2012 年。

湖南省文物考古研究所編著：《里耶秦簡［二］》，北京：文物出版社，2017 年。

黄德寬主編：《古文字譜系疏證》，北京：商務印書館，2007 年。

黄天樹主編：《甲骨拼合集》，北京：學苑出版社，2010 年。

黄天樹主編：《甲骨拼合四集》，北京：學苑出版社，2016 年。

黄錫全、董瑞編著：《先秦貨幣匯覽·方足布卷》，北京：北京出版社，2012 年。

荊州博物館編，程浩主編：《張家山漢墓竹簡（三三六號墓）》，北京：文物出版社，2022 年。

李圃主編，古文字詁林編纂委員會編纂：《古文字詁林》，上海：上海教育出版社，1999—2005 年。

李守奎、賈連翔、馬楠編著：《包山楚墓文字全編》，上海：上海古籍出版社，2012 年。

李學勤、齊文心、［美］艾蘭編著：《英國所藏甲骨集》，北京：中華書局，1985 年。

李志芳、李天虹主編：《荆州胡家草場西漢簡牘選粹》，北京：文物出版社，2021 年。

李宗焜：《甲骨文字編》，北京：中華書局，2012 年。

里耶秦簡博物館等：《里耶秦簡博物館藏秦簡》，上海：中西書局，2016 年。

劉雨、盧巖編著：《近出殷周金文集錄》，北京：中華書局，2002 年。

劉雨、嚴志斌編集：《新出殷周金文集錄二編》，北京：中華書局，2010 年。

劉釗主編：《新甲骨文編（增訂本）》，福州：福建人民出版社，2014 年。

羅福頤主編：《古璽文編》，北京：文物出版社，1981年。

馬承源：《商周青銅器銘文選（三）》，北京：文物出版社，1988年。

彭邦炯、謝濟、馬季凡編著：《甲骨文合集補編》，北京：語文出版社，1999年。

濮茅左編著：《上海博物館藏甲骨文字》，上海：上海辭書出版社，2009年。

饒宗頤、沈建華、曹錦炎編著：《甲骨文校釋總集》，上海：上海辭書出版社，2006年。

山東省錢幣學會編：《齊幣圖釋》，濟南：齊魯書社，1996年。

山西省考古研究所：《侯馬鑄銅遺址》，北京：文物出版社，1993年。

山西省錢幣學會：《中國山西歷代貨幣》，太原：山西人民出版社，1989年。

商承祚、王貴忱、譚棣華編著：《先秦貨幣文編》，北京：書目文獻出版社，1983年。

上海博物館青銅器研究部編：《上海博物館藏錢幣·先秦錢幣》，上海：上海書畫出版社，1994年。

石永士、石磊、河北省文物研究所編：《燕下都東周貨幣聚珍》，北京：文物出版社，1996年。

睡虎地秦墓竹簡整理小組：《睡虎地秦墓竹簡》，北京：文物出版社，1990年。

宋鎮豪、段志宏主編：《甲骨文獻集成》，成都：四川大學出版社，2001年。

譚其驤主編：《中國歷史地圖集·第一冊》，北京：地圖出版社，1982年。

湯餘惠主編：《戰國文字編（修訂本）》，福州：福建人民出版社，2015年。

湯志彪：《三晉文字編》，北京：作家出版社，2013年。

天津市歷史博物館編：《天津市歷史博物館藏中國歷代貨幣》，天津：天津楊柳青書畫社，1990年。

汪慶正主編，馬承源審校：《中國歷代貨幣大系·1先秦貨幣》，上海：上海人民出版社，1988年。

吳良寶：《先秦貨幣文字編》，福州：福建人民出版社，2006年。

吳鎮烽：《商周青銅器銘文暨圖像集成》，上海：上海古籍出版社，2012年。

吳鎮烽：《商周青銅器銘文暨圖像集成續編》，上海：上海古籍出版社，2016年。

吳鎮烽：《商周青銅器銘文暨圖像集成三編》，上海：上海古籍出版社，2020年。

謝桂華、李均明、朱國炤：《居延漢簡釋文合校》，北京：文物出版社，1987年。

徐在國、程燕、張振謙編著：《戰國文字字形表》，上海：上海古籍出版社，2017年。

姚孝遂主編：《殷墟甲骨刻辭摹釋總集》，北京：中華書局，1988年。

于省吾主編，姚孝遂按語編撰：《甲骨文字詁林》，北京：中華書局，1996年。

于省吾：《甲骨文字釋林》，北京：中華書局，2009年。

于省吾：《雙劍誃殷契駢枝三編》，北京：中華書局，2009年。

曾憲通、陳偉武主編：《出土戰國文獻字詞集釋》，北京：中華書局，2018年。

張頷編纂：《古幣文編》，北京：中華書局，1986年。

張家山二四七漢墓竹簡整理小組：《張家山漢墓竹簡（二四七號墓）釋文修訂本》，北京：文物出版社，2006年。

中國國家博物館編：《中國國家博物館館藏文物研究叢書·錢幣卷·先秦》，上海：上海古籍出版社，2017年。

中國社會科學院考古研究所編：《小屯南地甲骨》，北京：中華書局，1980年。

中國社會科學院考古研究所編著：《殷周金文集成》，北京：中華書局，1984—1994年。

中國社會科學院考古研究所編著：《殷墟花園莊東地甲骨》，昆明：雲南人民出版社，2003年。

中國社會科學院考古研究所編著：《殷墟小屯村中村南甲骨》，昆明：雲南人民出版社，2012年。

《中國錢幣大辭典》編纂委員會編：《中國錢幣大辭典·先秦編》，北京：中華書局，1995年。

"中研院"歷史語言研究所編：《史語所購藏甲骨集》，臺北："中研院"歷史語言研究所，2009年。

鍾柏生、陳昭容等編：《新收殷周青銅器銘文暨器影彙編》，臺北：藝文印書館，2006年。

朱漢民、陳松長主編：《嶽麓書院藏秦簡（壹）》，上海：上海辭書出版社，2010年。

朱漢民、陳松長主編：《嶽麓書院藏秦簡（貳）》，上海：上海辭書出版社，2011年。

朱漢民、陳松長主編：《嶽麓書院藏秦簡（叁）》，上海：上海辭書出版社，2013年。

朱華：《三晉貨幣》，太原：山西人民出版社，1994年。

唐石父：《中國錢幣學辭典》，北京：北京出版社，2000年。

李佐賢：《古泉匯》，濟南：山東畫報出版社，2017年。

王獻唐：《臨淄封泥文字目錄》，濟南：山東省立圖書館，1936年。

［日］奧平昌洪：《東亞錢志》，東京：岩波書店，1938年。

Arthur Braddan Coole. *Encyclopeoia of Chinese coins*, Quarterman Publications, Inc, 1967.

三、論　　著

［日］白川静著，温天河、蔡哲茂合譯：《金文的世界：殷周社會史》，臺北：聯經出版事業公司，1989年。

白秦川：《先秦秦漢貨幣史資料彙編》，北京：燕山出版社，2006年。

蔡萬進：《秦國糧食經濟研究（增訂本）》，鄭州：大象出版社，2009年。

蔡運章等：《洛陽錢幣發現與研究》，北京：中華書局，1998年。

曹錦炎：《古璽通論》，上海：上海書畫出版社，1996年。

曹旅寧：《秦律新探》，北京：中國社會科學出版社，2002年。

陳公柔：《先秦兩漢考古學論叢》，北京：文物出版社，2005年。

陳劍：《甲骨金文考釋論集》，北京：綫裝書局，2007年。

陳劍：《戰國竹書論集》，上海：上海古籍出版社，2013年。

陳立：《東周貨幣文字構形研究》，臺北：花木蘭文化出版社，2013年。

陳隆文：《春秋戰國貨幣地理研究》，北京：人民出版社，2006年。

陳隆文：《先秦貨幣地理研究》，北京：科學出版社，2008年。

陳夢家：《殷虛卜辭綜述》，北京：中華書局，2013年。

陳斯鵬：《楚系簡帛中字形與音義關係研究》，北京：中國社會科學出版社，2011年。

陳松長等著：《秦代官制考論》，上海：中西書局，2018年。

陳松長等著：《嶽麓秦簡與秦代法律制度研究》，北京：經濟科學出版社，2019年。

陳偉：《包山楚簡初探》，武漢：武漢大學出版社，1996年。

陳偉：《楚簡册概論》，武漢：湖北教育出版社，2012年。

陳偉：《秦簡牘校讀及所見制度考察》，武漢：武漢大學出版社，2017年。

陳偉等著：《秦簡牘整理與研究》，北京：經濟科學出版社，2017年。

陳偉武：《愈愚齋磨牙集——古文字與漢語史研究叢稿》，上海：中西書局，2014年。

陳偉武：《愈愚齋磨牙二集——古文字與漢語史研究叢稿》，上海：中西書局，2018年。

陳直：《居延漢簡研究》，北京：中華書局，2009年。

［日］大庭脩著，徐世虹等譯：《秦漢法制史研究》，上海：中西書局，2017年。

丁邦友、魏曉明編：《秦漢物價史料匯釋》，北京：中國社會科學出版社，2016年。

范振安、霍宏偉：《洛陽泉志》，蘭州：蘭州大學出版社，1999年。

傅築夫、王毓瑚編：《中國經濟史資料秦漢三國編》，北京：中國社會科學出版社，1982年。

傅築夫：《中國經濟史資料 先秦編》，北京：中國社會科學出版社，1990年。

［日］富谷至著，柴生芳、朱恒曄譯：《秦漢刑罰制度研究》，桂林：廣西師範大學出版社，2006年。

高敏：《雲夢秦簡初探（增訂本）》，鄭州：河南人民出版社，1981年。

［日］工藤元男著，［日］廣瀬薰雄、曹峰譯：《睡虎地秦簡所見秦代國家語社會》，上海：上海古籍出版社，2010年。

郭沫若：《奴隸制時代》，北京：人民出版社，1954年。

郭沫若：《甲骨文字研究》，北京：科學出版社，1962年。

郭沫若：《中國古代社會研究》，北京：商務印書館，2017年。

郭若愚：《先秦鑄幣文字考釋和辨偽》，上海：上海書店出版社，2001年。

郭書春譯注：《九章算術譯注》，上海：上海古籍出版社，2021年。

郭錫良：《漢字古音手冊（增訂本）》，北京：商務印書館，2010年。

郭永秉：《古文字與古文獻論集續編》，上海：上海古籍出版社，2015年。

國家計量總局主編：《中國古代度量衡圖集》，北京：文物出版社，1982年。

何琳儀：《戰國文字通論》，北京：中華書局，1989年。

何琳儀：《古幣叢考》，合肥：安徽大學出版社，2002年。

何琳儀：《安徽大學漢語言文字研究叢書 何琳儀卷》，合肥：安徽大學出版社，2013年。

何琳儀:《戰國文字通論（訂補）》,上海:上海古籍出版社,2017年。

何雙全:《簡牘》,敦煌:敦煌文藝出版社,2004年。

洪颺:《古文字考釋通假關係研究》,福州:福建人民出版社,2008年。

胡永鵬:《西北邊塞漢簡編年》,福州:福建人民出版社,2017年。

黃德寬:《古漢字發展論》,北京:中華書局,2014年。

黃德馨:《楚爰金研究》,北京:光明日報出版社,1991年。

黃鶴:《西周有銘銅器斷代研究綜覽》,上海:上海古籍出版社,2021年。

黃今言:《秦漢賦役制度研究》,南昌:江西教育出版社,1988年。

黃今言:《秦漢商品經濟研究》,北京:人民出版社,2005年。

黃盛璋:《歷史地理論集》,北京:人民出版社,1982年。

黃盛璋:《歷史地理與考古論叢》,濟南:齊魯書社,1982年。

黃錫全:《先秦貨幣通論》,北京:紫禁城出版社,2001年。

黃錫全:《先秦貨幣研究》,北京:中華書局,2001年。

黃錫全:《古文字與古貨幣文集》,北京:文物出版社,2009年。

吉林大學古文字研究室編:《于省吾教授百年誕辰紀念文集》,長春:吉林大學出版社,1996年。

賈麗英:《秦漢家庭法研究:以出土簡牘爲中心》,北京:中國社會科學出版社,2016年。

蔣若是:《秦漢錢幣研究》,北京:中華書局,1997年。

勞榦:《秦漢簡史》,北京:中華書局,2018年。

李家浩:《著名中年語言學家自選集·李家浩卷》,合肥:安徽教育出版社,2002年。

李家浩:《安徽大學漢語言文字研究叢書·李家浩卷》,合肥:安徽大學出版社,2013年。

李劍農:《先秦兩漢經濟史稿》,北京:中華書局,1963年。

李均明、劉國忠、鄔文玲:《當代中國簡帛學研究（1949—2019）》,中國社會科學出版社,2019年。

李均明:《秦漢簡牘文書分類輯解》,北京:文物出版社,2009年。

李力:《"隸臣妾"身份再研究》,北京:中國法制出版社,2007年。

李守奎:《古文字與古史考 清華簡整理研究》,上海:中西書局,2015年。

李守奎：《漢字學論稿》，北京：人民美術出版社，2016年。

李學勤：《東周與秦代文明》，北京：文物出版社，1984年。

李學勤：《三代文明研究》，北京：商務印書館，2010年。

李學勤：《新出青銅器研究（增訂版）》，北京：人民美術出版社，2016年。

栗勁：《秦律通論》，濟南：山東人民出版社，1985年。

林劍鳴：《秦史稿》，北京：中國人民大學出版社，2009年。

劉樂賢：《戰國秦漢簡帛叢考》，北京：文物出版社，2010年。

劉信芳：《包山楚簡解詁》，臺北：藝文印書館，2003年。

劉信芳：《楚系簡帛釋例》，合肥：安徽大學出版社，2011年。

劉一曼、韓江蘇：《甲骨文書籍提要（增訂本）》，上海：上海古籍出版社，2017年。

劉釗：《古文字考釋叢稿》，長沙：嶽麓書社，2005年。

劉釗：《古文字構形學（修訂本）》，福州：福建人民出版社，2011年。

劉釗：《書馨集：出土文獻與古文字論稿》，上海：上海古籍出版社，2013年。

劉志基：《漢字形態論》，桂林：廣西教育出版社1999年。

呂思勉：《秦漢史》，北京：商務印書館，2010年。

孟光耀、趙建朝、姜苑：《趙國貨幣》，石家莊：河北人民出版社，2010年。

彭信威：《中國貨幣史》，北京：中國人民大學出版社，2020年。

千家駒、郭彥崗：《中國古代貨幣史綱要》，上海：上海人民出版社，1986年。

錢劍夫：《秦漢賦役制度考略》，武漢：湖北人民出版社，1984年。

錢劍夫：《秦漢貨幣史稿》，武漢：湖北人民出版社，1986年。

錢穆：《秦漢史》，北京：生活·讀書·新知三聯書店，2004年。

錢無咎：《古錢考略》，長沙：湖南人民出版社，1957年。

丘光明：《中國物理學大系·計量史》，長沙：湖南教育出版社，2002年。

裘錫圭：《古文字論集》，北京：中華書局，1992年。

裘錫圭：《裘錫圭學術文集》，上海：復旦大學出版社，2012年。

饒宗頤：《殷代貞卜人物通考》，香港：香港大學出版社，1959年。

任一民、艾亮主編：《緣聚三晉——山西私人收藏歷代貨幣珍品集》，太原：三晉出版社，2014年。

沈剛編：《秦漢魏晉簡帛論文目錄（1955—2014）：集刊、論文集之部》，上海：中西書局，2017年。

沈剛：《秦簡所見地方行政制度研究》，北京：中國社會科學出版社，2021年。

石泉：《楚國歷史文化辭典（修訂本）》，武漢：武漢大學出版社，1997年。

四川聯合大學歷史系編：《徐中舒先生百年誕辰紀念文集》，成都：巴蜀書社，1998年。

蘇秉琦：《戰國秦漢考古》，上海：上海古籍出版社，2014年。

孫銘編：《簡牘秦律分類輯析（上、下卷）》，西安：西北大學出版社，2014年。

孫聞博：《秦漢軍制演變史稿》，北京：中國社會科學出版社，2016年。

湯餘惠：《戰國銘文選》，長春：吉林大學出版社，1993年。

唐蘭：《西周青銅器銘文分代史徵》，北京：中華書局，1986年。

唐蘭：《唐蘭先生金文論集》，北京：紫禁城出版社，1999年。

唐石父：《中國古錢幣》，上海：上海古籍出版社，2001年。

（德）陶安：《嶽麓秦簡〈爲獄等狀四種〉釋文注釋》，上海：上海古籍出版社，2021年。

陶霞波：《先秦貨幣文構形無理性趨向研究》，上海：復旦大學出版社，2006年。

田静：《秦史與秦文化研究論著索引》，西安：西北大學出版社，2021年。

田煒：《古璽探研》，上海：華東師範大學出版社，2010年。

田煒：《西周金文字詞關係研究》，上海：上海古籍出版社，2016年。

王國維：《觀堂集林》，北京：中華書局，1959年。

王國維：《王國維文集》，北京：中國文史出版社，1997年。

王輝：《商周金文》，北京：文物出版社，2006年。

王力：《漢語史稿》，北京：中華書局，1958年。

王獻唐：《中國古代貨幣通考》，濟南：齊魯書社1979年。

王雪農、劉建民：《半兩錢研究與發現》，北京：中華書局，2005年。

王彥輝：《秦漢户籍管理與賦役制度研究》，北京：中華書局，2016年。

王宇信：《新中國甲骨學七十年（1949—2019）》，北京：中國社會科學出版社，2019年。

王毓銓：《我國古代貨幣的起源和發展》，北京：科學出版社，1957年。

王毓銓：《中國古代貨幣的起源和發展》，北京：中國社會科學出版社，1990年。

王昭邁：《東周貨幣史》，石家莊：河北科技出版社，2011年。

王子今：《秦漢社會史論考》，北京：商務印書館，2006年。

吳良寶：《中國東周時期金屬貨幣研究》，北京：社會科學文獻出版社，2005年。

吳良寶：《戰國楚簡地名輯證》，武漢：武漢大學出版社，2010年。

吳良寶：《出土文獻史地論集》，上海：中西書局，2020年。

吳振武：《〈古璽文編〉校訂》，北京：人民美術出版社，2011年。

蕭清：《中國古代貨幣史》，北京：人民出版社，1984年。

肖燦：《嶽麓書院藏秦簡〈數〉研究》，北京：中國社會科學出版社，2015年。

謝坤：《秦簡牘所見倉儲制度研究》，上海：上海古籍出版社，2021年。

徐世虹主編：《中國法制通史·第2卷"戰國秦漢"》，北京：法律出版社，1999年。

徐在國編著：《戰國文字論著目錄索引》，北京：綫裝書局，2007年。

許倬雲：《西周史（增補二版）》，北京：生活·讀書·新知三聯書店，2018年。

禤健聰：《戰國楚系簡帛用字習慣研究》，北京：科學出版社，2016年。

薛英群：《居延漢簡通論》，蘭州：甘肅教育出版社，1991年。

楊斌：《海貝與貝幣：鮮爲人知的全球史》，北京：社會科學文獻出版社，2021年。

楊伯峻：《春秋左傳注》，北京：中華書局，1981年。

楊寬：《戰國史料編年輯證》，上海：上海人民出版社，2016年。

楊寬：《戰國史》，上海：上海人民出版社，2016年。

楊寬：《西周史》，上海：上海人民出版社，2016年。

楊振紅：《出土簡牘與秦漢社會》，桂林：廣西師範大學出版社，2009年。

楊振紅：《出土簡牘與秦漢社會（續編）》，桂林：廣西師範大學出版社，2015年。

雍際春：《秦早期歷史研究》，北京：中國社會科學出版社，2017年。

于洪濤：《里耶秦簡經濟文書分類整理研究》，北京：知識產權出版社，2019年。

于琨奇：《戰國秦漢小農經濟研究》，北京：商務印書館，2012年。

于振波：《簡牘與秦漢社會》，長沙：湖南大學出版社，2012年。

臧知非：《土地、賦役與秦漢農民命運》，蘇州：蘇州大學出版社，2014年。

臧知非：《秦漢土地賦役制度研究》，北京：中央編譯出版社，2017 年。

張建民，魯西奇主編：《歷史時期長江中游地區人類活动與环境变迁专题研究》，武漢：武漢大學出版社，2011 年。

張弛：《河北貨幣圖志》，石家莊：河北人民出版社，1997 年。

張弛：《中國刀幣匯考》，石家莊：河北人民出版社，1997 年。

張傳璽等編：《戰國秦漢史論著索引（1900—1980）》，北京：北京大學出版社，1983 年。

張傳璽主編：《戰國秦漢史論著索引續編（論文 1981—1990，專著 1900—1990）》，北京：北京大學出版社，1992 年。

張傳璽主編：《戰國秦漢史論著索引三編（1991—2000）》，北京：北京大學出版社，2002 年。

張頷：《張頷學術文集》，北京：中華書局，1995 年。

張金光：《秦制研究》，上海：上海古籍出版社，2004 年。

張俊民：《簡牘學論稿 聚沙篇》，蘭州：甘肅教育出版社，2014 年。

張虎叟：《歷史的軌跡——中國金融發展小史》，北京：中國金融出版社，1987 年。

趙德馨：《楚國的貨幣》，武漢：湖北教育出版社，1996 年。

趙光賢：《周代社會辨析》，北京：人民出版社，1980 年。

趙平安：《文字・文獻・古史：趙平安自選集》，上海：中西書局，2017 年。

趙平安：《新出簡帛與古文字古文獻研究續集》，北京：商務印書館，2018 年。

鄭家相：《中國古代貨幣發展史》，北京：生活・讀書・新知三聯書店，1958 年。

鄭威：《出土文獻與楚秦漢歷史地理研究》，北京：科學出版社，2017 年。

中國社會科學院《中國史研究動態》編著：《中國史研究歷程・秦漢卷》，北京：商務印書館，2022 年。

中國社會科學院《中國史研究動態》編著：《中國史研究歷程・先秦卷》，北京：商務印書館，2022 年。

朱德貴：《新出簡牘與秦漢賦役制度研究》，北京：中國人民大學出版社，2021 年。

朱德熙：《朱德熙古文字論集》，北京：中華書局，1995 年。

朱紅林：《張家山漢簡〈二年律令〉集釋》，北京：社會科學文獻出版社，2005 年。

朱紅林：《〈嶽麓書院藏秦簡（肆）〉疏證》，上海：上海古籍出版社，2021 年。

朱活：《古錢新探》，濟南：齊魯書社，1984 年。

朱活：《古錢新典》，西安：三秦出版社，1991 年。

朱活：《古錢新譚》，濟南：山東大學出版社，1992 年。

朱曉雪：《包山楚簡綜述》，福州：福建人民出版社，2013 年。

宗福邦、陳世鐃、蕭海波主編：《故訓匯纂》，北京：商務印書館，2003 年。

[日] 柿沼陽平：《中國古代貨幣經濟史研究》，東京：汲古書院，2011 年。

四、論　　文

阿祥：《先秦錢幣名詞淺釋》，《中國錢幣》1985 年第 2 期。

安忠義：《從"平價"一詞的詞義看秦漢時期的平價制度——對〈張家山漢簡看西漢初期平價制度〉的幾點辨證》，《敦煌學輯刊》2005 年第 2 期。

白光：《豐寧縣發現窖藏刀、布幣》，《文物春秋》1995 年第 2 期。

白秦川：《先秦貨幣二考》，《歷史研究》1997 年第 2 期。

北文：《秦始皇"書同文字"的歷史作用》，《文物》1973 年第 11 期。

卜憲群：《吏與秦漢官僚行政管理》，《中國史研究》1996 年第 2 期。

卜憲群：《秦漢公文文書與官僚行政管理》，《歷史研究》1997 年第 6 期。

蔡全法、馬俊才：《戰國時代韓國錢范及其鑄幣技術研究》，《中原文物》1996 年第 2 期。

蔡運章：《洛陽附近出土的三批空首布》，《考古》1974 年第 1 期。

蔡運章：《談解放以來空首布資料的新發現》，《中國錢幣》1983 年第 3 期。

蔡運章：《鄔爰考》，《中國錢幣》1984 年第 4 期。

蔡運章：《見金錢牌研究》，《中國錢幣論文集》第 3 輯，北京：中國金融出版社，1998 年。

蔡運章：《論商周時期的金屬稱量貨幣》，《中原文物》1987 年第 3 期。

蔡運章：《西周貨幣購買力淺論——兼談西周物價的若干問題》，《中國錢幣》1989 年第 1 期。

蔡運章：《楚國銀幣試探》，《楚文化研究論文集》，鄭州：中州書畫社，1983 年。

蔡運章：《讀〈洛陽泉志〉》，《中國錢幣》2001 年第 2 期。

蔡運章：《戰國圜錢概論》，《中國錢幣論文集》第 4 輯，北京：中國金融出版社，2002 年。

蔡運章：《洛陽新獲西周卜骨文字略論》，《文物》2008 年第 11 期。

蔡運章、韓維亞：《〈春秋代布考〉商榷》，《中國錢幣》1985 年第 2 期。

蔡運章、侯鴻軍：《洛陽附近出土的兩批東周貨幣》，《中原文物》1981 年第 3 期。

蔡運章、余扶危：《空首布初探》，《中國錢幣論文集》第 1 輯，北京：中國金融出版社，1985 年。

蔡運章、張書良：《洛陽發現的空首布錢范及相關問題》，《中原文物》1998 年第 3 期。

曹桂岑：《談談楚國貨幣》，《楚文化研究論文集》，鄭州：中州書畫社，1983 年。

曹錦炎：《讀〈先秦貨幣文編〉札記》，《中國錢幣》1984 年第 2 期。

曹錦炎：《關於先秦貨幣銘文的若干問題——讀〈中國歷代貨幣大系·先秦貨幣〉札記》，《中國錢幣》1992 年第 2 期。

曹磊：《晚清民國時期的戰國東方六國文字考釋研究》，吉林大學 2025 年博士學位論文。

曹旅寧：《從里耶秦簡看秦的法律制度——讀里耶秦簡札記》，《秦文化論叢》（第 11 輯），西安：三秦出版社，2004 年。

陳安然：《嶽麓秦簡"令"集釋》，吉林大學 2023 年碩士學位論文。

陳劍：《柞伯簋銘補釋》，《傳統文化與現代化》1999 年第 1 期。

陳劍：《釋西周金文的"毃（贛）"字》，《北京大學古文獻研究所集刊（一）》，北京：燕山出版社，1999 年。

陳劍：《釋厷》，《追尋中華古代文明的蹤跡——李學勤先生活動五十年紀念文集》，上海：復旦大學出版社，2002 年。

陳劍：《關於"宅陽四鈴"等"布權"的一點意見》，《古文字研究》第 26 輯，北京：中華書局，2006 年。

陳劍：《釋"琮"及相關諸字》，《甲骨金文考釋論集》，北京：綫裝書局，2007 年。

陳劍：《試説戰國文字中的寫法特殊的"亢"和從"亢"諸字》，《出土文獻與古文字研究》第 3 輯，上海：復旦大學出版社，2010 年。

陳劍：《讀秦簡札記三篇》，《出土文獻與古文字研究》第 4 輯，上海：上海古籍出版社，2011 年。

陳潔、祖雙喜：《亢鼎銘文與西周土地所有制》，《中國歷史文物》2005 年第 1 期。

陳抗生：《"睡簡"雜辨》，《中國歷史文獻研究集刊》第 1 集，長沙：湖南人民出版社，1990 年。

陳隆文：《楚蟻鼻錢面文𦥑字新釋——先秦貨幣地理研究之八》，《華夏考古》2006 年第 4 期。

陳隆文：《春秋戰國時期布錢流通區域的歷史地理考察——先秦貨幣地理研究之十三》，《天水師範學院學報》2005 年第 1 期。

陳隆文：《先秦貨幣地名與歷史地理研究》，《中原文物》2005 年第 2 期。

陳隆文：《歷史貨幣地理研究芻議》，《史學月刊》2005 年第 6 期。

陳隆文：《銳角布面文的釋讀及其國屬》，《中原文物》2006 年第 4 期。

陳隆文：《楚銅貝幣面文𦥑字新釋》，《河南大學學報（社會科學版）》2008 年第 5 期。

陳隆文：《負夏方足布地望考辨》，《古文字研究》第 27 輯，北京：中華書局，2008 年。

陳明：《花東甲骨卜辭字詞考釋匯纂及相關問題研究》，吉林大學 2019 年碩士學位論文。

陳松長：《嶽麓書院藏秦簡中的郡名考略》，《湖南大學學報（社會科學版）》2009 年第 2 期。

陳松長：《睡虎地秦簡"關市律"辨證》，《史學集刊》2010 年第 4 期。

陳松長：《嶽麓秦簡中的兩條秦二世時期令文》，《文物》2015 年第 9 期。

陳鐵卿：《釿爲古錢字説》，《泉幣》1942 年第 15 期。

陳鐵卿：《再説釿爲古錢説》，《泉幣》1943 年第 18 期。

陳鐵卿：《談"安陽布"的鑄地》，《文物參考資料》1956 年第 2 期。

陳鐵卿：《對山西芮城出土貨幣的幾點商榷》，《文物》1959 年第 4 期。

陳偉：《關於秦與漢初"入錢缿中"律的幾個問題》，《考古》2012 年第 8 期。

陳偉：《嶽麓秦簡肆校商（壹）》，簡帛網，2016 年 3 月 2 日。

陳偉：《嶽麓秦簡肆校商（三）》，簡帛網，2016 年 3 月 29 日。

陳偉武：《舊釋"折"及從"折"之字平議》，《古文字研究》第 22 輯，北京：中華書局，2000 年。

陳偉武：《秦簡所見貨幣史料校釋二題》，《中山大學學報（社會科學版）》2016 年第 2 期。

陳曉華：《東周列國鑄幣單位及比價研究》，《人文雜誌》1993 年第 5 期。

陳旭：《"梁半尚二百當寽"布賞析》，《齊國貨幣研究》，濟南：齊魯書社，2003 年。

陳應祺：《戰國中山國"成帛"刀幣考》，《中國錢幣》1984 年第 3 期。

陳應祺：《中山國靈壽城址出土貨幣研究》，《中國錢幣》1995 年第 2 期。

陳治國：《里耶秦簡之"守"和"守丞"釋義及其他》，《中國歷史文物》2006 年第 3 期。

陳治國、張立鑒：《從新出簡牘再探秦漢的大內與少內》，《江漢考古》2010 年第 3 期。

陳治軍：《空首布釋地四則》，《中國錢幣》2014 年第 6 期。

陳尊祥、路遠：《首帕張堡窖藏秦錢清理報告》，《中國錢幣》1987 年第 3 期。

成增耀：《楚銅貝"𠕇"字試釋》，《錢幣文論特輯》第 3 輯，合肥：安徽人民出版社，2006 年。

程德祺：《殷代奴隸制與商品經濟》，《殷都學刊》1989 年第 1 期。

程紀中等：《三孔布新品》，《中國錢幣》1993 年第 2 期。

程紀中、梁學義：《北京廣安門內燕薊古城遺址出土數萬枚戰國刀幣布幣》，《中國錢幣》2009 年第 2 期。

程紀中：《異品方足布及尖足布八例》，《中國錢幣》2008 年第 2 期。

程紀中：《珍品方足布"邨"入藏小記》，《中國錢幣》2010 年第 1 期。

程紀中：《異品"垣"字圜錢六例》，《中國錢幣》2011 年第 4 期。

程京生：《中國錢幣研究述評》，《北方文物》1994 年第 2 期。

程維榮：《有關秦漢〈金布律〉的若干問題》，《蘭州大學學報（社會科學版）》2010 年第 4 期。

程燕:《〈戰國古文字典〉訂誤》,《古文字研究》第 23 輯, 北京: 中華書局, 合肥: 安徽大學出版社, 2002 年。

程燕:《釋三孔布"陽(鄔)"》,《中國錢幣》2006 年第 2 期。

程永建:《洛陽東周王畿出土奇特的東周布幣》,《中國錢幣》2002 年第 2 期。

崔恒升:《古文字地名考釋》,《古文字研究》第 23 輯, 北京: 中華書局, 合肥: 安徽大學出版社, 2002 年。

達津:《中國先秦貨幣學術研討會紀要》,《中國錢幣》2001 年第 3 期。

[美] 大西克也:《論古文字資料中的"邦"和"國"》,《古文字研究》第 23 輯, 北京: 中華書局, 2002 年。

戴世君:《雲夢秦律注釋商兑(續三)》, 簡帛網, 2008 年 7 月 19 日。

單育辰:《燕尾布"忻"字考》,《中國錢幣》2008 年第 2 期。

單育辰:《包山簡案例研究兩則》,《吉林大學學報》2012 年第 1 期。

單育辰:《説甲骨文中的"貝"》,《漢字漢語研究》2019 年第 3 期。

當順民:《"襄陰二"錢是戰國秦封君鑄錢及相關問題探索》,《西部金融·錢幣增刊》2010 年。

當順民:《陝西出土戰國時期貨幣鈎沉》,《收藏》2013 年第 4 期。

德君、麗華:《内蒙古涼城新出"安陽"、"邔"布鐵范及有關問題補議》,《〈内蒙古金融研究〉錢幣文集》第 5 輯, 2003 年。

鄧佩玲:《西周金文文例"取△若干鋝"試探》,《中山大學學報(社會科學版)》2017 年第 3 期。

丁邦友:《秦漢物價研究概述》,《中國史研究動態》2009 年第 3 期。

丁光勳:《秦漢簡牘中記載的"行錢"與"行金"研究》,《西安財經學院學報》2013 年第 5 期。

丁華:《從雲夢秦簡看秦國的商業政策》,《江漢考古》2001 年第 3 期。

董飛:《秦王朝"新地"治理研究——以故楚地爲中心》, 西北大學 2021 年博士學位論文。

董珊:《任鼎新探——兼説亢鼎》,《黄盛璋先生八秩華誕紀念文集》, 北京: 中國教育文化出版社, 2005 年。

董作賓：《安陽侯家莊出土之甲骨文字》，《董作賓先生全集》甲編第二冊，臺北：藝文印書館，1977 年。

杜維善：《也説陝西鳳翔高莊秦墓出土半兩》，《中國錢幣》1991 年第 1 期。

杜維善：《首帕張堡窖藏戰國半兩型式分析初探》，《上海博物館集刊》第 6 期，上海：上海古籍出版社，1992 年。

段穎龍：《從三晉方足布的分佈情況看戰國中原人口的遷徙》，《山西師大學報（社會科學版）》2017 年第 2 期。

樊温泉：《鄭韓故地發現東周錢窖》，《中國錢幣》2006 年第 2 期。

方勇：《秦簡劄記四則》，《長春師範學院學報》2009 年第 3 期。

方子才：《晉半小直刀》，《泉幣》1944 年第 27 期。

馮括：《燕明刀幣背文體系研究》，《中國錢幣》2018 年第 4 期。

馮勝君：《談談郭店簡〈五行〉篇中的非楚文字因素》，《簡帛》第 1 輯，上海：上海古籍出版社，2006 年。

馮時：《珥生三器銘文研究》，《考古》2010 年第 1 期。

傅舉有：《有關秦漢鄉亭的幾個問題》，《中國史研究》1985 年第 3 期。

高桂雲：《建國以來北京出土先秦貨幣綜述》，《中國錢幣》1990 年第 3 期。

高桂雲：《館藏古幣珍品三孔布瑣談》，《首都博物館叢刊》第 8 輯，1993 年。

高桂雲：《首都博物館藏三孔布》，《中國錢幣》1994 年第 2 期。

高恒：《秦簡中的私人奴婢問題》，《雲夢秦簡研究》，北京：中華書局，1981 年。

高明：《西周金文"🈳"字資料整理與研究》，《高明論著選集》，北京：科學出版社，2001 年。

高敏、劉漢東：《秦簡"隸臣妾"確爲奴隸説——兼與林劍鳴先生商榷》，《學術月刊》1984 年第 9 期。

高敏：《〈秦律〉所反映的訴訟、審訊和量刑制度》，《鄭州大學學報》1981 年第 3 期。

高敏：《秦漢"都亭"考略》，《學術研究》1985 年第 5 期。

高敏：《秦漢的徭役制度》，《中國經濟史研究》1987 年第 1 期。

高敏：《從〈長沙走馬樓吴簡〉看孫權時期的商品經濟狀況》，《簡帛研究二〇〇四》，桂林：廣西師範大學出版社，2005 年。
高葉青、田小娟：《秦漢的財産刑——罰金與贖刑研究》，《秦文化論叢》第 14 輯，西安：三秦出版社，2007 年。
高英民：《河北靈壽縣出土戰國錢幣》，《考古學集刊》第 2 集，北京：中國社會科學出版社，1982 年。
宫長爲：《淺談秦代經濟管理中對官吏的幾種規定——讀〈睡虎地秦墓竹簡〉的一點看法》，《東北師大學報》1982 年第 6 期。
［日］宫宅潔：《"劾"小考——中國古代裁判制度的展開》，楊振紅等譯：《中國古代刑制史研究》，桂林：廣西師範大學出版社，2016。
龔偉：《簡析"下尃"三孔布又一别品》，《内蒙古金融研究》2003 年第 S2 期。
郭浩：《秦漢時期現金管理芻議——以嶽麓秦簡、居延漢簡"稍入錢"爲例》，《中國社會經濟史研究》2013 年第 3 期。
郭洪伯：《稗官與諸曹——秦漢基層機構的部門設置》，《簡帛研究 二〇一三》，桂林：廣西師範大學，2014 年。
郭佳：《從睡虎地秦簡看秦朝的贖刑》，《中州學刊》2004 年第 3 期。
郭妙妙、晉文：《秦漢女性服役問題新探》，《中國農史》2024 年第 6 期。
郭妙妙、晉文：《秦漢罷癃服役問題探析》，《中國經濟史研究》2024 年第 6 期。
郭若愚：《戰國梁布文字析義及有關問題初論》，《中國錢幣》1983 年第 3 期。
郭若愚：《談談先秦錢幣的幾個問題》，《中國錢幣》1991 年第 2 期。
郭若愚：《介紹劉鶚的未刊稿〈鐵雲藏貨〉》，《中國錢幣》1984 年第 3 期。
郭若愚：《三孔布幣面文字再考釋及其鑄造年代之探究》，《中國錢幣》1994 年第 2 期。
郭永秉：《"京""亭""亳"獻疑》，《出土文獻》第 5 輯，北京：中華書局，2014 年。
韓厚明：《張家山漢簡字詞集釋》，吉林大學 2018 年博士學位論文。
韓嘉谷：《"平舒"戈、"舒"豆和平舒地理》，《天津市歷史博物館館刊》1990 年第 3 期。
郝士宏：《"睘"應讀爲縣》，《文物》2006 年第 11 期。

何景成：《霸伯盂與周代皮幣制度》，《出土文獻》第 11 輯，上海：中西書局，2017 年。

何景成：《論霸伯盂諸器銘文的賞賜品"苞"》，《青銅器與金文》第 1 輯，上海：上海古籍出版社，2017 年。

何景成：《禮儀文化在西周商品交換發展中的作用》，《社會科學》2020 年第 10 期。

何柯：《魏國布幣研究》，河南大學 2015 年碩士學位論文。

何琳儀：《返邦刀幣考》，《中國錢幣》1986 年第 2 期。

何琳儀：《貝地布幣考》，《陝西金融·錢幣專輯》（14），1990 年。

何琳儀：《古幣文編校釋》，《文物研究》第 6 輯，1990 年。

何琳儀：《余亡布幣考——兼述三孔布地名》，《中國錢幣》1990 年第 3 期。

何琳儀：《廣平圜錢考》，《陝西金融》1991 年第 4 期。

何琳儀：《志丹出土布幣背字》，《陝西金融》1991 年第 6 期。

何琳儀：《尖足布幣考》，《陝西金融·錢幣專輯》（16），1991 年。

何琳儀：《王夸布幣考》，《古籍整理研究學刊》1991 年第 5 期。

何琳儀：《百邑布幣考——兼述尖足空首布地名》，《史學集刊》1992 年第 1 期。

何琳儀：《燕國布幣考》，《中國錢幣》1992 年第 2 期。

何琳儀：《橋形布幣考》，《吉林大學學報》1992 年第 2 期。

何琳儀：《趙國方足布三考》，《文物春秋》1992 年第 2 期。

何琳儀：《魏國方足布四考》，《文物季刊》1992 年第 4 期。

何琳儀：《韓國方足布四考》，《陝西金融·錢幣專輯》（18），1992 年。

何琳儀：《釋四》，《文物春秋》1993 年第 4 期。

何琳儀：《三孔布幣考》，《中國錢幣》1993 年第 4 期。

何琳儀：《三晉方足布彙釋》，《人文雜志》1994 年第 4 期。

何琳儀：《負疋布幣考》，《中國文字》新 19 期，1995 年。

何琳儀：《銳角布幣考》，《中國錢幣》1996 年第 2 期。

何琳儀：《釋賠》，《河北金融·錢幣專輯》1996 年第 2 期。

何琳儀：《周方足布考》，《舟山錢幣》1996 年第 2 期。

何琳儀：《三晉圜錢彙釋》，《舟山錢幣》1996 年休刊號。

何琳儀：《〈古幣叢考〉前言》，《中國錢幣》1998 年第 2 期。

何琳儀：《漫談戰國文字與齊系貨幣銘文釋讀》，《山東金融研究·錢幣專刊（二）》，1988 年。

何琳儀：《剌人布幣考》，《亞洲錢幣》1999 年第 1 期。

何琳儀：《首陽布幣考——兼述斜肩空首布地名》，《亞洲錢幣》1999 年第 2 期。

何琳儀：《楚幣六考》，《安徽錢幣》2001 年第 2 期。

何琳儀：《空首布選釋》，《古幣叢考》，合肥：安徽大學出版社，2002 年。

何琳儀：《成白刀幣考》，《古文字研究》第 24 輯，北京：中華書局，2002 年。

何琳儀：《說無》，《江漢考古》1992 年第 2 期。

何琳儀、唐晉源：《中昌方足布續考》，《安徽錢幣》2004 年第 1 期。

何琳儀、唐晉源：《周方足布續考》，《中國錢幣》2004 年第 2 期。

何琳儀、徐在國：《釋塞》，《中國錢幣》2002 年第 2 期。

何清谷：《〈史記〉秦幣記載考釋》，《秦文化論叢》第 4 輯，西安：西北大學出版社，1996 年。

何艷杰：《東遷白狄貨幣——尖首刀幣研究》，《中國錢幣》2021 年第 1 期。

何余華：《漢字"形構用"三平面研究的回顧與展望》，《語文研究》2016 年第 2 期。

河南省文物研究院：《河南溫縣東周盟誓遺址一號坎發掘簡報》，《文物》1983 年第 3 期。

河南省文物考古研究所：《河南新鄭發現"枎葵當忻"陶範》，《中國錢幣》1991 年第 2 期。

河南省文物考古研究所：《河南新鄭新發現的戰國錢范》，《華夏考古》1994 年第 4 期。

后德俊：《"包山楚簡"中的"金"義小考》，《江漢論壇》1993 年第 11 期。

后德俊：《"糴種"考》，《中國農史》1995 年第 4 期。

胡敕瑞：《一個被誤解的成語"市無二價"》，《中國語文》2018 年第 6 期。

胡金華：《中山靈壽城址出土空首布及相關問題研究》，《中國錢幣》2010 年第 1 期。

胡天意等：《魏國錢幣研究》，《中州錢幣》2002 年總第 10 期。

胡天意等：《通許縣出土魏國錢幣整理報告》，《中州錢幣》2003 年總第 11 期。

胡一方等：《陝西出土秦半兩銅錢范相關問題探討》，《中國錢幣》2004 年第 2 期。

胡振祺:《太原檢選到土勻錍》,《文物》1981 年第 1 期。

胡振祺:《三晉貨幣》,《中國錢幣》1983 年第 1 期。

胡振祺:《再談三晉貨幣》,《中國錢幣》1984 年第 1 期。

黃崇銘:《殷代與東周之"弄器"及其意義》,《古今論衡》2001 年第 6 期。

黃達遠:《淺談對中國先秦時期貨幣的初步認識》,《新疆錢幣》2002 年第 2 期。

黃德寬:《"絲"及相關字的再討論》,《中國古文字研究》第 1 輯,長春:吉林大學出版社,1999 年。

黃德寬:《從出土文獻資料看漢語字詞關係的復發性》,《歷史語言學研究》第 7 輯, 2014 年。

黃今言:《雲夢竹簡所見秦的商品交換與市場管理》,《秦都咸陽與秦文化研究》,西安:陝西人民教育出版社,2001 年。

黃盛璋:《試論三晉兵器的國別和年代及其相關問題》,《考古學報》1974 年第 1 期。

黃盛璋:《雲夢秦簡辯證》,《考古學報》1979 年第 1 期。

黃盛璋:《雲夢秦墓兩封家信中有關歷史地理的問題》,《文物》1980 年第 8 期。

黃盛璋:《衛盉、鼎中"貯"與"貯田"及其牽涉的西周田制問題》,《文物》1981 年第 9 期。

黃盛璋:《新出戰國金銀器銘文研究(三題)》,《古文字研究》第 12 輯,北京:中華書局,1985 年。

黃盛璋:《三晉銅器的國別、年代與相關制度研究》,《古文字研究》第 17 輯,北京:中華書局,1989 年。

黃盛璋:《新發現的"屯氏"三孔幣與相關問題發覆》,《中國錢幣》1993 年第 4 期。

黃盛璋:《包山楚簡中若干重要制度發覆與爭論未決諸關鍵字解難決疑》,《湖南考古輯刊》第 6 輯,長沙:嶽麓書社,1994 年。

黃天樹:《花園莊東地甲骨中所見的若干新材料》,《陝西師範大學學報》2005 年第 2 期。

黃錫全:《豖夋考辨》,《江漢考古》1991 年第 1 期。

黃錫全:《楚幣新探》,《中國錢幣》1994 年第 2 期。

黃錫全:《"樵比堂忻"布應是楚幣》,《中國錢幣》1995 年第 2 期。

黃錫全:《趙國方足布七考》,《華夏考古》1995年第2期。

黃錫全:《侯馬新絳新發現空首布的價值及有關問題略述》,《舟山錢幣》1995年第4期。

黃錫全:《〈中國歷代貨幣大系·先秦貨幣〉釋文校訂》,《安徽錢幣》1995年第2期。

黃錫全:《晉國尖足空首布三考》,《陝西金融·錢幣專輯》(23),1995年增刊第1期;又見《汾河灣——丁村文化考古學署研討會論文集》,太原:山西高校聯合出版社,1996年。

黃錫全:《燕刀"明"字新解》,《安徽錢幣》1996年第1期。

黃錫全:《先秦貨幣文字形體特徵舉例》,《于省吾教授百年誕辰紀念文集》,長春:吉林大學出版社,1996年。

黃錫全:《"干關"方足布考——干關、關、挺關、麋關異名同地》,《內蒙古金融研究·錢幣專刊》1996年第2期。

黃錫全:《山西稷山新出空首布文初探》,香港中文大學中文系、中國文化研究所編集《第三屆國際中國古文字學研討會論文集》,1997年。

黃錫全:《銳角布幣國別漫議》,《中國錢幣》1997年第2期。

黃錫全:《"昊陽"方足布考》,《安徽錢幣》1997年第4期。

黃錫全:《利用〈汗簡〉考釋古文字》,《古文字研究》第十五輯,北京:中華書局,1986年。

黃錫全:《"鹵刀"新考》,《內蒙古金融研究·錢幣專刊》1997年第3、4期。

黃錫全:《先秦貨幣數考》,《容庚先生百年誕辰紀念文集》,廣州:廣東人民出版社,1998年。

黃錫全:《齊"六字刀"銘文釋讀及相關問題》,《吉林大學古籍整理研究所建所十五週年紀念文集》,長春:吉林大學出版社,1998年。

黃錫全:《三晉兩周小方足布的國別及有關問題初論》,《中國錢幣論文集》第3輯,北京:中國金融出版社,1998年。

黃錫全:《尖首刀銘文釋地名》,《徐中舒先生百年誕辰紀念文集》,成都:巴蜀書社,1998年。

黃錫全:《尖足空首布新品六種考述》,《內蒙古金融研究》1998年增刊第1期。

黃錫全:《從尖首刀面文"郫""鼓"等談到尖首刀的國別年代及有關問題》,《中國錢幣》1998年第2期。

黃錫全:《介紹一枚圜錢新品"襄二甾"》,《安徽錢幣》1998年第3期。

黃錫全:《古幣三辨》,《胡厚宣先生紀念文集》,北京:科學出版社,1998年。

黃錫全:《楚銅貝貝文釋義新探》,《錢幣研究》1999年第1期。

黃錫全:《楚國錢牌"見金"應讀"視金"》,《中國錢幣》1999年第2期。

黃錫全:《尖足空首布新品續考》,《内蒙古金融研究》2000年增刊第1期。

黃錫全:《三孔布奧秘試探》,《安徽錢幣》2000年第2期。

黃錫全:《尖足空首布新品"下虎"考》,《中國錢幣》2000年第2期。

黃錫全:《圓足布新議》,《錢幣博覽》2000年第3期。

黃錫全:《尖足空首布新品"禺主"考》,《故宮博物院院刊》2000年第6期。

黃錫全:《試說楚國黃金貨幣稱量單位"半鎰"》,《古文字研究》第22輯,北京:中華書局,2000年。

黃錫全:《先秦貨幣中的地名》,《九州》第4期,北京:商務印書館,2001年。

黃錫全:《平首尖足布新品數種考述——兼述這類布的種類、分佈與年代》,《先秦貨幣研究》,北京:中華書局,2001年。

黃錫全:《西周貨幣史料的重要發現——亢鼎銘文的再研究》,《中國錢幣論文集》第4輯,北京:中國金融出版社,2002年。

黃錫全:《記近期所見兩種罕見的有銘尖足布》,《北京教育學院學報》2003年第1期。

黃錫全:《記山西北部發現的兩批戰國小刀幣》,《中國錢幣》2003年第2期。

黃錫全:《關於安徽固鎮新見楚布的一點意見》,《安徽錢幣》2003年第3期。

黃錫全:《新見一枚"宅陽"布權》,《中國錢幣》2004年第2期。

黃錫全:《安徽固鎮新見楚布補議》,《安徽錢幣》2004年第3期。

黃錫全:《新見尖足布與權銘考釋》,《黃盛璋先生八秩華誕紀念文集》,北京:中國教育文化出版社,2005年。

黃錫全:《新見三孔布簡釋》,《中國錢幣》2005年第2期。

黃錫全:《新見"襄陰"圜錢與"狄金"尖足空首布》,《中國錢幣》2005年第2期。

黃錫全：《新見"分布"及有關問題》，《中國錢幣》2007年第2期。

黃錫全：《介紹一枚新品三孔布"建邑"》，《中國錢幣》2010年第1期。

黃錫全：《新見古文字資料與古代貨幣研究中之疑難問題舉要》，《中國錢幣論文集》第5輯，北京：中國金融出版社，2010年。

黃錫全：《介紹一枚"罰"字三孔布》，《中國錢幣》2012年第4期。

黃錫全：《解析一枚珍惜環錢——出土文獻、傳世文獻、古幣文字互證之一例》，《出土文獻》第四輯，上海：中西書局，2013年。

黃錫全：《介紹一枚新見"郭"字三孔布》，《中國錢幣》2013年第2期。

黃錫全：《談談新見銳角布與"利民"實首布》，《中國錢幣》2014年第6期。

黃錫全：《新見"北行易"三孔布簡析》，《叩問三代文明——中國出土文獻與上古史國際學術研討會論文集》，北京：中國社會出版社，2014年。

黃錫全：《新見實首布及有關問題》，《中國錢幣》2014年第4期。

黃錫全：《圜錢"衛鉈"試析》，《出土文獻》第6輯，上海：中西書局，2015年。

黃錫全：《"京"字弧襠布及有關問題》，《中國錢幣》2015年第2期。

黃錫全：《介紹一枚新見多字圜權》，《出土文獻》第8輯，上海：中西書局，2016年。

黃錫全：《射壺銘文及有關問題》，《古文字研究》第34輯，北京：中華書局，2022年。

黃錫全：《介紹一枚新品"赤鞴"三孔布》，《漢字漢語研究》2023年第4期。

黃錫全、趙仁久：《介紹近三十年代發現的針首刀》，《中國錢幣》2011年第1期。

黃錫全、朱安祥：《近十餘年先秦貨幣的重要發現與研究》，《中國錢幣》2015年第4期。

黃展嶽：《關於秦漢人的食糧計量問題》，《考古與文物》1980年第4期。

霍宏偉：《洛陽東周王城遺址區鑄錢遺址及其相關問題》，《耕耘論叢（一）》，北京：科學出版社，1999年。

紀夢寧：《戰國時期三晉貨幣資料整理與相關研究》，吉林大學2021年碩士學位論文。

賈麗英：《秦漢至三國吳的"訾稅"變遷》，《歷史研究》2019年第2期。

姜維公：《漢代郡域監察體制研究》，《社會科學輯刊》2007 年第 6 期。

蔣瓊傑：《新蔡簡、上博簡、清華簡地名資料集釋》，吉林大學 2017 年碩士學位論文。

焦智勤：《聳肩尖足空首布考辨》，《華夏考古》1996 年第 1 期。

［日］角谷常子著，陳青、胡平生譯：《秦漢時代的贖刑》，《簡帛研究　二〇〇一》，桂林：廣西師範大學出版社，2001 年。

晉文：《秦代算賦三辨——以近出簡牘材料爲中心》，《華中國學》2018 年第 2 期。

晉文：《秦代確有算賦辨——與臧知非先生商榷》，《中國農史》2018 年第 5 期。

晉文：《秦漢經濟制度與大一統國家治理》，《歷史研究》2020 年第 3 期。

［日］崛毅：《秦漢物價考》，《秦漢法制史論考》，北京：法律出版社，1988 年。

柯昌建：《楚貝布文新釋》，《安徽錢幣》1999 年第 2、3 期。

李德保、周長運：《河南新鄭"韓都"發現"枎萏當忻"布陶範》《江漢考古》1993 年第 1 期。

李憣：《西周金文所見動作及貨幣系交易辭例》，《北方文物》2008 年第 3 期。

李豐娟：《秦簡文字集釋》，西南大學 2011 年博士學位論文。

李合群：《河南通許出土一批魏國布幣》，《文物》2010 年第 7 期。

李洪財：《秦簡牘"從人"考》，《文物》2016 年第 12 期。

李濟：《安陽最近發掘報告及六次工作之總估計》，《安陽發掘報告》第 4 期，臺北：南天書局有限公司，1933 年。

李家浩：《楚王酓璋戈與楚滅越的年代》，《文史》第 24 輯，北京：中華書局，1985 年。

李家浩：《關于郘陵君銅器銘文的几點意見》，《江漢考古》1986 年第 4 期。

李家浩：《試論戰國時期楚國的貨幣》，《考古》1973 年第 3 期。

李家浩：《釋"弁"》，《古文字研究》第 1 輯，北京：中華書局，1979 年。

李家浩：《戰國邘布考》，《古文字研究》第 3 輯，北京：中華書局，1980 年。

李家浩：《戰國貨幣文字中的"肵"和"比"》，《中國語文》1980 年第 5 期。

李家浩：《戰國時代的"冢"字》，《語言學論叢》第 7 輯，北京：商務印書館，1981 年。

李家浩：《楚國官印考釋（四篇）》，《江漢考古》1984 年第 2 期。

李家浩：《戰國於疋布考》，《中國錢幣》1986 年第 4 期。

李家浩：《楚國官印考釋（兩篇）》，《語言研究》1987 年第 1 期。

李家浩：《戰國貨幣考（七篇）》，《中國錢幣學會成立十週年紀念文集》，北京：中國金融出版社，1992 年。

李家浩：《戰國𥪰阝新考》，《中國錢幣論文集》第 3 輯，北京：中國金融出版社，1998 年。

李家浩：《戰國开陽布考》，《古文字研究》第 25 輯，北京：中華書局，2004 年。

李家浩：《説"坴"字》，《漢字研究》第 1 輯，北京：學苑出版社，2005 年。

李家浩：《戰國文字中的"宫"》，《出土文獻與古文字研究》第 6 輯，上海：上海古籍出版社，2015 年。

李均明：《張家山漢簡與漢初貨幣》，《中國文物報》，2002 年 11 月 22 日。

李均明：《秦簡貲罰再探》，《出土文獻研究》第 15 輯，上海：中西書局，2016 年。

李凱：《季姬方尊銘文與西周宗族經濟》，《華夏考古》2018 年第 2 期。

李力：《亦談"隸臣妾"與秦代的刑罰制度》，《法學研究》1984 年第 3 期。

李力：《秦漢律所見"質錢"考辨》，《法學研究》2015 年第 2 期。

李力：《嶽麓秦簡（肆）〈金布律〉讀記（一）——關於 1402 簡釋文與注釋的討論》，《出土文獻研究》第 17 輯，上海：中西書局，2018 年。

李麗：《河北省出土的先秦貨幣文字整理與研究》，河北大學 2014 年碩士學位論文。

李零：《再説溥沱——趙惠文王遷中山王於膚施考》，《中華文史論叢》2008 年第 4 期。

李零：《戰國鳥書箴銘帶鉤考釋》，《古文字研究》第 8 輯，北京：中華書局，1983 年。

李零、劉雨：《楚（邿）陵君三器》，《文物》1980 年第 8 期。

李零：《論東周時期的楚國典型銅器群》，《古文字研究》第 19 輯，北京：中華書局，1992 年。

李紹曾：《試論楚幣——蟻鼻錢》，《楚文化研究論文集》，鄭州：中州出版社，1983 年。

李守奎：《釋𧿁距末與楚帛書中的"方"字》，《漢語言文字研究》第 1 輯，2015 年。

李天虹：《楚幣文"忻"字別解》，《第四屆國際中國古文字學研討會論文集》，香港中文大學，2003 年。

李天虹：《由嚴倉楚簡看戰國文字資料中的"才""坴"兩字的釋讀》，《簡帛》第 9 輯，上海：上海古籍出版社，2014 年。

李天元：《楚貝雜談》，《錢幣研究文選》，北京：中國財政經濟出版社，1989 年。

李維明：《"亳"辨》，《中國歷史文物》2004 年第 5 期。

李學勤：《戰國題銘概述（上）》，《文物》1959 年第 7 期。

李學勤：《戰國題銘概述（中）》，《文物》1959 年第 8 期。

李學勤：《戰國題銘概述（下）》，《文物》1959 年第 9 期。

李學勤：《試論董家村青銅器群》，《文物》1976 年第 6 期。

李學勤：《從新出青銅器看長江下游文化的發展》，《文物》1980 年第 8 期。

李學勤：《重新估價中國古代文明》，《人文雜誌》1982 年第 S 期。

李學勤：《魯方彝與西周商賈》，《史學月刊》1985 年第 1 期。

李學勤：《它簋新釋——關於西周商業的又一例證》，《文物與考古論集》，北京：文物出版社，1986 年。

李學勤：《亢鼎賜品試説》，《南開學報》增刊，2001 年。

李學勤：《楚簡所見黃金貨幣及其稱量》，《中國錢幣論文集》第 4 輯，北京：中國金融出版社，2002 年。

李學勤：《談武陽三孔布》，《收藏》2003 年第 4 期。

李學勤：《武陽布與武陽璽》，《收藏》2003 年第 9 期。

李學勤：《長布、連布的文字和國别》，《中國錢幣論文集》第 5 輯，北京：中國金融出版社，2010 年。

李學勤：《兮甲盤與駒父盨》，《新出青銅器研究》，北京：人民美術出版社，2016 年。

李園：《秦簡牘辭彙研究》，東北師範大學 2017 年博士學位論文。

李志芳、蔣魯敬：《湖北荆州市胡家草場西漢墓 M12 出土簡牘概述》，《考古》2020 年第 2 期。

李祖德：《試論秦漢的黃金貨幣》，《中國史研究》1997 年第 1 期。

栗勁：《〈睡虎地秦墓竹簡〉譯注斠補》，《吉林大學社會科學學報》1984 年第 5 期。

栗勁：《論秦簡中有關經濟法規的基本原則》，《西北政法學院學報》1985 年第 3 期。

梁鶴：《"枺睘一釿"試解》，《中國文字研究》第 28 輯，上海：上海書店出版社，2018 年。

梁鶴：《晉系貨幣整理與研究》，中山大學 2019 年博士學位論文。

梁鶴：《新見"商都市南少曲"布獻疑》，《中國文字》二○二○年冬季號，臺北：萬卷樓圖書股份有限公司，2020 年。

梁曉景：《戰國夕邑布考》，《洛陽錢幣》，北京：中國社科出版社，1993 年。

梁學義等：《新發現一枚"武平"類方足布》，《中國錢幣》2007 年第 2 期。

林甘泉：《對西周土地關係的幾點新認識——讀岐山董家村出土銅器銘文》，《文物》1976 年第 5 期。

林益德：《漢初的"行金"與"行錢"》，《中興史學》2006 年第 12 期。

林澐：《讀包山楚簡札記七則》，《江漢考古》1992 年第 4 期。

林澐：《〈先秦貨幣文字編〉評介》，《中國錢幣》2006 年第 4 期。

林澐：《花東卜辭所見人物研究》，《古文字與古代史》第 1 輯，2007 年。

凌文超：《秦"訾稅"平議》，《簡帛研究 二○一八（秋冬卷）》，桂林：廣西師範大學出版社，2018 年。

劉保義：《我國古代貨幣上的邑名》，《安徽金融研究》1988 年增刊。

劉彬徽：《楚國曆法建丑新證》，《江漢考古》2021 年第 4 期。

劉德增、李珩：《"縣官"與秦漢皇帝財政》，《文史哲》2006 年第 5 期。

劉剛：《楚銅貝"坙朱"的釋讀及相關問題》，《出土文獻與古文字研究》第 5 輯，上海：上海古籍出版社，2013 年。

劉剛：《晉系文字的範圍及内部差異研究》，復旦大學 2013 年博士學位論文。

劉國勝：《雲夢龍崗簡牘考釋補正及其相關問題的探討》，《江漢考古》1997 年第 1 期。

劉海年《雲夢秦簡的發現與秦律研究》，《法學研究》1982 年第 1 期。

劉桓：《釋頌鼎銘中册命之文——兼談寅字的釋讀》，《故宫博物院院刊》2002 年第 4 期。

劉敬揚：《春秋代布考》，《中國錢幣》1984 年第 3 期。

劉敬揚：《戰國楚銅貝幣"㭂"字試釋》，《福州大學學報》1988 年第 2 期。

劉明哲：《〈嶽麓書院藏秦簡（肆）〉集釋》，吉林大學 2018 年碩士學位論文。

劉鵬：《淺析梁寽布的特點及其與爰金兌換的可能性》，《陝西錢幣研究文集》第 4 期，2003 年。

劉鵬：《簡牘所見秦的糧價與百姓生活》，《中國社會經濟史研究》2021 年第 2 期。

劉慶：《秦漢告、劾制度辨析》，《中國史研究》2016 年第 4 期。

劉瑞：《秦"屬邦""臣邦"與"典屬國"》，《民族研究》1999 年第 4 期。

劉森：《關於三孔布的幾個問題》，《中國錢幣》1990 年第 3 期。

劉森：《先秦貨幣二題》，《中原文物》1995 年第 3 期。

劉森：《關於空首布與平首布形制的關係問題》，《中州錢幣》2001 年第 9 期。

劉太祥：《簡牘所見秦漢行政獎勵制度》，《南都學刊》2017 年第 1 期。

劉天軍、劉心健：《戰國魏貨幣通論》，《開封大學學報》1998 年第 3 期。

劉營：《秦漢貨幣制度變遷》，河北經貿大學 2016 年碩士學位論文。

劉餘力、劉雲：《平首布的貨幣單位與購買力》，《洛陽大學學報》2007 年第 3 期。

劉餘力：《洛陽新發現一批大型空首布及其相關問題》，《華夏考古》2010 年第 1 期。

劉釗：《談包山楚簡中"煮鹽於海"的重要史料》，《中國文物報》，1992 年 10 月 18 日。

劉釗：《釋"償"及相關諸字》，《中國文字》新 28 期，臺北：藝文印書館，2002 年。

劉志一：《㒸字新考》，《江漢考古》1992 年第 2 期。

劉宗漢：《"樠比堂忻"布新考》，《中國錢幣》1993 年第 2 期。

劉宗漢：《釋戰國貨幣中的"全"》，《中國錢幣》1985 年第 2 期。

龍京沙、郭立格：《湘西里耶出土秦"半兩"錢初探》，《武漢金融》2008 年第 12 期。

盧建華：《關於秦貨幣的幾個問題——讀秦簡〈金布律〉札記》，《秦文化論叢》第十二輯，西安：三秦出版社，2005 年。

呂長禮：《簡議蟻鼻錢的品種及面文釋讀》，《安徽錢幣》2004 年第 4 期。

呂長禮、梅凌：《安徽肥西縣新倉鄉出土蟻鼻錢》，《中國錢幣》1994 年第 2 期。

呂名中：《秦律貲罰制度述論》，《中南民族大學學報》1982 年第 3 期。

呂名中：《秦律中的"貲"與"貲贖"》，《法律史論叢》1983 年第 2 期。

羅伯昭:《晉化刀》,《泉幣》1940 年第 1 期。

羅俊揚:《從包山楚簡貸金史料論楚國之金融》,《金融經濟》1997 年第 12 期。

羅尚熙:《"陽邑"平首小方足布》,《安徽錢幣》2002 年第 1 期。

羅西章:《從中原出土文物試論西周貨幣》,《中國錢幣》1985 年第 2 期。

羅運環、楊楓:《蟻鼻錢發微》,《中國錢幣》1997 年第 1 期。

羅運環:《包山楚簡貸金簡研究》,《武漢金融》2005 年第 10 期。

羅運環:《中國秦代漢初貨幣制度發微——張家山漢簡與睡虎地秦簡對比研究》,《武漢大學學報》2012 年第 6 期。

洛陽市第二文物工作隊:《洛陽史家屯發現空首布和圜錢》,《文物》2002 年第 9 期。

洛陽市文物工作隊:《洛陽出土的空首布》,《文物資料叢刊》第 9 輯,北京:文物出版社,1985 年。

馬承源:《説䞣》,《古文字研究》第 12 輯,北京:中華書局,1995 年。

馬承源:《亢鼎銘文——西周早期用貝幣交易玉器的記錄》,《上海博物館集刊》第 8 期,上海:上海書畫出版社,2000 年。

馬芳:《嶽麓書院藏秦簡(壹、貳)整理與研究》,華東師範大學 2013 年博士學位論文。

馬俊才:《新鄭"鄭韓故城"新出東周錢范》,《中國錢幣論文集》第 4 輯,北京:中國金融出版社,2002 年。

馬楠:《清華簡第一册補釋》,《中國史研究》2011 年第 1 期。

馬世之、蔡萬進、李德保:《"枎菨當忻"布幣的國别與年代問題》,《江漢考古》1994 年第 2 期。

梅凌、吕長禮:《試論楚貝幣面文含義》,《錢幣文論特輯》第 2 輯,合肥:安徽人民出版社,1994 年。

孟祥偉:《秦代幣制與物價考述》,《中國錢幣》2022 年第 1 期。

慕容浩:《秦漢時期"平賈"新探》,《史學月刊》2014 年第 5 期。

南玉泉:《讀秦漢簡牘再論贖刑》,《中國古代法律文獻研究》第 5 輯,北京:社會科學文獻出版社,2012 年。

歐揚:《嶽麓秦簡〈亡律〉"亡不仁邑里、官者"條探析》,《簡帛研究二〇一六(春夏卷）》，桂林：廣西師範大學出版社，2016 年。

潘勝強：《清代錢幣著述研究》，陝西師範大學 2011 年碩士學位論文。

彭邦炯：《從出土秦簡再探秦內史與大內、少內和少府的關係與職掌》，《考古與文物》1987 年第 5 期。

彭浩：《睡虎地秦墓竹簡"王室祠"與〈齎律〉考辨》，《簡帛》第 1 輯，上海：上海古籍出版社，2006 年。

彭明瀚：《商代青銅貨幣蠡測：從江西新干大洋青銅手斧談起》，《南方文物》1995 年第 2 期。

彭裕商：《西周金文中的"賈"》，《考古》2003 年第 2 期。

駢宇騫：《試釋楚國貨幣文字"巽"》，《語言文字研究專輯（下冊）》，上海：上海古籍出版社，1986 年。

平頂山市錢幣學會課題組：《臨潁縣出土圜錢探析》，《中州錢幣》2003 年第 11 期。

亓民帥：《東周時期金屬鑄幣面文中地名的性質》，《中國錢幣》2018 年第 1 期。

岐山縣文化館等：《陝西省岐山縣董家村西周銅器窖穴發掘簡報》，《文物》1976 年第 5 期。

齊繼偉：《秦漢"訾稅"補論》，《簡帛研究 二〇一七（春夏卷）》，桂林：廣西師範大學出版社，2017 年。

錢大群：《談"隸臣妾"與秦代的刑罰制度》，《法學研究》1983 年第 6 期。

錢大群：《再談隸臣妾與秦代的刑罰制度：兼復〈亦談"隸臣妾"與秦代的刑罰制度〉》，《法學研究》1985 年第 6 期。

錢劍夫：《秦漢的產品檢驗和物價管理》，《中國史研究》1987 年第 2 期。

錢卓、車新亭：《山西出土刺字聳肩尖足空首布》，《中國錢幣》1993 年第 2 期。

喬地：《碳十四測定：滎陽官莊遺址是世界最古老鑄幣作坊》，《科技日報》2021 年 8 月 10 日。

喬志敏：《"貝""朋"新論》，《中原文物》1988 年第 2 期。

秦鳳崗：《黍垣一鈏當鑄于漆縣》，《中國錢幣》1987 年第 2 期。

秦鳳崗：《黍垣一鈏當鑄于漆縣》，《中國錢幣》1987 年第 3 期。

秦曉華：《晉系貨幣地名試釋三則》，《古文字研究》第 28 輯，北京：中華書局，2010 年。

秦曉華:《趙國貨幣地名考證三則》,《古文字研究》第 29 輯,北京:中華書局,2012 年。

裘錫圭:《戰國貨幣考（十二篇）》,《北京大學學報》1978 年第 2 期。

裘錫圭:《戰國文字中的"市"》,《考古學報》1980 年第 3 期。

裘錫圭:《考古發現的秦漢文字資料對於校讀古籍的重要性》,《中國社會科學》1980 年 5 期。

裘錫圭:《古文字釋讀三則》,《徐中舒九十壽辰紀念文集》,成都:巴蜀書社,1990 年。

裘錫圭:《釋"賈"》,中國古文字研究會第九屆討論會論文,1992 年。

裘錫圭:《談談"成白"刀》,《中國錢幣論文集》第 3 輯,北京:中國金融出版社,1998 年。

裘錫圭:《先秦古書中的錢幣名稱》,《中國錢幣論文集》第 4 輯,北京:中國金融出版社,2002 年。

裘錫圭:《說從"凿"聲的從"貝"與從"辵"之字》,《文史》2012 年第 3 期。

裘錫圭、李家浩:《戰國平陽刀幣考》,《中國錢幣》1988 年第 2 期。

裘錫圭:《復公仲簋蓋銘補釋》,《出土文獻與古文字研究》第 3 輯,上海:復旦大學出版社,2010 年。

曲毅:《鄂東南出土錢牌考》,《中國錢幣》1993 年第 2 期。

任常中、趙新來:《河南臨汝出土一批空首布》,《中原文物》1982 年第 2 期。

山木:《魏釿幣初探》,《中州錢幣》2002 年第 10 期。

邵鴻:《卜辭、金文中"貯"字爲"賈"之本字說補正》,《南方文物》1993 年第 1 期。

沈剛:《走馬樓吳簡所見"具錢""行錢"試解》,《中國歷史文物》2006 年第 6 期。

沈剛:《新出秦簡所見秦代市場與商人探討》,《中國社會經濟史研究》2016 年第 1 期。

盛志剛:《秦代金錢兌換率蠡測》,《東嶽論叢》2008 年第 1 期。

施謝捷:《簡帛文字考釋札記》,《簡帛研究》第 3 輯,桂林:廣西教育出版社,1998 年。

施謝捷:《東周兵器銘文考釋（三則）》,《南京師範大學學報（哲學社會科學版）》2002 年第 2 期。

石洋：《秦漢時期借貸的期限與收息週期》，《中國經濟史研究》2018 年第 5 期。

石永士：《河北易縣燕下都第 13 號遺址第一次發掘》，《考古》1987 年第 5 期。

[日] 柿沼陽平：《戰國及秦漢時代官方"受錢"制度和券書制度》，《簡帛》第 5 輯，上海：上海古籍出版社，2010 年。

[日] 柿沼陽平：《戰國秦漢時期的物價和貨幣經濟的基本結構》，《古代文明》2011 年第 2 期。

淑芬：《湖北雲夢楚王城出土蟻鼻錢》，《錢幣研究文選》，北京：中國財政經濟出版社，1989 年。

宋國華：《秦漢律"購賞"考》，《西北政法大學學報》2013 年第 5 期。

宋傑：《漢代的"平賈"》，《首都師範大學學報》1998 年第 2 期。

宋艷萍：《從〈二年律令〉中的"貲"看秦漢經濟處罰形式的轉變》，《出土文獻研究》第 6 輯，上海：上海古籍出版社，2004 年。

宋鎮豪：《甲骨文中的夢與佔夢》，《文物》2006 年第 6 期。

蘇俊林：《嶽麓秦簡〈暨過誤失坐官案〉的議罪與量刑》，《史學月刊》2019 年第 8 期。

孫貫文：《金文札記三則》，《考古》1963 年第 10 期。

孫華：《先秦貨幣雜考》，《考古與文物》1990 年第 2 期。

孫建剛、史紅霞：《趙國出土圓首"王刀"考略》，《邯鄲學院學報》2014 年第 2 期。

孫偉龍：《"幾""散"二字異同考辨》，《古文字研究》第 28 輯，北京：中華書局，2010 年。

孫聞博：《秦縣的列曹與諸官——從〈洪範五行傳〉一則佚文説起》，簡帛網，2014 年 9 月 17 日。

孫聞博：《秦漢帝國"新地"與徙、戍的推行——兼論秦漢時期的内外觀念與内外政策特徵》，《古代文明》2015 年第 2 期。

孫英民：《〈秦始皇陵西側趙背户村秦刑徒墓〉質疑》，《文物》1982 年第 10 期。

孫志敏：《秦漢刑役研究》，東北師範大學 2017 年博士學位論文。

湯餘惠：《略論戰國文字形體研究中的幾個問題》，《古文字研究》第 15 輯，北京：中華書局，1986 年。

湯餘惠：《戰國貨幣新探（五篇）》，《吉林省貨幣學會首屆會議論文》1983年；又見《戰國銘文選》，長春：吉林大學出版社，1993年。

湯餘惠：《略論戰國文字形體研究中的幾個問題》，《古文字研究》第15輯，北京：中華書局，1986年。

湯餘惠：《戰國時代魏繁陽的鑄幣》，《史學集刊》1986年第4期。

湯餘惠：《關於◆字的再探討》，《古文字研究》第17輯，北京：中華書局，1989年。

湯餘惠：《戰國文字中的繁陽與繁氏》，《古文字研究》第19輯，北京：中華書局，1992年。

唐冶澤：《洛陽新出西周卜辭考釋及相關問題探索》，《四川文物》2009年第3期。

唐友波：《山西稷山新出空首布與"金涅"新探》，《中國錢幣》2000年第2期。

唐友波：《釋"賹"》，《江漢考古》2003年第2期。

唐虞：《"京"字銳角布幣考》，《江蘇錢幣》2012年第3期。

唐讚功：《雲夢秦簡官私奴隸問題試探》，《中華文史論叢》1981年第3輯。

陶霞波：《關於商周金文中的"賜貝"及與貨幣相關問題》，《中國文字研究》第4輯，2003年。

陶霞波：《先秦貨幣文構形無理性趨向研究》，華東師範大學2005年博士學位論文。

陶正剛、趙滿芳等：《山西黎城縣出土的戰國貨幣》，《文物世界》2004年第1期。

陶正剛、趙滿芳：《山西黎城發現戰國小方足布》，《中國錢幣》2003年第2期。

［日］藤田高夫著，楊振紅譯：《秦漢罰金考》，《簡帛研究 二〇〇一》，桂林：廣西師範大學出版社，2001年。

田率：《莆子錢權考》，《出土文獻》2023年第1期。

田煒：《論秦始皇"書同文字"政策的内涵及影響：兼論判斷出土秦文獻文本年代的重要尺規》，《中央研究院歷史語言研究所集刊》第八十九本，2018年第3輯。

童恩正：《試評鄭家相"古代的貝化"一文的傾向性》，《文物》1959年第6期。

汪本初：《楚國銅貝的特色——兼談近年來安徽出土的"蟻鼻錢"》，《錢幣文論特輯》第1輯，合肥：安徽人民出版社，1988年。

汪慶正：《近十五年來古代貨幣資料的發現和研究中的若干問題》，《文物》1965年第1期。

汪維輝:《〈孟子〉"市賈不貳"究竟該作何解?——附論"巨屨小屨"》,《河北師範大學學報》2021年第1期。

汪耀宗、張壽來:《湖北蘄春縣出土一批戰國青銅器》,《文物》1990年第1期。

王冠英:《任鼎銘文考釋》,《中國歷史文物》2004年第2期。

王桂芝:《淺談強國墓地出土的貨幣》,《中國錢幣》1993年第2期。

王國維:《説玨、朋》,《觀堂集林》,北京:中華書局,1959年。

王國維:《最近二三十年中中國新發見之學問》,《王國維文集》第4卷,北京:中國文史出版社,1997年。

王輝:《也談齊"六字刀"的年代》,《中國錢幣》2003年第2期。

王佳:《簡牘所見秦長江中游的社會與經濟研究》,武漢大學2015年博士學位論文。

王佳:《里耶秦簡所見遷陵地區物價研究》,《江漢論壇》2015年第10期。

王建訓:《梁當鋝金釋義》,《泉幣》第25期,1944年。

王建軍、郝本性:《溫縣盟書釋字研究的新進展》,《古文字研究》第30輯,北京:中華書局,2020年。

王健:《從里耶秦簡看秦代官府買賣徒隸問題》,《秦俑博物館開館三十週年秦俑學第七屆年會國際學術研討會論文集》,西安:三秦出版社,2010年。

王金平、范文謙:《山西新绛、侯馬發現空首布》,《中國錢幣》1995年第2期。

王俊梅:《秦漢郡縣屬吏研究》,中國人民大學2008年博士學位論文。

王克林:《釋"庫"》,《古文字研究》第10輯,北京:中華書局,1983年。

王琳:《盧氏涅金再釋》,《中原文物》2016年第2期。

王强:《燕尾布幣文新解》,《中國錢幣》2014年第2期。

王人聰:《六年襄城令戈考》,《第三屆國際中國古文字學研討會論文集》,香港1997年。

王樹偉:《爰釿兩考》,《社會科學戰綫》1979年第3期。

王四維:《秦縣少内財政職能及其管理制度》,《史學月刊》2020年第11期。

王穎:《從包山楚簡看戰國中晚期楚國的社會經濟》,《中國社會經濟史研究》2004年第3期。

王永昌:《清華簡文字與晉系文字對比研究》,吉林大學2018年博士學位論文。

王勇：《嶽麓秦簡〈金布律〉關於奴婢、馬牛買賣的法律規定》，《中國社會經濟史研究》2016年第3期。

王震亞：《從雲夢秦簡看秦的經濟立法》，《簡牘學研究》第1輯，蘭州：甘肅人民出版社，1997年。

王准：《包山楚簡"貸金糴種"問題的考察》，《中國農史》2016年第1期。

王子超：《"繁陽之金"補釋》，《古文字研究》第24輯，北京：中華書局，2002年。

魏慈德：《〈睡虎地秦墓竹簡〉雜考》，《中國文化研究》1997年第4期。

魏建震：《趙國"九門""北九門"地望考辨》，《邯鄲師專學報》2003年第4期。

温樂平、程宇昌：《從張家山漢簡看西漢初期平價制度》，《江西師範大學學報》2003年第6期。

温樂平：《秦漢物價研究》，江西師範大學2002年碩士學位論文。

鄔文玲：《"守""主"稱謂與秦代官文書用語》，《出土文獻研究》第12輯，2013年。

吴方基：《論秦代金布的隸屬及其性質》，《古代文明》2015年第2期。

吴方基：《里耶秦簡"校券"與秦代跨縣債務處理》，《中國社會經濟史研究》2017年第4期。

吴方浪、吴方基：《簡牘所見秦代地方稟食標準考論》，《農業考古》2015年第1期。

吴建國：《山西壽陽縣上湖村出土東周布幣》，《考古》1996年第3期。

吴良寶師：《戰國地名"膚施"、"慮虒"及相關問題》，《文史》2017年第2期。

吴良寶：《試論幾種平首布幣的形制關係》，《江漢考古》1998年第2期。

吴良寶：《從考古資料看先秦貨幣中的仿鑄現象》，《安徽錢幣》1998年第2、3期。

吴良寶：《〈中國錢幣大辭典·先秦編〉讀後記》，《〈内蒙古金融研究〉錢幣文集》第六輯，2006年。

吴良寶：《讀幣札記（四則）》，《徐州師範大學學報》1999年第3期。

吴良寶：《20世紀先秦貨幣研究述評》，《内蒙古金融研究·錢幣增刊》2000年第1期。

吴良寶：《讀幣札記五則》，《金景芳教授百年誕辰紀念文集》，長春：吉林大學出版社2002年。

吳良寶：《古幣三辨》，《古文字研究》第 24 輯，北京：中華書局，2002 年。
吳良寶：《談貨幣出土地因素的作用》，《中國錢幣論文集》第 4 輯，北京：中國金融出版社，2002 年。
吳良寶：《平肩空首布釋地五則》，《中國文字》新 29 期，臺北：藝文印書館，2003 年。
吳良寶：《橋形布三品獻疑》，《吉林大學古籍研究所建所二十週年紀念文集》，長春：吉林文史出版社，2003 年。
吳良寶：《三晉方足小布的種類統計與國別考辨》，《文物世界》2003 年第 1 期。
吳良寶：《平肩空首布四考》，《中國文字研究》第 5 輯，桂林：廣西教育出版社，2004 年。
吳良寶：《平肩空首布"釴"字考》，《古文字研究》第 25 輯，北京：中華書局，2004 年。
吳良寶：《聳肩尖足空首布的形制、來源及與其他空首布的關係——從壽陽出土的空首布談起》，《中國錢幣》2004 年第 2 期。
吳良寶：《古幣考釋兩篇》，《中國歷史文物》2005 年第 2 期。
吳良寶：《空首布"壑"字考》，《〈內蒙古金融研究〉錢幣文集》第 8 輯，2006 年。
吳良寶：《平肩空首布"卬"字考》，《中國錢幣》2006 年第 2 期。
吳良寶：《橋形布"分布"質疑》，《〈內蒙古金融研究〉錢幣文集》第 7 輯，2006 年 9 月。
吳良寶：《談三晉方足小布的鑄造年代》，《江蘇錢幣》2007 年第 1 期。
吳良寶：《野王方足布幣考》，《江蘇錢幣》2008 年第 1 期。
吳良寶：《"咎奴"方足小布補考——從新見成皋鼎銘說起》，《江蘇錢幣》2009 年第 2 期。
吳良寶：《戰國布幣釋讀三則》，《古文字研究》第 22 輯，北京：中華書局，2000 年。
吳良寶：《戰國布幣四考》，《考古與文物》叢刊第 4 號《古文字論集（二）》，2001 年。
吳良寶：《戰國文字所見三晉置縣輯考》，《中國史研究》2002 年第 4 期。
吳良寶：《〈中國歷史地圖集〉戰國部分地名校補》，《中國歷史地理論叢》2006 年第 3 期。

吴良寶：《續説"梁冢釿"橋形布》，《中國錢幣論文集》第 5 輯，北京：中國金融出版社，2010 年。

吴良寶：《讀幣札記（一）》，《出土文獻與古文字研究》第 4 輯，上海：上海古籍出版社，2011 年。

吴良寶：《貨幣單位"釿"的虚值化及相關研究》，《吉林大學社會科學學報》2011 年第 4 期。

吴良寶：《戰國文字資料中的"同地異名"與"同名異地"現象考察》，《出土文獻》第 5 輯，上海：中西書局，2014 年。

吴良寶：《尖足布幣鑄造地及相關問題研究》，《史學集刊》2016 年第 2 期。

吴良寶、馬孟龍：《三孔布地名"武陽"新考》，《文史》2022 年第 4 期。

吴良寶、徐俊剛：《戰國三晉"冶"字新考察》，《古文字研究》第 31 輯，北京：中華書局，2016 年。

吴榮曾：《從秦簡看秦國商品貨幣關係發展狀況》，《文物》1978 年第 5 期。

吴榮曾：《戰國布幣地名考釋三則》，《中國錢幣》1992 年第 2 期。

吴榮曾：《秦漢時的行錢》，《中國錢幣》2003 年第 3 期。

吴雪飛：《〈嶽麓簡五〉所見"從人"考》，簡帛網，2018 年 4 月 13 日。

吴鎮烽：《素晉兩省東漢畫像石題記集釋——兼論漢代圁陽、平周等縣的地理位置》，《考古與文物》2006 年第 1 期。

吴振武：《戰國貨幣銘文中的"刀"》，《古文字研究》第 10 輯，北京：中華書局，1983 年。

吴振武：《談新近公布的兩枚戰國齊莒刀》，《文物研究》第 3 輯，合肥：黄山書社，1988 年。

吴振武：《説梁重釿布》，《中國錢幣》1991 年第 2 期。

吴振武：《談戰國貨幣銘文中的"曲"字》，《中國錢幣》1993 年第 2 期。

吴振武：《鄂君啓節"舿"字解》，《第二屆國際中國古文字學研討會論文集》，相關中文大學，1993 年。

吴振武：《古璽姓氏考（複姓十五篇）》，《出土文獻研究》第 3 輯，北京：中華書局，1998 年。

吳振武：《古文字中的借筆字》，《古文字研究》第 20 輯，北京：中華書局，2000 年。
吳振武：《談齊"左掌客亭"陶璽——從構形上解釋戰國文字中舊釋爲"亳"的字應是"亭"字》，《社會科學戰線》2012 年第 12 期。
下田誠：《再論三晉"冶"字》，《古文字研究》第 27 輯，北京：中華書局，2008 年。
夏利亞：《秦簡文字集釋》，華東師範大學 2011 年博士學位論文。
夏淥：《讀包山楚簡偶記 "受賄"、"國帑"、"茅門不敗"等字詞新義》，《江漢考古》1993 年第 2 期。
曉沐、晉源：《新見"襄陰"圜錢與"衺金"尖足空首布》，《中國錢幣》2005 年第 2 期。
肖曄：《戰國貨幣文字》，《中國教育報》1997 年 8 月 30 日。
謝明文：《説尚及相關諸字》，《文史》2020 年第 3 期。
謝世平等：《周王畿貨幣研究——兼論斜肩空首布的形制來源及其它》，《中州錢幣》2002 年第 10 期。
邢富華：《東周時期的金屬貝綜論》，《中原文物考古研究》，鄭州：大象出版社，2003 年。
邢義田：《張家山〈二年律令〉行錢行金補正》，簡帛網，2005 年 11 月 14 日。
邢義田：《"手、半""曰悟曰荆"與"遷陵公"》，簡帛網，2012 年 5 月 7 日。
徐秉琨：《説"陽安"布》，《中國錢幣》1985 年第 1 期。
徐波：《齊國貨幣的考古學研究》，山東大學 2023 年博士學位論文。
徐達元：《盧氏陰文石范辨僞》，《中原文物》1986 年第 4 期。
徐海斌：《從出土貨幣資料看先秦中山國的商業》，《井岡山大學學報》2011 年第 5 期。
徐俊剛：《非簡帛類戰國文字通假材料的整理與研究》，吉林大學 2018 年博士學位論文。
徐俊傑：《三孔布"上尃"地名考》，《中國錢幣》2006 年第 2 期。
徐少華：《包山楚簡釋地四則》，《武漢大學學報（哲學社會科學版）》1988 年第 4 期。
徐少華：《包山楚簡釋地十則》，《文物》1996 年第 12 期。

徐世虹：《出土簡牘法律文獻的定名、性質與類别》，《古代文明》2017年第3期。

徐世權：《嶽麓秦簡所見秦"西工室"之"西"解》，《簡帛研究 二〇一八（秋冬卷）》，桂林：廣西師範大學出版社，2018年。

徐心希：《談商代商品經濟的一些問題——兼談"賈"字的用法》，《福建師範大學學報》1987年第3期。

徐在國：《釋"貨"》，《古典文獻與文化論叢》第2輯，杭州：杭州大學出版社，1999年。

許道勝：《〈嶽麓書院藏秦簡（二）〉初讀（下）》，簡帛網，2012年2月21日。

閆曉君：《試論張家山漢簡〈錢律〉》，《法律科學》2004年第1期。

閻步克：《論張家山漢簡〈二年律令〉中的"宦皇帝"》，《中國史研究》2003年第3期。

楊芬：《里耶秦簡文書的開啓記録初探》，《四川文物》2015年第3期。

楊華：《睡虎地秦簡〈法律答問〉第25—28號補説》，《古文字研究》第28輯，北京：中華書局，2010年。

楊劍虹：《"隸臣妾"兼論》，《秦漢簡牘研究存稿》，廈門：廈門大學出版社，2013年。

楊科：《也説三孔布的國别和時代》，《中國錢幣》1988年第1期。

楊寬：《戰國秦漢的監察和視察地方制度》，《社會科學戰線》1982年第2期。

楊坤：《戰國晉系銅器銘文校釋及相關問題初探》，吉林大學2015年碩士學位論文。

楊魯安：《新出"圜陽新化"小直刀考》，《内蒙古金融研究》2003年第S4期。

楊潤和：《"事"字尖足布》，《内蒙古金融研究》2003年第S4期。

楊升南：《殷契"七十朋"的釋讀及其意義》，《文物》1987年第8期。

楊升南：《貝是商代的貨幣》，《中國史研究》2003年第1期。

楊升南：《從甲骨文的"買"字説到商代的商業》，《中原文化研究》2019年第3期。

楊振紅：《從新出簡牘看秦漢時期的田租徵收》，《簡帛》第3輯，上海：上海古籍出版社，2008年。

楊振紅：《從出土簡牘看秦漢時期的芻稾税》，《簡牘與古代史研究》，北京：北京大學出版社，2012年。

楊振紅：《從秦"邦""内史"的演變看戰國秦漢時期郡縣制的發展》，《中國史研究》2013 年第 4 期。

楊振紅:《秦"從人"簡與戰國秦漢時期的"合從"》,《文史哲》2020 年第 3 期。

楊振紅、王安宇:《秦漢訴訟制度中的"覆"及相關問題》,《史學月刊》2017 年第 12 期。

姚政:《論商代後期的貝是我國最早的貨幣》,《四川師院學報》1992 年第 1 期。

姚政:《論西周的貨幣》,《四川師範學院學報》1994 年第 1 期。

伊强:《里耶秦簡"展……日"的釋讀》,《簡帛研究 二〇一七(秋冬卷)》,桂林:廣西師範大學出版社,2017 年。

殷滌非:《盧金與鉈幣》,《古文字研究》第 8 輯,北京:中華書局,1983 年。

尤仁德:《楚銅貝幣"罘"字釋》,《考古與文物》1981 年第 1 期。

游逸飛:《里耶秦簡 8-455 號木方選釋》,《簡帛》第 6 輯,上海:上海古籍出版社,2009 年。

于琨奇:《秦漢奴價考辨》,《中國經濟史研究》1987 年第 1 期。

于琨奇:《秦漢"户賦""軍賦"考》,《中國史研究》1989 年第 4 期。

于振波:《走馬樓吴簡習語考釋》,《考古》2006 年第 11 期。

于振波:《秦律令中的"新黔首"與"新地吏"》,《中國史研究》2009 年第 3 期。

于振波:《秦律中的甲盾比價及相關問題》,《史學集刊》2010 年第 5 期。

于振波:《秦簡所見田租的徵收》,《湖南大學學報(社會科學版)》2012 年第 5 期。

余扶危、趙振華:《洛陽發現隨葬空首布的東周墓葬》,《考古》1987 年第 8 期。

余淼淼:《晉系金文整理與研究》,華東師範大學 2013 年博士學位論文。

俞梜:《共字幣考證》,《泉幣》第 27 期,1944 年。

禹劍:《殷墟花園莊東地甲骨刻辭語言文字總考》,天津師範大學 2020 年博士學位論文。

喻其君:《中國古代地名錢幣淺析》,《地名知識》1989 年第 3 期。

臧知非:《貲刑變遷與秦漢政治轉折》,《文史哲》2006 年第 4 期。

臧知非:《說〈二年律令〉"平賈"及其他》,《秦漢研究》第 4 輯,2010 年。

曾庸:《安陽布的鑄地》,《考古》1962 年第 9 期。

曾庸:《若干戰國布幣地名之辨證》,《考古》1980 年第 1 期。

章秀霞：《殷商後期的貢納、徵求與賞賜——以花東卜辭爲例》，《中州學刊》2008年第5期。

張伯元：《爲"越異之金"進一解》，簡帛網，2012年1月19日。

張程昊：《晉系文字地名研究》，鄭州大學2016年碩士學位論文。

張弛：《三孔布考辨》，《文物春秋》1990年第4期。

張傳璽：《釋"郵亭驛置徒司空、褒中縣官寺"》，《考古與文物》1980年第4期。

張春龍：《里耶秦簡祠先農、祠和祠隄校券》，《簡帛》第2輯，上海：上海古籍出版社，2007年。

張光裕：《刀布背文及其相關問題的探討（一）（二）》，《中國文字》第35、36册，1970年。

張國芝：《漢代郡域巡視制度初探》，《河南社會科學》2013年第5期。

張頷：《魏幣䜣布考釋》，《中國錢幣》1985年第4期。

張頷：《"貝丘"布文字辨正》，《古文字研究》第19輯，北京：中華書局，1992年。

張頷：《古幣文三釋》，《中國錢幣論文集》第2輯，北京：中國金融出版社，1992年。

張洪：《略談戰國秦漢時期的高利貸資本》，《齊魯學刊》1998年第2期。

張卉芳：《秦代農業法律制度研究》，《農業考古》2013年第3期。

張季量：《北箕小布》，《泉幣》第18期，1943年。

張建國：《論西漢初期的贖》，《政法論壇》2002年第5期。

張建宇：《三晉紀年兵器的整理與相關問題研究》，吉林大學2018年碩士學位論文。

張劍：《關於東周王畿內出土貨幣的幾個問題》，《華夏考古》2000年第3期。

張金光：《秦貲、贖之罰的清償與結算問題——里耶秦簡JI（9）1-12簡小記》，《西安財經學院學報》2010年第4期。

張絅伯：《説釿》，《泉幣》第16期，1943年。

張俊民：《秦代的討債方式——讀〈湘西里耶秦代簡牘選釋〉》，《陝西歷史博物館館刊》第10輯，西安：三秦出版社，2003年。

張俊民：《懸泉漢簡"置丞"簡與漢代郵傳管理制度的演變》，《簡牘學論稿——聚沙篇》，蘭州：甘肅教育出版社，2014年。

張夢晗：《"新地吏"與"爲吏之道"——以出土秦簡爲中心的考察》，《中國史研究》2017 年第 3 期。

張銘新：《〈秦律〉中的經濟制裁——兼談秦的贖刑》，《武漢大學學報》1982 年第 4 期。

張培瑜、張春龍：《秦代曆法和顓頊曆》，湖南省文物考古研究所編著《里耶發掘報告》附錄，長沙：嶽麓書社，2007 年。

張潤澤：《"伓"三孔布地望考辨》，《中國錢幣》2012 年第 4 期。

張潤澤、孫繼民：《戰國閼與、於疋布及其地望辨析》，《中國錢幣》2015 年第 2 期。

張韶光：《〈嶽麓書院秦簡（肆）〉中有關"僱傭"的法律規定研究》，《中國古代法律文獻研究》第 10 輯，北京：社會科學文獻出版社，2016 年。

張世超、張玉春：《"通錢"解》，《古籍整理研究學刊》1986 年第 4 期。

張惟捷、覃怡：《里耶秦簡"更名方"考釋與字體相關問題淺析：兼論秦"書同文字"政策》，《廈大中文學報》第 6 輯，2019 年。

張文芳：《内蒙古涼城縣發現安陽、戈邑布同範鐵范》，《中國錢幣》1996 年第 3 期。

張文芳：《對戰國"安陽""邔"布鐵范出土地的調查報告》，《内蒙古金融研究》2003 年第 S4 期。

張文芳、田光：《内蒙涼城"安陽""邔"布同范鐵范及相關問題探論》，《中國錢幣論文集》第 3 輯，北京：中國金融出版社，1998 年。

張文芳、吳良寶：《二十世紀先秦貨幣研究述評》，《中國錢幣論文集》第 4 輯，北京：中國金融出版社，2002 年。

張武軍、王惠艷：《戰國"梁"字布幣》，《中國文物報》2000 年 7 月 16 日。

張亞初：《商周青銅器器名、用途研究》，《古文字研究》第 18 輯，北京：中華書局，1992 年。

張亞偉：《秦漢國家治理體系下的"平賈"制》，《史學月刊》2023 年第 7 期。

張艷蕊：《簡牘所見秦漢時期債務償還問題芻議》，《史學月刊》2018 年第 6 期。

張堯成：《河南漯河市出土魏國貨幣》，《中國錢幣》2008 年第 2 期。

張雨村：《戰國魏國橋足布研究》，鄭州大學 2016 年碩士學位論文。

張照：《平頂山市大河磚廠出土的方足布初探》，《中原文物》1995 年第 2 期。

張志鋒:《戰國貨幣列國間流通初探》,河北師範大學 2010 年碩士學位論文。

張忠煒:《秦漢律令關係試探》,《文史哲》2011 年第 6 期。

趙安傑等:《河南宜陽花莊村出土一批空首布》,《文物》1986 年第 10 期。

趙德馨、周秀鸞:《關於布幣的三個問題——讀雲夢出土秦簡〈金布律〉札記》,《社會科學戰線》1980 年第 4 期。

趙光賢:《從裘衛諸器銘看西周的土地交易》,《北京師範大學學報》1979 年第 6 期。

趙沛:《秦幣三等説》,《秦文化論叢》第 3 輯,西安:西北大學出版社,1994 年。

趙平安:《雲夢龍崗秦簡釋文注釋訂補》,《江漢考古》1999 年第 3 期。

趙平安:《釋古文字資料中的"奝"及相關諸字——從郭店楚簡談起》,《中國文字研究》第 2 輯,南寧:廣西教育出版社,2001 年。

趙平安:《釋楚國金幣中的"彭"字》,《語言研究》2004 年第 4 期。

趙平安:《戰國文字中的鹽字及相關問題研究》,《考古》2004 年第 8 期。

趙平安:《"京""亭"考辨》,《復旦學報(社會科學版)》2013 年第 4 期。

趙平安:《商周時期金屬稱量貨幣的自名名稱及其嬗變》,《文字·文獻·古史——趙平安自選集》,上海:中西書局,2017 年。

趙平安:《談談戰國文字中用爲"野"的"冶"字》,《新出簡帛與古文字古文獻研究續集》,北京:商務印書館,2018 年。

趙善德:《商周時代的"貝貨"》,《文博》1988 年第 1 期。

趙堉燊:《三晉兵器銘文集釋及相關問題研究》,華南師範大學 2016 年碩士學位論文。

趙雲峰:《記山西曲沃縣出土的春秋布幣》,《中國錢幣》1996 年第 2 期。

趙振華:《洛陽發現隨葬空首布的東周墓葬》,《考古》1987 年第 8 期。

鄭邦宏、喻遂生:《善夫山鼎"用作憲司賈"補説》,《中國文字研究》第 23 輯,上海:上海書店出版社,2016 年。

鄭家相:《古代的貝化》,《文物》1959 年第 3 期。

鄭家相:《上古貨幣推究(續前)》,《泉幣》第 20 期,1943 年。

鄭威:《襄城公戈新考》,《考古》2013 年第 3 期。

智龕:《"蒙陽"布》,《中國錢幣》1990 年第 3 期。

中國科學院考古研究所山西工作隊:《山西夏縣禹王城調查》,《考古》1963 年第 9 期。

中國歷史博物館考古組：《燕下都城址調查報告》，《考古》1962 年第 1 期。

周波：《中山器銘文補釋》，《出土文獻與古文字研究》第 3 輯，上海：復旦大學出版社，2010 年。

周波：《戰國韓地名"皋落、上皋落"考證》，《古文字研究》第 31 輯，北京：中華書局，2016 年。

周傳麗：《論秦朝的會計管理制度》，《河南大學學報》1996 年第 4 期。

周鳳五：《包山楚簡〈集箸〉〈集箸言〉析論》，《中國文字》新 21 期，臺北：藝文印書館，1996 年。

周谷城：《略論我國古代貨幣中的爰和布》，《光明日報》1978 年 3 月 16 日。

周海鋒：《〈里耶秦簡（貳）〉初讀》，簡帛網，2018 年 5 月 15 日。

周望森：《西周的"貯田"與土地關係》，《中國經濟史研究》1991 年第 1 期。

周祥：《圓足布研究》，《上海博物館集刊》第 6 期，上海：上海古籍出版社，1992 年。

周祥：《圓足布再研究》，《錢幣博覽》2001 年第 3 期。

周祥：《重讀〈三年卫盉〉、〈亢鼎〉銘文——兼论中国货币的产生》，《中國錢幣》2019 年第 4 期。

周曉陸、路東之：《新蔡故城戰國封泥的初步考察》，《文物》2005 年第 1 期。

周忠兵：《釋金文中的"鸞"》，《甲骨文與殷商史》第 5 輯，上海：上海古籍出版社，2015 年。

朱安祥、孫輝：《兩枚方足布新品》，《中國錢幣》2013 年第 5 期。

朱安祥、孫輝：《記山西原平發現的刀幣》，《中國錢幣》2014 年第 4 期。

朱安祥：《趙國貨幣與相關地名整理研究》，鄭州大學 2014 年碩士學位論文。

朱安祥：《再論幾種平首布的形制關係》，《中國錢幣》2015 年第 2 期。

朱安祥：《先秦貨幣紀數字初探》，《中原文物》2015 年第 6 期。

朱安祥：《先秦貨幣地理研究存在的三個問題》，《中原文物》2016 年第 4 期。

朱德貴、齊丹丹：《嶽麓秦簡律令文書所見借貸關係探討》，《史學集刊》2018 年第 2 期。

朱德貴：《商品經濟與西周經濟倫理初探》，《商業研究》2007 年第 12 期。

朱德貴：《秦漢簡牘所見"算賦""口賦"再探討》，《中國農史》2019 年第 2 期。

朱德貴、莊小霞：《嶽麓秦簡所見"訾稅"問題新證》，《中國經濟史研究》2016 年第 4 期。

朱德熙：《古文字考釋四篇》，《古文字研究》第 8 輯，北京：中華書局，1983 年。

朱德熙、裘錫圭：《關於侯馬盟書的幾點補釋》，《文物》1972 年第 8 期。

朱鳳瀚：《論周金文中"肇"字的字義》，《北京師範大學學報》2000 年第 2 期。

朱德熙、裘錫圭：《平山中山王墓銅器銘文的初步研究》，《文物》1979 年第 1 期。

朱鳳瀚：《讀安陽殷墟花園莊東出土的非王卜辭》，《2004 年安陽殷商文明國際學術研討會論文集》，北京：社會科學文獻出版社，2004 年。

朱鳳瀚：《西周金文中的"取徽"與相關諸問題》，《古文字與古代史》第 1 輯，2007 年。

朱鳳瀚：《射壺銘文考釋》，《古文字研究》第 28 輯，北京：中華書局，2010 年。

朱紅林：《張家山漢簡釋叢》，《考古》2006 年第 6 期。

朱紅林：《里耶秦簡"金布"與〈周禮〉中的相關制度》，《華夏考古》2007 年第 2 期。

朱紅林：《睡虎地秦簡和張家山漢簡中的〈金布律〉研究——簡牘所見戰國秦漢時期的經濟法規研究之一》，《社會科學戰線》2008 年第 1 期。

朱紅林：《嶽麓簡〈爲吏治官及黔首〉分類研究（一）》，簡帛網，2011 年 5 月 27 日。

朱紅林：《里耶秦簡債務文書研究》，《古代文明》2012 年第 3 期。

朱紅林：《〈嶽麓書院藏秦簡（肆）〉補注（二）》，《簡帛》第 15 輯，上海：上海古籍出版社，2017 年。

朱華：《近幾年來山西省出土的一些古代貨幣》，《文物》1976 年第 10 期。

朱華：《山西省朔縣出土"宋子"三孔布》，《中國錢幣》1984 年第 4 期。

朱華：《山西運城出土戰國布幣淺析》，《中國錢幣》1985 年第 2 期。

朱華：《戈邑布背文試探》，《中國錢幣》1986 年第 2 期。

朱華：《略論"無終"三孔布》，《中國錢幣》1987 年第 3 期。

朱華：《試談方足平陽布》，《中國錢幣》1989 年第 2 期。

朱華：《山西稷山縣出土空首布》，《中國錢幣論文集》第3輯，北京：中國金融出版社，1998年。

朱華：《山西近見"西"字刀幣考》，《中國錢幣》2003年第2期。

朱華、李有成：《簡析山西省出土的圓足布》，《中國錢幣》1990年第3期。

朱活：《古錢》，《文物》1981年第7期。

朱活：《試論我國古代貨幣的起源》，《文物》1958年第8期。

朱活：《關於我國古代貨幣的若干問題》，《文物》1959年第6期。

朱活：《楚金雜談》，《江漢考古》1983年第3期。

朱活：《商幣篇——兼談建國以來出土的商代貨幣》，《四川文物》，1985年第1期。

朱活：《論齊圜錢范兼談六字刀》，《中國錢幣》1988年第1期。

朱活：《蟻鼻新解》，《中國考古學會第二次年會論文集1980》，北京：文物出版社，1982年。

朱錦程：《簡牘所見秦官吏的待遇》，《秦漢研究》第11輯，西安：陝西人民出版社，2017年。

朱錦程：《秦對新徵服地的特殊統治政策——以"新地吏"的選用爲例》，《湖南師範大學學報》2017年第2期。

朱俊偉：《先秦貨幣上的文字》，《中國文物報》2000年3月19日。

朱紹侯、孫英民：《"居貲"非刑名辨——兼論秦簡中的幾個問題》，《許昌師專學報》1982年第2期。

祝瑞開：《釋"爰""守"》，《人文雜誌》1981年第5期。

鄒水傑：《簡牘所見秦漢縣屬吏設置及演變》，《中國史研究》2007年第3期。

[日]江村治樹：《戰國新出土文字資料概述·訂補：貨幣部分》，《名古屋大學文學部研究論集》1999年第134號（史學45號）。

[日]林巳奈夫：《戰國時代之質量單位》，《史林》1968年51卷2號。

Hao Zhao, et al. Radiocarbon-dating an Early Minting Site: The Emergence of Standardised Coinage in China, Antiquity 2021. Vol. 95（383）.

Li, Yung-Ti. "On the Function of Cowries in Shang and Western Zhou China." Journal of East Asian Archaeology, vol. 5（Jan. 2003）.

後　記

　　本書是廣東省哲學社會科學規劃2021年度青年項目"貨幣的發生：出土先秦文獻所見貨幣史料整理研究"的結項成果。2023年11月提交成果，並順利結項。2024年4月入選廣東省哲學社會科學規劃項目優秀成果文庫（2021—2023），並獲得資助，通過于薇老師的推薦和繆丹女士的協調，得以在上海古籍出版社出版，本人倍感榮幸。作爲項目結項成果提交上去，也許對自己還有些許肯定，但是從得知要出版的那一刻起，内心惶恐不迭。深知此書作爲一部學術專著，其中尚有諸多不足，但是《文庫》有時間之限，不敢再拖延，只得提交"作業"。

　　2012年9月，我順利考入吉林大學古籍研究所，開始古文字專業學習。摹字形，看文獻，三年的時光短暫而充實。2016年9月，我考入中山大學中文系繼續古文字學習，中大自由、包容的學術氛圍使我漸有所得，並在三年内順利完成博士學業。2019年12月，我有幸進入中山大學歷史學系博士後流動站，開始真正意義上的學術研究工作。入站三年，先後獲得校級、博後面上、省社科規劃和國社科青年項目，並在博後出站後順利續聘歷史系專職副研究員，實現由學生到學者身份的轉變。

　　於我而言，進入歷史系最大的轉變，就是將自己所研習的古文字不再看作是單純的文字，而是一份書寫歷史的"史料"。這種轉變很難，在本書中也有所體現。本書既是廣東省社科規劃項目的結項成果，也是我從博士到博士後階段研究成果的一種綜合呈現。

我的博士論文《晉系貨幣文字整理與研究》，對晉系貨幣文字材料進行分國整理，在國別體系下，對晉系貨幣文字的構形特點和用字習慣進行了分析。本書第二章"東周金屬鑄幣文字所見貨幣史料"和"附錄：東周金屬鑄幣疑難字字釋綜覽"的基本框架及所包含的晉系貨幣的內容都是在博論的基礎上修訂完成的。博後面上項目"战国货币文字分国整理与研究"在博論的基礎上又增加了對楚系、齊系、燕系和秦系材料的整理。博士後出站報告《秦簡牘所見貨幣史料整理與研究》，全面搜集整理了已公布的秦簡牘中的貨幣史料，討論相關語詞的詞義及其體現的貨幣制度問題。本書的"簡牘所見貨幣史料"和"簡牘所見貨幣史料研究諸例"是博士後出站報告的部分內容。因爲結項的需要，又整理了甲骨文和金文中的"貝"及相關諸例材料。由於時間和學力所限，本書的內容更多的還是材料的整理，研究部分的內容還是相對欠缺。尤其是近期在做《戰國貨幣文字詁林》書稿的整理工作，更覺本書存在極大的不足，希望不久的將來能加以訂補完善。

回首十多年的求學、工作之路，不念困厄，唯有感恩。從北國春城到南國花城，恩師們的諄諄教誨猶言在耳。碩士生導師吳良寶教授是我學術之路的引路者，一直到現在還在幫忙答疑解惑。博士生導師陳偉武教授不僅在學習上給以細緻的指導，更是在生活中給以父親般的關照，使我在讀博三年，面臨結婚、生子、畢業等重大事件仍能從容應對。畢業後，能夠進入歷史系做博士後，也全得力於陳師的推薦。工作這幾年，兩位導師在學術和生活中給予了我極大的支持和肯定。師之大恩，無以回報。從中文系到歷史系，從學生到學者身份的轉變，感謝歷史系諸位同仁的幫助，更要感謝合作導師于薇教授的提攜。五年時間，從課堂到田野，于老師手把手教我讀文獻、寫本子、改文章。在她身上，我感受到了一位歷史學者的純粹，我心嚮往之。

感謝吉大古籍所和中大古文字研究所諸位老師的講授，爲我打下了堅實的古文字學基礎。感謝李守奎教授、曾昭聰教授、楊澤生教授、陳斯鵬教授、范常喜教授、田煒教授在博士論文開題、預答辯和答辯過程中的指導和幫助。感謝劉志偉教授、陳偉武師、吴良寶師、范常喜教授、于薇教授在博士後報告撰寫、答辯階段的指導。感謝上海古籍出版社繆丹女士的精心編輯，如果没有她的細緻用心，小書應該不會那麽快出版。

親人和朋友是我最强大的情感依靠。感謝父母親人的支持和理解，我才能從一個農村女娃娃一路讀到博士，我的人生才没有定格在22歲。感謝朋友們的鼓勵和陪伴，我才能從北到南，勇敢向前。特别感謝夏至小朋友，我的博士論文同他一起孕育生産，他的成長也見證了我從學生到學者的轉變。如今的他已經是一名小學生，我們經常會探討學習的方法，最近常講的一句話就是"將軍趕路，不追小兔"。學術之路還很長，本書尚待完善之處實多，僅以此勉勵自己踏實前行。

2025 年 5 月 21 日
永芳堂